雪舟等楊筆「倣夏珪山水図」（大内氏の文化とその記憶「大内氏と雪舟」を参照）

雪舟等楊筆「倣夏珪山水図」

掛幅装　一幅　紙本墨画淡彩

縦三〇・一　横三〇・八

室町時代

個人蔵

二〇一七年に八十四年ぶりに再発見された「幻の雪舟真筆」。過去の名画に倣って制作された、いわゆる倣古図といわれるものの一つ。「夏珪」は中国南宋時代の画家で、室町時代にはその画風がたいへん尊重された。

室町戦国日本の覇者

大内氏の世界をさぐる

大内氏歴史文化研究会［編］
伊藤幸司［責任編集］

勉誠出版

はじめに

大内氏は、十四世紀後半から十六世紀前半までの約二〇〇年間、周防国の山口を拠点として、防長地域（周防国と長門国の略称で、現在の山口県域に相当）を根本領国として、中国地域から九州地域にわたる広大な領域を支配し、日本の政治・経済・文化に大きな影響を及ぼすのみならず、アジア諸地域との交流も活発におこなった西国の覇者である。

大内氏を素材とする研究は、その存在の重要性ゆえに、明治期の近藤清石《きよし》による郷土史研究を皮切りとして、現在に至るまで途絶えることなくおこなわれてきた。ただし、十六世紀中葉に滅亡した大内氏にはまとまった家文書が存在しないため、関係史料の全体像を把握し難いという問題点があった。しかも、大内氏の活動範囲が防長地域のみならず、京都などの畿内近国地域や、九州からアジア諸地域にまで及んでいたため、関係史料の博捜は非常に困難を極めていた。こうしたなか、一九九〇年代後半以降、山口県史編さん室から『山口県史』史料編中世1（一九九六年）、中世2（二〇〇一年）、中世3（二〇〇四年）、中世4（二〇〇八年）、通史編中世（中世防長荘園史料CD―ROM付き、二〇一二年）が順次刊行されたことで、さきの状況は大幅に改善された。その結果、『山口県史』の刊行と連動するかのように、同時期頃から新たな大内氏研究が陸続と発表されるようになった。二〇一〇年代以降になると、山口市史編さん室から『山口市史』史料編の大内文化編（二〇一〇年）や中世編（二〇一六年）、さらに東京堂出版から和田秀作を編者とする『戦国遺文』大内氏編第一巻（二〇一六年）、第二巻（二〇一七年）、第三巻（二〇一九年）も刊行され、現在、大内氏を研究する環境は飛躍的に整いつつある。

このように、現段階における大内氏研究は一定程度の蓄積がなされているのは間違いない。しかし、大内氏研究の裾野は広く、政治・経済・文化・外交・宗教・文学・美術・考古・建築など非常に多岐に渡っているのみならず、各分野ごとでさえも非常に厚みがある。その多様な重厚さこそが大内氏の特質として強調すべきことではあるが、一方で研究の個別化が進んだため、各分野における大内氏研究の「現在地」（到達点）が分かりにくくなっているのが問題点としてある。さらに、従来の大内氏にかかる研究書も、当主個人の伝記や特定の分野に焦点を定めたものについては、相応の書籍が刊行されているものの、大内氏の歴史文化を総合的にみわたすような本格的な研究書は存在しない。唯一、『山口県史』通史編中世がその範疇にあるが、自治体史としての性格上、大内氏のみに焦点を定めたものではない。

以上の研究状況に鑑み、本書は、二十世紀末以降、研究が飛躍的に進展した大内氏研究の豊かな成果を加味しつつ、主要な各分野の大内氏研究の「現在地」を確認できるように、大内氏の歴史文化を総合的に概説することを目的としている。本書の内容は、概説書とはいえ、極めて学術的なものであり、学界のみならず一般の方々にも裨益するものだと考えている。本書が、大内氏研究にとって重要なマイルストーンとなれば幸いである。

伊藤幸司

目次

よみがえる大内氏の都

大内氏をとりまく権力との交叉

大内氏の文化とその記憶

※本書の索引は当社ウェブサイトの書籍紹介ページにて公開しております。併せてご利用いただければ幸いです。

大内氏略系図

※歴代当主を中心に名前のよみ、生没年、菩提寺、官位を注記した。歴代当主は太字にして示した。

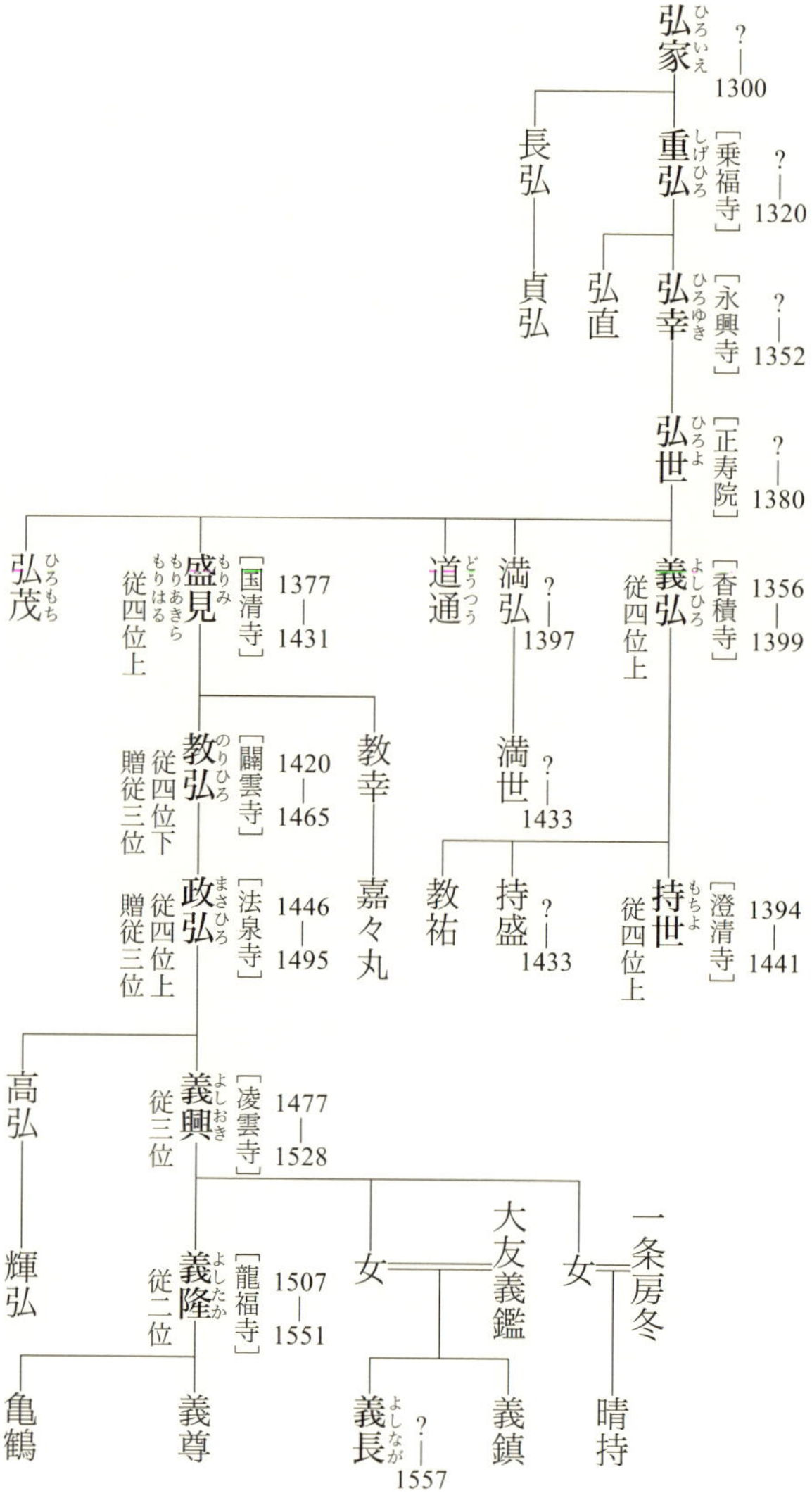

本図は、御園生翁甫「新撰大内氏系図」（田村哲夫編『近世防長諸家系図総覧』マツノ書店、一九八〇年）をもとに、須田牧子『中世日朝関係と大内氏』（東京大学出版会、二〇一一年）所収の大内氏略系図と、和田秀作「大内氏の惣庶関係をめぐって」（鹿毛敏夫編『大内と大友──中世西日本の二大大名──』勉誠出版、二〇一三年）所収の大内氏略系図の情報等を加味して作成した。

大興安嶺
兀良哈《ウリヤンハイ》三衛
海西女直
建州女直
夷島
日本海
遼東
北京
(順天府)
天津
北直隷
山東
朝鮮
漢城
(ソウル)
塩浦
対馬
富山浦
薺浦
壱岐
兵庫
日本
京都
堺
済州島
博多
山口
徐州
五島列島
揚州
南直隷
蘇州
南京
(応天府)
舟山列島
普陀山
種子島
杭州
寧波
浙江
東シナ海
那覇
琉球
福建
福州
広東
漳州
小琉球
太平洋
広州

関連地図1　東アジア

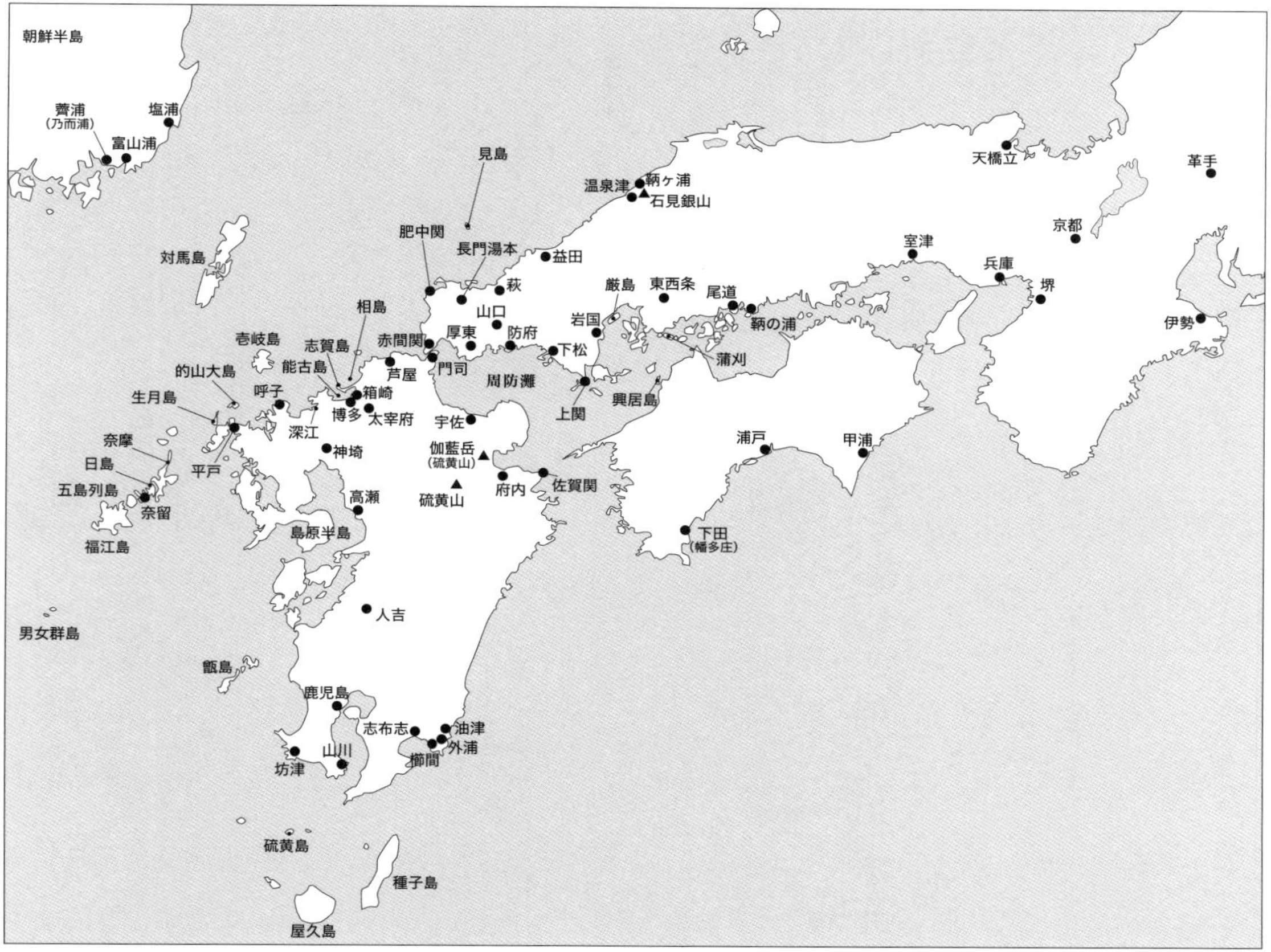
朝鮮半島
薺浦
(乃而浦)
富山浦
塩浦
対馬島
見島
温泉津
鞆ヶ浦
石見銀山
天橋立
革手
京都
肥中関
長門湯本
益田
萩
山口
厚東
防府
下松
赤間関
門司
相島
志賀島
能古島
壱岐島
的山大島
生月島
呼子
平戸
奈摩
日島
五島列島
奈留
福江島
深江
箱崎
博多
太宰府
芦屋
神埼
高瀬
島原半島
周防灘
宇佐
伽藍岳
(硫黄山)
硫黄山
府内
佐賀関
上関
岩国
厳島
東西条
尾道
鞆の浦
蒲刈
興居島
室津
兵庫
堺
伊勢
浦戸
甲浦
下田
(幡多庄)
人吉
男女群島
甑島
鹿児島
志布志
油津
外浦
櫛間
山川
坊津
硫黄島
種子島
屋久島
関連地図２　西日本

◉総論◉ 大内氏のポテンシャル

伊藤幸司

本稿では、室町・戦国期日本の歴史的展開における大内氏という地域権力のありようについて、特徴的なことに焦点を絞りつつ、具体的な事例を踏まえながら簡便に指摘する。とりわけ、室町・戦国期日本を考察していくなかで、大内氏の重要性ならびに画期性を明示すると考えられる事象に注目したい。さらに、大内氏の拠点・大内氏館や大内氏の都として君臨した都市山口のありようについて指摘し、同時代や後世の人びとの大内氏に対する認識の仕方についても触れる。紙幅の都合上、本稿の叙述はまったく網羅的なものではなく、どちらかというと雑駁なものであるが、大内氏研究が室町・戦国期日本の歴史像に大きな影響を与えるポテンシャルを秘めたものであることを示すことで、本書の総論に替えたいと思う。

一　時代を先取る大内氏

大内氏は、室町幕府―守護体制のもと、防長を中核とする数カ国の守護として活動したが、一方で中央の政局にもたびたび関与し、室町時代の政治史にも大きな足跡を刻んでいる。例えば、室町幕府とかかわった戦乱をあげるだけでも、おもなものとして応永の乱（十四世紀末期）、応仁・文明の乱（十五世紀後半）、明応の政変後の足利義尹《よしただ》（義材、後の義稙）を奉じての上洛（十六世紀初期）などがある。応永の乱は、周防・長門・豊前・石見・和泉・紀伊の六カ国守護であった大内義弘が、足利義満と対立して堺で敗死した政変である。応仁・文明の乱は、室町将軍家の相続問題と畠山・斯波両管領家の家督争いに端を発した大規模戦争で、大内政弘が西軍の主力として約十年間京都に在陣した内乱として知られている。その際、政弘は、陸ルート

（陸衆）と海上ルート（海上衆、海賊衆も含む）から、周防・長門・筑前・筑後・安芸・豊前・石見・伊予など八カ国の人びとを動員する大軍勢を引き連れて上洛したという（『経覚私要鈔』応仁元年七月三日条）。西国における大内氏の動員力の凄まじさをうかがうことができる。足利義尹を奉じての上洛は、十五世紀末期に勃発した明応の政変によって将軍職を追放された義尹が、再起を目論むために大内義興を頼ってきたことによる。大内氏は、義尹を奉じ、大軍を率いて上洛し、将軍として復権させた後、みずからは約十年間京都で幕政をとった。義興の行為は、後の織田信長の上洛を連想させる。信長も、みずからを頼ってきた足利義昭を奉じて上洛し、彼を第十五代室町将軍につけて天下にその名をとどろかせた。義興の上洛は信長の姿と重なるが、それは信長より六十年も早かったのである。

　信長の後継者として天下人となった豊臣秀吉は、死後、豊国大明神の神号が与えられ、豊国社に祀られたことはよく知られている。従前の、単なる御霊信仰にもとづく行為ではなく、神社を創建し人を神として奉斎するありようは、極めて政治色の強い行為であり、画期的な事例として評価されている（河内将芳 二〇〇八）。しかし、この秀吉の神格化より一〇〇年以上も前に、すでに類似の事例を確認することができる。それが、十五世紀後半に大内政弘によってなされた父・教弘の神格化であり、教弘は死後に築山霊神として山口の築山社に祀られたのみならず、さらに神格を上昇させて築山大明神となった（山田貴司 二〇一五）。教弘の神格化に深く携わったのは、吉田神道の事実上の創始者である吉田兼倶であった。大内氏と吉田神道との関係は深く、兼倶後も孫の兼右が天文年間に山口へ下向して大内義隆に神道伝授をしている（米原正義 一九七六）。その際、兼右は大内氏の系図を作成し、神となった教弘を祀る「築山社祭礼次第」を認めている（トーマス・コンラン 二〇一三）。吉田家が、政弘以来、山口の築山社とのかかわりを継続していることがわかる。そして、兼倶によって創出された人霊を神格化し祭祀するというありようは、兼右とその子・兼見の時代に完成する（岡田荘司 一九八二・一九九六）。兼見とその弟・神龍院梵舜が関与した秀吉の神格化は、まさにその完成形態であった。教弘と秀吉の神格化に吉田神道が共通してかかわっていることに鑑みれば

〔高野信治 二〇一七〕、十五世紀後半の教弘の神格化は、十六世紀末の秀吉の神格化を先取りするものであり、吉田兼見らは曾祖父である兼倶が携わった教弘の神格化を重要な先例（故実）として、秀吉の神格化に活かしたであろうと推断する。こうした教弘や秀吉の神格化は、近世以降の武士神格の形成にも大きな影響を及ぼした〔高野信治 二〇一七〕。

教弘は、政弘の働きかけによって、死後に神格化されるのみならず従三位も追贈された。室町将軍家や斯波・畠山氏以外の武士で従三位叙位を実現した初例であり、以後、大内氏の事例を皮切りとして他の地域権力の極位上昇の事例が散見され、ついには戦国期の武士の叙位バブルに行き着く。まさに、教弘への従三位追贈は、武家秩序における大きなターニングポイントであり〔山田貴司 二〇一五〕、時代を先取りするものであった。しかも、大内氏は以後、歴代当主が従三位以上に叙せられ、大内義隆に至っては、天文十七年（一五四八）武士としては破格の従二位に叙せられた（『公卿補任』）。当時、室町殿である足利義晴が従三位、征夷大将軍の義輝（義藤）が従四位下であったことを考えれば、位階の上では主従関係が逆転していたことになる。衣冠束帯の公卿のいでたちで描かれる龍福寺蔵「大内義隆像」（図1）のありようは、まさに、日本の国制のなかで大内氏が他の地域権力の追随を許さない地位を獲得していたことを明示している。

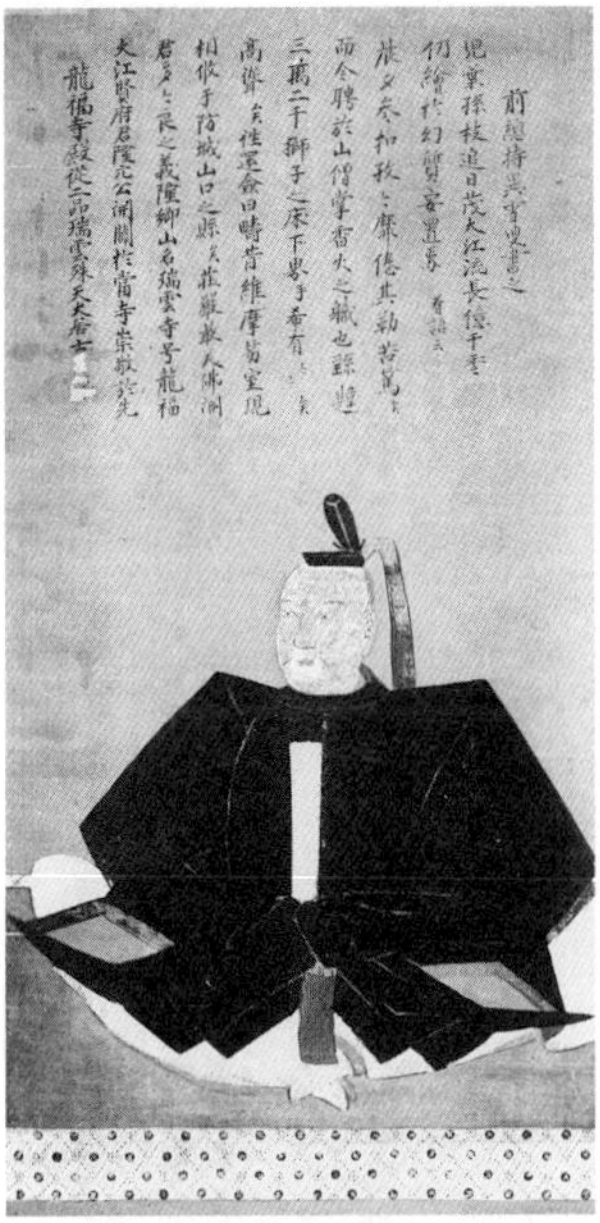

図1　大内義隆像（異雪慶殊賛）（龍福寺蔵、〔山口県立美術館 1989〕より引用）

このように時代を先取りするかのような先進的な一面をもつ大内氏には、一方で、一見すると復古的とも評価される営みも確認できる。例えば、その一端を大内氏の発給する文書様式に見て取ることができる。大内氏は、室町幕府にならって支配機構を整備しており、文書発給の仕方も非常にシステマティックである。

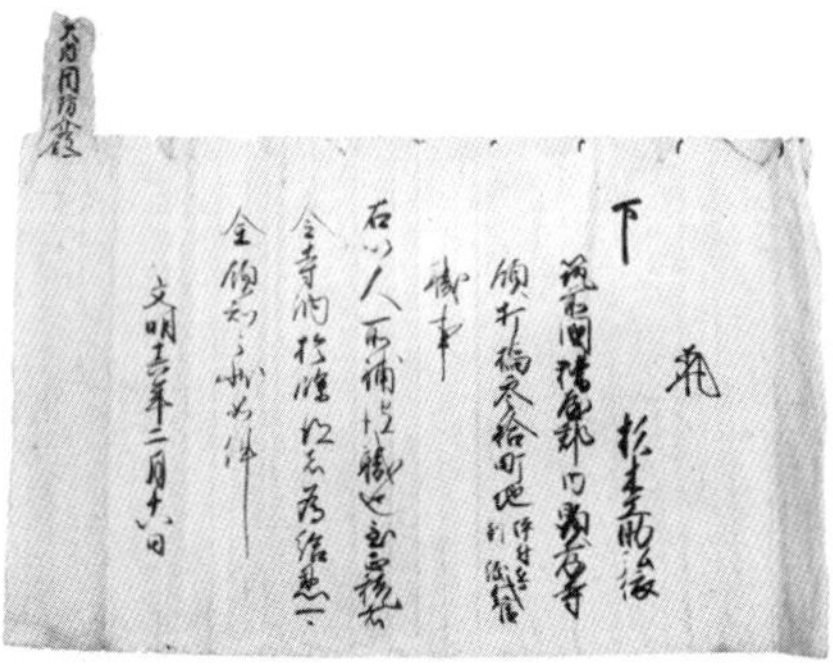

図2　大内政弘下文「杉隆泰家文書」
（〔福岡市史編集委員会 2014〕より引用）

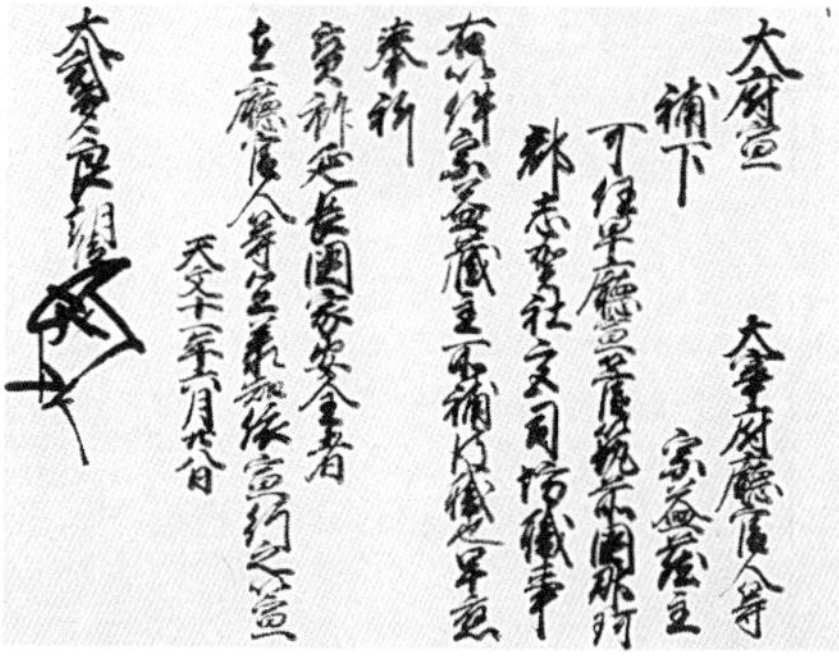

図3　大内義隆大府宣「志賀海神社文書」
（〔福岡市史編集委員会 2010〕より引用）

大友氏など、他の九州の地域権力が発給する文書と比較しても、室町幕府の発給文書様式に近く、その意味で標準的である。その大内氏が、十五世紀中葉以降に数多く発給し出すのが袖判下文（図2）である。下文は、中世の幕府文書のなかでは最も格式が高く尊大な形式の文書であるが、室町幕府では応永九年（一四〇二）を最後に使われなくなる。大内氏は、室町幕府も使わなくなった下文を、独自に復活させたことになる。ただし、大内氏による袖判下文の発給は、室町幕府の文書体系を単純に模倣したものではなく、当主発給文書を尊大化することで自身の権力確立を試みた政策の一環として使用されたものであった〔萩原大輔二〇一〇〕。これに加えて、天文五年（一五三六）大宰大弐に任官した大内義隆が、南北朝期には途絶していた大府宣（図3）を復活させた事例もある。ただし、義隆は大宰府機構を復活したわけではなく、大宰大弐として大府宣を使用することで、北部九州における大内氏の優勢と支配の正統性などの可視化を目的としていた〔川添昭二一九九六〕〔山田貴司二〇一五〕。こうしてみると、下文や大府宣の発給は、一見すると大内氏の復古主義とも取られかねないが、実態としては復古的なものの権威に単純に寄りかかることを意図していたのではなく、復古的なものがもつ性格をも「我が物」として、みずからの支配に利用しようとする大内氏の貪欲さの現れとして評価しなければならない。その意味で、大内氏は、みずからを利すると思われるものであれば、過去のものでも、先進的なものでも、あらゆるものを動員して、みずからの支配力や権力の向上を目指した、非常に特徴的な地域権力であったといえよう。

二　アジアに雄飛する大内氏

大内氏の特徴は、防長二カ国のみの支配にとどまらず、関門海峡を超えて積極的に北部九州へ進出したことにある。その目的が、中世日本最大の国際貿易港・博多の富とネットワークを獲得することにあったのは間違いない。大内氏は、十四世紀末の義弘の時代から北部九州へ進出し、関門海峡を挟んで長門国と接する豊前国（現・福岡県東部）の守護も獲得して基本的に維持し続けた。ゆえに、豊前国は防長に準ずるような大内氏の根本領国となっており、大内氏が非常に早い段階から交通の要衝である関門海峡の両岸を押さえていたことがわかる。そして、少なくとも十五世紀初期には、大内氏はすでに博多勢力との間に密接な関係を構築し、みずからの外交活動の基盤として活用した。十五世紀中葉以降になると、大内氏は筑前守護の地位も獲得し、都市博多および博多湾の貿易機能を直接掌握することに成功した〔佐伯弘次一九八四〕〔伊藤幸司二〇〇二abc・二〇一八〕。

大内氏のアジア外交は、朝鮮、明、琉球など多角的に展開された。とりわけ、大内氏の外交活動の基軸は、朝鮮半島との通交貿易である〔須田牧子二〇一一ab〕。十四世紀末に開始された義弘の朝鮮通交以後、大内氏の歴代当主は常に朝鮮とかかわりを持ち続けた。こうした朝鮮半島との接触のなかで構築されていくのが、百済にみずからのルーツを求めるという大内氏の祖先神話である。「源平藤橘」ではなく「多々良《たたら》」姓を名乗り、異国をルーツとする大内氏のありようは、極めて中世的な系譜認識であり〔伊藤幸司二〇〇八〕、大内氏の特質の一端を物語るものといえる。さきに、大内氏は、みずからを利すると思われるものはあらゆるものを動員すると指摘したが、まさに異国にルーツを求めるという祖先神話もそれに類するものといえよう。

十五世紀中葉になると、大内氏の外交活動は、中国大陸の明と正式な通交ができる唯一の手段であった日本国王（室町殿）名義の遣明船へも参入を果たした。さらに、東シナ海と南シナ海をむすぶ中継貿易で繁栄していた海上貿易国家・琉球との交流も展開した〔伊藤幸司 二〇〇三・二〇一二〕。大内氏のアジア外交のありようは、室町幕府の外交活動に比肩しうるものであり、西国の他の地域権力のそれを遥かに凌駕するものであった〔伊藤幸司 二〇一三ａｂ〕。こうした、アジアとのつながりの密接さが、文明十七年（一四八五）大内氏が室町幕府や他の地域権力に先駆けて撰銭令を出すことにもつながっていくのであろう。

　外交の場では外交文書の携帯が必須であり、外交文書には朱印が捺されるのが通例であった。対明文書では、明朝から下賜され室町殿が保有した金印「日本国王之印」が捺された。大内氏は、天文年間には、この金印を模造した木印を所持し、対明文書を作成していたといわれている〔橋本雄 一九九八〕。対琉球文書では、室町殿が自前の印章である「徳有鄰」印を捺しており、大内氏も朱印を使用していた。印文は不明であるが、大永七年（一五二七）天界寺（琉球国）衣鉢侍者禅師宛て大内義興書状写では、島津氏の琉球渡海朱印状のように、義興の花押の上に朱印が捺されていた。十五世紀後期の政弘期の琉球宛て文書が花押のみであったことを考えれば、義興が意識的に朱印を用いていることが分かる〔伊藤幸司 二〇〇三〕。対朝鮮文書（書契）では、西国有力諸氏が朝鮮から下賜された図書（通交名義人名を刻んだ銅印）を捺し、室町殿は「徳有鄰」印を捺した。大内氏は、一四五三年以降、朝鮮から下賜された「通信符」右符印を捺していたが、これは西国有力諸氏の図書と同様、朝鮮側が通交名義人の真偽を確認するためのものであり、大内氏独自の印章ではなかった。しかし、前述の琉球宛て文書の事例や、書契のスタイルを考慮すれば〔伊藤幸司 二〇〇二ａｂｃ〕、朝鮮へ発給する書契に、大内氏が独自の朱印を捺していた可能性は十分にある。すでに、大内氏の蔵書印として知られている「教弘」「多々良教弘」「多多良政弘」（後述）や、毛利博物館にある大内氏旧蔵の鉛製「多々良朝臣」印などは、書契に捺印されていた可能性があろう。

　従来、朱印が捺された文書といえば、戦国期の東国大名発給文書のイメージが強いが、同時期、アジア外交を展開する大内氏のような西国大名は、外交文書の世界において、いわゆる朱印状を発給していた。東国大名が使用する朱印の意味合いとは全く異なる論理ではあるが、アジアへの眼差しに対応した西国大名らしい特徴といえよう。

大内氏の外交活動が、大内氏の政治・経済・文化に及ぼした影響は大きい。文化面については後述するとして、ここではまず政治・経済とのかかわりについて若干指摘しておこう。室町将軍は、明や朝鮮へ日本国王名義の使節を派遣することができる日明勘合や日朝牙符という外交権を確保することで、遣明船に参入したい勢力や、朝鮮半島にある大蔵経を獲得したい勢力から求心力を得ていたことはよく知られている〔橋本雄二〇〇五〕。大内氏も、みずからの領国のみならず支配地域外の寺社などのために朝鮮へ大蔵経を求請しており〔伊藤幸司二〇一三ab〕、その外交活動が大内氏の社会的な求心力向上に貢献していたことは間違いない。

また、大内氏が外交活動で獲得した文物そのものが、政治経済的に活用される場合もあった。例えば、大内氏は通交貿易で獲得した唐物（図4）を室町将軍に献上することで、重要な政治経済上の案件を有利に運ぼうと画策することがあった〔橋本雄二〇一一〕。また、応仁・文明の乱において、西軍の大内政弘と東軍の足利義政（室町殿）とは敵対関係にあったが、最終的には文明九年（一四七七）政弘が室町幕府に赦免を願い出て、従四位下・左京大夫の身分保証と旧領安堵という厚遇を確保して終わった。政弘がこうした厚遇を獲得できたのには理由があった。実は、これより以前、室町幕府（足利義政）・大内政弘・細川勝元によって明へ派遣された応仁度遣明船は、その帰国が応仁・文明の乱の抗争中というタイミングになってしまった。そのため、大内氏に経営を頼っていた幕府船は敵対する政弘によって拿捕されてしまい、義政が受け取るはずの唐荷（明からの朝貢回賜品）も周防国（おそらく山口）に取り置かれてしまった。唐物をひときわ愛でる義政としては、この唐荷の返還こそが最重要事項であったため、応仁・文明の乱の和平交渉に際して、義政は奪取された唐荷の返還を政弘に求めた。つまり、政弘は、義政が懇望した唐荷を返還することで、

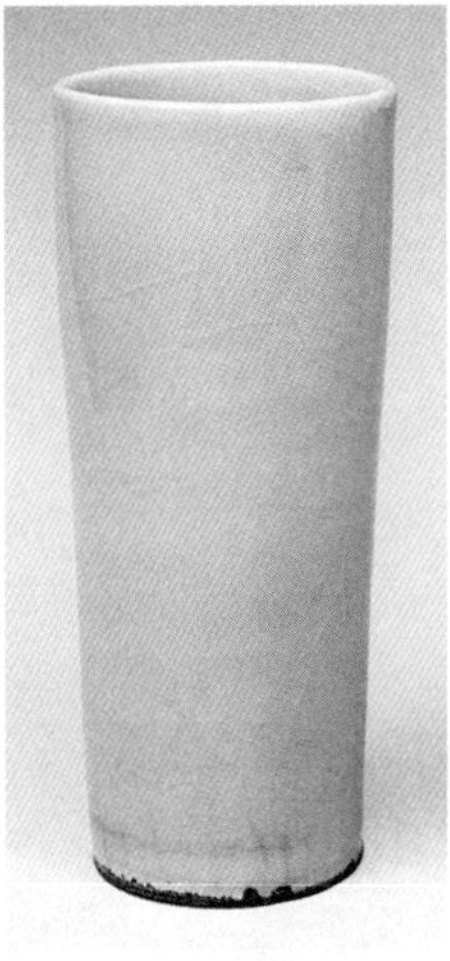

図4　大内筒（青磁筒花入）（根津美術館所蔵、〔山口県立美術館 1989〕より引用）

降伏する立場にありながら、身分保証と旧領安堵という厚遇を獲得することができたのである。遣明船という外交的要素が、応仁・文明の乱の動静にも大きな影響を与えていたことがわかる〔須田牧子二〇一一ａｂ〕〔伊藤幸司二〇一二ａｂ〕。

一方、大内氏の外交活動が、大内氏の経済力と具体的にどのようにリンクしていたのかということについては、先学でも体系的に説明されていない。ただし、室町幕府の遣明船と遣朝鮮船の経済構造を解明した橋本雄の研究成果〔橋本雄一九九八・二〇一〇ａｂ・二〇一三〕を傍証するならば、大内氏の外交活動も自身の経済力に相応の寄与をしていたであろうことは想像に難くない。少なくとも、十五世紀中葉以降、日明勘合を獲得し、数度の遣明船の経営者となった大内氏の利益については橋本によって解明されている。それによれば、遣明船一艘で約三七〇〇貫文程度の収入を最低でも確保できたという〔橋本雄二〇一三〕。大内氏は、室町殿から遣明船二艘分の経営権利が認められるのであれば、幕府の朝貢品調達費約七〇〇貫文を負担してもよいと考えていたようである。これは、無事に帰国しさえすれば、二艘分の抽分銭〔乗船した客商から輸入品の査定額の一割を関税として徴収〕として六〇〇〇～八〇〇〇貫文の収入が見込まれるため、朝貢品調達費の支出も十分に賄えると計算していたことを示している。裏を返せば、一艘分の抽分銭のみでは、朝貢品調達費を支出するリスクがあったということになる〔橋本雄二〇一二〕。

一方、朝鮮通交の経費がわかるものとしては、応永十四年（一四〇七）の興隆寺蔵経船の事例がある。このとき、貿易船の派遣には三九〇貫文の経費がかかっていた〔伊藤幸司二〇一二ａｂ〕。この数字は、当時の大蔵経一セットを購入するために必要な金額であったという〔橋本雄二〇一〇ａｂ〕。さらに、大内氏は、朝鮮に対してはフレキシブルに使節を派遣していたようで、場合によっては、博多など支配地域の寺社の修造費や、日本国内への出兵に際しての戦費負担を求める場合もあった〔伊藤幸司二〇一二ａｂ・二〇一三ａｂ〕。

このように、大内氏の外交活動は、経済的側面から評価すれば、恒常的な収益というよりは臨時的な収益になっていたといえる。しかし、そこから獲得できる利益は、臨時的とはいえ、大内氏の経済力を補完する

「打ち出の小槌」のようなものであったといえる。

また、大内氏は、博多や赤間関のような貿易都市を直轄領として継続的に維持していた〔三村講介二〇〇三〕。こうした貿易都市から徴収される得分は、大内氏の経済力に恒常的に寄与していたと考えられる。さらに、貿易都市には必要に応じて臨時の賦課もすることがあり、例えば応仁・文明の乱後、北部九州の支配を回復した大内政弘は、博多や箱崎に対して各一〇〇〇貫文を臨時に徴収している〔佐伯弘次一九八四〕〔伊藤幸司二〇一八〕。大内氏の支配する貿易都市は、こうした負荷にも耐えうることができるだけの資本力を保有していたのである。

図5　道路（楊梅通）の左側が旧大内氏館跡

三　京都の大内氏館

大内氏は、南北朝期の弘世の時代に、大内盆地（現・山口市大内御堀《みほり》）から山口盆地（現・山口市大殿大路）へ拠点を移したといわれている。近年の研究成果によれば、大内氏の居館である山口の大内氏館は、十四世紀末の義弘の頃までには存在し、その父・弘世の頃まで遡る可能性が指摘されている〔北島大輔二〇一〇・二〇一八〕。以後、山口の大内氏館は、大内氏の都・山口における最大の拠点として、大内氏が滅亡する十六世紀中葉まで存在した。

大内氏は、南北朝期に弘世が南朝方から北朝方に転じて上洛を果たして以降、在京守護として室町幕府周辺でも活動した。なかでも、義弘と盛見の在京期間は長く、大内氏は山口の大内氏館とともに、京都にももう一つの大内氏館を構え（図5）、さらに領国支配にあたる中枢組織も設けていた。「大内屋形」といわれた京都の大内氏館は「小六条院跡」に置かれ、「五町々」を誇る敷地の四至は「東は限る烏丸、西は限る室町、南は限る楊梅《ようばい》、北は限る坊門」であった（『鹿王院文書』〔松井直人 二〇一五〕）。北限の坊門通は、位置的に六条坊門通であるから、現在の五条通がそれにあたる。京都の大内氏館の敷地は、本来、鹿王院領であったが、大内氏は毎月九貫二八九文の地子銭と歳末の菓子銭十一貫二〇〇文を鹿王院に支払うことで使用していた。しかも、京都から山口に帰国して留守になっても、三年間は滞りなく支払う契約を交わしていた。京都の大内氏館は、室町殿の御所や内裏からはやや距離を置いた下京の六条にあったが〔松井直人 二〇一五〕、ここに室町将軍はたびたび御成《おなり》をした（『満済准后日記』応永二十年三月二十三日条など）。

盛見は、京都と山口との双方に別邸も持っていた。山口の大内氏館の傍らには、碧山別墅という山荘が設けられており、座禅道場や宴場として使われていた。京都では、淳風坊の別館内に飛泉亭と蓬月亭という庵居があり、室町殿や五山僧らとの文芸興行に使われていたが、後に飛泉亭は山口に移築された〔河合正治 一九七三〕〔太田孝彦 一九八八〕〔芳澤元 二〇一七〕。

京都の大内氏館は、足利義教が日明貿易を再開した後、永享四年度遣明使の帰国にともなって来日した明使の宿泊候補地になった（『満済准后日記』永享六年正月十九日条、〔伊藤幸司 二〇〇二ａｂｃ〕）。六条の大内氏館は、永享元年（一四二九）十一月に盛見が北部九州での合戦のために離京して以降、同三年（一四三一）六月に盛見が筑前国で討ち死にし、後継者の持世も領国内の内乱鎮圧で上洛どころではなかったため、当主不在の状態が続いていた。そのため、明使の宿泊にも好都合とされたのであろう。しかし、この六条の大内氏館は、永享六年（一四三四）二月十四日に放火が原因で発生した下京の大火事によって焼失してしまったため（『看聞日記』）、明使も宿泊することはなかった。その後、持世の上洛も暫くなかったため、京都の大内氏館は再建されないままの状態が続いた。

永享十二年（一四四〇）四月中旬、足利義教の招請により上洛した大内持世は、花山院南に九州から舎屋を送って大内氏館を新造した（『建内記』嘉吉元年七月二十八日条）。その規模は、有力な在京守護の邸宅が方一町ほどであったのに対して「八丁町」もあり、大名邸宅のなかでは最大規模を誇るもので、室町殿の面積に匹敵する大きさであった。このような邸宅を維持しうる大内氏の財政的基盤の巨大さをうかがうことができよう〔松井直人二〇一五〕。しかし、翌年、嘉吉の乱で負傷した持世は、新造した大内氏館で死去した。その後、持世の後継者の教弘は、文安六年（一四四九）四月に足利義成（義政）将軍就任祝賀のために上洛したが、ほどなく帰国し〔藤井崇二〇一三〕、そのまま在京することはなかった。持世が新造した大内氏館も、その後どうなったのかはわからない。

在京を辞めた大内氏であったが、その後、応仁・文明の乱の時に、政弘が西軍の主力として上洛し、約十年間に及ぶ在京生活をすることがあった。その際、政弘は下京の西側一帯を占拠して在陣した。また、足利義尹を奉じて上洛した義興も約十年間の在京生活をしているが、その居所はかつて政弘が在陣時に構えた六角油小路の要害の跡地付近にあった。このように大内氏は、室町期以降、在京する際は必ず下京に拠点を構えていたことがわかる〔河内将芳二〇一六〕。

下京は、洛中のなかでも商業エリアとして知られているが、ここに拠点を構えた大内氏は京都商人との間に密接な関係を形成していた。例えば、義弘は被官の平井道助を東寺に口入して、周防国美和庄の代官とした場合、室町西洞院の有徳人伯耆房祐禅を請人として、東寺側に納得させている（『大日本古文書・東寺百合文書』五―一五号、〔永原慶二一九六三〕）。政弘の在陣時には、下京の土倉のなかから大内氏の被官になる者が多数おり〔下坂保二〇一四〕、義興在京時には、土倉・酒屋として知られる沢村の宿所をみずからの居所としていた〔河内将芳二〇一六〕。

下京は、京都祇園社の祭礼である祇園会神輿（図6・7）が渡御し、山鉾が巡行する町であった。山口には祇園社が勧請され（後述）、鷺の舞（図8）や「ほこ」も伝播しているが、その歴史的背景には大内氏と下京との密接な関係があったと考えられている〔河内将芳二〇一六〕。大内氏の下京在京は、山口へ京文化を直接移入させる重要な契機ともなっていたのである。

四　大内氏の都・山口の繁栄

十五世紀半ばの教弘の時代は、大内氏にとって大きな画期として評価されている（川岡勉二〇一〇）。在京守護であった大内氏は、教弘から在京することを止めた。在京守護が京都を離れて在国するという流れは、一般的には応仁・文明の乱以後とされているが、大内氏の場合はかなり早い段階で在京を辞めたことになる。その点で、大内氏の行動は、他の在京守護に先んじたものであったといえる。大内氏が在京せずに、山口の大内氏館で在国するようになったのと前後して、山口の町は都市として躍進する。すでに、南北朝期に大内氏館が設置されて以降、山口は徐々に発展していたが、大内氏が山口に家臣団を集住させる政策をとるなど（「大内氏掟書」）、後の戦国大名の政策を先取りするような都市造りをおこなったことが画期となった。こうした中

図6　「鴻城九図・祇園祭山ノ図」（山口市教育委員会所蔵）

図7　「鴻城九図・太神宮ノ図」（山口市教育委員会所蔵）

図8　鷺の舞

世都市山口のありようは、大内氏町並遺跡の発掘においても、当該期には遺構や遺物の広がりが顕著となっていることがわかっている。大内氏館も拡充され、池泉庭や枯山水庭が整備され〔増野晋次・北島大輔 二〇一〇〕〔増野晋次 二〇一三〕、前室町将軍を迎えて戦国時代最大級の宴も催されたりしたのである〔北島大輔 二〇〇九〕。

十五世紀中葉、大内教弘が把握していた支配領域は、西は筑前国怡土《いと》郡（現・福岡県糸島市）、肥前国神埼《かんざき》郡（現・佐賀県神埼市）、東は石見国邇摩《にま》郡（現・島根県大田市）、安芸国東西条《とうさいじょう》（現・東広島市）、同日高島（上蒲苅島、現・広島県呉市）まで拡大していた（「大内氏掟書」）。さらに、大内氏の影響は、先の支配領域を超えて、東は備後国、西は肥前国の島原半島付近や平戸島付近にまで確実に及んでいたことが分かっている〔川岡勉 二〇一八〕〔「佐々木文書」、山口隼正 二〇〇〇〕〔伊藤幸司 二〇一二〕。そして、大内氏の広大な支配地域の政治的中心地として君臨していたのが周防国の山口であった。

図9　八坂神社

大内氏の都・山口には、大内氏の氏寺・興隆寺や大内氏の菩提寺群のほか、多くの寺社が存在した。京都の祇園社を勧請した八坂神社（図9）、北野天満宮を勧請した古熊神社、宇佐八幡宮ゆかりの今八幡宮などがあり、いずれも十六世紀前半の大内氏時代に建造された建物が現存している。しかも、その社殿は、楼拝殿造という楼門と拝殿とを折衷した山口地域独特の姿をしている。当時、山口の建築界は京都風を取り入れつつも、直写しではなく、構造や装飾細部については山口独自の手法が生み出されており、しかもその質は室町時代の一定水準以上を誇っていた。山口の建築界は、全国的にみても重要な地位を占めていたと考えられる〔山口市（編）二〇一〇〕。こうしたなか、永正十七年（一五二〇）大内義興は朝廷公認のもとで伊勢神宮を山口に勧請し、高嶺《こうのみね》神明（高嶺太神宮、現在の山口大神宮）を完成させた。素木神明造で二十年に一度の正遷宮をおこなう内宮と外宮とが整備された高嶺神明は、伊勢神宮を忠実にコピーした本格的なものであった。戦国時代に伊勢神宮を勧請することができたのは大内氏のみであり、それだけでも大内氏の政治力・経済力・文化力の大きさを物語るものといえる。さらに、大内氏は高嶺神明の参道として、都市山口のなかに伊勢路とよばれる全長一㎞以上の直線道路を整備した。この参道と高嶺神明の存在は、まさに大内氏の威光を分かり易く人びとに示したであろうと推断する〔伊藤幸司二〇一一abc〕。

「唐物流布」の地といわれた博多（「小鳥居文書」）を通じて、中央政権のある京都よりもいち早くアジアのモノや情報が流れこんだ都市山口は、列島社会のなかの先進地域であった。貞治五年（一三六六）、上洛した大内弘世は、京都で多くの「新渡の唐物」などを贈答することでその勢力をアピールしたが、それは京都において最も価値あるものとされた南宋時代の唐物＝「古物の唐物」ではなく、近年（ここでは元末期頃）の唐物＝「新渡の唐物」であった。ただし、「新渡」であろうと、贈答できるだけの唐物を保有しているだけでも相応に評価できよう。しかし、その後、北部九州へ進出し、国際貿易港博多との関係が密接となった十五世紀後半になると、大内氏は室町殿である足利義政も羨むほどの大量の優品な「古物の唐物」を保有したり、領国の内外に多数の大蔵経を輸入して施入できるようになっていた。こうした、室町人が競望する唐物を獲得できる大内氏のありようは、まさに「唐物大名」と名付けることができよう〔伊藤幸司二〇一三ab〕。

大内氏の政治的・経済的・文化的な優位性によって繁栄した都市山口は、その求心力が高まり、京都から公家や僧侶のみならず、画僧の雪舟や連歌師の宗祇などの文化人も多数下向し、地方からの文化発信がおこなわれた。地域権力の本拠地へ京都の文化人たちが下向する姿は、応仁・文明の乱以降に頻出するが、いち早く在京を辞めた大内氏の山口へは、すでに十五世紀中葉には下向してくる者を確認することができる。水墨画で有名な雪舟は、大内氏の遣明船に乗船することを目的として、一四五二〜一四五七年に山口へ下向し、作画の技量を向上させつつ、入明の機会をうかがったという。従来、画僧としての雪舟は、明で画技の教授を受け、すぐれた画境に到達したと理解されてきたが〔綿田稔二〇一三〕、近年は大内氏の保有する宋元明画の名品の数々に触れ得ることができた山口という文化環境に長く身を置いたことで、すでに入明前には一定程度の画境に到達していたと考えられている〔橋本雄二〇一七〕。

大内氏は、歴代当主の文化的素養も高かった。例えば、盛見は仏教に対する造詣が極めて深く、朝鮮から仏具を積極的に輸入したり、『蔵乗法数』のような大内版を刊行している。大内版の刊行は、その後も政弘や義隆らによってもおこなわれている。また、和歌や連歌を好んだ歴代当主のなかでも、とりわけ政弘は、彼自身が発起し、宗祇、兼載、肖柏ら地下連歌師が奔走して成立した『新撰菟玖波《つくば》集』が、准勅撰の綸旨を得ている。こうした、朝廷をも巻き込む文化活動ができた大内氏の存在が、室町・戦国期における都鄙の文化活動に大きく寄与したことはいうまでもない。もちろん、大内氏の文化活動は、当主のみならず陶氏や杉氏などの有力被官にも共有されていたことはいうまでもない〔米原正義一九七六〕。山口の大内氏館には、「殿中文庫」という文庫があった。文庫は、領国支配の上で不可欠な公文書の写を保管し、必要に応じて参照するための機能のみならず、歌書、和歌や連歌の懐紙や内外の稀書珍籍を収納していたとされている〔和田秀作二〇〇七〕。また、大内氏が収集した蔵書には、「教弘」「多々良教弘」「多多良政弘」のように大内氏当主を明示する印章が捺されていた〔佐々木孝浩二〇一〇〕。収集した文化的な文物に捺印することで、その所有を明示するというやり方は、例えば東山御物のなかに足利義満の印章である「天山」と「道有」の捺されたものがあることで知られている。

このように、アジア諸地域や日本国内から人・モノ・情報が流れこむ日本有数の中世都市であったからこそ、十六世紀中葉、イエズス会の布教に来日したフランシスコ＝ザビエルも山口の大内義隆のもとへ来たのである。山口を訪れたザビエルは、山口を一万人以上の人びとが住む町と記録している〔『聖フランシスコ・ザビエル全書簡』書簡第九六〕。ただし、同時期の京都が十万戸以上の家〔『聖フランシスコ・ザビエル全書簡』書簡第九六〕、十五世紀後半の博多が一万余戸〔『海東諸国紀』〕とされていることを考えれば、都市山口の規模が際立って大きかったわけではなかった。山口は、京都や博多のように商人が集う商業の一大拠点というよりは、大内氏の政治力によって君臨する政治的な色彩の強い都市であったといえよう。

五　九州大名大内氏

室町・戦国期の京都や奈良で書かれた記録を見ていると、大内氏を九州の大名として認識しているような記載に出会う。例えば、嘉吉の乱で負傷した大内持世は、臨終に際し「死骸においては葬礼に及ばず、早く堀《（掘）》り埋め、髪を以て九州の寺家へ送るべし」と言い残したという（『建内記』嘉吉元年七月二十八日条）。大内氏の本拠地は周防国山口であり、持世の菩提寺・澄清寺も山口にあるため、持世が九州の寺家へ遺髪を送れと言い残したとは考えがたい。おそらく、伝聞そのものか、記主である万里小路時房が、山口を九州と誤ったのであろう。また、戦国期の公家である山科言継は「防州箱崎別当」と記す場合があった（『言継卿記』天文十七年四月二十八日条）。箱崎別当は、筑前国にある筥崎宮の別当のことで、現存の本殿と拝殿（ともに国指定重要文化財）は大内義隆の建立であるものの、筥崎宮は周防国にはない。いずれも単純な誤記や勘違いとしてみなすこともできるが〔藤井崇二〇一三〕、しかし、このような誤記や勘違いが生まれた背景として、北部九州と西部中国を一体化して支配した大内氏のあり方が影響していた可能性があるのではなかろうか。当時の京都や奈良の人びとにとって、北部九州へ進出し、中世日本最大の国際貿易港である博多を押さえ、アジアの人・モノ・情報を入手する「唐物大名」大内氏の存在は、九州の大名としてのイメージが定着していたと推断する。さらに、室町幕府も大内氏を九州地域の押さえとして位置づける意識があり、ひとたび北部九州で戦乱が勃発すれば、在京していた大内氏は必ず九州へ下向していた。このような状況を考慮すれば、京都の人びとにとって、大内氏と九州とは密接に関連付けられて認識されており、大内氏の都・周防国山口も、地理的には異なるものの九州と一体のイメージとしてみなされた結果、先のような表記がなされてしまったのではないかと考える。

大内氏が九州大名として確実に認識されていたことは、十五世紀中葉、大内教弘が初めて日明貿易に参入した時の船団構成を書いた史料に、「日本国辛未秋渡唐船九艘、一号船 天龍寺、二号船 伊勢国法楽社、三号船 天龍寺、四号船 九州探題、五号船 九州志摩津いまだ渡唐せず、六号船 同大友、七号船 同大内、八号船 大和多武峰、九号船 天龍寺枝船、十号船 法楽社枝船、以上十艘」（『蔭涼軒日録』文明十九年五月十九日条）とあることからわかる。「七号船 同大内」の「同」は、その前の「六号船 同大友」と同じく、「五号船 九州志摩津」にある「九州」を示している。つまり、この日記が書かれた京都の室町幕府周辺では、大内氏のことを大友氏や島津氏と同様、九州の大名として認識していたのである。こうした認識は、応仁・文明の乱の際、西軍の主力として西国諸地域の勢力を率いて上洛した大内氏のことを、「筑紫大内猛勢上洛」（『後法興院記』応仁元年八月二十四日条）と表記されていることから、広く共有されていたことがうかがわれる。

こうした「九州大名大内氏」という認識があったからこそ、十六世紀初頭、明応の政変によって大内義興を頼った流れ公方・足利義尹が、大内氏に供奉されて山口から上洛を果たした際、義尹は「九州大樹」（『後法成寺尚通公記』永正五年六月八日条）とか「筑紫之御所」（『多聞院日記』永正四年八月二十三日条）と称されたのである。義興に庇護されていた義尹は、九州ではなく山口の神光寺にいたとされており、九州にいた訳ではなかった。大内氏と行動を共にしたからこそ、「筑紫」あるいは「九州」の呼称がつけられたり、「九州」から来たと認識されたのである（『政覚大僧正記』永正五年四月十六日条）。

六　レッテルを貼られた大内氏

天文二十年（一五五一）に勃発した陶隆房（のちの晴賢）による政変で、大内義隆は長門国深川《ふかわ》の大寧寺《たいねいじ》で自刃して果てた。これをもって、大内氏が滅亡したと勘違いされる場合も多いようだが、誤りである。この数年後、弘治三年（一五五七）四月三日、陶晴賢によって擁立された大内義長が毛利勢に攻められ、長門国長府の長福寺（現在の功山寺・図10）で自刃して果てた。これをもって、約二〇〇年近く、防長地域を根本領国として、中国地域から九州地域にわたる広大な領域を支配し、室町幕府や朝廷にも多大な影響をあたえた大

図10　功山寺（旧長福寺）の大内義長の墓

内氏は滅亡した。

　ところで、陶隆房の政変によって大内氏が滅亡したとして誤解されるのは、大内氏に対して植え付けられたかつての歴史的イメージが強く残存しているからではないかと推断する。政変の理由として一般的によく知られているのは、大内義隆による極端な文治主義に対する陶隆房の反発である。また、この事件は主君を武力で自刃させるというものであったため、下剋上の典型的事例としても認識されている〔福尾猛市郎 一九五九〕。京都の公家文化に憧れ貴族化し武将として堕落した義隆は、力あるモノがのしあがる戦国時代という下剋上の世にあっては滅ぼされても仕方がない存在であり、滅ぼされるべくして滅ぼされた……、というような構図である。たしかに、天文十二年（一五四三）の出雲尼子氏攻めの失敗以降、義隆の生活が文弱・奢侈に流れ、それが武断派の陶氏らの反発を招き、家臣団のなかに確執を生み出していたという側面はあったであろう。しかし、先のような構図は、かつて古代社会を統治した平安貴族が、やがて武力を持った武士にとってかわられ、新たな中世という社会は武士の世となったという一昔前の時代のとらえ方とオーバーラップしているように感じる。大内氏について言えば、こうした義隆に対するイメージは、大内氏滅亡後に登場してくる軍記物で繰り返し語られてきた内容と合致している。軍記物に記される内容を、そのまま真実としてみなせないことは言うまでもない。現在、古代から中世への転換が、このような「貴族から武士へ」というような単純な構図で語られることはない。しかし、現在に至ってもなお、一昔前のイメージで大内義隆と陶隆房の関係がとらえられ続けている面が根強く残っているのではないか〔伊藤幸司 二〇一一abc〕。

　実際、陶隆房の政変は、隆房自身が大内家の家督をのっとり、大内氏に替わって旧大内氏領国を支配しようとしたわけではない。最終的には、豊後の大友義鑑のもとに嫁いでいた大内義隆の姉の子・晴英《はるふさ》を迎えて大内氏の家督を継がせている。晴英は、天文二十一年（一五五二）に豊後府内から周防へ入るにあたって、大内氏の祖先神話にならって防府多々良浜に上陸してから山口へ入っている。晴英の行為は、大内氏の祖先神話をたどることで、みずからの正統性を人びとにアピールするものであったといえる〔須田牧子二〇一一ａｂ〕。やがて、室町将軍の偏諱を受けて義長と改名した大内義長は、陶晴賢（晴英から偏諱をうけて改名）の補佐を受けつつ大内氏領国の統治をおこなった。それは、基本的にこれまでの大内氏歴代当主がおこなってきた領国支配をうけつぐ形のものであり、特段、目新しいものではなかった。こうしてみてみると、陶隆房の政変とは大内氏を頂点とする領国支配秩序を否定するものではなく、結局、大内氏当主をすげ替えるだけのものであったことがわかる〔和田秀作二〇一二〕。いわば、陶氏は他の大内氏家臣たちと協力して意に沿わぬ主君（義隆）を押し込めて、新たな主君（義長）を打ち立てたということになろう。ただし、その行為は相当の武力をともなった暴力的なやり方であり、かつ主君を押し込めるどころか殺してしまったため、その後遺症は大きかった。しかし、大内氏の当主といえども、家臣団からの支持を獲得できないと、その地位を維持することは難しかったのである。この点、大内氏も他の地域権力と変わらなかったといえよう。

なお、陶晴賢の傀儡として評価されがちな大内義長であるが、天文二十四年（一五五五）十月、毛利軍によって晴賢が厳島の戦いで敗死した後も、義長政権は単独で約一年半も維持されている。しかも、袖判下文なども発給していることを考慮すれば（「杉家文書」など）、当主としての大内義長の存在も相応に評価すべきではないかと思われる。

いずれにせよ、十六世紀中葉の大内氏滅亡を下克上の典型的事例、大内氏を滅ばして勢力を飛躍的に拡大させた毛利氏を戦国大名の典型的事例とする認識は、一般的に広く浸透している。しかし、前者の評価については再考の余地があろう。さらに、下克上の典型的事例として大内氏の滅亡が認識されたがゆえに、一般的には大内氏をいわゆる「戦国大名」とみなすイメージは弱いが、大内氏のありようを考慮すれば、大内氏もまた西国を代表する有力な「戦国大名」とみなしても問題はなかろう。ただし、ここで主張したいのは

「戦国大名」という呼び方ではない。むしろ、「戦国大名」という呼称にこだわる意味はあまりない。重要なのは、大内氏が戦国期日本を代表する強大な大名権力であったことを、改めて評価することである。少なくとも、大内氏滅亡後、豊後の大友氏が室町幕府に働きかけて「大内家督」を免許された背景には（「大友家文書録」「大友家文書」）、九州地域を支配する正統性を大内氏に求めるという認識があったからに違いない。大内氏の存在は、滅亡しても、なお、影響力を及ぼし続けていたのである。

参考文献

伊藤幸司　二〇〇二a『中世日本の外交と禅宗』吉川弘文館
伊藤幸司　二〇〇二b「現存史料からみた日朝外交文書・書契」『九州史学』第一三二号
伊藤幸司　二〇〇二c「中世後期外交使節の旅と寺」中尾堯編『中世の寺院体制と社会』吉川弘文館
伊藤幸司　二〇〇八「中世西国諸氏の系譜認識」九州史学研究会編『境界のアイデンティティ』岩田書院
伊藤幸司　二〇一一a「まねかれる神・うつりかわる寺」山口県立大学国際文化学部編（責任編集：伊藤幸司）『大学的やまぐちガイド――「歴史と文化」の新視点――』昭和堂
伊藤幸司　二〇一一b「分断された伊勢路」山口県立大学国際文化学部編（責任編集：伊藤幸司）『大学的やまぐちガイド――「歴史と文化」の新視点――』昭和堂
伊藤幸司　二〇一一c「大内家――元祖グローバル戦国大名の最期――」『歴史読本』十月号
伊藤幸司　二〇一二a「大内氏と朝鮮」『山口県史』通史編中世、山口県
伊藤幸司　二〇一二b「大内教弘・政弘と東アジア」『九州史学』第一六一号
伊藤幸司　二〇一三a「大内氏と博多」『市史研究ふくおか』第八号
伊藤幸司　二〇一三b「大内氏の外交と大友氏の外交」鹿毛敏夫編『大内と大友――中世西日本の二大大名――』勉誠出版
伊藤幸司　二〇一八「港町複合体としての中世博多湾と箱崎」『九州史学』第一八〇号
太田孝彦　一九八八「正木美術館蔵「山荘図」について」『MUSEUM』第四五〇号

岡田莊司 一九八二「近世神道の序幕」『神道宗教』一〇九
岡田莊司 一九九六「近世の神道葬祭」大倉精神文化研究所編『近世の精神生活』続群書類従完成会
河合正治 一九七三「室町前期の武家社会と文化」同著『中世武家社会の研究』吉川弘文館
河内将芳 二〇〇八『秀吉の大仏造立』法藏館
河内将芳 二〇一六「中世の山口祇園会と京都祇園会」『九州史学』第一七四号
川岡勉 二〇一〇「室町幕府――守護体制と西国守護――」同ほか編『西国の権力と戦乱』清文堂
川岡勉 二〇一八「中世後期備後における守護支配と国衆」『愛媛大学教育学部紀要』第六五巻
川添昭二 一九九六「大内義隆発給の大府宣」同著『中世九州地域史料の研究』法政大学出版局
北島大輔 二〇〇九「大内氏は何を食べたか」小野正敏ほか編『動物と中世 獲る・使う・食らう』高志書院
北島大輔（編）二〇一〇『大内氏館跡』XI、山口市教育委員会
北島大輔 二〇一八「大内氏の町づくり」鹿毛敏夫編『戦国大名の土木事業』戎光祥出版
佐伯弘次 一九八四「中世後期の博多と大内氏」『史淵』第一二一輯
佐々木孝浩 二〇一〇「蔵書家大内政弘をめぐって」佐藤道生編『名だたる蔵書家、隠れた蔵書家』慶應義塾大学出版会
下坂保 二〇一四「応仁の乱と京都」同著『中世寺院社会と民衆』思文閣出版
須田牧子 二〇一一a『中世日朝関係と大内氏』東京大学出版会
須田牧子 二〇一一b「大内氏の外交と室町政権」川岡勉・古賀信幸編『西国の文化と外交』清文堂
高野信治 二〇一七『武士神格化の研究』吉川弘文館
トーマス・コンラン 二〇一三「吉田兼右が写した大内系図」『山口県史研究』第二一号
永原慶二 一九六三「南北朝内乱」『岩波講座日本歴史6 中世2』岩波書店
萩原大輔 二〇一〇「大内氏の袖判下文と御家人制」『古文書研究』第六八号
橋本雄 一九九八「遣明船と遣朝鮮船の経営構造」『遙かなる中世』第一七号
橋本雄 二〇〇五『中世日本の国際関係』吉川弘文館
橋本雄 二〇一〇a「大蔵経の値段」『北大史学』第五〇号
橋本雄 二〇一〇b「対明・対朝鮮貿易と室町幕府――守護体制――」村井章介ほか編『日本の対外関係4 倭寇

と「日本国王」』吉川弘文館
橋本雄二〇一一『中華幻想――唐物と外交の室町時代史――』勉誠出版
橋本雄二〇一三「日明勘合貿易の利」井原今朝男編『生活と文化の歴史学3 富裕と貧困』竹林舎
橋本雄二〇一七「雪舟入明再考」『美術史論叢』第三三号
福尾猛市郎一九五九『大内義隆』吉川弘文館
福岡市史編集委員会（編）二〇一〇『新修福岡市史』資料編中世①市内所在文書、福岡市
福岡市史編集委員会（編）二〇一四『新修福岡市史』資料編中世②市外所在文書、福岡市
藤井崇二〇一三『室町期大名権力論』同成社
増野晋次・北島大輔二〇一〇「大内氏館と山口」川岡勉・古賀信幸編『西国の権力と戦乱』清文堂
増野晋次二〇一三「中世の山口」鹿毛敏夫編『大内と大友――中世西日本の二大大名――』勉誠出版
松井直人二〇一五「南北朝・室町期京都における武士の居住形態」『史林』第九八巻第四号
三村講介二〇〇三「中世後期における大内氏の直轄領」『九州史学』第一三六号
山口県立美術館（編）一九八九『大内文化の遺宝展』図録、山口県立美術館
山口市（編）二〇一〇『山口市史』史料編大内文化、山口市
山口隼正二〇〇〇「佐々木文書」『九州史学』第一二五号
山田貴司二〇一五『中世後期武家官位論』戎光祥出版
芳澤元二〇一七『日本中世社会と禅林文芸』吉川弘文館
米原正義一九七六『戦国武士と文芸の研究』桜楓社
和田秀作二〇〇七「山口殿中文庫」岸田裕之編『毛利元就と地域社会』中国新聞社
和田秀作二〇一二「大内義隆と陶隆房」『山口県史』通史編中世、山口県
綿田稔二〇一三『漢画師――雪舟の仕事――』ブリュッケ

大内氏の覇権と支配

大内氏のアジア外交

はじめに

　大内氏とアジアとの関係について述べる前に、まず大内氏のルーツについて確認しておこう。系図によれば、大内氏は琳聖太子《りんしょうたいし》という人物を始祖としている。琳聖太子とは、かつて朝鮮半島西南地域に勢力を展開し七世紀に滅亡した百済国の王族で、日本に仏教を伝えたといわれる聖明王の第三王子とされる。大内氏の祖先神話によれば、琳聖太子が周防国の多々良浜に着岸の後、聖徳太子に謁し、大内県を采邑とし多々良の姓を賜ったということになっている（詳細は、本書伊藤論文「大内氏の祖先神話と朝鮮」参照）。大内氏は日本列島の有力大名であるにもかかわらず、みずからのルーツを朝鮮半島に求めていた。確かに大内氏は、かつて鉄製錬技術をもって朝鮮半島から帰化した氏族であった可能性はあろう。しかし、当時の日本の有力者の多くが「源・平・藤（藤原）・橘」にルーツを求めたのと比べると、独自に「多々良《たたら》」姓を名乗り、国外にルーツを求める大内氏の姿は、非常に特徴的といえる。

　しかし、大内氏の祖先神話をそのまま事実としてみなすことはできない。では、同時代の文献史料で確認することができる大内氏のルーツは、どこまで遡ることができるのであろうか。大内氏が名乗った「多々良」姓は、現在でも山口県防府市内に同名の地名を確認することができる。平安時代の文献史料によれば、周防国佐波郡には達良郷があり（『和名類聚抄』）、周防国には一定程度の多々良氏も存在していた。仁平二年（一一五二）八月一日付け「周防国在庁下文《くだしぶみ》」に「多々良」と署名する三人の人物を確認することができる（「鳥居大路文書」『平安遺文』二七六三号）。また、正治二年（一二〇〇）十一月日付け「周防国阿弥陀寺田畠坪付」では「散位《さんみ》多々良盛綱」「権介《ごんのすけ》多々良弘盛」なる人物が署名者としているが（「阿弥陀寺文書」『山口県史』史料編中世2）、この弘盛は大内氏系図にも出てくる人物である。他にもこれに類する史料が散見できる。こうして考えてみると、文献史料でたどり得る大内氏の確かなルーツは、平安時代末期から鎌倉時代初期、周防国衙の在庁官人で、多々良または大内を氏とし、その地を本拠としたと推定される在地領主であったことが判明する〔福尾猛市郎 一九五九〕〔松岡久人 一九六六〕〔熱田公 一九七九〕。その後、南北朝期の動乱を巧みに切り抜けて、大内氏は周防・長門両国の守護職を獲得する大名に成長していった。十四世紀末期以降、大内氏がみずからのルーツを百済国の琳聖太子に求めた一連の動向は、本来の史実とは異なるルーツの喧伝であった。しかし、その主張の背後には、当時の政治外交において大内氏が置かれていた立場が大きく関係していたと見るべきであろう。

一　激変する十四世紀の東アジア

大内氏とアジアとの接触は、十四世紀後半以降、東アジア諸地域で起こった王朝交代と密接に関係している。十四世紀後半の東アジアは激動の時代であった。その端緒となったのが中国大陸で起こった王朝交代である。一三六八年、朱元璋は異民族国家「大元大モンゴル国」(通称は元)を滅ぼし、モンゴル人の支配者たちを中原から駆逐し、南京を都(第三代皇帝永楽帝の時に北京(燕京)に遷都し、以後、北京が中華帝国の都として君臨)として新たに「大明」を建国した。明朝は、華夷思想を前面に押し出し、朝貢と海禁をベースとした国際秩序を構築しようとした。明朝は、臣下の礼をとって朝貢使節を派遣するアジア諸地域の首長との通交のみを認め、地域権力や海商など諸勢力による独自の通交を許可しなかった。同時に、華人海商の海外渡航を禁止し、海外の華人海商の来航も認めないという海禁を実施したことで、それまで東アジア海域において通交貿易を主導していた華人海商は主体的な活動ができなくなった。明朝の朝貢・海禁体制のもとでは、朝貢使節に随行した商人のみが明朝において公貿易や私貿易を行うことができたため、明朝をめぐる民間レヴェルの交易活動は低下し、すべての貿易活動は国家の管理下に置かれることとなった。

一方、朝鮮半島では、モンゴル支配下の高麗王朝が衰退し、倭寇討伐に多大な功績をあげた李成桂《イソンゲ》が王権を譲り受けるかたちで、一三九二年に朝鮮王朝を建国した。朝鮮は、倭寇問題を最重要課題として位置付け、倭寇を平和な通交者へと変質させるために懐柔政策を行ったため、日本列島の多様な勢力が朝鮮と交渉するようになる。琉球列島では、群雄割拠するグスク時代から中山《ちゅうざん》国・北《ほく》山《ざん》国・南山《なんざん》国の三つの国が鼎立する三山時代に入っていた。そして、朝鮮や琉球列島の三山は、ともに明朝から冊封を受け、明朝を中心とする外交秩序に入っていった。一方、日本列島でも、一三三三年に鎌倉幕府が滅亡し、後醍醐天皇による建武政権が打ち立てられたが、社会で力を付けてきた多くの武士たちの支持を獲得するには至らず、一三三八年足利尊氏によって室町幕府が開かれる。しかしその後も、後醍醐天皇方の南朝と室町幕府の支持する北朝とが抗争する南北朝の動乱は、一三九二年の南北朝合一まで続いた。まさに十四世紀後半は、日本をめぐる国際情勢が大きく変動し、それにともない新たな国際秩序が誕生した時代であった。

明朝の初代皇帝に即位した洪武帝（朱元璋）は、大陸沿岸を襲う倭寇対策として、日本で倭寇討伐可能な勢力と交渉するために、洪武元年（一三六八）以来、毎年日本に使節を派遣していた。洪武三年（一三七〇）、趙秩《ちょうちつ》、楊載《ようさい》、朱本という人物が来日し、征西将軍懐良親王と交渉し、彼に遣明使を派遣させることに成功した。しかし、その後、趙秩と朱本は帰国せず博多に足掛け約三年間滞在した後、上洛を企てて山口に赴く。以後、約一年間、彼らは山口に滞在し、丹後雲門寺の春屋妙葩《しゅんおくみょうは》らと漢詩文の応酬などを通じて情報交換を行っていたことが『雲門一曲《うんもんいっきょく》』という書物から分かっている（村井章介一九八八）。趙秩には、山口の名勝を詩文で詠んだ「山口十境詩」の作者との伝承もあり、現在ＪＲ山口駅近くの湛野《ふしの》川沿いにある鰐石《わにいし》などがその詩の題材となっている（ただし、「山口十境詩」を確実な同時代史料とみなすことができるのか否かは定かでない。少なくとも、「山口十境詩」を語る最古の史料は江戸期の写しと思われる）。十四世紀後半の山口は、大内弘世の時代であった。弘世は、本拠地を大内御堀《みほり》から現在の山口市中心部に移転させた人物といわれている。近年の大内氏館跡にかかる発掘調査報告によれば、館の存在は弘世の時代頃まで遡る可能性が指摘されている（北島大輔二〇一〇・二〇一八）。山口に滞在した趙秩や朱本との接触こそ、大内氏がアジアと関わっていく端緒であったといえる。周防国と長門国を統一した弘世は、貞治元年（一三六二）に南朝方から北朝方の室町幕府に転じたとされる（藤井崇二〇一三）。『太平記』巻三九によれば、上洛した弘世は「数万貫ノ銭貨・新渡ノ唐物等」を京都の有力者にばらまいた人物として描かれている。軍記物の誇大表現を考慮しても、当時の大内氏は異国の産物を豊富に入手できる立場にあったのであろう。まさに、先に述べた明使趙秩らの山口滞在はそれを傍証するものといえる。

この後、大内氏は東アジア進出のために、日本国内最大の国際貿易港であり、東アジア海域でも有数の国際貿易港でもあった博多への接触と、その支配を目論む。十五世紀後半に朝鮮で編纂された『海東諸国紀』のなかで、「琉球・南蛮の商船集まる所の地」で「我が国（朝鮮国）に往来する者は九州中に於て博多最も多し」と評価された博多は、国際交流を行うための機能（人・モノ・情報）が集積する地であり、博多商人の貿易活動は東アジア諸地域を股に掛けて行われる大規模なものであった。大内氏とアジアとの関わりは、まさに大内氏の博多進出と表裏のもとに実行されて行くのである。

二　朝鮮半島との交流

（一）倭寇討伐

大内氏の具体的な外交活動は、十四世紀後半、まず大内義弘と朝鮮半島との間で始まった。大内弘世の子・義弘は、室町幕府から九州統一を任された九州探題今川了俊とともに九州地域を転戦し、了俊の九州平定に尽力した。当時、朝鮮半島にあった高麗は、朝鮮半島を襲撃する倭寇に悩んでおり、倭寇禁圧を頻りに日本に要請していた。当初、高麗が交渉先としたのは京都の室町幕府であった。しかし、成立間もない当時の幕府は、倭寇活動の巣窟であった玄界灘地域や北部九州地域を完全に支配しておらず、度重なる高麗側の要請にもまったく応えることができなかった。そこで高麗は、倭寇をより実質的に取り締まる能力を持ちつつあった九州探題今川了俊を交渉先に変更した。高麗の要請を受けた了俊は、永和四年（一三七八）六月、早速、使僧信弘に六九人の軍勢を率いさせて朝鮮半島の倭賊を捕らえている（『高麗史節要』辛寓四年六月条・七月条）。実は、この時、大内義弘も朝鮮半島に軍勢を派遣していることが、長府にある「忌《いみの》宮《みや》神社文書」から判明する（『山口県史』史料編中世4「忌宮神社文書」永和四年四月十六日付け大内氏奉行人連署奉書、永和四年四月十七日付け某遵行状）。翌年には、高麗から韓国《ハングク》柱《チュ》が義弘のもとを直接来訪し、再び倭寇禁圧を要請している。これを受けて、義弘は朴居士なる人物に一八六人の軍勢を率いさせて、朝鮮半島に渡海させた。残念ながら、この時の義弘軍は高麗側の救援を受ける事ができず、倭寇と戦って大敗し、わずか五十人ばかりしか帰国できなかった（『高麗史節要』辛寓四年十月条・五年閏五月条、『高麗史』巻一一四列伝・河乙沚条）（須田牧子二〇一一）。いずれにしても、大内氏が海を越えて、しかも国境まで超えて、隣国高麗のために倭寇討伐を行ったという事実は特筆に値する。その後、足利義満によって今川了俊が九州探題職を罷免されて失脚すると、義弘は日本側通交者の第一人者としての立場を確保し、朝鮮半島との関係もより深くなった。既に、高麗時代から倭寇討伐者として信頼を得ていた大内氏は、高麗に替わって建国された朝鮮との間でも良好な関係を形成し、通交貿易を展開した。さらに義弘は、倭寇討伐のみならず、倭寇によって拉致され、日本列島に転売されていた朝鮮半島の人びと（被虜《ひりょ》人《にん》）を助け出し、半島に送還するという行為もした（『太祖実録』五年三月是月条）。大内氏は、倭寇討伐や被虜人送還によって朝鮮側の信頼を獲得し、恩を売る事で、日本列島のなかの誰よりも有利な朝鮮通交貿易を展開しようとしたのである。

こうした大内氏の立場は、朝鮮との間に正式な国交を樹立できないままでいた室町幕府にも利用された。足利義満は、大内義弘を仲介に立てることで、正式に朝鮮との国交を築くことに初めて成功した。大内義弘は、いわば朝鮮と室町幕府とのパイプ役を果たしといえる。大内氏の国際的地位は、その後も色褪せることなく存続し、例えば異国の使節が船で瀬戸内海に入ろうとする時には、幕府の命を受けて、現在の下関で通交チェックを行い、また朝鮮の使節が来日した際は、海賊の跋扈する海域で使節一行のボディーガード役を果たした（須田牧子二〇一一）。大内氏は、異国に向けられた日本の顔、或いは頼もしい「友人」としての役割を担っていたといえる。

このような関係から、朝鮮では大内氏の使節（これを朝鮮側では「大内殿使」と呼称していた）は非常に高いランクで接待された。朝鮮最高の知識人で、ハングル制定にも寄与した申叔舟《シンスクチュ》が著した『海東諸国紀』（一四七一年成立）という書物がある。この本は、以後、朝鮮外交官の必読書となった書物で、このなかに日本の使節が来たときの接待ランクを定めた「朝聘応接記」が収められている。これによると、大内氏の使節は、日本国王（室町殿）に次ぐランクに位置付けられていた。接待のランクが高いということは、より有利な通交貿易を恒常的に行えるということを示している。それだけに、大内氏の名義を騙る偽大内氏の使節も跋扈したため、大内氏は、本物の使節と偽者の使節を見極めて接待するように朝鮮側に依頼した。この結果、明・景泰《けいたい》四年（一四五三）、朝鮮は大内氏に「通信符《つうしんふ》」と刻んだ右半分の銅印を下賜して、以後、この印鑑を押す手紙を持った使節が本物の大内氏の使節という方法で真偽を査証する手段を考じた（伊藤幸司 二〇〇九）。現在、この時大内氏が朝鮮からもらった「通信符」右符印は、真鍮製の印箱とともに毛利博物館に所蔵されている（本書51、52頁の写真参照）。

（二）通交貿易

次に、大内氏の朝鮮通交貿易の具体的な実態について説明する。大内氏の外交活動において、朝鮮半島との貿易は、通交回数の多さや往来する文物のあり方からみて、非常に重要であった。大内氏の主要な貿易目的は、端的に示せば、大蔵経や寺社造営資本の求請、その他諸々の朝鮮文物の獲得である。大内氏の使節は、通交目的を書き記した大内氏当主の手紙（外交文書＝書契《しょけい》）を持参し、山口から関門海峡・博多・対馬を経て、朝鮮の三浦《サンポ》を目指して渡海した。当時、朝鮮は日本側通交者に冨山浦《プサンポ》・薺浦《チェポ》・塩浦《ヨンポ》という三つの港しか開港していなかったため、大内氏の使節も三浦のどこかに寄港した。そして、ここから一路、朝鮮の都・漢城《ハンソン》（現在のソウル）を目指して上京したのである。

例えば、応永十四年（一四〇七）、興隆寺のために大蔵経を求請した大内盛見の朝鮮通交がある。山口市大内御《み》堀《ほり》氷上《ひかみ》にある興隆寺は、かつて大内氏の氏寺として君臨した天台宗の大寺院で、妙見《みょうけん》社という北辰信仰をよりどころに大内領国の精神的結集を計る装置としても存在していた。現在、この時の通交に起草された大内盛見の外交文書の写しが「興隆寺文書」のなかに伝来している（応永十四年四月日付け大内盛見書契写）（図1）。これによれば、大内盛見は朝鮮から閩浙《びんせつ》（現在の中国福建省と浙江省あたりの地域）系統の大蔵経下賜を望んでおり、その理由としてかつて先代の義弘が朝鮮半島から下賜された高麗版大蔵経と新たな唐本一切経とを校合し、より完全な大蔵経を完成して流布したい旨を述べている。大蔵経とは、すべての御経という意味である。当時の国内には、大蔵経を完備する寺社が稀であったため、大蔵経の所蔵は寺社のステイタスの向上に直結した（伊藤幸司 二〇〇二）。有力な寺社であれば、まとまった大蔵経の獲得は悲願であったといっても過言ではない。しかし、当時の日本には大蔵経を印刷できる版木が存在せず、大蔵経は容易に入手できる代物ではなかった。反面、隣国朝鮮には大蔵経の版木や中国から将来された経典が多くあったので、日本人たちは手っ取り早く朝鮮から大蔵経を貰ってくることを考えた。現在、韓国の国宝で世界遺産にも指定さ

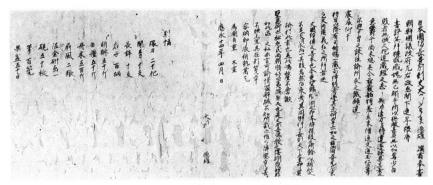

図1　大内盛見書契写（興隆寺文書、〔山口県立美術館 1989〕より引用）

図2　海印寺八万大蔵経（海印寺の説明板より引用）

れている海印寺《ヘインサ》の大蔵経版木（図2）は、まさに室町時代の日本人の羨望の的であった。結局、この時の通交で大内盛見は朝鮮から大蔵経を獲得し、無事に興隆寺へ施入した。この他にも盛見は、岩国市の永《よう》興《こう》寺《じ》、防府市の松崎天神（防府天満宮）、山口市の国清寺《こくしょうじ》（現在の洞春寺《とうしゅんじ》敷地に存在した禅寺）のために大蔵経を朝鮮から獲得している。国内では貴重な大蔵経が、多くの大内氏ゆかりの寺社に存在するのは、大内氏の外交活動の賜物といえる。一方、大内氏にとっても朝鮮から大蔵経を獲得するという行為は、大内氏の寺社政策上、寺社の求心力を確保するという点で非常に重要な意味を持ち合わせていた。

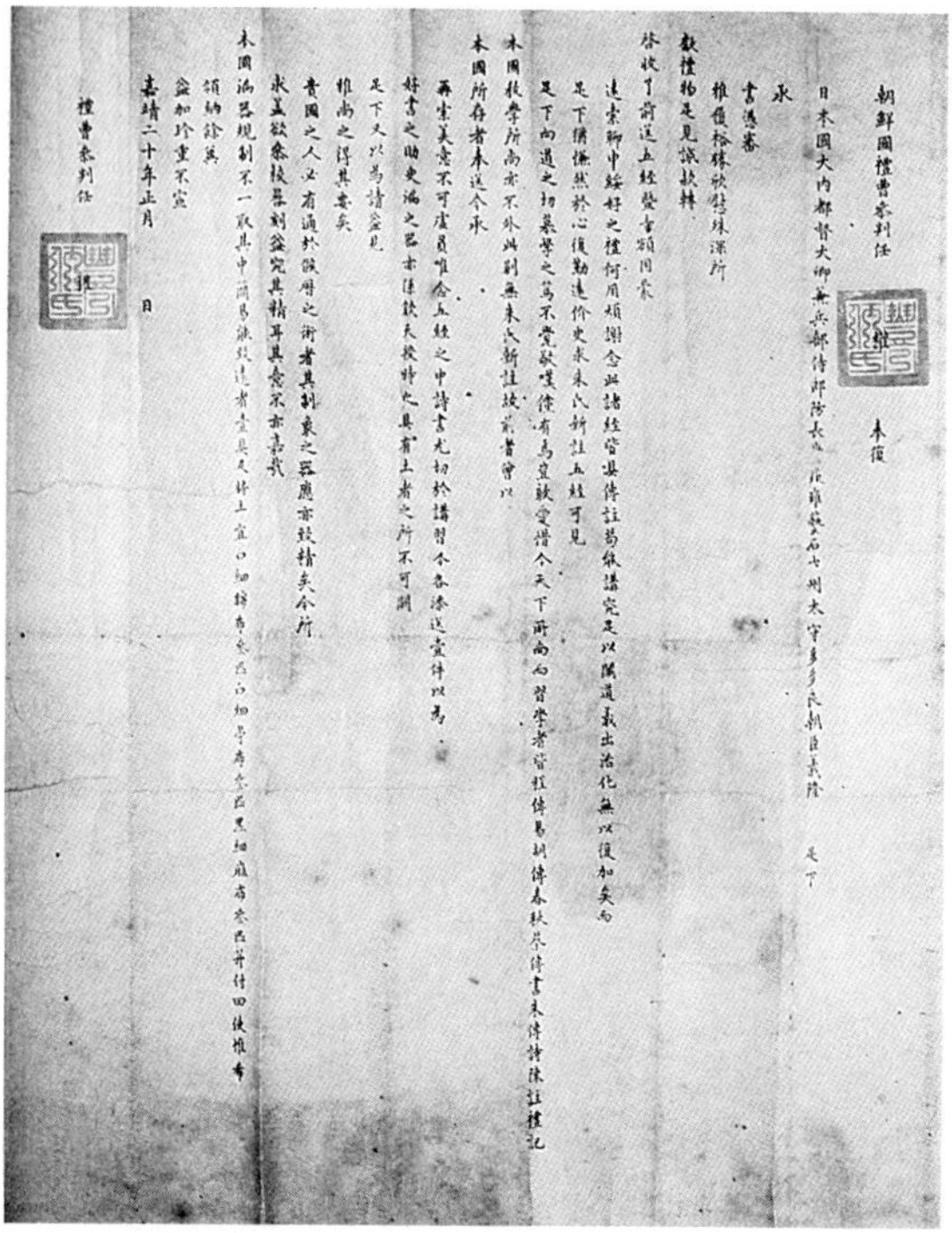
朝鮮國禮曹參判任
日本國大内都督大卿兼兵部侍郎防長豊筑藝石七州太守多多良朝臣義隆　足下
嘉靖二十年正月　日
禮曹參判任

図3　任権書契（毛利博物館所蔵）

また、山口の乗福寺所蔵の『鷗庵遺稿《おうあんいこう》』という書物によれば、天文七年（一五三八）十月、朝鮮に対して、大内義隆は朱子の新注（注釈）による『五経』（儒教の経典として最も尊重される五つの経書）や「刻漏制度之器」（水時計）の下賜を求める使節を派遣している。この時、義隆の外交文書を書いたのが、乗福寺の梅屋宗香《ばいおくそうこう》という禅僧であったため、乗福寺の古い史料のなかに、朝鮮に出された手紙のコピーが伝来したのである（「送高麗国疏」）。興味深いことに、この大内義隆の手紙に対応する朝鮮側の手紙が、現在も毛利博物館に所蔵されている（図3）。明・嘉靖《かせい》二十年（一五四一）正月に出された朝鮮の外交文書で、朝鮮国礼曹《れいそう》（儀式・外交・教育を担当）参判《さんぱん》の地位にいた任権《イムグォン》という役人が大内義隆に出したものである。内容は、義隆の求めに応じて、詩書（詩経と書経）、水時計、綿紬《めんちゅう》・苧布《ちょふ》などを贈ることを伝えている。毛利博物館の手紙は、まさに義隆の希望が朝鮮によって叶えられたことを示している。同時に、大内氏が朝鮮に水時計など、非常にユニークなものを求めていたことも分かる。大内氏と朝鮮との間で取り交わされた往復外交文書（手紙）がセットで残存しているということは珍しく、非常に貴重な事例といえる（伊藤幸司二〇〇二）。

　このように、朝鮮と活発な通交貿易を展開した大内氏のもとには、大蔵経や水時計の他にも、非常に多くの朝鮮文物が流入し、現在でもその影響の一端を確認することができる。例えば、興隆寺の梵鐘である（図4）。この梵鐘は、室町・戦国時代、西日本最大規模を誇った巨大な梵鐘で、かつその形態や意匠は、日本的梵鐘と朝鮮式梵鐘の特徴とが折り混ざった和韓混淆鐘《わかんこんこうしょう》という類型に属する非常に特異なものである。著名な筑前芦屋の鋳物師《いもじ》によって鋳造された梵鐘は、享禄五年（一五三二）八月、大内義隆によって興隆寺に施入された。朝鮮鐘の影響を受けた巨大な梵鐘が、大内氏の氏寺に存在するということ自体、大内氏と朝鮮半島との深い関わりを象徴しているといえる。

図4　興隆寺梵鐘

また、乗福寺跡地第五次発掘現場からは、大内氏時代の乗福寺の伽藍（建物）に使われていた屋根瓦が出土している。注目すべきは、滴水瓦《てきすいがわら》と呼ばれる屋根瓦（図5）が完全な形で出土したことである。滴水瓦は、国内では文禄・慶長の役（壬辰倭乱《イムジンウェラン》・丁酉再乱《ジョンユジェラン》）以前の瓦としては珍しいもので、施された龍や鳳凰の文様も国内では例が無く、この種のデザインは朝鮮では王宮の瓦に使用されるものであったらしい。一方、滴水瓦以外の出土瓦も特徴的であった。それは、乗福寺の瓦が桶巻瓦《おけまきがわら》といって、桶に粘土を貼り付けて四等分に切り、一度に四枚の瓦を作る手法で製作されていたことが、出土瓦の断面などを調査することで判明したからである。

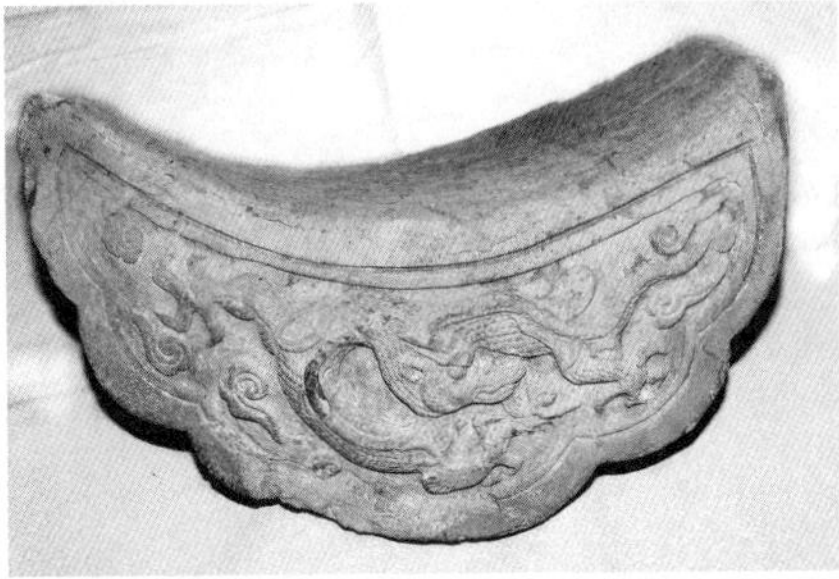

図5　四爪龍のいる滴水瓦（山口市歴史民俗資料館所蔵）

桶巻式で瓦を製作する方法は、当時の国内では用いられておらず、朝鮮半島で行われていたやり方であった（佐藤力二〇〇一・二〇〇四）。つまり、大内氏の菩提寺として大内氏と大変ゆかりが深い乗福寺の瓦は、朝鮮半島との交流によってもたらされた技術を全面的に導入して造られていたのである。

一連の瓦群を高麗時代の瓦と比較検討すると、それらは一三七四〜一三九七年頃に製作されたものであるという。また、朝鮮では王宮や王室と関連の深い寺院で使用された瓦の文様であることから、王室官営工房の瓦匠が来日して製作した可能性が高いことも指摘された〔高正龍 二〇〇六〕。この結果、朝鮮風瓦で乗福寺の屋根を荘厳化したのは、大内義弘であったことが明らかとなった。当該期、弘世の死去（一三八〇年）前後から弟の満弘との間で内戦を繰り広げた義弘は、父弘世を葬った菩提寺たる乗福寺を荘厳化することで、弘世の正統な後継者であることを喧伝しようと目論んでいた。応永初年（一三九四）頃、乗福寺が十刹に昇格しているのはその成果といえる。瓦群の製作年代を考慮すれば、義弘は乗福寺荘厳化政策の一環として堂舎の整備も同時に行ったことになる。そして、それが朝鮮風の建造物であったことは、乗福寺の堂舎整備が今川了俊の九州探題罷免（一三九五年）以後、義弘が活発に進めた朝鮮通交と密接に連動して行われたからだとしなければならない。義弘は、乗福寺の姿を通じて正統性の誇示のみならず、朝鮮との密接さをも具体的に可視化したことになる〔伊藤幸司 二〇〇八〕。

なお、乗福寺を朝鮮風に荘厳化する動向と密接に関連するものとして、大内氏が朝鮮半島の百済にみずからのルーツを求める祖先神話の存在もあったことを附言しておく。

三　明・琉球との交流

朝貢・海禁体制を導入した明朝は、臣下の礼をとって朝貢使節を派遣するアジア諸地域の首長との通交のみを認めた。中華帝国が新たに導入した外交秩序の下、日明外交を樹立したのは、永楽帝から「日本国王」に冊封された足利義満であった。中華皇帝から正式に冊封された義満の行為は、まさに五世紀の「倭の五王」以来の出来事であった。以後、室町日本では、足利将軍家の首長である室町殿が、日本国王という立場で明朝との通交貿易権を掌握した。貿易は、明朝から下賜される「勘合《かんごう》」による査証制度を導入した朝貢貿易によって行われ、勘合を持たない船は明朝から倭寇と見なされた。勘合は日本国王にのみ下賜されたため、日本列島で明朝と正式に通交できたのは日本国王だけであった。また、朝貢貿易という貿易形態の実態は、現在の経済感覚とは非常にかけ離れたものであった。中華皇帝は、入貢する諸国の国王使節に対し、徳治主義に基づいて大量の先進文物を分け与えたため、貿易収支だけを見れば朝貢貿易は明朝側の大赤字であった。しかし、明朝にとって諸国の国王が皇帝に朝貢してくる姿は、皇帝権威の荘厳化に寄与し、大量の回賜品は皇帝の偉大さを示すものと考えられていたため、朝貢貿易において貿易収支は度外視であった。反対にいえば、明朝との朝貢貿易は、諸国の国王にとって、朝貢という屈辱的行為さえ問題にしなければ、これほど有利な貿易はなかったわけである。ゆえに、日本の多くの人々（有力寺社・有力大名・有力商人など）も明朝との通交貿易への参入を懇望した。ただし、明朝と通交できる権利は日本国王のみに許されていたため、人々は日本国王から勘合を獲得し、日本国王名義の使節として貿易に参画するしかなかった。

大内氏が日明貿易に初めて参入するのは、東アジアにおける有数の国際貿易港・博多へ一定程度の進出に成功していた十五世紀中葉の宝徳度遣明船からである〔小葉田淳 一九四一〕〔伊藤幸司 二〇一二・二〇一三ａｂ〕。遣明船の経営には、明皇帝に献上する朝貢品の調達が不可欠であった。この時、大内氏は重要な朝貢品である南海（東南アジア）産物を獲得するため、琉球へ使節を派遣している。当時の琉球は既に三山鼎立時代の終焉を迎え、一四二九年、中山王によって統一されていた。そして、中山王は琉球国王として君臨し、琉球は独立した国として東アジア海域を舞台に活発な中継貿易を展開することで繁栄を極めていた。東南アジア諸地域とも頻繁な貿易活動を行っており、那覇には大量の南海産物が存在した。以後、大内氏の琉球通交は、大内氏の遣明船活動と連動して行われている。また、かつて琉球最高位を誇った禅寺円覚寺には、明・弘治八年（一四九五）の年次をもつ梵鐘がある。そして、この梵鐘を鋳造したのは周防国防府の鋳物師大和相秀であった。即ち、大内領国と琉球とは、大内氏の琉球通交にみるようにかなり太い流通ルートで結ばれていたことが窺われるのである〔伊藤幸司 二〇〇三〕。

日本の遣明船は、明朝が指定した貿易港・寧波《ニンポー》を目指して東シナ海を横断した。黄河・長江などの大河川によって運ばれる大量の土砂で濁った海になれば、そこは「唐土」、即ち明朝のエリアに来たのだと当時の日本人は認識した。船は、舟山《しゅうざん》群島から寧波に接岸して入国手続きを行い、ここから浙東運河、京江大運河を使い、杭州、蘇州、揚州などの都市を経由して北京へと旅をした。大内氏の遣明船には、博多商人や堺商人などの貿易商人のほかに、非常に多くの禅僧が乗り込んでいた。例え

図6　東隆寺南嶺和尚道行碑

ば、下関市の関門海峡を臨む地にある永福寺の桂庵玄樹《けいあんげんじゅ》は、応仁度遣明船の大内船の責任者（土官《とかん》）として乗り込んだ。この時、同じ船に乗船したのが水墨画で有名な雪舟等楊《せっしゅうとうよう》である。雪舟は、入明して当地の禅寺（天童山景徳寺など）を歴訪し、明朝の様相を絵にした（「唐土勝景図巻」「国々人物図巻」）。また、宇部市棚井にある東隆寺には、「南嶺和尚道行碑」（図6）なる巨大な石碑が建っているが、この碑文の文面は東隆寺僧の桂隠元久《けいいんげんきゅう》という人が大内氏の宝徳度遣明船に乗り込んで入明し、中国の有名な人物に書いて貰ったものである〔伊藤幸司 二〇〇二・二〇一二〕。

その後、大内氏は室町幕府周辺で権力を振るう有力大名細川氏と、日明貿易参入をめぐって激烈な勘合獲得競争を展開する。大内氏と細川氏との争いは、日本国内に止まらず、大永三年（一五二三）、明の寧波で最悪の結末を迎えた。この時の大永度遣明船は、大内義興の遣明使（正使・謙道宗設《けんどうそうせつ》）と細川高国の遣明使（正使・鸞岡省佐《らんこうしょうさ》、副使・宋素卿《そうそけい》）という構成であった。大内船と細川船は別々に出国し、先に寧波に到着したのは大内船だった。しかし、遅れて寧波に到着した細川船の宋素卿が、明側の市《し》舶司《はくし》に賄賂を贈ったため、細川船が大内船に優先して入関手続きを終了し、以後の接待も細川方が大内方より優位に執り行われた。これに、大内方の謙道宗設が憤慨し、寧波市舶司の倉庫から武器を持ち出し、細川船正使の鸞岡省佐を殺害して船を焼き払い、宋素卿を紹興付近まで追い回し、放火乱暴行為を働いた上、取り締まりに当たった明朝の袁璡を拉致し捕虜として海上に逃れ去ってしまった。この大事件を寧波の乱といい、その結果、日本と明朝との通交関係は断絶した〔小葉田淳 一九四一〕。

しかし、日明間の国交を途絶状態のままにするわけにもいかず、明朝は琉球ルートを通じて京都の室町幕府（細川氏主導）に国交回復の折衝をしてきた。大内義興も、独自に朝鮮ルートや琉球ルートの外交ルートを駆使して、明朝との通交貿易復活を画策した。この結果、大内氏は日本と琉球を結ぶ流通ルートに多大な影響力を及ぼすことになり、日明関係も復活させることに成功したのである（橋本雄 二〇〇五）。現在、毛利博物館に所蔵される「日本国王之印」（図7・8・9）は、日本国王（室町殿）が明朝からもらった金印を模造した木印だと考えられているが、このような「日本国王之印」が大内氏のもとにあったのも、大内氏がいかに寧波の乱後の日明貿易において有利な地位を占めていたのかを物語る伝来品だと思われる。こうして、朝鮮半島との活発な交流に加えて、明朝や琉球との関係も形成することで、大内氏は日本列島における大陸文物需要の窓口という地位を確固たるものとし、先進的な大陸文化の影響を直接受けることで、政治的・経済的・文化的に繁栄したのである。

図7　朱漆塗雲龍文鎗金印箱（毛利博物館所蔵）

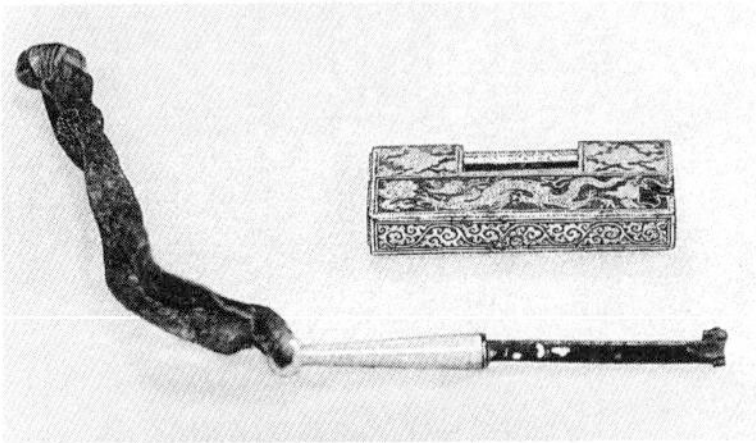
図8　印箱錠前（毛利博物館所蔵）

図9　日本国王之印木印（毛利博物館所蔵）

四　ヨーロッパとの出会い

十六世紀に入ると、明朝を中心とする外交秩序下の東アジア海域世界にヨーロッパ人が登場する。一五一一年、ポルトガルが東西交通の要衝マラッカ王国を滅ぼしてマラッカを占領すると、一五一七年、初めて中国広東《カントン》に入り明朝との通交を試みた。しかし、明朝はポルトガルが朝貢国でないことを理由に通交を拒否した。一五二一年、ポルトガルは再来航するが、明朝に対して武力をちらつかせたため広東追放の憂き目にあった。明朝の外交秩序の根幹をなす華夷思想を理解できないポルトガルは、結局、明朝との間に正式な通交関係を実現できないまま、密貿易という不法形態で貿易活動を行わざるを得なかった。

一方、当時の東アジア海域では、明朝の海域支配力が低下し（海禁政策の限界）、海外貿易を指向する華人海商や海民の活動が再び活発化し始めていた。明朝にとっては、国家の統制下にない人々＝密貿易者＝倭寇（武装海上勢力）であった。その意味で、ヨーロッパ人が登場した十六世紀の東アジア海域は、後期倭寇（十六世紀倭寇）と呼ばれる密貿易活動が活発化した時代でもあった。しかし、倭寇とはいってもその構成員の主体は華人で、倭寇の主要な根拠地の一つは、舟山群島の双嶼《リャンポー》であった。そして、明朝との正式通交を拒否されたポルトガルは、この倭寇活動と密接に連携して貿易活動を展開し始めたのである。注意しなければならないのは、マラッカ以東の東アジア海域は、このような華人海商の密貿易ネットワークが張りめぐらされた世界であり、東アジア海域を縦横無尽に航海していたのは華人のジャンク船であったことである。新たにこの世界に参入してきたポルトガルも、独自にネットワークを形成することは不可能であり、華人海商の船に便乗し、華人海商の密貿易活動に混じることで貿易活動を充足させていた。ゆえに、南蛮屏風に見るような大型の南蛮船が、当初から東アジア海域（もちろん日本にも）に直接渡航して来たわけではない。有名な種子島への鉄砲伝来も、華人海商のジャンク船に便乗していたポルトガル人によって伝えられたのである。

フランシスコ＝ザビエルがやって来たのは、まさにこのような倭寇活動が盛況な東アジアの海域であった。ザビエルは、インドのゴアからマラッカに来航し、マラッカで薩摩人アンジローと出会う。この出会いを機に、ザビエルは日本渡航を目指すようになる。一五四九年、インドから東南アジアのマラッカをへて、華人海商アヴァンのジャンク船で鹿児島に上陸したイエズス会宣教師ザビエル一行は、その翌年、日本の「国王」に面会して布教許可を得ようと平戸から京都へ上洛する途中に山口に立ち寄った。彼らは、大内義隆と会うことはできたものの、山口での布教許可はおりず信者となる人も少なかったため、京都への旅路を続けた。そして一五五一年、彼らは念願の上洛を果たした。しかし、当時の京都はあいつぐ戦乱で荒廃し、天皇や将軍の権力も失墜していたため、わずか十一日間で見切りをつけ、平戸へと戻った。そして、次の目標を西国で大勢力を誇っていた大内氏のもとでの保護をもくろみ、同年四月再び山口の地に赴いた。ザビエルは、数ある西国大名のなかから大内氏を主体的に選択したのである（伊藤幸司二〇一三）。そして、このザビエル一行を義隆はこころよく受けいれた。

約半年前、ザビエルに対して厚遇することはなかった大内義隆が、なぜ今度は態度を豹変させたのであろうか。それは、この時のザビエル一行が、本来なら日本の「国王」に献上しようとしていたインド総督と司教の親書と、親善の証《あか》しとして時計・楽器・眼鏡・ポルトガルの酒・織物などの珍奇なプレゼントを持参したからであろう。おそらく、義隆はザビエル一行を遠方の国から大内氏のもとへ挨拶にやってきた一種の朝貢使《ちょうこうし》としてとらえたのではなかろうか。当時、外来者が手土産（朝貢品）をもって挨拶にくることは、挨拶を受けた人物の徳や権威が遠方にまでとどろいていることの証拠だと人びとの間で認識されていた。義隆も、ザビエル一行を自分の権威や権力の大きさをまわりに宣伝する格好の材料としてとらえた可能性が高いのである。そして、義隆はザビエルに布教を許可し、住院として廃寺一宇を提供した。この廃寺がどこにあったのかは定かでない。ただし、一五七三年にイエズス会日本布教長のフランシスコ・カブラルが、宮野村にいた当時八十歳のカタリーナというキリシタンの老婆から、宮野村から一時間の場所にあったと聞いている〔松田毅一 一九七〇〕。

大内義隆は、ザビエルを受けいれた数ヶ月後の天文二十年（一五五一）九月に、陶隆房（陶晴賢）の政変を受けて自害した。陶氏は、義隆の後継者として豊後の大友義鎮の異母弟大内晴英《はるふさ》（のちの義長）をむかえる。そして、この大内義長がイエズス会日本布教長コスメ＝デ＝トルレスに対して教会および修道院建造を許したことが、「大道寺裁許状」とよばれる文書のコピーによって知られている（図10）。それを左に示してみよう。

周防国吉敷郡山口縣大道寺のこと、西域《さいいき》より来朝の僧、仏法紹隆のため、かの寺家を創建すべきのよし、請望の旨にまかせ、裁許せしむるところの状、くだんのごとし、

天文廿一年八月廿八日　　周防介《すおうのすけ》御判《ごはん》

当寺住持

もともとトルレスは義隆から土地寄進を約束されていたようで、義長の裁許状は義隆の意思を受けついでのものであったといえる。大道寺は、日本で最初の本格的なキリスト教の教会として知られているが、残念ながらこの施設は大内氏・陶氏と毛利氏との戦乱によってわずか数年後には焼失してしまった〔松田毅一 一九七〇〕。

ところで、この文書には大内氏がザビエル一行をどのように認識していたのかがはっきりと書かれておりおもしろい。大内氏がザビエル一行を受けいれた事実を、キ

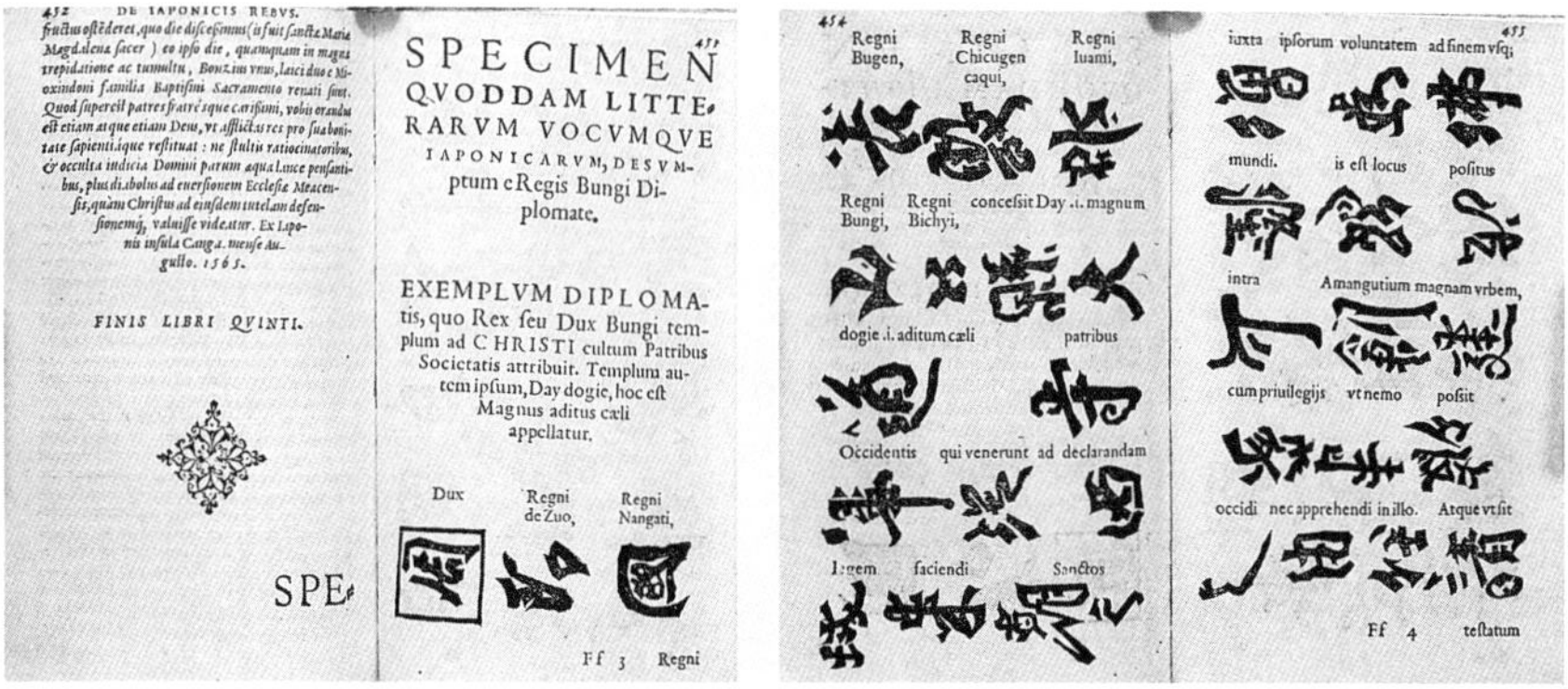
452 DE IAPONICIS REBVS.

fructus ostēderet, quo die discessimus (is fuit sanctæ Mariæ Magdalenæ sacer) eo ipso die, quamquam in magna trepidatione ac tumultu, Bonzius vnus, laici duo e Mioxindoni familia Baptismi Sacramento renati sunt. Quod superest patres fratrésque carissimi, vobis orandus est etiam atque etiam Deus, vt afflictas res pro sua bonitate sapientiáque restituat: ne stultis ratiocinatoribus, & occulta indicia Domini parum æqua lance pensantibus, plus diabolus ad euersionem Ecclesiæ Meacensis, quàm Christus ad eiusdem tutelam defensionemq́, valuisse videatur. Ex Iaponis insula Canga. mense Augusto. 1565.

FINIS LIBRI QVINTI.

SPE-

455

SPECIMEN QVODDAM LITTERARVM VOCVMQVE IAPONICARVM, DESVMptum e Regis Bungi Diplomate.

EXEMPLVM DIPLOMATIS, quo Rex seu Dux Bungi templum ad CHRISTI cultum Patribus Societatis attribuit. Templum autem ipsum, Day dogie, hoc est Magnus aditus cæli appellatur.

Dux | Regni de Zuo, | Regni Nangati,

Ff 3 Regni

454

Regni Bugen, | Regni Chicugen caqui, | Regni Iuami,

Regni Bungi, | Regni Bichyi, | concessit Day .i. magnum

dogie .i. aditum cæli | patribus

Occidentis | qui venerunt | ad declarandam

legem | faciendi | Sanctos

455

iuxta ipsorum voluntatem ad finem vsq;

mundi. | is est locus | positus

intra | Amangutium magnam vrbem,

cum priuilegijs | vt nemo | possit

occidi | nec apprehendi in illo. | Atque vt sit

Ff 4 testatum

図10　大内義長大道寺裁許状写（『イエズス会宣教師書簡集』所載、〔東武美術館ほか 1999〕より引用）

リスト教にも理解を示した大内氏の先進性として評価する俗説を耳にすることがあるが、まったくの誤解である。「大道寺裁許状」のなかで、ザビエルは西域から日本にやってきた仏僧とされている。「西域」とは、中国の西方の地域に対する総称であり、ここではインドのことをさしている。ザビエルがインド総督の親書を持ってやってきたことも関係しているのであろう。当時の日本の人びとにとって、世界とは扶桑（日本）・震旦（中国）・天竺（インド）であり、中国より西方はすべて天竺であった。そこにヨーロッパという概念はまったくなく、その意味でヨーロッパも天竺に含まれてしまうのである（朝鮮は震旦に含まれる）。そして、ザビエルは仏僧として思われている。おそらく、大内氏はザビエルたちを仏教発祥の地であるインドからやってきた新手の仏教僧だと思ったのであろう。だから、廃寺を与えたり、「仏法紹隆」のために寺を創建せよなどといっているのである。ここに、キリスト教のことをまったく理解していない大内氏の姿をみてとることができる。

しかし、この「大道寺裁許状」はイエズス会にとっては、日本で布教の橋頭堡を築いたメモリアルなものとして認識された。そのため、この文書のコピーが宣教師を通じてヨーロッパに伝えられて、イエズス会書簡集の一つとしてヨーロッパで出版された。その出版物は現在でも何種類かを確認することができる。ただし、漢字で書かれた文書をイエズス会の宣教師がそのまま読めるはずもなく、漢字は絵のように写され、その横にはポルトガル語やラテン語で語釈が書かれていた。まさに、この史料は当寺の異文化の遭遇を象徴するものだといえよう〔松田毅一 一九七〇〕〔レンゾ、デ・ルカ 二〇〇三〕。そして、イエズス会が極東の日本で大道寺という橋頭堡を築いた山口という地名は、十六世紀後期にヨーロッパで作成された地図にも登場するようになった（図11）。

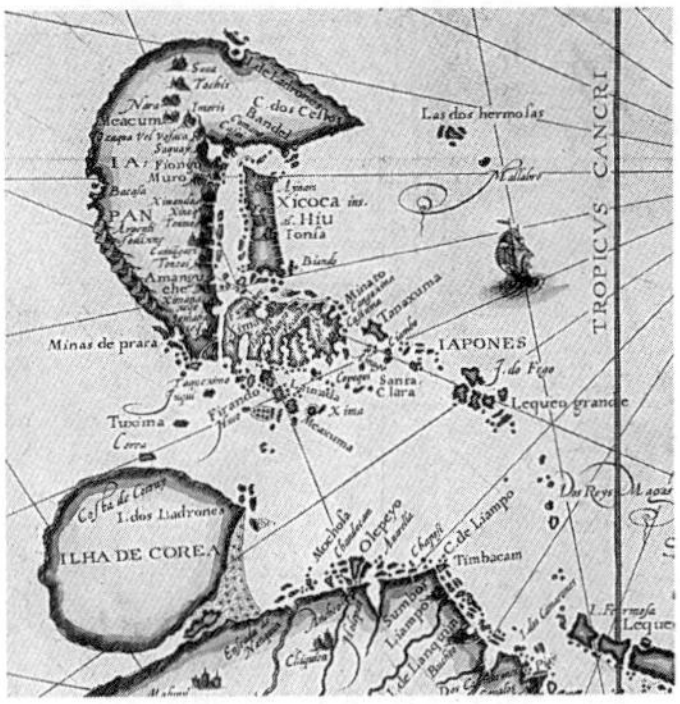

図11　アジア図（部分、1596年、「東方案内記」、Amangucheが山口を示す、〔東武美術館ほか 1999〕より引用）

時代は下って明治時代、ヨーロッパ史料におさめられた「大道寺裁許状」のコピーの存在は、著名なイギリスの外交官アーネスト・サトウによって再発見され、注目されるところとなった。その後、山口で布教に従事したパリ外国宣教会のアマトゥス・ヴィリオンは、大道寺の故地を探し求めた。ヴィリオンは、発見された「山口古図」に大道寺の記載があることを知り、それを根拠に大道寺の跡地を山口市金古曽《かなこそ》付近に比定した。現在、その地は聖ザビエル記念公園として整備され、ザビエル像をはめこんだ花崗岩製の巨大な十字架（聖ザビエル記念碑）やヴィリオンの胸像が建てられている。ただし、「山口古図」（山口県文書館所蔵）の大道寺の記載には信憑性に問題があり、このザビエル公園がはたして本当に大道寺跡であるのか否かは定かでない。

おわりに

朝鮮・明・琉球と活発に通交貿易を展開し、義隆・義長の時代にはヨーロッパ人とも遭遇した大内氏は、日本列島における大陸文物需要の主要な窓口という地位を確固たるものとし、日本の中央の文化に加えて、大陸文化の影響を直接受けることで、政治的・経済的・文化的に繁栄した。その外交活動の実態は、室町幕府に比肩しうるものであり、大友氏や島津氏など西国の地域権力の外交活動を凌駕するものであったといえる(伊藤幸司二〇一三)。

しかし、この大内氏も十六世紀の中葉、陶隆房(後の陶晴賢)の政変を経て、弘治三年(一五五七)四月三日、大内義長が長府長福寺(現在の下関市の功山寺)において自刃したことで滅亡する。大内氏の滅亡は、単に一大名の滅亡に止まらず、日本列島をめぐる国際関係にも多大な影響を及ぼした。日明関係では正式な勘合による遣明船が途絶し、二度と復活することはなかった。日朝関係では、朝鮮側が大内氏の滅亡を一五九〇年まで知らず、日朝貿易は対馬宗氏の独占状態となった。日琉関係では、大内氏に替わって南九州の薩摩島津氏が台頭する画期となっている。このような歴史上の激変を考慮すれば、大内氏の外交活動が東アジア海域においていかに存在感があったものであるのかを窺うことができる。そして、大内氏の都として、日本のみならずヨーロッパの地図にも記された中世都市山口は、大内氏の滅亡とともにその国際的地位を低下させざるを得なかったのである。

(伊藤幸司)

参考文献

熱田公一九七九『大内義隆』平凡社
伊藤幸司 二〇〇二『中世日本の外交と禅宗』吉川弘文館
伊藤幸司 二〇〇三「大内氏の琉球通交」『年報中世史研究』第二八号
伊藤幸司 二〇〇八「中世西国諸氏の系譜認識」九州史学研究会編『境界のアイデンティティ』岩田書院
伊藤幸司 二〇〇九「偽大内殿使考」『日本歴史』第七三一号
伊藤幸司 二〇一二「大内教弘・政弘と東アジア」『九州史学』第一六一号
伊藤幸司 二〇一三a「大内氏と博多」『市史研究ふくおか』創刊号
伊藤幸司 二〇一三b「大内氏の外交と大友氏の外交」鹿毛敏夫編『大内と大友――中世西日本の二大大名――』勉誠出版
北島大輔 二〇一〇「大内式の設定」『大内氏館跡』XI、山口市教育委員会
北島大輔 二〇一八「大内氏の町づくり」鹿毛敏夫編『戦国大名の土木事業』戎光祥出版
高正龍 二〇〇六「山口乗福寺跡出土瓦の検討」『喜谷美宣先生古稀記念論集』喜谷美宣先生古稀記念論集刊行会
小葉田淳 一九四一『中世日支通交貿易史の研究』刀江

書院
佐藤力 二〇〇一『乗福寺跡・御堀遺跡』山口市教育委員会
佐藤力 二〇〇四『乗福寺跡Ⅲ』山口市教育委員会
須田牧子 二〇一一『中世日朝関係と大内氏』東京大学出版会
東武美術館・朝日新聞社（編）一九九九『大ザビエル展』図録、東武美術館・朝日新聞社
橋本雄 二〇〇五『中世日本の国際関係――東アジア通交圏と偽使問題――』吉川弘文館
福尾猛市郎 一九五九『大内義隆』吉川弘文館
藤井崇 二〇一三『室町期大名権力論』同成社
松岡久人 一九六六『大内義弘』人物往来社
松田毅一 一九七〇「大内義長の大道寺裁許状について」『古文書研究』第四号
村井章介 一九八八『アジアのなかの中世日本』校倉書房
山口県立美術館（編）一九八九『大内文化の遺宝展』図録、山口県立美術館
レンゾ、デ・ルカ 二〇〇三「「大道寺裁許状」とイエズス会史料の比較研究」『九州史学』第一三五号

【附記】本稿は、拙稿「大内氏の国際展開――一四世紀後半から一六世紀前半における山口地域と東アジア世界――」（『山口県立大学国際文化学部紀要』第一一号、二〇〇五年）を、その後の知見を加えて改稿したものである。

また、大内氏のアジア外交にかかる概説としては、拙稿「大内氏と朝鮮――弘世期～持世期――（第三編第四章第一節）」、「拡大する大内氏の外交活動―教弘期～義長期――（第三編第四章第二節）」、「高麗・朝鮮国との交渉と文物（第六編第四章第一節）」、「勘合貿易をめぐる文物（第六編第四章第二節）」（いずれも『山口県史』通史編中世、山口県、二〇一二年）がより詳細にまとめているので、ご参照頂きたい。

大内氏の祖先神話と朝鮮

はじめに

文明十八年（一四八六）、大内政弘が氏寺である興隆寺（山口市）を勅願寺にする際、興隆寺の概観を説明するために、後土御門天皇へ提出した文書は、まさに大内氏の家譜ともいえるものであった（「大内氏家譜写」、山口県文書館蔵「大内氏実録土代」十六に所収）。この文書は、前半部分で大内氏の系譜について詳細に述べ、後半部分で興隆寺の寺観について触れている。興隆寺には、当然ながら朝廷に提出されたこの文書の原本は残っていないが、天和三年（一六八三）興隆寺真光院の行海の要請により、天台座主堯恕が書写したものの写しが伝来していた。このほか、山口にある複数の大内氏の菩提寺にも、類似の内容を持つ系図や由緒書が伝わっており、大内氏の家譜ともいうべきものが、大内氏ゆかりの寺々で共有されていたことがわかる〔須田牧子 二〇一一〕。

大内氏が家譜で語る祖先神話とは、おおよそ次のような内容である。

推古天皇十七年（六〇九）周防国鷲頭《わしず》庄青柳《あおやぎ》浦に北辰（北極星）が降り、異国の太子の来日とその護持を予言した。下松《くだまつ》（降松）浦といわれるようになったその地には妙見菩薩が祀られ、足掛け三年が経過した頃、百済国聖明王第三王子の琳聖太子《りんしょうたいし》が来日した。そして、高句麗・百済建国神話をベースとした琳聖太子に至る百済王系のことが語られる。生身菩薩（生き仏）に会いたいと願っていた琳聖太子は、お告げにより海東（日本）にいる生身菩薩たる聖徳太子の存在を知った。聖徳太子に会うために、琳聖太子は周防国多々良浜へ着岸し、摂津国荒陵（四天王寺）で聖徳太子と対面した。聖徳太子から周防国大内県と多々良姓を下賜された琳聖太子は、子孫が連綿と絶えずに続いた。また、北辰を祀った妙見大菩薩は下松浦から移転し、琳聖太子五世孫の大内茂村によって大内県の氷上山《ひかみ》（大内氏の氏寺たる興隆寺）に勧請《かんじょう》された。

ここで語られる大内氏の祖先神話には、妙見信仰、高句麗・百済建国神話、聖徳太子信仰の要素が組み込まれていることがわかる〔須田牧子 二〇一一〕。ただし、琳聖太子は実在の人物とは言い難い。なぜなら、『三国史記』などの朝鮮側史料によれば、聖明王の王子は二人であり、第三王子は存在しなかったからである。そして、大内氏の祖先神話は、文明十八年（一四八六）に突然誕生したわけではない。じつは、これより遡ること約一〇〇年前から、大内氏は徐々に祖先神話を創り出し、主張していたのである。異国にみずからのルーツを求めるという特異な大内氏の祖先神話は、どのようにして生み出されたのであろうか。本稿では、大内氏の祖先神話の形成過程を確認しつつ、なぜ大内氏がこのような言説を生み出したのかということについて考察する。

一　百済末裔としての大内氏

定宗《チョンジョン》元年（応永六・一三九九）、大内義弘は朝鮮に使者（＝大内殿使）を派遣し、みずからが百済の末裔であることを国王定宗に吐露した。そして、「日本国人」が大内氏の世系と姓氏を知らないので、それを示すモノと百済の土田（故地）、そして大蔵経板が欲しいと願った。これまで義弘は、高麗で印刷された仏教聖典たる大蔵経（高麗版大蔵経）を輸入するなど積極的な朝鮮通交をおこなうのみならず、朝鮮半島を襲う倭寇の討伐や禁圧をすることで、朝鮮政府内でその評価を高めていた。倭寇禁圧の勲功を重んじた定宗は、いったんは義弘に土田を下賜しようとするものの多くの家臣たちが大反対し、国王に土田の下賜を止まらせた。いっぽう、大内氏のルーツについては遙か昔のことなのでよくわからないが、いちおう百済の始祖である温祚《オンジョ》王高《コ》氏の子孫だということにした（『定宗実録』元年七月戊寅条）。結局、この興味ある出来事は、同年末に勃発した応永の乱で義弘が足利義満によって敗死させられたことでうやむやになってしまう。もし、義弘がそのまま存命していたら、朝鮮に対してどのようなアクションを起こしていたのであろうか。

　この一連の事件は、日本の室町幕府―守護体制下にある大内義弘が、異国にルーツを求め、異国の王権に対して所領を要求したという点で非常に特徴的である。なぜ、義弘は百済の故地を要求したのかはわからない。しかし、ここで重要なのは、百済の末裔であることを主張した大内氏の言動に対して、朝鮮側がその主張を基本的に否定することもなくそのまま受け入れ、さらに、証拠はないが百済の始祖である温祚王高氏の子孫ということにしておこうと対応したことである。つまり、この時の朝鮮側の基本方針は、倭寇討伐で重要な位置を占める大内氏との良好な関係を持続させる努力はするが、将来的な火種となりかねない土地の給付は拒絶したいという姿勢であった。いわば、大内氏のルーツの真偽などは、朝鮮側からすれば直面する現実的な外交課題に影響を及ぼすものでもなく、さほど問題とはならなかったのであろう。

しかし、大内義弘にとっては重要な問題であった。義弘の朝鮮通交は、応永二年（一三九五）の九州探題今川了俊の召還以降に開始されている。これ以前に朝鮮通交を牛耳っていた了俊がいなくなったことで、義弘は了俊の立場にとってかわって毎年積極的な通交貿易を実現することができた。この過程で、義弘は朝鮮とのつながりの深さを国内でアピールするかのように、本拠地山口にある乗福寺という禅寺を朝鮮風の意匠で再建している。近年の発掘成果によれば、乗福寺伽藍跡地から龍文滴水瓦、鳳凰文軒丸瓦や道具瓦などがセットで出土している。これらの瓦は朝鮮の技法で制作されており、乗福寺再建のために朝鮮人瓦工の来日があったと推測されている〔佐藤力 二〇〇四〕〔高正龍 二〇〇六〕。まさに、乗福寺は朝鮮風に荘厳化されていたのである。乗福寺は、義弘の曽祖父重弘・父弘世の菩提寺である。康暦二年（一三八〇）の父の死後頃から、弟の満弘との間で内訌を繰り広げた義弘にとって、父の菩提寺である乗福寺を整備することは、みずからの正統性をアピールする手段であった。彼は、乗福寺の姿を通じて正統性を誇示するのみならず、朝鮮との密接さをも具体的に可視化したということになる〔伊藤幸司 二〇〇八〕。

以上のことから、義弘は朝鮮とのつながりの深さを日本国内に向けて強烈にアピールしていたことがわかる。この背景には、室町幕府の足利義満をはじめとして、日本国内には朝鮮通交を目論む諸勢力が存在していたことがある。朝鮮通交を主導したい義弘には、朝鮮との密接さをアピールすることで、彼らを牽制したいという思惑があったと考えられる。

このように、百済末裔の大内氏という主張は、朝鮮にとってはこの時点でさほど重要なことではなかったが、義弘にとっては日本国内向けにとても重要なことであったといえる。

二　琳聖太子の創造

応永六年（一三九九）十二月に応永の乱で大内義弘が足利義満によって討たれると、大内家では義弘の弟であった弘茂と盛見の間で家督をめぐる争いが勃発した。

当初、足利義満は義弘とともに堺へ進軍したものの最終的には帰順してきた弘茂を後継者に指名したが、山口で留守を守っていた盛見がこれに異をとなえた。盛見は、義満のバックアップを受けて山口に下向してきた弘茂軍を打ち破り、実力で周防・長門地域を実効支配してしまった。結局、応永十年（一四〇三）に義満はこの現状を受け入れ、盛見が義弘の後継者として室町幕府から正式に認められた。

実力で大内家の家督を奪取した盛見ではあったが、弘茂らとの内訌は大内氏家臣団を分裂させるものであったため、盛見は早急に家臣団を再結集しみずからの正統性を明示する必要があった。そのため翌年に大々的におこなわれたのが、大内氏の氏寺である興隆寺本堂供養である。天台宗の興隆寺は、大内氏の氏寺として妙見神が祀られ、大内氏の精神世界の中核に位置づけられるのみならず、毎年開催される二月会は大内氏の領国支配を可視化する場となっていた。こうした興隆寺という場で挙行した儀礼は、室町幕府との関係回復と大内家家督継承者としてのみずからの立場をアピールするものとなった（須田牧子二〇一一）。

しかも同時に、盛見は興隆寺に対して朝鮮から大蔵経を輸入・施入している（伊藤幸司二〇〇二）。この大蔵経入手に際しては、あらかじめ家臣たちから勧進銭を大量に募っていた。おそらく、彼らは大蔵経の施入に係わったということで一定程度の功徳を感じたであろうし、そうであるならば盛見は大蔵経を紐帯としても大内氏家臣団を糾合することに成功したことになる。盛見が興隆寺本堂供養と連動して一切経勧進を遂行したのは、寺の荘厳化という意味合い以上に、功徳という精神世界をも利用した一体感を演出することで、盛見を頂点とする新たな武士集団の確立を目論んだものだといえよう（伊藤幸司二〇一二）。

この仏教儀礼に際して、大内盛見は氏寺興隆寺の草創者として「当家《大内家》曩祖」たる「百済国琳聖太子」を、また大内氏の氏神として妙見菩薩を、それぞれ明確に位置づけた（『興隆寺文書』「興隆寺本堂供養願文」「同供養日記」）。実は、これが琳聖太子なる人物の史料上の初見であり、大内家の始祖として琳聖太子なる架空の人物を生み出したのは盛見であった。盛見は、領国支配・精神世界の結集の場であった氏寺興隆寺を、妙見菩薩と琳聖太子という要素で荘厳化し権威付けしたわけである。

妙見菩薩は、北辰《ほくしん》（北極星）を神格化したもので、国

図1　車塚古墳の石室

土を守護し災厄をのぞくと考えられており、中世社会では広く信仰されていた。大内氏は、とくに妙見信仰を重要視し、農耕から軍事にわたる領国支配の安定を祈願していた〔平瀬直樹二〇一七〕。大内盛見は、祖先神話に妙見菩薩を登場させることで、妙心信仰を受容する人びとと神話を関連付けたといえる。

　では、琳聖太子の創造にはどのような意味があったのであろうか。実は、盛見は周防国防府の多々良《たたら》浜にあった六世紀以後の前方後円墳の上に多々良宮という社を設け、祭神として妙見菩薩・聖徳太子・琳聖太子を祀っている。社宮は、周囲に堀を開削して松を植えるなど、大規模な作業を数年がかりでおこなうほどの力の入れようであった。のちに、この古墳の名称が琳聖太子ゆかりの車を納めたという伝承から車塚古墳（図1）といわれるようになることからも〔『防長風土注進案』〕、盛見は車塚古墳を一族の先祖の墓とみなして祖先祭祀の体制整備を目論んだと考えられる。ここで、注目すべきは琳聖太子とともに祀られているのが、妙見菩薩のみならず聖徳太子も存在したことである。すでに、「興隆寺本堂供養願文」などで推古天皇の時代に活躍したと記される琳聖太子は、そのネーミングからして同時代に活躍し、後に聖徳太子と呼ばれた厩戸皇子を強く意識したものであったことは間違いなかろう〔伊藤幸司二〇〇八〕。

　時代は下るが、端宗《タンジョン》元年（享徳二・一四五三）盛見の子の教弘は、朝鮮に対して使節を派遣し、みずからの祖先神話を語った〔『端宗実録』元年六月己酉条〕。その物語とは、仏教滅亡を目論む大連《おおむらじ》等と戦う聖徳太子を、百済国王が琳聖太子を派遣することで援助し大連等を討伐させた結果、琳聖太子は聖徳太子から勲功として州郡を賜り、以後、琳聖太子の子孫はその地にちなんで大内公と称しているというものであった。ここで語られる琳聖太子と聖徳太子との具体的な関係は、おそらく盛見の段階ですでに形成されていたと考えられる。琳聖太子は百済の人であったと主張する盛見が、琳聖太子の物語を構築する上で、百済が日本へ仏教を伝来させた国であること、そしてその仏教を護持した人物が聖徳太子であったというあまりにも有名な歴史的事実を想起することなく、琳聖太子と聖徳太子を多々良宮で並べて祀ったとは考えがたいからである。仏教の守護神たる聖徳太子と共闘し、草創期の日本仏教を護持した恩人として琳聖太子を語ることは、中世社会において僧俗両界で大きな影響力をおよぼした仏教と、中世社会に広く浸透し盛んであった聖徳太子信仰という要素でも琳聖太子の物語を荘厳化しようとしたことを意味する。そして、こうした要素があったればこそ、琳聖太子の物語が日本の中世社会で受容されていく可能性を与えたであろうと思われる〔伊藤幸司二〇〇八〕。

　このように、琳聖太子の物語に仏教や聖徳太子の要素を組みこんだのは、歴代大内氏当主（図2）のなかでもとりわけ仏教に造詣の深い大内盛見らしい行為であったといえる。盛見は、その治世下で、大蔵経などの仏教の仏具を積極的に輸入し、領国内の寺社に寄付するなど、仏教興隆策を意欲的にとっていた。かつて百済の末裔だと主張した大内義弘の言説を前提として、盛見は義弘の後継者としてその正統性を主張するのと同時に、琳聖太子の物語を生み出すことで言説の強化をもはかったのである〔伊藤幸司二〇〇八〕。

　現在、山口市大内御堀《みほり》にある乗福寺（大内重弘・弘世の

図2　大内氏歴代肖像扁額（〔北九州市立自然史・歴史博物館2012〕より引用）
慶長10年（1605）毛利輝元が大寧寺で自刃した大内義隆一行を祭神として創建した宝現霊社へ、17世紀頃に奉納された扁額。中央上部に琳聖太子が描かれている。

図3　乗福寺蔵琳聖太子像
（〔北九州市立自然史・歴史博物館 2012〕より引用）

図4　乗福寺の琳聖太子供養塔

菩提寺）には、琳聖太子の木像（図3）とその供養塔と伝えられる石塔がある（図4）。木像は、十四世紀後半の制作年代と推定されている。ただし、この木像は大陸の伽藍神などの図像をもとに制作されたものと考えられており、当初から琳聖太子の姿として制作されたのか否かはわからない〔北九州市立自然史・歴史博物館 二〇一二〕。十五世紀初頭、大内盛見が琳聖太子を創造したとするならば、乗福寺の琳聖太子像は、当初、別の木像として存在したものを琳聖太子像として転用した可能性もあろう。また、興隆寺にも琳聖太子ゆかりと伝承される宝剣・拵と笛があるが、いずれも大内氏の祖先神話に仮託した伝世品と思われ、乗福寺の木像や供養塔とともに、祖先神話を可視化したものと評価することができよう。

三　朝鮮貿易と祖先神話

大内教弘は一四五三年に朝鮮に対して使節を派遣し、みずからの祖先神話を語った。そして、教弘はこの神話が口頭伝承でしか残っていないことを理由に、朝鮮に対してこの故事を記す『琳聖太子入日本之記』の下賜を要請した。この時、教弘は琳聖太子の来日時期として「大連等起兵時、日本国鏡当四年也、当隋開皇元年也」といっていることから五八一年という具体的な年を想定していることがわかるが、実際に物部守屋が仏教を護持する蘇我馬子や厩戸皇子と対立して討たれたのは五八七年であった（『端宗実録』元年六月己酉条）。そもそも、琳聖太子という人物は大内氏によって創出された架空の人物であるから、朝鮮に『琳聖太子入日本之記』のような関係史料があるはずもない。しかし、朝鮮側は大内氏の主張を否定するどころか、国王端宗は春秋館集賢殿に命じて古書籍を探索させ、結局、かつての定宗の発言を古書として下賜する〔須田牧子 二〇一一〕という誠実な対応をした。

なぜ、朝鮮は大内教弘の語りに対して真面目に対応したのであろうか。それは、教弘に対して朝鮮側が下賜した古書の内容から類推することができる。それには、百済温祚王高氏の子孫である大内氏が倭寇を討伐し禁圧に努力していることが強調して書かれている。つまり、かつての義弘の時と同じく、朝鮮側にとって重要なのは倭寇対策に有効な存在である大内氏との良好な関係であり、大内氏による主張の正否は二の次であったと考えられるのである。

では、なぜ、大内教弘はこの時期に盛見が創出した琳聖太子の物語を朝鮮に主張する必要があったのであろうか。これには、当時の日朝通交の状況が大きく関係していたと考えられる。じつは、これに先立つ一四五〇年代前後の朝鮮貿易の場では、大内氏の名義をかたる偽使《ぎし》が横行していたのである。朝鮮から絶大な信頼を得ている大内氏は、朝鮮外交秩序において日本国王（＝室町殿）に次ぐランクで接待を受ける存在であったため、大内氏の使節になりすまして貿易をおこなうことはかなりのメリットがあった。大内氏としては、このような偽者《にせもの》の使節をシャットアウトするためにも、朝鮮に使節の真偽を査証する制度の導入を求めた。それが、さきほどの一四五三年の大内教弘の使節である。つまり、大内氏は朝鮮側に大内氏のための独自の査証制度を導入してもらう必要上、百済の末裔である大内氏と朝鮮の人びととは同系（同祖）であるという論理を展開したのである。仏教以上に儒教を重要視した朝鮮では、朝鮮との同系を主張することが交渉上の大きな利点となった。つまり、教弘が朝鮮に対して琳聖太子の祖先神話を語って『琳聖太子入日本之記』の下賜要請をしたのは、同系意識を朝鮮側により強く印象付けるための手段であったといえる。そして、教弘はその思惑通り査証アイテムを朝鮮から下賜された。それが、「通信符」の文字を陽刻した銅印を半分に切断した右符であり（図5）、以後、大内

図5　通信符（毛利博物館所蔵）

図6　黄銅六花文印箱（毛利博物館所蔵）

氏はこの印鑑を朝鮮に提出する外交文書（書契）に押した。つまり、本物の大内氏の使節であれば「通信符」右符印を押した外交文書を携帯しているはずであり、右符印のない外交文書を携帯する使節は偽者の使節だと判断することが可能となった。なお、この「通信符」右符印は、現在、それを納めていた印箱（図6）とともに毛利博物館に現存している。いずれにせよ、大内氏の祖先神話は、日本国内における大内家の荘厳化に寄与するのみならず、朝鮮貿易という国外に対しても有効な効果をあげることがあったのである（伊藤幸司二〇〇九）。

四　祖先神話の完成

応仁元年（一四六七）に勃発した応仁・文明の乱によって、大内政弘は西軍の主力として京都に上洛した。政弘は、京都でみずからの祖先神話を宣伝したようで、興福寺大乗院の尋尊は大内氏を蒙古か高麗の子孫、その後、百済国聖明王の子孫だと書き記している（『大乗院寺社雑事記』文明四年五月廿七日条、同七年八月一四日条）。文明七年（一四七五）に政弘は小槻晴富を通じて、『新撰姓氏録』（弘仁六年（八一五）成立）を写した。これは、古代律令国家が平安京・畿内居住氏族の系譜を確定した記録であり、政弘はこれを用いて先祖の裏付け調査を試みたものと思われる。そして、確かに『新撰姓氏録』のなかには「多々良公《たたらのきみ》」が登場した。しかし、「多々良公」は任那王系統の氏姓となっており、残念ながら大内氏の主張する祖先神話とは食い違っていた。そのため、大内氏が『新撰姓氏録』を有力な根拠として言説を宣伝することはなかった（伊藤幸司二〇〇八）。

大内氏の祖先神話は、政弘の京都滞在中に大きく進展する。文明年間に成立した「鹿苑院西国下向記」には、厳島参詣時に周防国へ立ち寄った足利義満を接待する大内義弘の姿とともに、大内氏の渡来伝承とそのゆかりの地についての記述がある。このなかで、琳聖太子は百済国済《（聖）》明王の第三王子で、百済では余《ヨ》氏であったことを明記している。すでに、祖先神話では聖徳太子信仰とあいまって仏教護持のことが強く説かれていたが、その琳聖太子を日本に仏教を伝えたとされる聖明王の子としたのは象徴的である。ただし、先に述べたように琳聖太子は実在しない架空の人物である。また、義弘期に朝鮮国王定宗から教示された高氏ではなく、百済国王の王姓である余氏を主張している点は、大内氏が史実にあわせて言説を修正したことを示している（伊藤幸司二〇〇八）。

図7　降松神社若宮（下松妙見社）

　文明九年（一四七七）二月、政弘は京都の陣中の良方に妙見菩薩を勧請する際、聖護院准后道興に勧請告文《こうもん》を清書させた（「大内政弘妙見大菩薩勧請告文」『続左丞抄』）。このなかで、琳聖太子の来日を推古十九年（六一一）とし、彼の来日に際して妙見大菩薩が守護のために周防国下松へ降臨、その後、氏神妙見大菩薩を大内県氷上山に勧請して寺を興隆寺と号したことなどが新たに述べられている。翌年、政弘は下松妙見社（図7）の修造を命じており（『正任記』文明十年十月三日条・六日条）、言説ゆかりの地の整備を進めたことが分かる。この行為は、かつて大内盛見が多々良宮を整備したことと類似している。

　このように、大内政弘は祖先神話の内容を徐々に充実させた後、成宗《ソンジョン》十六年（文明十七・一四八五）朝鮮に対して琳聖太子は聖明王第三王子だと主張し、曾祖父以前の名前や事績を照会するのとあわせて『国史』下賜の要請をした。これに対して、朝鮮側は『三国史記』にもとづき、高句麗・百済建国神話の箇所を「略記」として下賜した。政弘は、構築してきた言説に「略記」で示された情報を追加することで、翌年に「大内氏家譜」を書き上げ、冒頭に記した祖先神話を完成させたのである〔須田牧子二〇一一〕。

大内政弘が、かくも積極的に神話作りに熱心だったのは、応仁・文明の乱で分裂した領国秩序を自己のもとへ再編成しようと取り組んだからである。大乱勃発後の大内氏は、西軍に属した政弘に対し、東軍が政弘の伯父教幸を離叛させ、これに仁保氏などの有力家臣が追従した結果、大内領国は惣領権をめぐる対立に加えて家臣団の分裂をも引き起こした。この事態は、文明三年（一四七一）に陶弘護が大内道頓《（教幸）》を没落させたことで終息に向かうが、領国内には相応の動揺が残った。この深刻な事態を解決するために、政弘は応仁・文明の乱で混乱する以前のあるべき支配秩序に立ち帰って、みずからの正統性を家臣団に再認識させる必要があったのである。そして、長禄三年（一四五九）父教弘とともに、大内氏の正嫡亀童丸＝政弘としてとり行った興隆寺二月会で示した領国秩序こそ、政弘の正統性の根拠であった。ゆえに、政弘はこの秩序を構成する諸要素を再強化することで、みずからの存在を正統化し権威化しようとした。その手段が、自己に連なる系譜の確定と父教弘への三位追贈運動、そして興隆寺の勅願寺化活動であった〔伊藤幸司二〇〇八〕〔須田牧子二〇一一〕。

祖先神話の完成には自己に連なる系譜確定の意味合いも当然あったが、同時に言説のなかでも政弘期に妙見菩薩と興隆寺の関係を結ぶ部分が増幅されているのは、妙見菩薩に擬される亀童丸として二月会をとりおこなった政弘自身の聖性や興隆寺の重要性を強調するものであった。さらに、仏教護持の下、妙見菩薩に守護され聖徳太子を助ける琳聖太子の姿は、中世社会においてはまさに妙見信仰と聖徳太子信仰を吸収する存在として、精神世界の場で相対的に琳聖太子の地位を飛躍的に向上させた。当然、このことは琳聖太子を始祖とする大内氏の立場を荘厳化することにも連動したのである〔伊藤幸司二〇〇八〕。

また、武家としては破格の三位追贈を故教弘に獲得させることは、政弘の系譜が教幸の系譜より優越することを示すことに直結し、氏寺興隆寺の勅願寺化は寺格の向上のみならず、領国結集の場を荘厳化することになった〔須田牧子二〇一一〕〔山田貴司二〇一五〕。かつて、大内盛見が琳聖太子後胤説話を増幅させ、興隆寺本堂供養を利用して内紛後の領国支配秩序を明示したように、政弘もまた同じ手法をたどったのである。こうして、文明十八年（一四八六）六月、故教弘への三位追贈（従三位）が実現し、八月に興隆寺勅願寺化が許可され、九月に歴代当主の各菩提寺への年忌ごとの出仕を定め、十月に興隆寺の門に勅額が掲げられるのと同日付で「大内氏家譜」が完成した。この年には、雪舟等楊によって著名な「山水長巻」が描かれるなど（畑靖紀 二〇〇六）、様々な分野で大内氏を荘厳化するアイテムがそろいつつあった。この前後、大内領国では法令整備の進展とともに大内氏家臣団の一体化も成し遂げられようとしており、文明十八年（一四八六）は大内氏にとって画期的な年となったのである。

大内政弘によって完成された祖先神話は、その後の大内氏の重要なアイデンティティとして共有された。十六世紀中葉、政変によって大内義隆を自害に追い込んだ陶隆房は、天文二十一年（一五五二）豊後の大友義鑑の妻となっていた義隆の姉の子を大内晴英《はるふさ》（義長）として擁立する際、琳聖太子の神話にもとづき、豊後から船で周防国多々良浜に上陸し、山口の大内氏館に入場することで（『多々良盛衰記』）、大内家の正統な後継者であることを喧伝したのである。

おわりに

百済という異国に始祖を求めるという大内氏の祖先神話は、中世日本の社会にあって特徴的ではあったが、決して唯一の事例ではなかった。例えば、大内氏と同じく西国における有力な一族であった大蔵氏の事例がある。大蔵氏は、平安期の承平・天慶の乱や刀伊の入寇で勲功者を排出した武門の家として、自身が九州武士団の始祖となり得る一族であったため、多くの庶流を生み出しているが、その祖は漢皇帝劉氏の末裔を自称していた。同氏のなかでは、中世を通じて、大蔵一族＝劉氏末裔との認識が一定程度認知されていたと思われる（伊藤幸司 二〇〇八）。

ところで、中世の西国諸氏が系譜認識を決定づける上で選択した始祖には、十世紀前半の天慶の乱や十一世紀前半の刀伊の入寇で武名を轟かせ勲功を挙げた者が多く選択されていた。ただし、承久の乱や蒙古襲来によって九州へ下向してきた西遷御家人は、「源平藤橘」に代表される中央の系譜に連なる人物を始祖とする場合が多い。西国諸氏の系譜の特徴は、始祖選択の画期となった事件が刀伊の入寇や蒙古襲来であったことからわかるように、異国の存在が大きな影響を及ぼしていたことである。それを象徴するかのように、大蔵氏や大内氏はみずからの始祖を異国に求めていた。しかも、大内氏の祖先神話に顕著なように、異国にルーツを求めることが単なる机上の空論に終始せず、異国との交流の場でも具体的な意味を有していたという点には注目すべきである。

百済の末裔を誇った大内氏は、弘治三年（一五五七）陶晴賢によって擁立された義長が毛利氏に敗れることで滅亡した。しかし、大内氏の祖先神話は、大内氏滅亡後も消え去ることなく生き続いたようである。江戸期の防長地域の寺社の多くが、大内氏の祖先神話の要素が登場する縁起や文物を有していることを踏まえると〔二宮啓任一九七二〕、大内氏の言説は意外に深く日本社会に根付いていたといえよう。

（伊藤幸司）

参考文献

伊藤幸司二〇〇二『中世日本の外交と禅宗』吉川弘文館
伊藤幸司二〇〇八「中世西国諸氏の系譜認識」九州史学研究会編『境界のアイデンティティ』岩田書院
伊藤幸司二〇〇九「偽大内殿使考――大内氏の朝鮮通交と偽使問題――」『日本歴史』第七三一号
伊藤幸司二〇一二「大内氏と朝鮮――弘世期～持世期――」『山口県史』通史編中世、山口県
北九州市立自然史・歴史博物館（編）二〇一二『大内文化と北九州』北九州市立自然史・歴史博物館
高正龍二〇〇六「山口乗福寺跡出土瓦の検討――韓国龍文端平瓦の編年と麗末鮮初の滴水瓦の様相――」『喜谷美宣先生古稀記念論集』喜谷美宣先生古稀記念論集刊行会
佐藤力二〇〇四『乗福寺跡Ⅲ』山口市教育委員会
須田牧子二〇一一『中世日朝関係と大内氏』東京大学出版会
二宮啓任一九七一「防長の琳聖太子伝説」『南都仏教』第二七号
畑靖紀二〇〇六「文明十八年の大内氏と雪舟」山口県立美術館雪舟研究会編『雪舟等楊――「雪舟への旅」展研究図録――』中央公論美術出版
平瀬直樹二〇一七『大内氏の領国支配と宗教』塙書房
山田貴司二〇一五『中世後期武家官位論』戎光祥出版

【附記】本稿は、拙稿「中世西国諸氏の系譜認識」（九州史学研究会編『境界のアイデンティティ』岩田書院、二〇〇八年）の見解をベースとしつつ、同「大内氏の祖先神話」（『季刊東北学』第二七号、二〇一一年）、同「中世武士の系譜――周防大内氏を事例として――」（『歴史と地理』第七一七号、二〇一八年）の記述も用いて再構成したものである。

大内氏と寺社

一　中世の政治権力と宗教

中世の仏教と言えば、歴史教育のレベルでは、法然・親鸞・一遍・栄西・道元・日蓮など、いわゆる「鎌倉新仏教」のイメージがなお濃厚かもしれない。とりわけ大内氏のような武家と関係の深い仏教と言えば、禅宗のことをまず思い浮かべる場合が多いと思われる。

しかしこの時代には、古代から続く天台宗・真言宗・南都六宗の大寺院の存在感がなお大きかった。ただし古代とは質的に異なっており、律令制的な国家や社会のしくみが流動化するに伴って、大寺院の勢力は、国家的な保護と統制の枠組みから半ば自立化を遂げていた。彼らが独自の経営を展開する過程において、仏教の論理が、俗界の論理と相互浸透を引き起こす形で社会全体に深く及んだのである。このような存在になった「八宗」を「旧仏教」と呼ぶには誤解を招くことから、近年の学界では「顕密《けんみつ》仏教」という概念で捉えるほうが一般化しつつある〔黒田俊雄 一九九四〕〔平雅行 二〇一七〕。

また、同じく古代から続く神社についても、やはり中世への移行期に質的変化を遂げていた。日本の神々を仏教の如来や菩薩の垂迹《すいじゃく》として位置づける本地垂迹説が普遍化したのは、顕密仏教との習合が極度に進んだ結果である。神社の境内周辺には、堂塔などの仏教施設が次々と設けられ、なかでも八幡神や天神などを祭神とする神社では、長官以下の要職を顕密系の僧侶が占めた。中世の神社は、祭神・祭祀・建築に独自性を保持しながらも、総じて顕密系の寺院に似通う姿になっていた。

鎌倉幕府は、寿福寺・建長寺・円覚寺などの禅宗寺院を建立したことでよく知られているが、鎌倉にはそれらに先んじて、鶴岡八幡宮・勝長寿院・永福寺などの顕密系寺社を造営しており、これらを重んじていた。ただし鎌倉時代の中期になると、幕府の宗教行政に方針転換が生じ、新興の禅宗や律宗を重視する傾向が一時期強まった。この影響が社会全体に及び、禅宗や律宗の教線拡大に拍車がかかったのである〔平雅行 二〇一七〕。

中世後期になると、とりわけ五山派の禅が全盛期を迎え、室町幕府の新寺建立は、天龍寺・相国寺などの禅宗寺院が中心となった。しかし幕府は、顕密系寺社を軽視したわけではなく、五山派の禅と共に積極的に重んじた〔原田正俊 一九九八〕〔大田壮一郎 二〇一四〕。

そもそも中世は、聖職者どうしの確執や紛争が絶えない時代だったが、諸宗教の多元的共存を重視する価値観は広く共有されていた〔平雅行 二〇一七〕。こうしたなかで、政治権力の対応としては、中央でも地方でも、顕密系と新仏教系とを共に重視する方針が基本となった。それは、大内氏の宗教行政においても同様であった。

二　大内氏の氏寺氏神と菩提所

ただし、諸家ごとのレベルで比較すると、どのような寺社を重視し、拠点となる館の周辺にどのような寺社の秩序を形成していたかという点には、それぞれに特色があった。室町時代の大内氏の場合には、おおむね以下のような特色があった。

顕密系の寺社については、大内氏は天台宗の氷上山《ひかみさん》興隆寺を氏寺として特別に重視した（本書真木コラム「氷上山興隆寺の旧境内」参照）。氷上山は延暦寺の末とされたが、延暦寺への従属度の高さは窺えない。また大内氏は、この境内の妙見社に祀る妙見大菩薩を氏神として重視した。興隆寺と妙見社は密接不離の関係にあり、法印クラスの僧綱位《そうごうい》を有する僧侶が氷上山の別当に就任し、一体的に管轄していた。

そもそも大内氏が祖として仰ぐ百済国の聖明王《せいめいおう》は、古代日本に仏教公伝をもたらしたことで知られ、系譜意識においても仏教との関係が深い。氷上山に勧請された妙見大菩薩は、聖明王の子孫とされる伝説的な始祖「琳聖《りんしょう》太子《たいし》」の守護神だったとされていた〔須田牧子 二〇一一〕〔平瀬直樹 二〇一七〕。妙見大菩薩は、北辰《ほくしん》（北極星）の化身とされ、仏教経典「七仏八菩薩所説大陀羅尼神呪経」に見える天部の神であり、仏教との関係が濃厚であった。天台宗ではこれを釈迦金輪《しゃかきんりん》の垂迹として捉え、密教修法の本尊とした。このような神を大内氏が氏神とした背景には、渡来系氏族ゆえに、祖先神が記紀神話に登場しないという事情もあったと考えられる。

大内氏は、氏神としての氷上山妙見大菩薩を周防国以外へも積極的に勧請し、その神威を活用しようとした。次に挙げる書状は、十四世紀末に大内義弘が、明徳の乱の軍功によって和泉紀伊両国の守護職を拝領した後、和泉国の現地から氷上山の別当に宛てて送ったものである（『山口県史　史料編　中世3』山口県文書館蔵興隆寺文書二〇号）。

一、当国〈泉州〉中に、妙見を勧請し申すべく候ふ、二月会を過ぎ候はば、早々に御上りあるべく候ふ、
一、此くの如く思ひ立ち候ふ上は、相構えて相構えて、早速に御越あるべく候ふ、其れに就き、御神躰を入れ申さるべく候ふ、恐々謹言、

このように義弘は、この新たな分国和泉国にも、大内家氏神の妙見大菩薩を周防国氷上山から勧請しようとし、氷上山別当にそれを要請した様子がわかる。

十五世紀後期の大内政弘も、同様の勧請をおこなった。応仁文明の乱の最末期にあたる文明九年（一四七七）に、西軍の一将として山城国に在陣中、陣所の東北鬼門の方角に妙見大菩薩の神祠を設け、氷上山前別当に要請して、同神を勧請した（『続左丞抄』第二）。これは前年冬からの再三の夢告に基づいたものであり、和睦交渉の成就を期したものと考えられる。

氷上山においては、毎年二月に修二月会《しゅにがつえ》が盛大におこなわれ、その中核仏事は妙見供《みょうけんく》だったと考えられる。しかもこの経費は、大内氏家臣の中から籤《くじ》引きで大頭役を割りあてる形で調達した。また脇頭役と三頭役については、十五世紀中葉以降になると、大内氏分国全体の範囲に拡大し、図1に示した諸郡を毎年二郡ずつ組み合わせ、各役を割りあてる形で調達した〔太田順三一九八一〕〔森茂暁一九九八〕。大内氏は、このほかの顕密系諸寺社も重んじたのは事実だが、氷上山の扱いは別格であった。

いっぽう、新仏教系の寺院については、大内氏は、幕

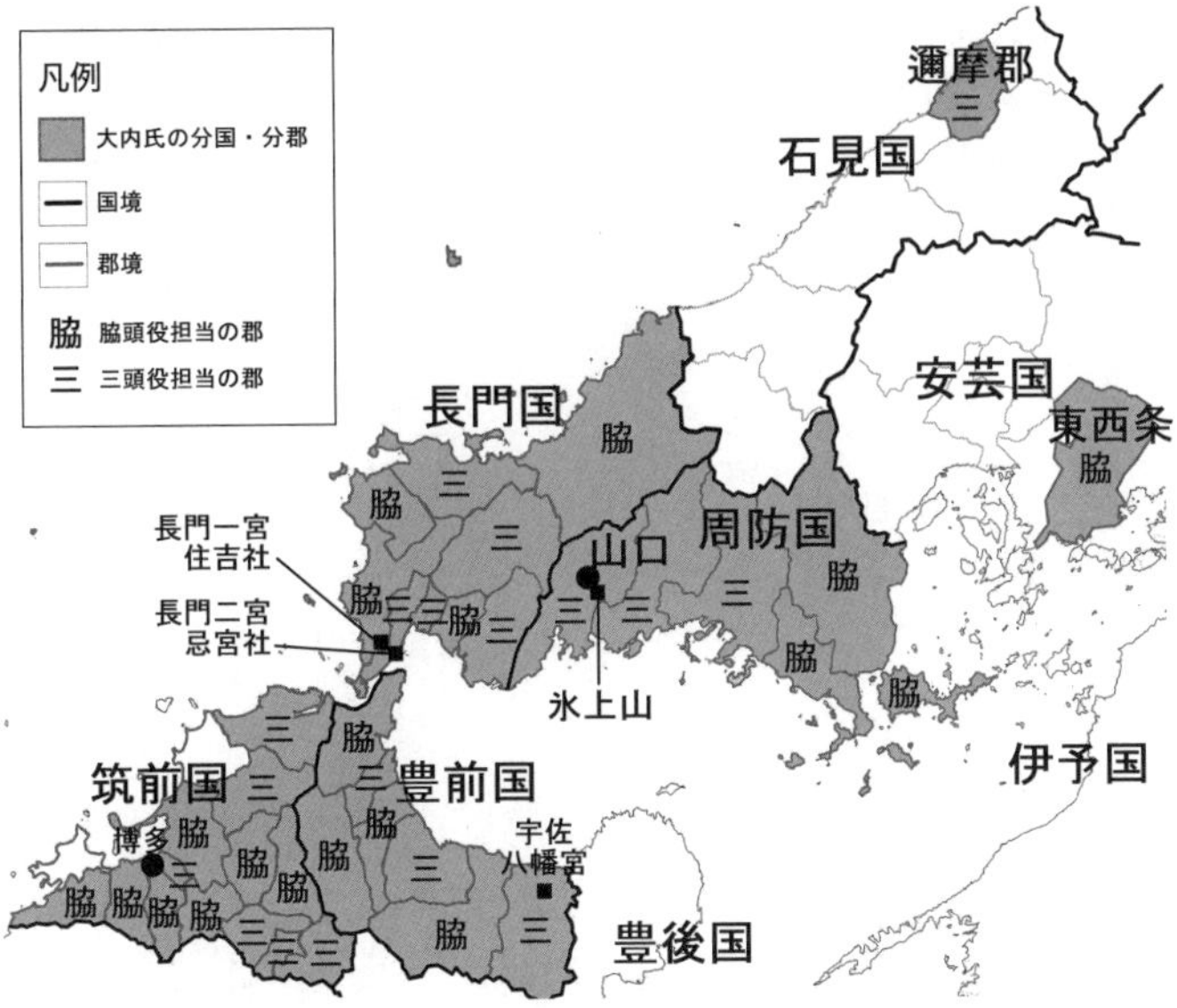

図1　氷上山修二月会の脇頭役と三頭役の郡別分担

府や他の守護家と同様に、五山派の禅寺を重視し、歴代の菩提所を禅寺に設定した。ただし足利将軍家のように、菩提所を禅寺内の塔頭《たっちゅう》に設定したのは大内弘世のみであり、ほかの歴代当主の菩提所については、寺院ごとに単立していた点に特色がある。また、十五世紀中葉以降の菩提所には、闢雲寺《びゃくうんじ》などの曹洞宗寺院も混じるようになる〔本書伊藤コラム「大内氏の菩提寺」参照〕。

大内氏の菩提所となった禅寺には、周防国の乗福寺や永興寺《ようこうじ》のように、十刹《じっさつ》や諸山に昇格したものがあった。これらのほか、大内氏の分国には、大内氏の菩提所ではない十刹・諸山もあった。これらのいわゆる五山系「官寺」の住持は、将軍から直接補任されることから、幕府の人事権の介入を受ける余地があった。しかし伊藤幸司氏が明らかにしたように、大内氏はそれらの住持の「推挙権」を行使し、分国内においては自己の菩提所以外の官寺にまで影響力を及ぼしていた。また保寿寺《ほうじゅじ》のように、外交において重要な役割を担う寺院については、あえて私寺に留め、直接の掌握下に置いていたのである〔伊藤幸司二〇〇二〕。

大内氏の分国には、十刹や諸山の禅寺がいくつも存在したが〔今枝愛眞一九七〇〕、こうした禅寺の寺格序列には、時期ごとに変遷がある。大内氏分国の範囲でその変遷を捉え直してみると、十四世紀末以前には十刹がなく、諸山のみであり、本拠の周防国では、乗福寺がこれに昇格したのが最初であった。しかし十四世紀後半には、永興寺も諸山に昇格した。また、長門国・石見国が分国として加わると、それぞれに諸山の禅寺がすでにあったため、分国内には諸山が更に並存するようになった。

諸山の上の十刹については、やはり乗福寺が十四世紀末以降の時期にこれに昇格したのが最初となった。ところが十五世紀になって、大内氏の勢力が筑前国に及ぶようになると、そこには聖福寺など、十刹の禅寺がすでにあったため、十刹もまた並存するようになった。

以上のように、大内氏には、禅寺の中で、乗福寺を最も重んじようとする指向性が当初はあった。しかし氷上山とは異なり、そのような頂点的な位置づけは継続せず、やがて十刹クラスの寺格を上層に並存させる分極的かつ階層的な秩序に移行した。大内氏の禅寺行政の質的変化として、注目しておきたい。

三　大内氏分国における政教関係

中世における政治権力と宗教との関係は、畿内周辺とそれ以外とでイメージが異なる。周知のように、畿内周辺の大規模な顕密寺社は、朝廷や幕府に対して激しい強訴をおこなった。また、戦国期になると、畿内周辺や中部地方においては、新仏教系の浄土真宗の勢力が一向一揆を結成し、大名権力らと戦った。つまり中世の畿内近国では、寺社側の武装蜂起によって、政治権力側が翻弄される場合が少なくなかった。

ところが、それ以外の地域社会においては、政治権力側のほうが基本的に優位であり、寺社の強訴や一向一揆の蜂起などはあまり見られなかった。大内氏の分国でも同様であり、大内氏側の主導性は顕著であった。ただしその主導性は、のちの織田信長のような武力弾圧ではなく、寺社行政の積極策として発揮される場合が多かった。そのような大内氏の寺社行政の特質としては、当面、以下の三点が注目される。

第一に、大内氏の系譜意識と寺社行政との関連性である。上述の通り、大内氏は、その系譜が仏教と深くかかわっていることを標榜した一族である。仏教保護策は、権力の正当性を顕示することに直結した。大内氏の系譜意識に仏教保護の積極的契機があったことが、政教関係における大内氏の主導性を顕著にしたと言える。

室町時代には、各国の国衙領が形骸化したのに対し、周防国においては国衙領が存続した。これは、周防国衙領が東大寺の造営料国であり、しかも周防国守護が仏教保護に熱心な大内氏であったという、二重の条件によって実現したと考えられる。

ところがそのような大内氏も、応仁の乱に際してはゆとりを失い、周防国衙領を実質的に接収し、乱後もしばらくその状態を継続させた。ただしその方法として注目すべきは、大内政弘が、息子の尊光丸を氷上山の別当に就任させ、この氷上山別当に周防国目代の職を兼任させる形をとることで、周防国衙領の実効支配を続けた点である〔真木隆行 二〇〇四〕〔畠山聡 二〇一七〕。このように大内氏は、寺領の接収にあたって、氷上山の存在を活用してその行為を正当化し、仏教保護策に抵触しない手続きをとったのである。

第二に注目すべきは、大内氏の分国群には、一国レベルを超える寺社の秩序が形成される傾向があった点である。大内氏が守護となった国々は、十四世紀後期の段階で、本貫地のある周防国と西隣の長門国を中核とし、北隣の石見国や長門の西隣の豊前国が加わった。のちには遠隔地の和泉国と紀伊国も加わったが、応永の乱後、和泉・紀伊・石見〔邇摩郡《にまぐん》以外〕をいったん失う。しかし十五世紀中葉には、豊前国の西隣の筑前国が加わり、十六世紀前期には石見国を回復するに至った。

このように、大内氏の分国群は、その本貫地から隣接して広がるという特質を有した。細川氏や山名氏の分国群にも隣接した広がりはあったが、本貫地から離れた諸国でのことであり、しかも単独ではなく、庶流を含む一族全体で分有していた。大内氏と似た分国群のありようと言えば、室町期の守護としては赤松氏くらいであろう。こうした特質は、分国群全体に求心的秩序が及びやすい条件となったと考えられる。上述した氷上山の修二月会の頭役秩序は、その典型である。このほか氷上山では、周防以外の諸国からも多くの僧侶を招請するような盛大な法会もおこなわれた〔真木隆行二〇一二〕。

また、氷上山の末寺は、安芸国東西条《とうさいじょう》や石見国邇摩郡などに編成されていた。のちに近世の幕藩体制下においては、仏教界の宗派ごとに本山―中本寺《ちゅうほんじ》―末寺の秩序が確立し、藩ごとに、藩内の末寺を束ねる中本寺が形成されるようになるが、大内氏分国における氷上山の別格的位置づけは、こうした大名権力下における寺院編成の先駆けとして注目できる。

そのような本末関係の秩序については、時宗寺院のほうがいっそう顕著に見られた。山口の道場門前《どうじょうもんぜん》の地にかつて存在した善福寺は、中世後期においては大内氏館の南西の位置にあったと推定され、大内氏との関係が深かったと考えられる〔乾貴子一九九五〕〔平瀬直樹二〇一七〕。この善福寺の末寺は、図2に示したように、周防国のみならず、長門・豊前・安芸にまで広がっていた。

第三に注目すべきは、本国周防国と寺社との関係の深さである。上述の通り、周防国は、国衙領が東大寺造営料所となっていた。このほか、大内氏が本拠とした山口やその周辺には、大内氏ゆかりの寺社が多く建立された。それらの経済基盤としては、周防国内の所領を中心として寄進されたほか、その他の大内氏分国の所領が寄進される場合もあった。

いっぽう山口には、家臣団の集住も進んだことが知られ、最有力重臣であった陶氏は、周防国守護代として周防国内を拠点とした。このような家臣団の所領が周防国内に展開した上に、寺社領も展開したことから、周防国内の所領群は、複雑な構成になっていたと考えられる。

本国周防国における寺社関係所領の比率が高くなれば、家臣団所領の比率は低めに抑制されるということになる。

このことは、大内氏当主権力への求心力の維持確保に影響し、それへの反発の契機にもなったと考えられる。

『大内義隆記』によると、一五五一年に、大内義隆に対して重臣の陶晴賢らが反乱を起こした背景として、陶晴賢と奉行人相良武任《さがらたけとう》との確執があったと述べ、次のように記している。

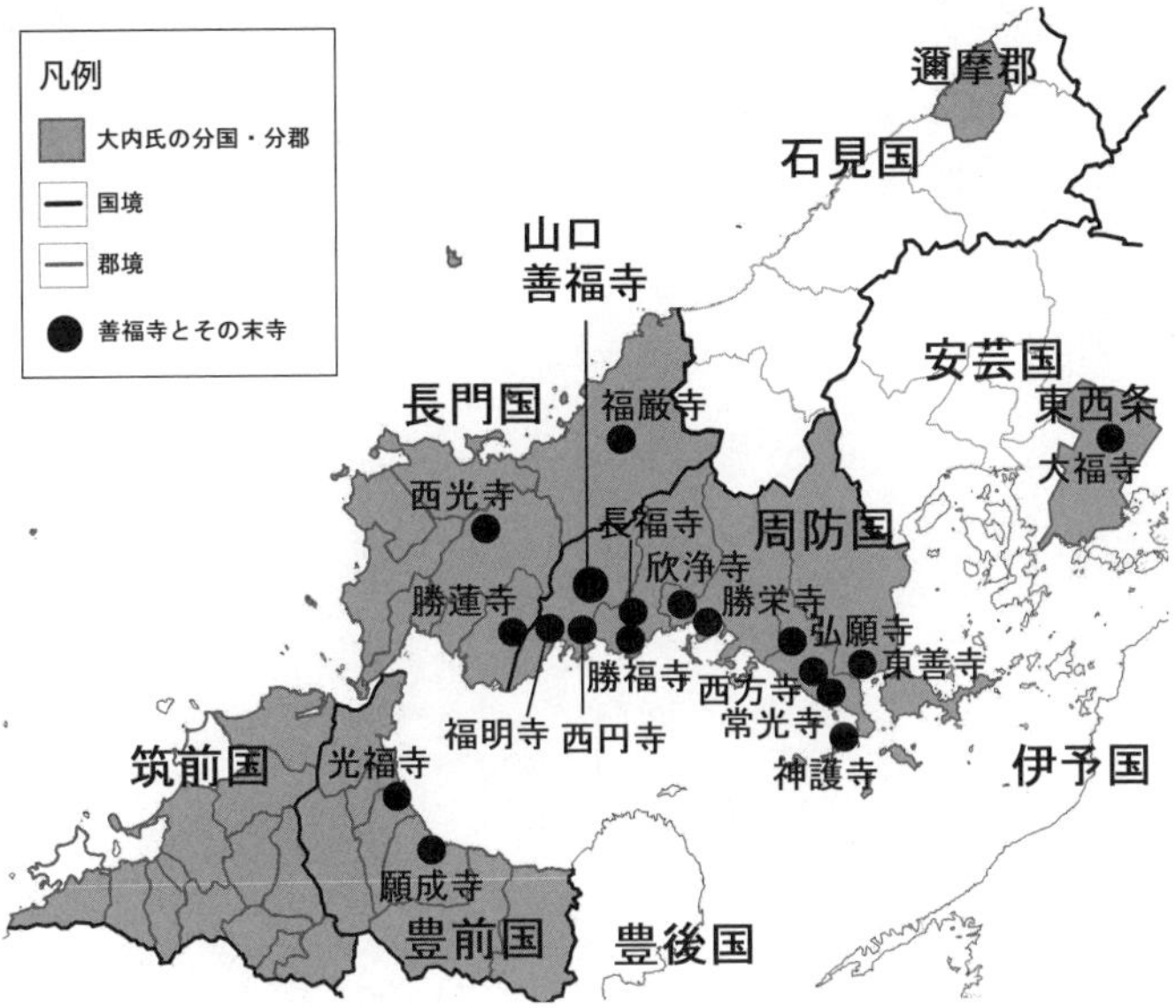

図2　山口善福寺とその末寺

> 尾州（陶晴賢）の知行領地徳地三千貫、小周防百町の事、昔は南都東大寺領なりければ、還補させられ候へと、武任、頻りに申しけり、

このように、陶晴賢の怒りの背景には、大内義隆側近の相良武任が、東大寺への周防国衙領の返還を推進しようとしたことがあった様子が窺える。陶氏にとってこの返還は、既得権益の侵害を意味した。このことが象徴するように、大内氏が寺社保護策を推進することは、家臣の勢力拡大の抑制につながり、これに対する反発が生じるならば、たちまち大内氏の権力基盤を揺るがすことになる。

ただしここまでの反発は、これ以前には確認できない。大内氏が寺社保護策を展開できたのは、基本的には、家臣たちからの支持を前提としていたと考えられる。

四　なぜ寺社を保護したのか

大内氏の寺社保護策が、家臣団統制につながるとしても、それは結果論であり、大内氏当主は、そればかりを狙って推進したのではなかった。では、なぜ大内氏は寺社を保護したのであろうか。また、家臣たちがそれを支えていたのはなぜであろうか。

十五世紀初頭、大内氏の当主となった盛見は、氷上山の落慶供養をおこなった際に、その願文の中で次のように記している（『防長史学』所収氷上山興隆寺文書二〇〇号）。

> 不才の質を以て、大難を鎮むるを得、両国を平定し、已に君命に応ず、誉れは先人の余慶を継ぎ、六親の遺塵を治む、是れ仏神の顧命にあらざらんや、仍て時に寺社の造営を致し、不日、土木の功を遂げ、絶えたるを続《つ》ぎ、廃れたるを興す、

すなわち、武将としての才能に欠ける自分が、戦乱を勝ち抜いて周防長門両国を平定し、室町幕府から大内氏の家督を安堵されたのは、仏神のおかげだと述べている。「寺社の造営」はその恩に報いるため、あるいは、戦勝祈願の際の約束を果たすため、といった現世利益の意図がここから窺える。

また同じ頃、盛見は国清寺《こくしょうじ》を創建し、次のように述べている（『山口県史　史料編　中世3』山口県文書館蔵常栄寺文書五五号）。

> 当寺は、天下泰平の御祈願所、特に家門繁営・武運長久のため、建立せしむるところなり、兼ねてまた、正寿院殿玄峯大禅定門・雲峯大師、并びに香積寺殿秀山大禅定門の御菩提、不退に勤行し、乃至代々先亡の利益広大、善願尽未来際退転なし、

国清寺の創建は、天下泰平のほか、大内氏の家門繁栄・武運長久など、現世利益《げんせりやく》の実現を意図していた。それと共に、父や兄たちの近親者を始め、亡き先祖たちの後生安穏《ごしょうあんのん》の実現も意図していた様子が確認できる。

いっぽう、盛見は、豊前国安国寺の天目寺に対し、毎月十三日に大悲心陀羅尼《だらに》を読誦させるため、所領寄進をおこなった際に、次のように記している（『大日本史料』第六編之七、応永十三年四月十七日条）。

> 且つは国家安寧を祈り、且つは七分全得のため、寄附し奉るところなり、慈氏下生三会の暁に至り、退転あるべからざるの状、件の如し、

すなわちこの法会およびその財源の寄進は、国家安寧を祈りつつ、「七分《しちぶ》全得」のため、つまり自分自身の没後の安穏を求めるための逆修《ぎゃくしゅ》を意図していた。

以上のように、大内氏が寺院の造営や法会に関与した意図は、ほかの政治権力とさほどの違いはない。現世利益や後生安穏のためという、個人レベルでの願いと共に、天下泰平や国家安寧のためという意識が加わっていた。

例えば戦勝祈願は、個人レベルでの願いでもあるが、自己認識としては、大内氏分国の家臣や民衆のためでもあり、社会集団レベルでの願いと分かちがたく結びついていた。これらを公権力の立場から祈る姿勢を見せるところにこそ、「善政」の推進者としての権力正当化の論理が窺える。

いっぽう、前掲史料の傍線部分の「慈氏下生三会《じしげしょうさんね》の暁」とは、仏教の三時説や末法思想と深く結びついた弥勒下生信仰の常套文句である。これには、大内氏に限らず、中世の政治権力が寺社保護策をおこなった意図を考える上で、もう一つ重要な思想的背景が存在する。

三時説によれば、釈迦の入滅後、しばらくは正法の時代だったとされ、正しき「教」、つまり仏教的解脱《げだつ》の方法が伝わり、正しき「行」、つまり解脱にむけた実践がおこなわれ、「証」つまり解脱の可能性があったとされる。ところが次の像法の時代になると、「証」に期待できなくなり、末法の時代になると、更に「行」がすたれ、やがて法滅の時代を迎えると、「教」さえもすたれるという。しかし、やがて五十六億七千万年後には「慈氏下生」、つまり弥勒菩薩がこの世に下生し、「三会」、つまり三回の説法をおこない、数多くの衆生《しゅじょう》を救うとされる。これへの期待が、前掲史料の傍線部分から窺える。

中世には、末法の時代にあたるという同時代認識がなされ、当時の人々にとっては、解脱が難しく、輪廻転《りんねてん》生《しょう》すればするほど更に難しくなる時代と考えられていた。そこで弥勒の下生に期待し、その説法を聞くことにつながる機縁を残すためにも、寺院や経典を守り継ぐ努力が必要だと認識されていたのである。

仏教保護策の推進はそのためであり、多くの財力を有する政治権力者にこそ、大きな責務があると考えられていた。それは、政治権力者個人のために留まらず、輪廻転生を余儀なくされる衆生すべてにとって必要な行為と解釈された。つまり仏教保護策は、こうした未来社会にむけた公共事業として意識され、このような側面にも、「善政」の推進者としての権力正当化の論理が窺える。家臣たちが仏教保護策を支えたのは、以上のような観念を共有していたからにほかならない。

それでは、神社の保護策についてはどのような背景があったのだろうか。

神々への祈りについても、現世利益の願いをかなえてもらう意図においては同様であった。しかも当時は、本地垂迹説の浸透により、神々が仏教の如来や菩薩の化身だと認識される時代であった。つまり神々に祈ることは、如来や菩薩に祈ることと同じであり、後生安穏の願いまでも、神々に祈って不思議ではない時代であった。

神々が仏教の如来や菩薩の化身ならば、神々の存在価値が仏教に埋没したかのようだが、実際にはそうなりきらなかった。むしろ神々は、辺境の島国にわざわざ垂迹してくれたという、和光同塵《わこうどうじん》のありがたみをもって、いっそう崇敬される存在となっていた。

しかも神々は、極めて人間的なイメージで捉えられ、怒らせれば恐ろしく、頼りすがれば依怙贔屓してくれる存在と見なされていた。戦勝を願う者を依怙贔屓し、敵を呪い殺してくれそうな存在への崇敬は、本地垂迹説の時代であっても、衰えたわけではなかった。

また、神社の多くは、その所在地周辺の産土神《うぶすながみ》であった。所在地周辺に対する統治策の一環として、政治権力は神社を保護した。当該神社の関係者はもちろん、所在地周辺の関係者から大いに歓迎される行為であり、このような側面においても、権力正当化の論理が窺える。

五　大内氏の崇敬した神々

では、大内氏の神々に対する崇敬にはどのような特色があったか。氏神については上述の通りだが、ほかの神々も含めてどのように崇敬していたか。ここでは、起《き》請文《しょうもん》、軍旗、屋敷鎮守それぞれを通して確認したい。

（一）大内氏の起請文に記された神々

大内氏が起請文を記す場合、どのような神に誓っていたか。次の起請文は、大内義弘が明徳三年（一三九二）八月に安芸国の毛利氏に対し、弁明に嘘偽りのないことを証明するため、熊野社の「那智瀧宝印」が刷られた神符の裏側に記したものである（『大日本古文書 毛利家文書之四』一三三四号）。

敬白　起請文事
今度毛利兵部少輔殿中ようの事、とかく無二申計一無念候、（中略）かやうの造意、つや〳〵存知せす候、又思ひよらす候、京、ゐ中（田舎）、へたゝ（隔）りて候間、いかなる虚説もあるへく候程に、そやうの御うたかひ（疑）をもはれ（晴）候ハんために、せい文（誓文）を申候、若此条々偽申候ハヽ、
熊野三所権現、殊氏神妙見大菩薩、天満天神、惣日本国中大小神祇御罰可二罷蒙一候、仍起請文状如レ件、
明徳三年八月五日　　義弘（花押）

大内義弘が誓いを立てた神々の中で、「殊に」重視していたのは、傍線部分のように「妙見大菩薩」と「天満天神」であり、とりわけ前者の妙見大菩薩については「氏神」と明記している。後者の天満天神については、当時の大内氏の勢力圏がまだ筑前国に及んでいなかったことから考えると、周防国の防府天満宮が念頭にあったと考えられる。また、冒頭に「熊野三所権現」を記し、その神符に起請文を記したのは、義弘が同年から熊野社所在の紀伊国の守護職を兼任していたことと関連すると見られる。

では、大内氏の重臣でありその庶流（同じく多々良氏）でもあった陶氏は、どのような神に誓っていたか。次の起請文は、陶弘護が文明三年（一四七一）十一月に、「八幡宮牛玉宝印《ごおうほういん》」が刷られた神符の裏側に記したものである（『大日本古文書 益田家文書之三』六〇六号）。

　　敬白　起請文事
　　　再拝々々起請文事
　一、為二政弘御一味一、自二最初一御馳走候上者、奉レ対二御方一一切不レ存二余儀一事、
　（中略）
　右、此条々偽申候者、
　梵天、帝尺（帝釈）、四大天王、殊北辰妙見大菩薩、八幡大菩薩、可レ罷二蒙御罰一者也、仍起請文如レ件、
　　文明三年十一月二日　多々良弘護

傍線部分のように、陶弘護は「殊に」妙見大菩薩と八幡大菩薩に誓いを立てた様子がわかる。陶弘護は、これら二神の手前に見える梵天・帝釈天・四天王を略して起請文を記す場合もあり（同五六六号）、更には八幡大菩薩も略する場合もあった（同六一〇号）。しかし妙見大菩薩については略することがない。しかもこれには「氷上」と明記する場合があることから、氷上山を意識していたことがわかる。

氷上山の妙見大菩薩に対する崇敬は、陶氏の家臣にとっても同様であった。文明四年に陶氏家臣の山崎秀泰・江良重信・安村重家・安村房家・野上景郷が連署し、「氷上妙見大菩薩」に誓いを立てる起請文が伝わっている（同六一一号）。このように、氷上山の妙見大菩薩に対する特別な崇敬は、大内氏の陪臣レベルにまで及んでいた。

ところが、大内氏の直臣でも陪臣でもない立場の人々にとっては、たとえ氷上山と同じ郡内の在住者であっても同じではなかった。例えば、秋穂二島庄《あいおふたじまのしょう》の善城寺

住持重盛《じゅうせい》が記した起請文は、次のようなものであった（『山口県史　史料編　中世2』善城寺文書）。

　　敬白

　　　田代山善城寺住持代々先師当住山野悉皆事

（中略）

愚僧老僧之事ニ候間、当寺住末弟等為二後日一如レ此申、

上者梵天、帝釈、下者難陀、跋難陀等之龍王龍神、特者日本鎮守伊勢天照大神、熊野三所権現、別而者王城鎮守諸大明神、春日大明神、当国一宮二宮、当庄八幡大菩薩、当寺鎮守稲荷大明神、本尊地蔵大菩薩、部類眷属之御罰可レ罷二蒙重盛一者也、仍起請文如レ件、

応永卅年〈乙〔癸〕卯〉五月五日　善城寺重盛（花押）

　すなわち重盛は、妙見大菩薩には誓いを立てず、周防国一宮・二宮を含めた神々に誓っていた。周防国在住者の起請文としては、このように一宮・二宮に誓うほうが一般的だったと考えられる。

　裏を返せば、大内氏やその直臣陪臣の起請文については、周防国一宮・二宮に誓いを立てなかったという点が注目される。大内氏の氏神とされた氷上山の妙見大菩薩は、陪臣にまで及ぶ広義の「家中」レベルにおいて特別に崇敬されており、彼らにとっては、一宮・二宮を凌駕する存在となっていた様子が窺える。

（二）大内氏の軍旗に記された神々

　大内氏の軍旗には、どのような神々の名が記されていたか。山口市の豊栄《とよさか》神社（主祭神は毛利元就）には、大内氏の家紋「大内菱紋」を描く古旗が二旒《りゅう》伝存する（『山口市史　史料編　大内文化』）。いずれも大内氏のものと伝えられ、図3の軍旗には、三神が上部に列挙されており、中央に「妙見大菩薩」、右脇に「八幡大菩薩」、左脇に「天満大自在天」が配されている。

　「妙見大菩薩」と「天満大自在天」については、前掲の大内義弘起請文と一致する。「八幡大菩薩」についても、大内氏とは関係が深い。山口の大内氏館近くの東北方向には今八幡宮があり、西方二・五キロメートルの地にはその元宮とされる朝倉八幡宮がある。吉敷郡《よしきぐん》の南部には中領《なかりょう》八幡宮・秋穂《あいお》八幡宮・嘉川八幡宮・北方《きたがた》八幡宮・南方《みなみがた》八幡宮などがあり、更に南方の周防灘の対岸には豊前国宇佐八幡宮がある。八幡神は大内氏の勢力圏においてはすこぶるゆかりが深い。

図3　大内軍旗1
（山口市・豊栄神社所蔵）

図4　大内軍旗2
（山口市・豊栄神社所蔵）

図４の軍旗には、五神が列挙されており、図３の三神から「天満大自在天」をはずし、新たに三神を加えたものである。配列も異なり、「妙見大菩薩」を右端に移し、「八幡大菩薩」をその左側に入れ替えた上で、中央に「天照皇大神宮」、その左脇に「住吉大明神」、左端に「志賀大明神」を加えている。

中央に「天照皇大神宮」を記すのは、天皇の祖先神だからとも考えられるが、永正十七年（一五二〇）に大内義興が山口にこの神を勧請して、高嶺神明社《こうのみねしんめいしゃ》（現、山口大神宮）を創建したこととの関連と考えられ、図４の形式はそれ以降のものである可能性が高い。

「住吉大明神」は、大内氏にとっては長門国一宮や筑前国一宮の住吉社の祭神として、やはりゆかりが深い。そのいっぽうで、「八幡大菩薩」との左右併記は、八幡縁起で語られる神功皇后の「三韓征伐」譚を想起させる。海外への視野や、軍船とのかかわりが想定できる。

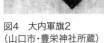

「志賀大明神」も、海との関連が深い。この神は、筑前国博多湾頭の志賀島《しかのしま》にある志賀海神社の祭神であり、博多を行き来する船の守護神であった。この神は、記紀神話ではイザナギノミコトが、亡きイザナミノミコトとの決別後、禊ぎをおこなった際に、「住吉三神」と共に生まれた海神とされ、同じく海神の「住吉大明神」との関係も深い。

つまり図４の軍旗の五神は、右側からの配列順が、それぞれの関係諸社の東側からの位置関係とほぼ対応している。大内氏の分国全域の東西諸社を軍事動員する様子を象徴しているように思われる。

(三) 大内氏館を守っていた神々

いっぽう、十六世紀初頭の大内義興の館には、永正十七年（一五二〇）に至るまで、「殿中うしとらすミの鎮守」つまり殿中の東北鬼門の方角に鎮守神祠を祀っており、この祠には次の十一の神々が勧請されていた（『山口県史　史料編　中世2』山口大神宮文書一号）。

天照大神・八幡大菩薩・春日大明神・妙見大菩薩・厳島大明神・祇園牛頭天王・神功皇后宮・天満天神・玉津島大明神・住吉大明神・御霊宮

ここには、上述の合計六神のうち、志賀大明神を除く五神が重なり、更に、春日大明神・厳島大明神・祇園牛頭天王・神功皇后宮・玉津島大明神・御霊宮《ごりょうのみや》が見える。

厳島大明神は安芸国一宮、神功皇后宮は長門国二宮の祭神である。また、玉津島大明神は、大内氏にとって関心の高い和歌の神であり、紀伊国の神である。かつて大内義弘が紀伊国守護を兼ねていた頃の名残とも考えられる。末尾の「御霊宮」については詳細は不明だが、御霊信仰との関連を想定できる。滅ぼした敵などの怨霊対策であろう。

この館のほか、大内義興は、別邸や身内の館と考えられる「竪少路《たてこうじ》今御新殿御屋敷」や「今少路殿《いましょうじどの》」を同時期に有しており、前者の屋敷鎮守として「諏訪大明神」や「弁才天」を祀り、後者の庭には「貴船大明神」を祀っていた（同史料）。またこの頃、大内氏館の北側には、義興の亡き祖父教弘を「築山《つきやま》大明神」として祀る社殿があった（乾貴子一九九五）（山田貴司二〇一五）。つまり大内氏の祖先神が、先代の政弘の代に創出されていたのである。

以上の検討を通して、大内氏の神々に対する崇敬は、氏神の妙見大菩薩の重視はもちろんだが、それ一辺倒でもなかった様子を確認できた。しかも、崇敬対象となる神々の構成には、時期を経るごとに変化が生じていた様子も窺うことができた。

六　大内氏の発展と寺社行政

大内氏は、十四世紀後半の大内弘世の代に飛躍的な発展を遂げた。弘世は当初は足利直冬《ただふゆ》派、更には直冬と共に南朝に属し、それまで室町幕府陣営の周防国守護であった大内鷲頭《わしず》家を滅ぼして、周防国を再統一した。また、長門国守護の厚東《ことう》氏を駆逐し、長門国も併呑した。ところが、一三六三年頃に至り、弘世は北朝方に転じ、幕府から周防長門両国の守護に任ぜられた。更にその三年後の一三六六年には、石見国の守護も兼ねるようになった（佐藤進一 一九八八）。このような時期の弘世については、宗教行政の面において興味深い動きを見せている。

まず注目すべきは、室町幕府に従った翌年の一三六四年に、周防国の防府《ほうふ》天満宮において、再建事業を開始したことである。しかも重要なのは、これ以降十一年の間、図5に示したように、周防長門両国の重要な寺社の復興や発展が同時並行的にあいついだことである。

大内弘世は、防府天満宮においては、一三六四年から一三七八年の間に、本殿の再建とその遷宮、拝殿の再建、楼門や廻廊の再建をおこなった（防府天満宮神社誌古文書編・上司家文書・防長寺社証文）。

この間の一三六五年には、長門国において二宮の再建を開始し、二年後に遷宮をおこなった（忌宮神社文書）。また、その後まもなくの頃から一三七八年の間に、長門国一宮の本殿・拝殿などの再建や、楼門の再建をおこ

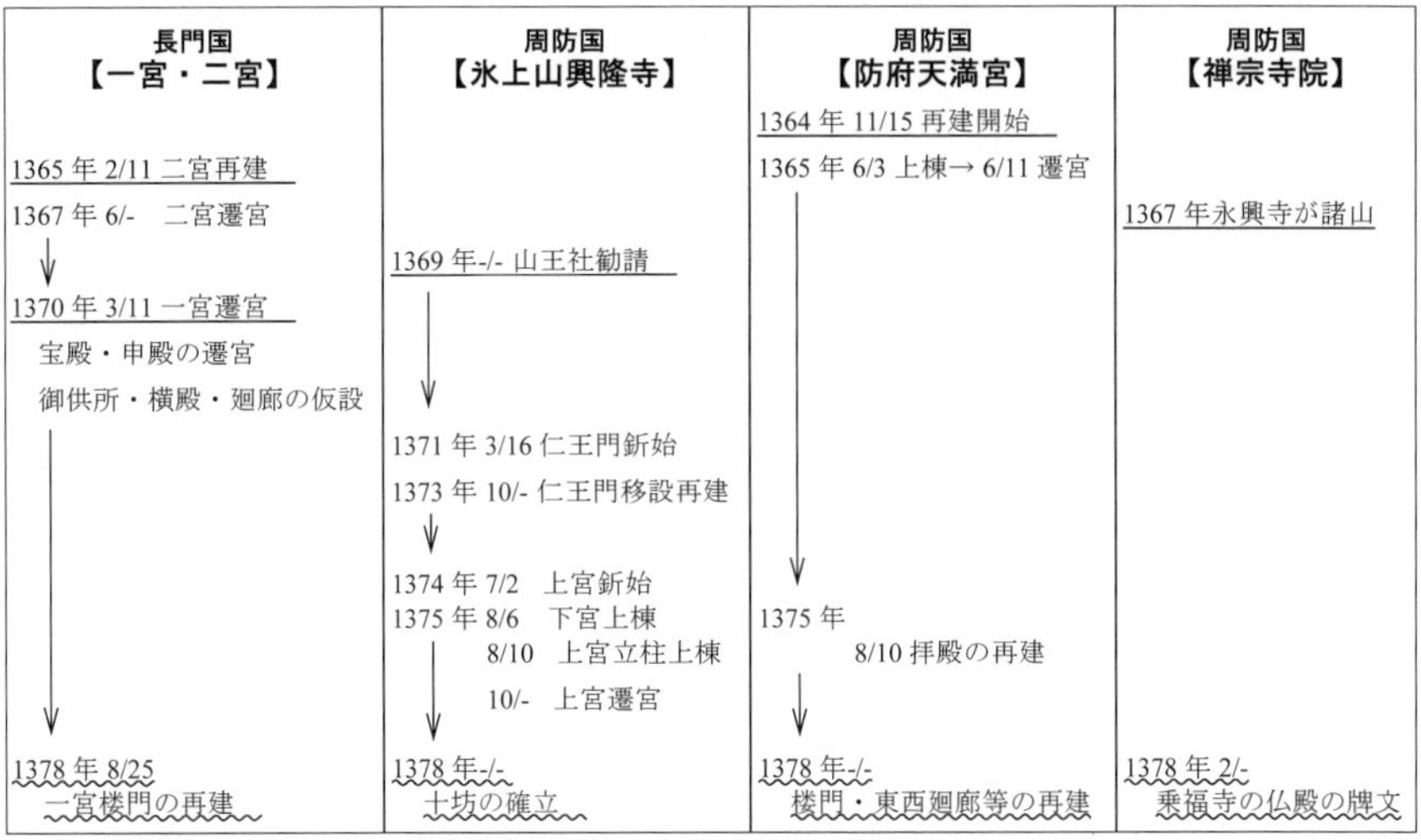

図5　大内弘世の寺社行政

備考　長門住吉神社文書、長門忌宮神社文書、興隆寺文書、防府天満宮文書、上司家文書、防長寺社証文、防長寺社由来、防長風土注進案、宝幢開山智覚普明国師行業実録のほか、〔真木隆行 2011〕参照。

なった（住吉神社文書・防長寺社由来）。

なお、長門国二宮の遷宮がおこなわれた年には、弘世は父の弘幸の菩提所、周防国永興寺を諸山に昇格させている（宝幢開山智覚普明国師行業実録）。

この二年後の一三六九年からは、弘世は周防国の氷上山の発展事業を開始し、一三七八年まで継続させた。まずは延暦寺の鎮守の日吉社二宮より山王社を勧請することから始め、二年後の一三七一年には仁王門の再建を開始し、一三七四年からは境内の妙見社の作事を開始し、一三七八年に氷上山の寺僧組織を十坊に整えた。以上の諸事業を通じて、それまで小規模だった氷上山の境内規模や寺僧組織は改められ、拡充された（真木隆行二〇一一）。

更に注目すべきは、一三七八年という年である。大内弘世はこの年に、上述した三つの事業、つまり氷上山の十坊体制の確立と、防府天満宮の楼門の再建と、長門一宮の楼門の再建を一斉におこなっている。しかも同年には、祖父重弘の菩提所、乗福寺の仏殿に牌文を記しており（防長寺社証文）、仏殿を改築していた可能性が高い。

以上のように、大内弘世の寺社行政は、その分国のあちこちで同時並行的に復興策や発展策を推進した点に特徴がある。しかもそれは、室町幕府に従った後の時期であった。室町幕府―守護体制に組み込まれ（川岡勉二〇〇二）、大内弘世の分国に広がりと安定を得ることが、寺社行政の積極策につながったと考えられる。

大内氏の歴代の寺社行政は、その後も広域的な展開を見せ、寺社行政の担当奉行も整備された（山田貴司二〇一五）（井上寛司二〇〇八）。本拠となる山口周辺には、寺社が次々と建立され（山村亜希二〇〇九）、やがて新興宗教、吉田神道が広まり始めると、それも積極的に受容した（米原正義一九七六）。キリスト教が日本に伝来すると、それに対応したことも周知の通りである。これらの過程については、機会を改めて論じたい。

（真木隆行）

参考文献
伊藤幸司二〇〇二『中世日本の外交と禅宗』吉川弘文館
太田順三一九八一「大内氏の氷上山二月会神事と徳政」渡辺澄夫先生古稀記念事業会編『九州中世社会の研究』第一法規
乾貴子一九九五「戦国期山口城下おける城館と屋敷神――周防守護所別邸『築山』について――」『山口県地方史研究』七四

井上寛司二〇〇八「中世諸国一宮制の歴史的構造と特質——中世後期・長門国の事例を中心に——」『国立歴史民俗博物館研究報告』第一四八集
今枝愛眞一九七〇『中世禅宗史の研究』東京大学出版会
大田壮一郎二〇一四『室町幕府の政治と宗教』塙書房
川岡勉二〇〇二『室町幕府と守護権力』吉川弘文館
黒田俊雄一九九四『黒田俊雄著作集　第二巻　顕密体制論』法藏館
佐藤進一一九八八『室町幕府守護制度の研究下』東京大学出版会
須田牧子二〇一一『中世日朝関係と大内氏』東京大学出版会
平雅行二〇〇四「神仏と中世社会」『日本史講座第四巻中世社会の構造』東京大学出版会
平雅行二〇一七『鎌倉仏教と専修念仏』法藏館
米原正義一九七六『戦国武士と文芸の研究』桜楓社
畠山聡二〇一七『中世東大寺の国衙経営と寺院社会——造営料国周防国の変遷——』勉誠出版
原田正俊一九九八『日本中世の禅宗と社会』吉川弘文館
平瀬直樹二〇一七『大内氏の領国支配と宗教』塙書房
藤井崇二〇一三『室町期大名権力論』同成社
真木隆行二〇〇四「周防国興隆寺の中世梵鐘とその銘文」平成一三〜一五年度科学研究費補助金基盤研究C2成果報告書『古代〜近世の中国地方における採鉱冶金に関する総合的研究』
真木隆行二〇一一「周防国大内氏とその氏寺興隆寺の質的変容」川岡勉ほか編『日本中世の西国社会3西国の文化と外交』清文堂出版
森茂暁一九九八「周防国氷上山興隆寺修二月会についての一考察——頭役差定状を素材として——」『福岡大学人文論叢』三〇—三
山田貴司二〇一五『中世後期武家官位論』戎光祥出版
山村亜希二〇〇九『中世都市の空間構造』吉川弘文館

◉コラム◉

氷上山興隆寺の旧境内

氷上山興隆寺とは

氷上山興隆寺は、大内氏の始祖が創建したとされる天台宗寺院である。所在地の周辺（山口市大内御堀、図1）は、周防国吉敷郡の国衙領大内村の故地であり、大内氏の本貫地であった。

大内氏は、歴代当主ごとに禅宗寺院を菩提寺として設定したが、それらとは別に、根本の氏寺のような寺院として、興隆寺を特別に重視した。また、この境内の妙見社を氏神として崇敬した。このように、大内氏の氏寺と氏神とが結合した「氷上山」は、その分国において厚く遇され、大内氏の勢力拡大と共に発展を遂げた。

境内の荒廃

やがて大内氏が滅亡すると、氷上山は寺勢の縮小を余儀なくされた。ただし近世段階においても、萩

図1　氷上山興隆寺の旧境内周辺
「カシミール3D」に基づき、国土地理院の1974-78年の空中写真情報を「Google Earth」にオーバーレイし、簡易に立体表示して加筆した。

藩における天台宗の中本寺として位置づけられた同寺は、一定以上の寺格を維持した。本坊には、徳川将軍家の位牌を安置し、境内東側には、徳川家康を祀る東照宮を新たに勧請したことによって、知行高の総計は一千石余のレベルにまで回復していた。

ところが近代に入ると、氷上山は知行地を失い、堂舎の多くが解体された。本堂は売却され（現在は山口龍福寺の本堂、図2）、境内規模は大幅な縮小を遂げた。旧境内の中枢域は、山口農学校とその附属農場に改められ、やがて同校は他所へ移転し、旧境内は急激に様変わりした。この結果、中世の盛時はおろか、近世段階でさえ、旧境内の具体像がよくわからなくなっていたのである。

旧境内をめぐる従来の理解

興隆寺には、近代以前の旧境内の様子を描いた掛軸「氷上山興隆寺絵図」が伝わっている。一九五八年刊行の『大内村誌』は、この掛軸の写真を掲載し、嘉永年間（一八四八〜五四）の図に基づいて描かれたものとして紹介していた。

その後、一九八七年に山口市教育委員会は、埋蔵文化財調査報告書『大内氏関連遺跡分布調査』を刊行し、旧境内の部分的な発掘調査などの成果をまとめると共に、千分の一の地形図を基にした遺跡分布図「興隆寺跡推定地」を付した。この推定図には、

図2　山口市の龍福寺本堂
（もと氷上山興隆寺本堂を明治時代に移築、国重要文化財）

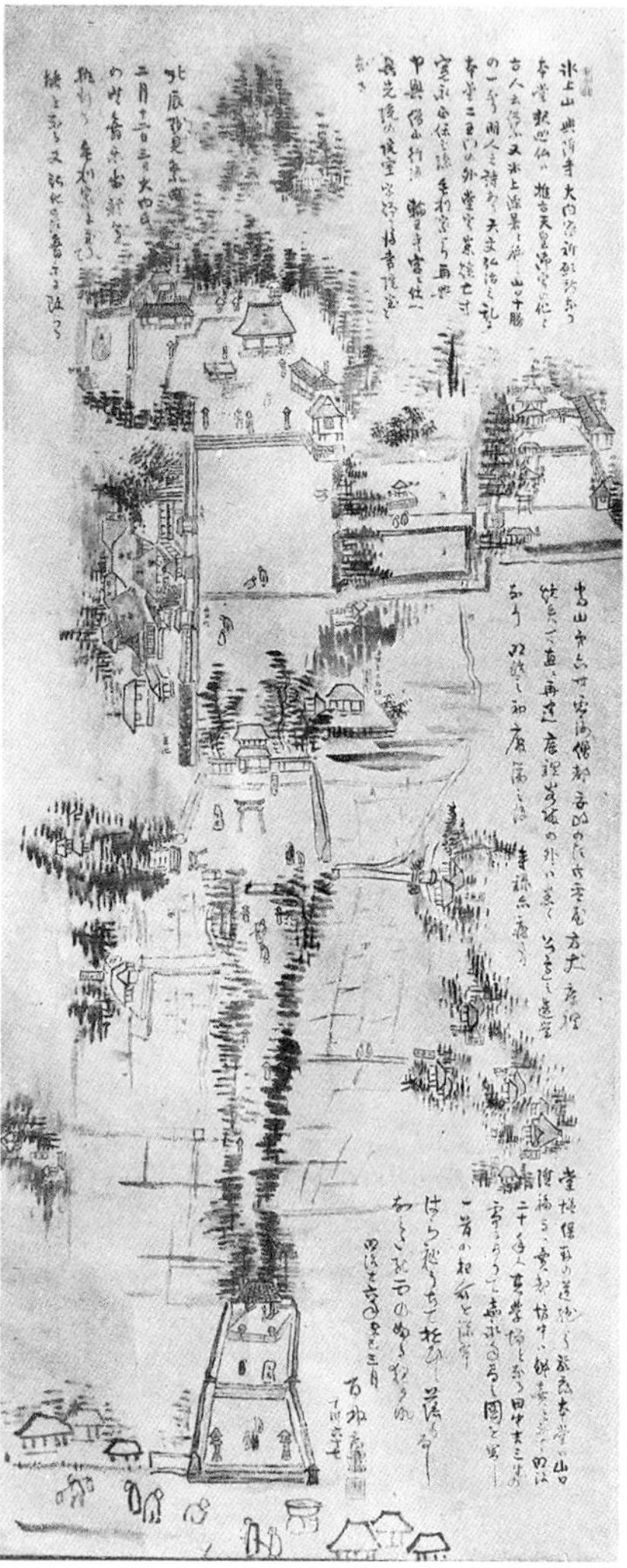
図3　氷上山境内絵図
（山口県立山口県文書館、一般郷土資料257）

本堂をはじめ諸堂舎跡の現地比定案が示されており、根拠は明示されていないものの、上述の掛軸から得られた知見を反映させたと考えられる。しかしこの現地比定案は、掛軸そのものの史料批判を欠き、充分とは言えないものだった。

いっぽう平瀬直樹氏は、一九九〇年の論文においてこの掛軸の検討をおこない、実はこれが模本だったことを明らかにした〔平瀬直樹 二〇一七〕。原本と見られる絵図が、山口県立山口県文書館所蔵の古写真に撮影されており（図3）、平瀬氏はこの識語に基づいて、明治二十六年（一八九三）に描かれたものだったという事実を明らかにした。

こうして掛軸の原本の存在は明らかになった。しかし改めて問われることになったのは、明治期の絵図が、そのまま中世の境内景観を推定するための史料になり得るのかどうかという疑問であった。

旧境内に関する近年の成果

中世段階の視覚的な史料を欠くのならば、近世段階の様子を解明しておく必要がある。筆者はこの観点に基づき、上記絵図の原本写真を再検討した上で、近世段階の氷上山関係差図十一点を新たに紹介して分析し、境内南部の堂舎配置について現地比定案を提示し直した〔真木隆行 二〇一〇〕。これに続く拙稿〔真木隆行 二〇一一〕では、前稿の検討結果を修正しながら、堂舎ごとの具体像を明らかにした。

更に、第三の拙稿〔真木隆行 二〇一五〕では、明治時代の地籍図や、従来の発掘調査成果を踏まえ、近世における門前や境内参道などの具体像を明らかにした上で、本堂や下宮などの旧所在地を推定した。なお、右の論文に示した旧境内推定図については、このたび本稿で改訂し、図４に示し直した。

中世段階の旧境内について

では、中世の旧境内はどのような様子だったか。図４の補足として、私見を仮説的に提示しておきたい。

中世の本堂・妙見社の位置は、近世になっても基本的には変更がなかったと思われる。本堂推定地の北側は、中世には妙見社の遷宮用地等に活用されたと推定している。中世の中核的な子院「十坊」のうち、別当坊「大坊《だいぼう》」の敷地は、近世の本坊でも同様に継承されたと考えられ、残り九坊の推定地は、近世の東照宮の敷地周辺を想定している。その他の子院群は、旧境内の東側丘陵の斜面に広がっていたと考えられ、北側や西側の丘陵にまで及んでいた可能性がある。従来、丘陵域については注目度が低く、発掘調査は部分的なものに留まっている。今後の本格的な調査の実現に期待したい。

（真木隆行）

参考文献
平瀬直樹 二〇一七『大内氏の領国支配と宗教』塙書房
真木隆行 二〇一〇「周防国氷上山興隆寺の境内絵図と差図」中野玄三ほか編『方法としての仏教文化史――ヒト・モノ・イメージの歴史学――』勉誠出版
真木隆行 二〇一一「近世氷上山境内の広域差図とその細部構成」『やまぐち学の構築』七
真木隆行 二〇一五「周防国氷上山興隆寺の旧境内とその堂舎配置」『山口大学文学会志』六五

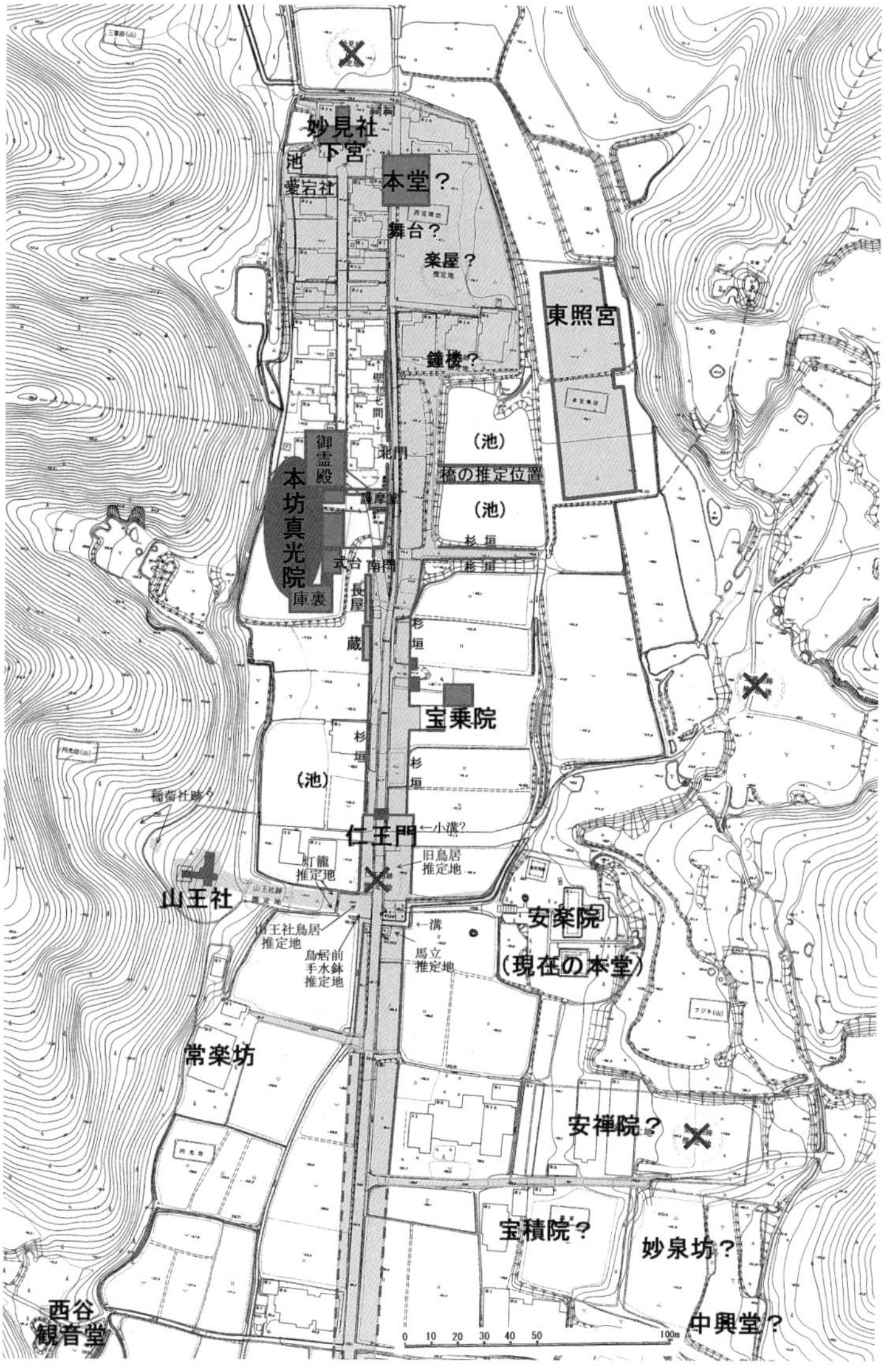

図4　近世氷上山境内の推定図
「興隆寺跡推定地」(山口市埋蔵文化財報告書第2集『大内氏関連遺跡分布調査』所収)を基に、加筆修正した。

◉コラム◉

大内氏の菩提寺

大内氏ゆかりの寺院は、その性格から氏寺と菩提寺に分類することができる。氏寺は、一族の繁栄や冥福、先祖の追善などを祈るために建てた寺のことで、大内氏の場合は興隆寺（山口市大内御堀《みほり》）がそれに相当する。いっぽう、菩提寺は死者の墓所をさだめ、葬式をいとなみ、法要などを依頼する寺のことで、大内氏の場合は歴代当主はもちろん、その夫人や庶子にも菩提寺が設定される場合があった。

大内氏ゆかりの菩提寺は数も多いので、ここでは鎌倉末期以降の大内氏当主の菩提寺についてふれておく。まず、大内氏歴代当主の菩提寺を一覧表にあげておこう。

【大内氏当主の菩提寺】

寺名	宗派	寺地	歴代当主名	大内氏滅亡後	廃寺跡にある寺
乗福寺	臨済宗	山口市大内御堀	大内重弘・大内弘世		
永興寺	臨済宗	岩国市横山	大内弘幸		
香積寺	臨済宗	山口市香山町	大内義弘	廃寺	瑠璃光寺（陶弘房）
国清寺	臨済宗	山口市水の上町	大内盛見	廃寺	洞春寺（毛利元就）
澄清寺	臨済宗	山口市宮野下	大内持世	廃寺	
闢雲寺	曹洞宗	山口市小鯖	大内教弘	寺名変更	泰雲寺（小早川隆景）
法泉寺	臨済宗	山口市滝町	大内政弘	廃寺	
凌雲寺	臨済宗	山口市中尾	大内義興	廃寺	
龍福寺	曹洞宗	山口市大殿大路	大内義隆		

　大内氏の菩提寺は基本的に禅宗である。氏寺である興隆寺が天台宗であったことを考えれば、大内氏は仏教宗派を用途に応じて使いわけていたことがわかる。従来、大内氏と禅宗の関係については京都五山を中心とする臨済宗がクローズアップされてきたが、大内教弘の菩提寺やその妻の菩提寺である妙喜寺が曹洞宗であったことからしても、必ずしも臨済宗のみを重要視していたわけではなかった。闢雲寺の開山は、薩摩国福昌寺（島津氏の菩提寺）を開山した石屋真梁《せきおくしんりょう》であり、妙喜寺の開山は大功円忠《たいこうえんちゅう》（石屋真梁の孫弟子）であった。この石屋一派の勢力は、南九州から大内領国にのび、さらに壱岐や対馬にまで至っており、そのネットワークは琉球王国や朝鮮国との交流にもかかわっていたと推測される。東アジアに目を向ける大内氏が、このような曹洞宗の存在を無視するはずはない。実は、大内政弘の治世に活躍した以参周省《いさんしゅうしょう》や春湖清鑑《しゅんこせいかん》といった大内氏の中枢で政治外交にたずさわった禅僧には、臨済宗と曹洞宗の両方の性格をもつものがいた〔伊藤幸司二〇〇二〕。当時の禅宗界では、特定の門派《もんぱ》（派閥）にとらわれることなく多様な門派の特性を受けつぐ密参《みっさん》というのが流行していた。江戸幕府の宗教統制によって現在の臨済宗や曹洞宗という厳密な教団が確立されるまでは、臨済宗でも曹洞宗でも非常に流動的な枠組みであったのである。

　大内氏は、菩提寺になるような禅寺を創建するときに、そのつど時流にあった禅僧をまねいて開山としている。たとえば、乗福寺の開山・鏡空浄心《きょうくうじょうしん》（仏光派《ぶっこうは》）や永興寺《ようこうじ》の開山・高峰顕日《こうほうけんにち》（仏光派）、中興開山・春屋妙葩《しゅんおくみょうは》（夢窓派《むそうは》）らが京都五山から迎えられているのは、中央政権とのつながりを確保しようという表れだといえる。いっぽう、香積寺《こうしゃくじ》の開山には入元僧である石屏子介《しっぺいすかい》（仏鑑派《ぶっかんは》・周防出身）を招き、その後国清寺《こくしょうじ》の開山にも石屏子介の弟子である透関慶頴《とうかんけいえい》を迎えていることは、大内氏が対外的なネットワークへの接触をにらんでのことと推測される。大内氏の菩提寺には、室町幕府の官寺に位置づけられるものもあり、多様なネットワークをもつ菩提寺群には多くの人材が集まったと考えられる。いわば、大内氏の菩提寺群は大内氏の政策を支える人材バンク的な役割もはたしていたのである。

　大内氏は、一族の菩提寺をみずからの権威や権力を荘厳化する装置とするために、積極的に堂舎の整備を行い、大陸から輸入した大蔵経などを寄進している。また、堂舎には大内氏のマークともいえる大内菱が入れられていた。現在でも、旧香積寺五重塔(現瑠璃光寺五重塔・図1)の二層目(欄干がある)の板壁には大きな大内菱があるのを確認できるし、凌雲寺跡(図2・3)からは大内菱の入った瓦(山口市歴史民俗資料館蔵)が採取されている。文明十八年(一四八六)九月、大内政弘は家臣に対して歴代当主の年忌ごとにその菩提寺へ出仕することをさだめた(「大内氏掟書」)。応仁・文明の乱後の領国秩序の再編において、大内氏は菩提寺への参拝を通じて家臣団にその忠誠を確認させたのである。このように、大内氏の菩提寺群はたんなる宗教施設としての役割以外にも、大内氏権力の象徴の一つとして位置づけられていたのである。

図1　旧香積寺(瑠璃光寺)五重塔

大内氏の時代に繁栄した大内氏の菩提寺は、大内氏滅亡後、その多くが廃寺という運命をたどる。最大のパトロンの消滅は、大内氏の菩提寺にとっては支持基盤を失ったことを意味する。また、たとえ廃寺にならなかったとしても規模の縮小はまぬがれえなかった。とくに、慶長五年(一六〇〇)、毛利氏が関ヶ原の戦いに敗北した結果、旧大内領国のなかでももっとも大内氏の記憶がのこる防長二国に大減封されたことが転換点となった。毛利氏は、防長を基盤として生きていくことが決定づけられて以降、大内氏ゆかりの寺院に対して厳しい態度でのぞんだ。大内氏の権威や権力の大きさを目にみえる形で象徴する装置であった菩提寺群のような遺産は、それが存在しつづけるかぎり、菩提寺をみた防長の人びとに大内氏のかつての栄光の記憶をよみがえらせつづける。大内氏にかわって防長二国のあらたな支配者となった(ならざるをえなかった)毛利氏にとって、それらはまったく厄介な存在であり、不要のものであった。むしろ、毛利氏による防長支配を浸透させ確立したい輝元には、はやく消しさりたい過去の遺産であったといってもよい。なによりも、毛利氏はみずからの菩提をとむらう寺院を、かつての本拠地（安芸国吉田や広島）から防長に移転させる必要があった。

そして、毛利氏は、大内氏の菩提寺をある意味合法的に消滅させる政策を進めた。それは「他者への「寄進」や「献上」という形」でおこなわれたのである。たとえば、慶長五年（一六〇〇）毛利輝元は筑前藩主の黒田長政の求めに応じて、乗福寺の本堂などを博多崇福寺《そうふくじ》の建立のための建築資材として寄贈している。このとき、黒田氏は太宰府にあった崇福寺を博多に移転・建立して、黒田家の菩提所とする事業を進めていた。また、年代未詳ではあるが、香積寺の仏殿が安芸国の不動院（現・広島市東区）にもたらされている（関口欣也 一九九八）（図4）。さらに、大内氏によって朝鮮国から輸入され菩提寺に入れられていた大蔵経（中国や朝鮮で出版された貴重な仏典）も、毛利輝元によって抹消されている。たとえば、慶長六年（一六〇一）毛利輝元は国清寺の元版大蔵経を経蔵や輪蔵ごと近江国（現・滋賀県）の三井寺《みいでら》（園城寺《おんじょうじ》）に寄進した。現在、旧国清寺の跡地に建てられた洞春寺の墓地には、かつて八角輪蔵の支柱を支えていた

図2　凌雲寺跡

図3　凌雲寺跡から出土した大内菱のある瓦
（山口市歴史民俗資料館所蔵）

礎石のみがさびしくのこされている（図5・6）。また、年代不詳ながら、輝元は興隆寺の大蔵経も香積寺の大蔵経とあわせて「天下」（徳川幕府）に献上している。これらの大蔵経は、徳川家康が整備した江戸の増上寺に入れられたという（須田牧子二〇一一）。

このように、毛利輝元は山口にある大内氏時代の遺産を積極的に防長外の寺社へ寄進し、権力者に献上していた。輝元にとって、「寄進」や「献上」という名目で大内氏の遺産を有名な寺社や徳川政権に手渡すことには、毛利氏の社会的評価を高めるという効果以上に、やっかいな大内氏の遺産を、ある意味合法的に抹消できるという意義があった。まさに、毛利輝元にとっては一石二鳥の政策であったといってもよい。この結果、大内氏の菩提寺のような大内氏の遺産は、山口から各地に散逸することになった。この時、山口を離れたモノのなかには、現在、国宝

図4　不動院金堂（国宝・旧香積寺仏殿）

図5　旧国清寺経蔵跡

図6　洞春寺山門（旧国清寺山門）

に指定されているモノや国宝級のモノもあることを思うと、大内氏の遺産のレヴェルの高さをうかがうことができる。

なお、毛利氏はすべての大内氏の遺産を抹消したわけではない。防長の人びとに見える形で大内氏の威光をしめしつづけるようなものは消そうとしたが、絵画や書物など万人の眼にさらされることなく秘蔵できる物品（たとえば毛利博物館所蔵の「山水長巻」など）は、大内氏の後継者として大事に引き継いでいる。そう考えると、旧香積寺五重塔が山口に現存しているのはとても奇跡的ともいえる。この旧香積寺五重塔は、現在、瑠璃光寺五重塔として有名であるが、瑠璃光寺はほんらい仁保《にほ》（山口市）の地に創建された陶弘房の菩提寺で、元禄三年（一六九〇）に旧香積寺跡地に移転された。いわば、毛利氏は大内氏の菩提寺の跡地に陶氏の菩提寺をもってきたのである。大内義隆が陶隆房（晴賢）の政変で自害（義隆の墓は長門湯本の大寧寺にある）したことを考えると、なんとも皮肉めいている。

（伊藤幸司）

参考文献

伊藤幸司 二〇〇二『中世日本の外交と禅宗』吉川弘文館
須田牧子 二〇一一「大蔵経輸入とその影響」同著『中世日朝関係と大内氏』東京大学出版会
関口欣也 一九九八「不動院金堂と瑠璃光寺」『仏教芸術』第二三六号

【附記】本コラムは、拙稿「まねかれる神・うつりかわる寺」（同編『大学的やまぐちガイド――「歴史と文化」の新視点――』昭和堂、二〇一一年）の「5　大内氏の氏寺と菩提寺」のなかの一部の記載にもとづいている。フルヴァージョンは、この拙稿をご参照頂きたい。

大内氏の領国支配組織と人材登用

はじめに

弘治三年(一五五七)西国の有力大名大内氏が滅亡し、その本拠地である防長両国は毛利氏が制圧した。この政治権力の交替に伴い、この地域には大きな混乱が生じた。給地の二重賦《くばり》や理由のない没収などはその一例である。それは、「山口奉行」と毛利氏の本拠地安芸国吉田にいる「御奉行衆」との政務執行上の軋轢が原因であった〔松浦義則 一九八四〕。

このような状況下で、大内氏の権力中枢で領国経営に携わった経験を持つある人物は、毛利氏当主に宛て内々に答申書を提出した。彼はそのなかで、この問題を解決するためには、組織が従うべき規範としての法度を定める必要があるという波多野興滋なる人物の意見を紹介し、それに同意する。さらに、自らの意見として、御判や奉書の案文を毎月保管して参照すべきだと述べ、参考のために岩正興致の内々の書状を添付した。

吉田の奉行衆と対立した「山口奉行」とは、実は、戦後処理のために毛利氏の支配組織に一時的に登用された大内氏旧臣たちであり、波多野や岩正もその一員であった〔和田秀作 二〇一五〕。

大内氏においては、戦後処理で混乱する毛利氏とは対照的に、組織が従うべき法度が定められていたと同時に、公文書の写が保管され、理非の判断材料にされるというシステムが構築されていた。そしてその運用は、毛利氏の領国支配組織の抱えていた問題点を正確に把握し、的確な解決策を示しうるような高い見識を有していた人材によって担われていたのである。

本稿では、このような大内氏の領国支配組織中枢部の人的構成に着目し、その人材登用のあり方を探っていく。

一　大内氏の領国支配組織の概要

大内氏の領国支配組織には、分国の首都たる山口に置かれた中央政庁と各分国を統治するための守護代を中心とした国別支配組織があり、両者が有機的に機能する仕組みであった。以下、松岡久人氏や下村效《いさお》氏の研究によりながらみていきたい〔松岡久人 二〇一一〕〔下村效 一九八八〕。

（一）中央政庁

中央政庁の全貌は明らかではないが、室町幕府の組織にならったと思われる政所、侍所、記録所などの役所があった。政所は財務、侍所は軍事・検断や山口市中の管理、記録所は裁判記録などの保存に当たった問注所に相当するものらしい。

このほかにも、申次、寺社奉行、殿中奉行、作事奉行、普請奉行、御倉奉行、段銭奉行、御城奉行、木屋奉行、山里奉行、馬奉行、酒奉行、御贄殿・御台所、贄役人、細工所、御門役、御走衆、御相伴衆、近習衆、奉公衆、筆者、御番衆、御前童衆、格勤、同朋、等々の役名または役所名が散見される。

文明年間の「大内氏掟書」などからうかがえる統治システムは、おおよそ次の様なものであった。

まず、「御世務方」と呼ばれる日々の政務は「奉行所」に毎朝五ツ（八時）以前に出仕する奉行衆の評議によって処理された。また、月に三度は、輪番で奉行人の居宅で会合、政務について会議し、必要に応じて諸機関の役人や申次の人々も出頭させた。室町幕府でも、月三度の奉行人私宅においての回り持ち会食・衆議という方式があった。

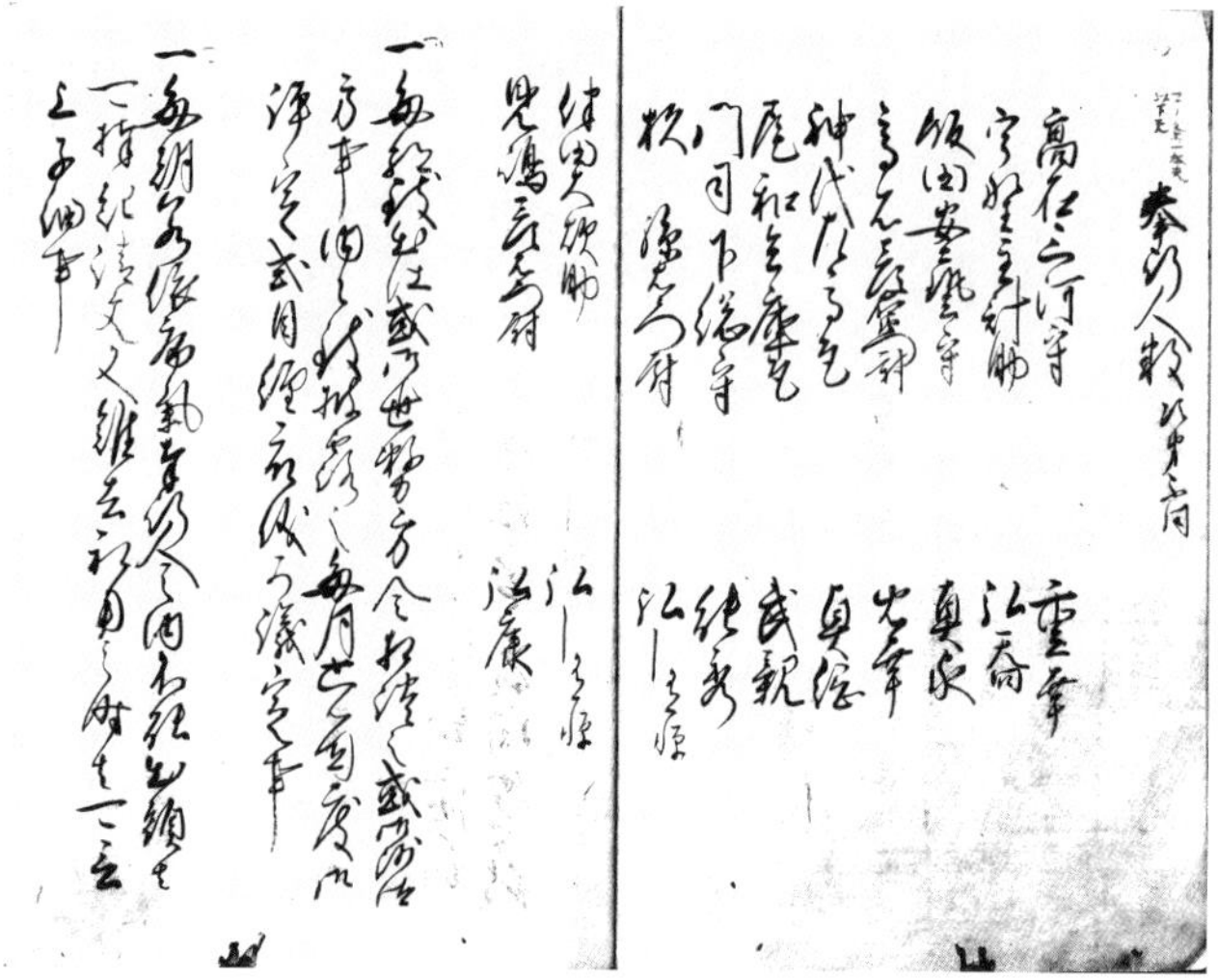

図1　大内氏掟書（部分）　文明13年（1481）3月5日
奉行人の名前と服務規程が記されているもの。

文明十年代の交名から当該期の奉行衆と判明するのは、高石重幸・宇野弘喬・飯田貞家・高石忠幸・神代《こうじろ》貞総・尾和武親・門司能秀・杉弘照・伴田弘興・見島弘康・杉武明・相良正任《ただとう》である。この十二名は、例外なく同時期の奉行人奉書の加判者として確認できる。つまり、彼らは、室町幕府における「御前衆」に相当する存在であり、「別奉行」(担当奉行)のポストにつき特定の相手の権益を擁護することもあった。彼ら奉行衆は、山口の大内氏政庁における実務吏僚団であり、近臣団でもある。とは言え、幕府の場合と違って純粋な文官の集団ではない。

つぎに、これらの奉行衆の上には評定衆があり、毎月六度の評定会議において、彼らによる重要政務の評議が大内氏当主臨席のもと行われている。こういった大内氏の上意で決すべき「御沙汰事」は、奉行衆が合意した案件をあらかじめ披露(上申)し、評定式日の前日にその内意を得ておき、評定衆の会議で議定される手続きとなっていた。毎度、式日になって上意を仰ぐ結果、裁断が延引するのを防ぐためである。室町幕府における「御前沙汰」と同じであろう。

評定の評議事項は、①家臣への知行地の配分や軍事行動の決定など重要政務、②法令の制定、③訴訟の裁定などであった。また、式日当日は、奉行衆も評定衆と同じく四ツ(十時)に出仕し、終日伺候するようになっていた。室町幕府の御前沙汰では奉行衆が進行を務めているが、おそらく大内氏も同様と思われる。なお、奉行衆や評定衆は欠席する場合、当番の奉行に起請文言を入れた欠席届を出すことになっていた。

評定衆の構成員と推測されるのは、陶・問田氏などの大内氏庶子家、譜代出自の杉氏、鎌倉御家人出自の内藤氏などである。彼らの多くは、分国の守護代を務めるような大内氏家臣の最有力メンバーであり、いわゆる「宿老」である。

このように、大内氏の支配組織中枢部には、守護代クラスの有力家臣からなる評定衆による意思決定機関が存在し、奉行衆が前述の各機関で実務に携わった。人的構成に注目すると、奉行衆の顔触れは流動的で、権力中枢に絶えず新付の家臣を加えることにより奉行衆の行う政務に公儀性を高める一方、特に重要政務に預かる評定衆には、庶流一族、譜代出自の重臣でほぼ固定させて、権力の中枢中の中枢を構成する、という巧妙な構成をとっていた〔松岡久人二〇一一〕。

(二) 国別の支配組織

一国規模の支配組織としては、守護代―小守護代制や郡代制があり、博多などの重要地域の支配には代官が大きな役割を果たした。

守護代家は室町時代には交替もあったが、戦国時代には特定の家に世襲される傾向が進んだ。すなわち、本国の周防国は陶氏、長門国は内藤氏、豊前国は伯耆守系杉氏、筑前国は豊後守系杉氏、石見国は問田氏である〔福尾猛市郎 一九五九〕。ただし、安芸国や肥前国は基本的に分郡支配であったためもあり、戦国時代にも明確な世襲化はみられない。

守護代の任務は本来は守護職の代行、つまり幕府権限の国別執行人としての任務の代行であった。しかし、戦国時代には、大内氏が実質上国主となったから、守護代はその代行者の位置を占めた。具体的には、所領問題裁決の遵行（下地打渡などの強制執行）や軍事指揮権・行賞権などの権限を行使した。守護代は、私的な代官である小守護代に指揮・命令したり、あるいは直接国内の郡代などに働きかけて、その任務を遂行した。

もっとも、各分国における守護代の権限行使の実態は一様ではなかった。史料的な制約も無視できないが、周防国や長門国では守護代の活動実績がやや希薄であるのに対して、豊前国や筑前国では守護代の権限は実質的に大きかった。それは、豊筑両国が防長両国に比べて領国としての歴史が浅く、軍事的な前線基地としての側面を持っていた点と無関係ではない。対照的に、同じ前線基地でも、分郡支配が基本であった安芸国や石見国は、守護代が国内の国人・土豪を十分に統制できたとは言い難い。

時代が下るにつれて、守護代は「国代官」＝守護権の国別代行者の枠を超えて独自の権限を行使するようになり、分国主化していった。彼らは、分国内の武士に自ら給地を与えるなどして家臣団に組み込み、奉行人制などの政治組織も整備する。戦国時代になると、守護代による在地土豪を含めた武士の被官化は、大内氏のそれと競合するようになっている。このような守護代の分国主化は、大内氏権力の地域支配を強化する面もあったが、守護代と大内氏当主との紐帯が薄れた場合は、容易に大内氏の地域支配を弛緩させた。

郡代は、郡奉行とも呼ばれ、一国の構成単位である郡ごとに設置された。郡代の多くは在地の土豪層が任命され、郡帳の作成・管理とそれにもとづく課役の賦課・徴収、段銭の管理・勘渡《かんと》、下地の打渡、闕所地の管理などを行った。

ただし、守護代の場合と同じく、郡代の存在形態は各分国で一様ではなかった。たとえば、筑前国の場合は、郡代には防長国人を出自とする者が多く登用され、在地に対しての裁判権・検断権を有し、村落寺社の祭礼にも関与した。また、早良《さわら》郡や怡土《いと》郡、御笠郡では郡代が城督を兼務して城衆を統率するとともに、軍事的支配と一体となった政治的支配を実現した〔佐伯弘次 一九八三〕〔三村講介 二〇一二〕。豊前国の郡代は、戦国時代には守護代である伯耆守系杉氏の被官が大半を占めた。また、分郡である安芸国東西条《とうさいじょう》や石見国邇摩《にま》郡の場合は、郡代の地位や職務は守護代のそれとほぼ同じで、分郡守護代とでもいうべきものであった。そして、東西条においては小郡代も置かれた。

二　領国支配組織中枢部の構造と人的変遷

ここでは、大内氏の領国支配が展開していく過程で、支配組織中枢部がどのように変化していったのかを、人的構成に注目しながら具体的に眺めてみたい。

(一)　家政機関から領国支配組織へ

十二世紀中ごろから周防国の有力在庁官人として史料に登場する大内氏は、南北朝時代にはじめて守護職を獲得する。ただし、長弘の系統と重弘の系統による守護職と惣領権をめぐる一族間の争いに一応の決着がつくのは、正平九年＝文和三年（一三五四）ごろのことである。

そのころまでの大内氏の支配組織は詳らかでない。当主の意を奉じて土地の打渡や年貢の収納などに携わる「奉行」がおり、彼らによる奉書が出されたが、その苗字や出自は判明しない（「興隆寺文書」、「周防国富田上令平野駅家田文書案」）。特に重弘流大内氏の場合は、土地を給与された対象者や対象地も庶子家とその本拠地内でしか確認できない。この点から判断すると、この段階での奉行は、重弘流大内氏の家政機関的な性格を完全には脱していないのではないかと考えられる。また守護代には、庶子家の宇野氏のほかに、土屋氏や周防国在庁官人の一族と推測される森氏を起用した。このほか、直臣団を統括する機関として「侍所」が置かれ、庶子家の問田氏が起用されたことが知られる。

南北朝時代の中ごろになると、奉書署判者＝奉行人に、宮川・千代次・陶山《すやま》といった大内氏の庶子家や鎌倉時代以来の家人の系譜を引かない者たちが加わってくる。彼らは大内氏が周防国を統一する過程で新たに服属した在地領主層である。また、彼らが発給した奉書は、幕府のそれに類似した大変整った様式を備えている。その内容も、土地の給与や預置などの主従性の根幹に関わるものや、公的な領域支配者としての立場にもとづく裁決内容を伝達するものなど重要な事項を含んでいる。当該期の支配組織は、これまでの家政機関的な性格を脱して、領国支配組織と呼ぶにふさわしいものへ漸次変化していったのである。

(二) 京都代官の設置

南北朝時代の中ごろに南朝方として防長両国を統一した弘世は、正平十八年=貞治二年（一三六三）に北朝方に転じた。とは言え、当時の大内氏内部には幕府とやや距離を保ちながら近隣への勢力拡大を図る弘世と、幕府権力の確立に協力しようとする子息義弘との対立があった。そのため、大内氏と幕府との関係は必ずしも安定したものではなく、京都において幕府の動向と中央政界の情勢をいち早く把握して、これに対処する組織が必要とされた。

右のような事情から設置され、京都に常駐して朝廷や幕府との諸交渉に当たる外交官の役割を果たしたのが、大内氏の京都代官（在京雑掌《ざっしょう》）である。永和二年（一三七六）ごろからその任にあった平井俊治や平井道助《どうじょ》（祥助、俊治と同一人物の可能性もある。）は、大内家の守護職や国人層の本領安堵がなされるよう管領や幕府の奉行人と直接交渉を行い、また領国内の寺社領の段銭・諸役免除の幕命を大内氏に伝えた。義弘上洛後は、周防国守護代であった杉重連（豊後守系杉氏）と共に支配組織の中枢にあり、応永の乱では敗死した義弘の弟弘茂《ひろもち》を幕府に降らせ、大内家の存続に奔走したのも道助である。

ところで、道助は「国之名士」備州守源祥助として朝鮮にもその名が知られ〔米原正義 一九七六〕、大内氏が幕府に敗れた応永の乱後は足利義満の側近へ転身するほどの人物であった。これは、彼が京極氏家中の平井氏（近江国高島郡の在地領主）と同族の可能性が高く、元来幕府の要人と何らかの縁故があったらしいことと無関係ではない。このような人物を京都代官に起用したところに、当該期の大内氏権力の特質が認められる。

これ以降も、大内氏は代々京都に代官（在京雑掌）を常駐させて、情報の収集、政治的交渉・工作や文書・品物の取り次ぎなどに当たらせた。平井道助以後、その任にあったことが確認できるのは、内藤智得（盛貞）・安富定範・杉弘相・阿川勝康（真牧）のほか、松雪軒全杲・文玉秀簹・東周興文・競秀軒秀文・正法寺・丹首座などである〔須田牧子 二〇一三〕。なかでも、松雪軒以下の雑掌僧の多くは、禅宗僧侶としての身分や学識を利用して、日明貿易にも関与したほか、在俗の雑掌では難しい宗教関係の係争にも対応した。なお聖俗を問わず、在京雑掌は、朝廷や幕府の関係者との日々の文芸的な接触を通じて、種々の情報を得ていた〔小林健彦一九八八・一九九〇〕。

(三) 当主の長期在京と支配体制の変化

康応元年(一三八九)大内義弘は将軍義満に供奉して上洛し、以後十年近く在京する。その結果、義弘の意思は、通常は山口の支配組織を経ずに、現地にいる分国の守護代に直接伝えられるという命令系統が成立する。その命を伝える奉書には、ほとんどの場合日下《にっか》に平井道助、奥に杉重連の両名が署判している。つまり、当主の長期在京によって分国支配に当たる中枢組織が京都に成立し、道助と重連がその中心にいたのである。前述のように、道助は京都代官の任にあった他国出身の人物であり、後者の重連は大内氏本国の周防国守護代を務めた譜代の家人である。京都と山口でそれぞれ顔の利く、出自や経歴が対照的な二人を組み合わせるという、巧妙な構成であった。

義弘が敗死した応永六年(一三九九)から数年間は、義弘の遺志を継ぐ盛見《もりあきら》と幕府が支援する弘茂《ひろもち》・道通《どうつう》らの家督争いが展開する。反幕府の立場ながらも勝利した盛見の家督と守護職が幕府に公認されるのは応永十一年(一四〇四)ごろのことである。この困難な時期に大内氏権力を代表して奉書に署判したのは、陶道琳(弘長)・杉重貞(豊後守系杉氏)・鷲頭弘為・弘中円政といった面々である。この四名はいずれも守護代クラスの最有力家臣である。やや遅れて登場する杉重綱(伯耆守系杉氏)・問田道珠(貞世)・安富永選・内藤智得(盛貞)らも、同様の者たちである。ここからは、難局に対処するためもあってか、重臣層が山口に常駐して直接中枢組織に参与する傾向にあったことが読み取れる。

右の傾向は、幕府の信任を得た盛見が応永十六年(一四〇九)以降十六年間という長きにわたって在京すると一層顕著になる。当主盛見の意思は、守護代クラスの重臣層を中心とする山口の支配組織に伝えられ、彼らが連署した奉書によって現地の支配に当たる小守護代や郡代に下達された。反対に領国内の訴訟などは、山口の支配組織で審理してから京都へ注進された。ただし、山口の支配組織が「御定法」=法度にもとづいて裁決を与えた例もあるのは注目される。この組織は、国内の諸事を一定の枠内で裁量できる権限も与えられていたわけである。

この山口の支配組織の充実ぶりが、義弘在京時の組織との大きな相違点である。それを担う在山口の守護代クラスの重臣たちが、集団で領国支配に当たる体制が成立したともいえる。

その山口の支配組織の上部機関である京都の中枢組織の中心にいたのが、内藤智得（盛貞）である。智得は、鎌倉御家人の系譜を引く周防国東部の名門内藤氏の惣領で、義弘にしたがって在京した経験を持っていた。彼は、筑前国衙目代・長門国守護代・京都代官を歴任した、盛見の信頼が殊のほか厚い重臣であり、各大名家に一人は置いておきたい人物と称されるほど他家での評価も高い。永享三年（一四三一）盛見が戦死した際、九州の陣中にありながら幕府と緊密に連絡をとり、大内家の家督を持世に決定するように働きかけたのも智得であった。

（四）評定制の成立

在山口の守護代クラスの重臣たちが集団で領国支配に当たる体制は、応永三十二年（一四二五）の盛見の離京により一応の終止符が打たれる。しかし、彼らが原則として山口に常駐して合議を行い、大内氏権力の中枢を構成するというあり方は以後も基本的に継承される。その背景には、応永末年から激化した少弐・大友両氏との筑前国支配をめぐる抗争と盛見の敗死、その後の家中を二分しての持世・持盛兄弟の家督争い、さらにそれに勝利し筑前国を平定した持世の急死といった事態が続いたことがある。つまり、大内氏の家督及び対外関係が相対的に不安定であったために、重臣層の発言力が増し、彼らの合議が大内氏権力の意思決定の上で大きな比重を占めるようになっていったのである。

こうして、大内教弘の治世である十五世紀の中ごろまでには、重臣層の合議が制度化される。すなわち、当主臨席のもと、守護代クラスの重臣層による「評定」で大内氏権力の最高意思決定がなされていく体制＝評定制が成立する〔佐伯弘次一九八二〕。

応仁・文明の乱で京都にあって西軍の主力として活躍した大内政弘は、文明九年（一四七七）に帰国する。翌文明十年に豊前・筑前両国を平定すると、基本的には山口に腰を落ち着けて戦後処理と領国経営に専念する。すなわち、父教弘以来動揺していた惣領権を確立し、諸法度を定め、組織を整備させている。

こういった制度が整えられる一方で、台頭してくるのが陶氏である。陶氏は、早期に分出した大内氏の庶子家で、南北朝時代以来代々分国の守護代を務めて惣領家を支えてきた。同時に陶氏は、周防国都濃《つの》郡富田保《とんだのほう》を本拠とする有力な在地領主であり、早くも応永年間には独自の奉行人組織を整えて自らの所領経営や家臣団統制を行っていた。また、石見国の益田氏などの国衆や大内氏の有力家臣たちとも婚姻関係や盟約などを通じて提携した。陶氏が大内氏家臣団にあって徐々に卓越した地位を確立していくことが、大内氏の領国支配にとっては両刃の剣となっていく。

(五) 政治的全盛期と人材の輩出

大内義興の時代は、中央政界における大内氏の全盛期であり、それを支えた優れた人物が輩出した。

明応四年(一四九五)襲封まもない義興は、石見国人益田氏をも動員して、長門国守護代の内藤弘矩父子を防府で討ち果たし、同氏の勢力が強かった長門国に発向した。これに関連して、同時期に陶弘護の長男で上洛中に摂津国で遁世した武護(宗景)が富田に立ち帰り、家督を継いでいた弟興明を殺害し、義興から追討される。

この一連の出来事は、単なる粛清事件ではなく、将軍権力の分裂にも影響を受けた大内氏の政治路線をめぐる対立であったと考えられ、のちに表面化する義興廃嫡未遂事件へとつながる。すなわち、明応八年(一四九九)義興の兄弟で周防国衙目代でもあった大護院尊光(高弘)の擁立を試みた杉武明(備中守系杉氏)らが自害する。こうして比較的短期間に、長年大内氏を支えた陶・内藤両氏の惣領が交替し、杉氏の有力な一派が滅びた結果、大内氏家臣団のバランスが崩れる。

このような時期に、陶惣領家の興房が成長するまでの間、大内氏権力を支えた一人が問田弘胤《といだひろつき》である。弘胤は、周防国吉敷郡問田を本貫とする大内氏の庶流問田氏の惣領である。問田氏は、代々大内氏の氏寺興隆寺の別奉行を務めて大内氏の祭祀に深く関わり、石見国守護代や邇《に》摩《ま》郡代を世襲するなど、大内氏権力の中枢を担っていた。弘胤は、長享二年(一四八八)大内政弘の名代として将軍義尚の近江国鈎《まがり》陣に参陣した経歴を持つ。彼は、永正五年(一五〇八)にも義興を補佐して上洛、在京中は山城国の葛野《かどの》郡代に起用されたほか、難題であった周防国衙領返還問題の交渉をまとめるなど、優れた政治手腕を発揮した。永正八年(一五一一)船岡山合戦での弘胤戦死の報に接し、親交のあった三条西実隆は日記に「不便々々」と記し、その死を悼んだ一首を遺族に贈った。

弘中武長の活躍も注目に値する。武長は、周防国東部の岩国近辺の領主であった弘中氏の一族で、明応五年(一四九六)ごろから大内氏奉書の署判者に加わり、頭角を現していく。彼も優れた政治手腕を持っていたことは、在京時に山城国守護代に任命され、中央政界の実力者と渡り合ったことからも容易に察せられる。また、「兵のつかさのまつりこと人」と賞された武人でもあり、大永年間の安芸国出陣の際には、大内氏の「警固船」の「大将」=大内氏直属水軍の総司令官を務めた。さらに、大内氏が永正十七年(一五二〇)に伊勢神宮を山口に勧請した際には、武長は「惣奉行」に任じられて、毎日現場で陣頭指揮に当たり、見事にその役を果たした。

大内義興はこのような人材を見事に活用した。以下、特徴的な事例を具体的にみていく。

西石見の有力国人益田氏は、大内氏の石見国支配の鍵となる存在であった。明応年間益田氏に対する大内氏側の公的な窓口は、杉武道(美作守系杉氏)が務めていた。彼が「御用等承仁」=別奉行として、益田氏の要望を大内氏に取り次ぎ、逆に大内氏の意思を公的に益田氏に伝えていた。しかし、大内氏と益田氏の交渉ルートはこれ以外にも存在した。すなわち、益田氏と重縁の間柄にあった陶氏が大内氏と益田氏との間に介在し、私的な立場も利用して両者間の交渉・意思伝達を担った。さらに、前述の弘中武長も重大な局面で益田氏の便宜を図っている。これは、武長が幼少のころ石見国にいて益田氏の世話になって以来、親交があったことによる。このように、大内氏と益田氏との関係を円滑ならしめる安全装置は公私にわたって複数存在し、それらが互いに補完しながら機能した。

永正五年(一五〇八)に上洛し、足利義稙《よしたね》を将軍に復職させた大内義興は山城国守護に任命される。しかし、山城国には義興と連合政権を組む細川高国の分郡や伝統的な勢力が存在し、その統治は非常に困難を伴うものであった〔今谷明 一九八六〕。これに対処するために、義興は守護代と郡代という国元と同様のシステムを山城国でも採用する。

まず、守護代には「両守護代」として、弘中武長と神代《こうじろ》貞総という周防国出自の重臣二名を置いた。大内氏が一国に守護代を同時に二名配置したのは、南北朝時代初期を除くと例がない。これは、宇治川を境界として一国領域が二分され、二ヶ所の守護所が分立していた山城国の特殊事情に対応したためであろう(上三郡が弘中武長、下五郡が神代貞総の管轄と考えられる)。

さらに郡代としては、綴喜《つづき》郡には杉興宣、愛宕《おたぎ》郡には杉興重、葛野郡には問田弘胤（その死後は問田興之）、紀伊郡には野田興方、乙訓《おとくに》郡には内藤興盛、宇治郡には秋吉武総をそれぞれ配置した（相楽《そうらく》郡・久世《くせ》郡は不明）。杉興宣は、小次郎・次郎左衛門尉を仮名・官途とする杉氏の一派である。この杉氏は、和泉国堺に邸宅を持って大内氏の日明貿易にも一役買っていた家であり（伊藤幸司二〇〇二）、興宣は、安芸国の東西条代官も兼帯していた可能性が高い。杉興重は、代々兵庫助・三河守を官途とする杉氏の一派である。この杉氏は、歴代豊前国と関わりが深く、豊前国守護代的な役割を果たすこともあり、興重は宇佐八幡宮の別奉行でもあった。問田弘胤・興之（胤世）父子は一族の重臣であり、共に石見国邇摩郡代を兼帯していた。野田興方は問田弘胤の三男で、野田家を継いだ人物である。野田氏はもともと問田氏の庶流であり、大内氏家臣団における家格は高い。内藤興盛は長門国守護代を世襲する内藤氏の惣領で、長門国守護代を兼帯していた。秋吉武総は、山城国守護代の一人である神代貞総実弟の武総と同一人物と考えられる。

山城国内の郡代に任命されたこれらの人物に共通するのは、大内氏の一門・譜代や本国周防国の出自であり、一国規模の代官＝守護代を務めるぐらいの重臣だという点である。彼らは、戦時にあっては軍事指揮官を任された。また、彼らの多くは文事の面でもみるべきものが少なくなく、京都で活動していくのに必要な文化的素養を身につけていた。

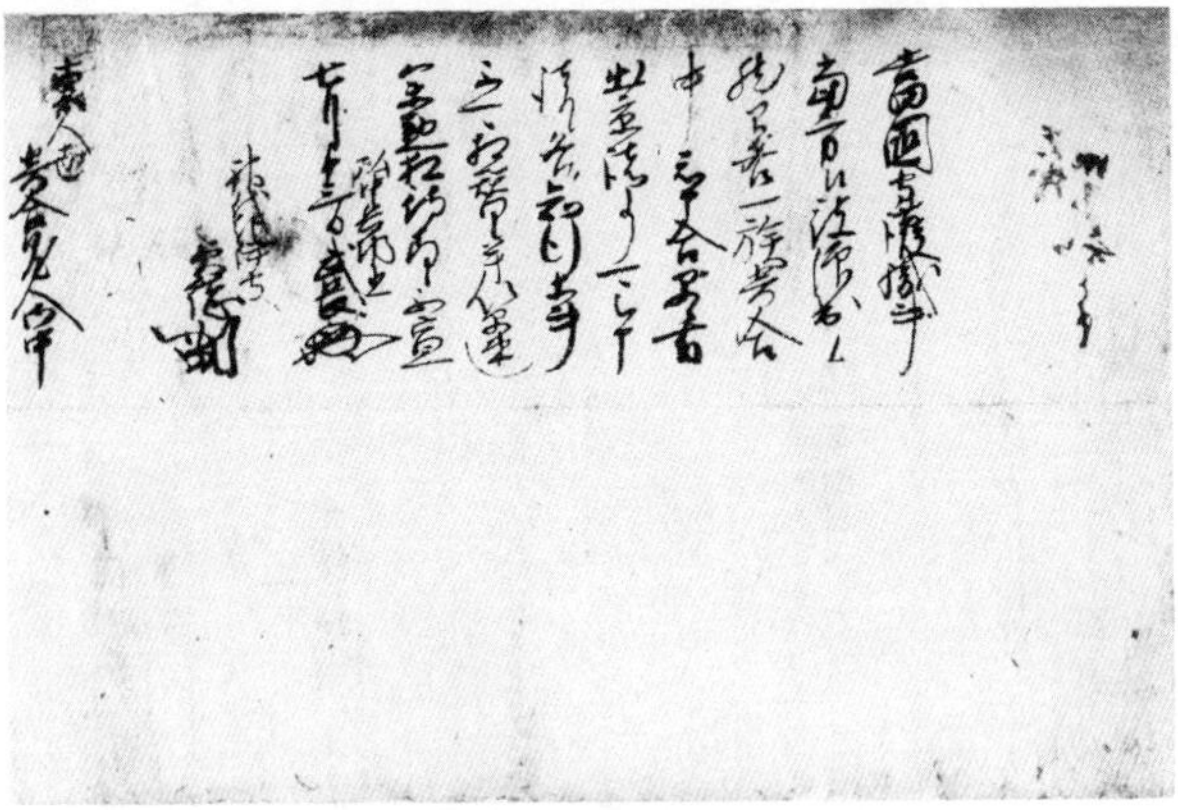

図2　山城国両守護代連署状（國學院大学所蔵　久我家文書）
（〔國學院大学久我家文書編纂委員会（編）1982〕より）
永正5年(1508)7月13日　弘中武長と神代貞総が、東久世寄合沙汰人中に大内氏の山城国守護職就任を告げ、出京を求めたもの。

このように、大内氏は山城国支配に当たり、二名の守護代に加え、守護代クラスの重臣を郡代として置くという、強力な布陣を敷いた。このような配置と実際の統治に当たった人材無くしては、十年以上に及ぶ大内氏の山城国支配はありえなかったのである。

一方、義興在京中の国元では、陶弘詮や杉重清を中心とした者たちが留守を預かっていた。弘詮は陶弘護の弟で、筑前国守護代を務めたこともある陶氏の有力な一族である。杉重清は、杉氏の惣領家で豊前国守護代を世襲する伯耆守系杉氏の当主である。彼らを中心とする組織は、基本的に盛見在京時と同じような機能を果たしていた。

(六) 組織の矛盾と形骸化

大内義隆の初世には、歴代必ずといってよいほど生じた家督相続をめぐる争いがなかった。これは一面では、家臣の粛清もなく反対分子がそのまま温存されたことも意味する。天文十二年(一五四三)に出雲国で大敗して、当主義隆が領国経営に対する意欲を失ってからは、各分国の事実上の主となっていった守護代らと当主の意思を貫徹させようとする側近たちのせめぎあいが表面化する。その代表が陶隆房(晴賢)と相良武任の対立である。直接領国統治に当たり、領国内の様々な階層の要求に応える必要のあった隆房らと、それらから乖離し、いわば「殿上人」のようになっていった義隆とその意を受ける武任ら側近たちの対立は、ある意味で必然的なことでもあった。

この点で見逃せないのは、守護代クラスの重臣とは言え、その愁訴は側近や奉行人たちを通じないと大内氏当主の元へ届かなかったというシステムである。大内氏の場合、愁訴を含む上申事項を当主へ披露する人間＝「申次」は、相手や案件ごとに決まっていた。史料上の「申次」は、別奉行＝担当奉行を指す場合と別奉行などからの上申事項をさらに当主へ取り次ぐ役を指す場合とがあるが、後者の存在が特に問題となる。

武任が隆房知行の国衙領の返還を義隆に進言し、隆房の反感を買ったとされる一件でも、彼がかつて国衙の便宜を図る別奉行であった可能性が高い点は重要である。さらに、十五世紀末、武任の父相良正任は「陶殿申次」＝陶氏の別奉行を務めていた。このような関係が隆房と武任の代まで続いていた可能性も皆無ではない。

別奉行のポストを一握りの人間が独占した結果、利害関係が対立する者同士の別奉行を同一人物が兼ね、一方に荷担したとすれば、問題はより悪化する。その人物が側近として直接当主に披露する立場にあれば尚更である。隆房と武任の対立も当主の寵愛や縁談をめぐる感情的な確執ではなく、このような構造的な問題として考えてみる余地がある。

また、義隆の時代には、奉行人層に新付の氏が加わる一方で、政務処理の技術水準の維持・発展が要請された結果として世襲化も目立つようになる〔川下倫央 二〇〇七〕。室町幕府の場合と同様に、世襲化による弊害もでてきたと推測される。さらに、陶氏の場合で顕著なように、婚姻関係や盟約を中心とする横の結びつきが、大内氏家臣団の間で広範に存在した。このような私的な関係は、「たてまえ」を旨とする公的な社会の欠点を補う一方で、時にはそれを形骸化させる可能性を内包する、両刃の剣のような性格を持つものであった。

このような状況下で、上意、すなわち側近の意向が優先するのを実態とする時、重臣の間に重大な亀裂が生ずれば、評定はもはや本来の機能を果たし得ない〔下村效 一九八八〕。それゆえ、家格・実力とも随一の陶氏が、周到な準備のもと、重臣層のみならず領国内諸階層の広範な支持を取り付けて挙兵した場合、当主側に勝ち目はなかった。

義隆の跡を継いだ義長の政権は、守護代クラスの重臣層の連合政権的な性格が濃い。この政権の中枢には、陶晴賢をはじめとする従来からの有力家臣のほか、大友氏から義長に随行してきた橋爪鑑実や高橋鑑種などがいた。特に豊前国や筑前国に関わる奉書には彼ら二名が加わることが多く、大友義鑑の偏諱《へんき》である「鑑」字が目立つ奉書は、一瞬大友氏のものかとみまごうほどである。若くして他家から家督を継いだ義長が、側近を通じて自らの意思を貫徹させるには、難しい状況にあったことは想像に難くない。

それに加え、当該期には人材が十分に生かされなかった。たとえば、弘中隆兼は義隆の時に安芸国守護代を務めた大内氏の重臣で、安芸国の経営に携わった経験から、毛利元就の手腕も熟知していた。そのため、弘治元年（一五五五）の厳島合戦では慎重論を唱えるも容れられず、敗北を予見したかのような手紙を妻女に残して、戦死する。また、陶氏の重臣に神領衆（厳島神主家家臣の系譜をひく安芸国佐西郡の領主たち）の寄親でもあった江良房栄がいた。彼も安芸国や毛利氏の事情に精通していたが、厳島合戦前に主家である陶氏の命で討たれた。彼らのような有能な人物の意見が斥けられた点に、この政権の限界が感じられる。

大内氏は厳島合戦で頼みの晴賢を失い、さらに内藤・杉氏間の私闘で弱体化する。毛利氏という外敵に加え、内部分裂や統治システムの形骸化、全盛期に比しての人材の枯渇等々が、大内氏滅亡の一因であったことは確かである。

おわりに

大内氏の統治システムと人材＝大内氏の遺産は、一部毛利氏に継承された。そのことに触れて結びにかえたい。

毛利氏は、大内氏の領国であった防長両国の支配に当たっては、大内氏の郡代制を継承し、ほとんどの場合大内氏時代からその任にあった者を引き続き起用した。また極めて短期間ながら、大内氏の奉行人であった者たちを奉行人に登用し、防長両国制圧後の戦後処理に当たらせた〔松浦義則一九八四〕。

その内の一人である大庭賢兼（宗分）は、毛利元就に抜擢されて、元就・輝元の側近になった。それのみならず、文化的素養にも裏打ちされた高い見識と豊富な経験にもとづいた行政能力により、元就の晩年には毛利氏権力の中枢に奉行人として参画した。彼の活動は多岐にわたるが、真の役割は、毛利氏当主の政策立案のブレーンを務めたり、譜代家臣層を官僚として育成することにあったと考えられる〔和田秀作二〇一五〕。

さらに毛利氏は、長門国守護代を世襲した内藤惣領家を隆元の妻の弟である隆春に継がせ、譜代家臣の市川経好らによる防長両国支配のパイプ役を担わせた〔阿武桂子一九九八〕。

こういった背景には、毛利氏が統治組織を担う「操《あやつり》手《て》」の人材難に頭を痛め、短期間に急速に拡大した歴史的条件の異なる、不均質な領国を譜代家臣だけで円滑に支配するには無理があると認識していた事情がある。そのため、出自を問わず、広く譜代外からも人材を発掘・登用していったのである。賢兼らの登用は、領国経営の問題点を正確に把握して、有能な人物を適所に配した元就の慧眼の一例であろう。

組織を円滑に運営するためには、堅固なシステムを構築し、保守・更新していくことが大事である。しかし、いくらシステムが優秀であったにせよ、それを運用するのは人間である。内規を含め組織がよるべき規範を定める、新しい血も導入して適材を適所に配置する、衆議を経ても最終的にはリーダーが結論を下す等々、組織の命運を握るのは、最後はリーダーを含めた人の問題であろう。中世に西国で隆盛を誇った大内氏の統治システムと人材登用のあり方、及びその一部を継承した毛利元就の組織観と行政手腕には、現代にも通じるものがあるのではないだろうか。

（和田秀作）

参考文献

阿武桂子 一九九八「中世後期防長両国における内藤氏と大名権力――内藤隆春を中心として――」『山口県史研究』六号
伊藤幸司 二〇〇二『中世日本の外交と禅宗』吉川弘文館
今谷明 一九八六『守護領国支配機構の研究』法政大学出版局
川下倫央 二〇〇七「大内氏の奉書および奉者」『九州史学』一四七号
國學院大学久我家文書編纂委員会（編）一九八二『久我家文書　第一巻』國學院大学
小林健彦 一九八八「戦国大名家在京雑掌を巡って――大内氏の場合――」『駒沢史学』三九・四〇号
小林健彦 一九九〇「室町禅林における大名家在京雑掌の活動――相国寺大智院競秀軒の場合――」『中央史学』一三号
小林健彦 一九九〇「大内氏の対京都政策――在京雑掌（僧）を中心として――」『学習院史学』二八号
佐伯弘次 一九八二「大内氏の評定衆について」『古文書研究』一九号
佐伯弘次 一九八三「大内氏の筑前国郡代」木村忠夫編『九州大名の研究』吉川弘文館（初出は一九八〇）
下村效 一九八八「義隆の領国経営」米原正義編『大内義隆のすべて』新人物往来社
須田牧子 二〇一三「大内氏の在京活動」鹿毛敏夫編『大内と大友』勉誠出版
福尾猛市郎 一九五九『大内義隆』吉川弘文館
松浦義則 一九八四「戦国大名毛利氏の領国支配機構の進展」藤木久志編『毛利氏の研究』吉川弘文館（初出は一九七六）
松岡久人 二〇一一「大内氏の発展とその領国支配」岸田裕之編、松岡久人『大内氏の研究』清文堂（初出は一九五七）
松岡久人 二〇一一「西国の戦国大名――大内氏を中心として――」同右（初出は一九七八）
三村講介 二〇一二「大内氏の筑前国御笠郡代・岩屋城督――千手興国を中心に――」『年報太宰府学』六号
米原正義 一九七六『戦国武士と文芸の研究』桜楓社
和田秀作 二〇一五「毛利氏の領国支配機構と大内氏旧臣大庭賢兼」村井良介編『安芸毛利氏』岩田書院（初出は一九九〇）

【附記】　本稿は、『毛利元就と地域社会』（中国新聞社、二〇〇七）に掲載した拙稿「大内氏の領国支配組織と人材登用」に、その後の知見を加えて修正したものである。

よみがえる大内氏の都

大内氏の都・山口

はじめに

大内氏（多々良氏）は山口を拠点に広く西国を治めた。大内氏治下の山口は繁栄し、それは後に「西ノ都」と記されるほどであった（香川正矩・（米原正義校訂）一九九六）。小稿では大内氏の下で繁栄したとされる中世山口の景観復元を試みることとする。

一　山口とは

山口は山口県山口市の中部、県内最大規模を誇る山口盆地北東部に位置する。盆地内には、中国山地に源を発し、瀬戸内海に注ぐ椹野川が貫流する。山口は椹野川の中流域、河口から直線距離で約一五キロ内陸に位置する。地形的には椹野川の支流である一の坂川の形成した扇状地と椹野川の開析により形成された低地から成る。

地名の由来については、「一の坂川に沿って長門国阿武郡の山地に分け入る入口であったから、東鳳翩山の東方にある一ノ坂銀山の山口にあたるから」などと言われている（竹内理三（編）一九八八）。建長六年（一二五四）銘のある円政寺金鼓に「山口」という地名が初めて登場することから（内田伸一九九〇）、鎌倉時代には「山口」という地名が存在したことが分かる。

二　中世の山口

（一）　防長の臍

中世の山口は周防国吉敷郡に属した。吉敷郡は周防国の西部に位置し、東は国府の所在する佐波郡、北及び西は長門国、南は瀬戸内海に面する。

また、山口は大内氏の主要分国である防長二国のほぼ中央に位置し、多くの交通網を抱え込む交通の要衝であった（平瀬直樹一九九八）（図1・2）。中世の山口の範囲については、近世の山口町とほぼ同じ範囲が想定されている（平瀬直樹二〇〇一）（図3）。

（二）　山口と大内氏

大内氏は周防国衙に仕える在庁官人であったことから、もともとは防府を拠点としていたと考えられ

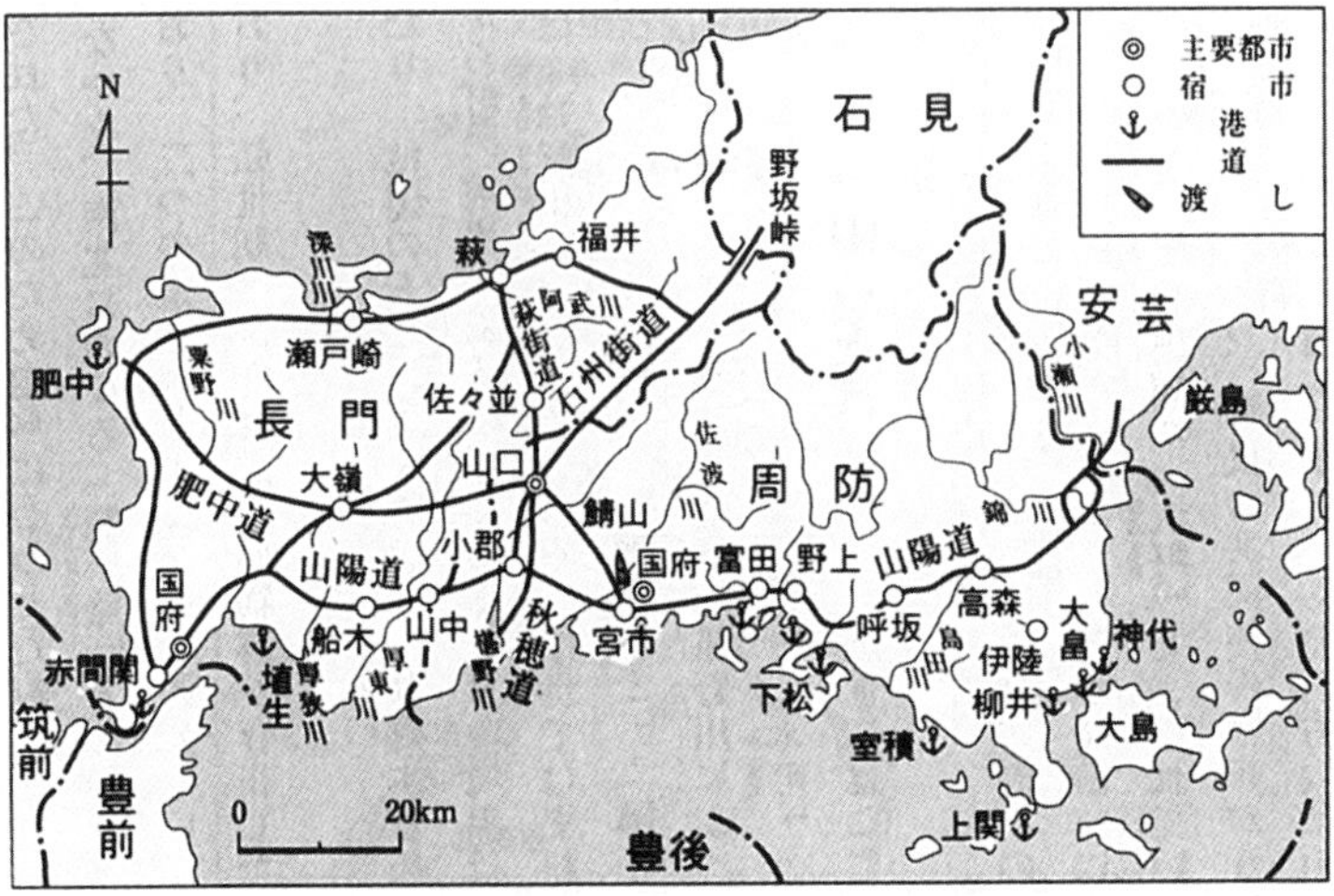

図1　中世の交通要図（(平瀬直樹 1998)より）

図2　空からみた山口

る。その後大内、山口と拠点を移したとされる〔米原正義（校註）一九六六〕。鎌倉時代終わり頃の所領は周防国内に広く点在していたが、吉敷郡では矢田令・宇野令・大内村・宮野・大海が見られる〔山口市 二〇一六〕。山口は近世中期には宇野令村に含まれていたことから、この頃既に大内氏の所領となっていた可能性がある。

大内氏の山口移転時期については南北朝期頃と考えられている〔近藤清石・（三坂圭治校訂）一九七四〕〔御薗生翁甫 一九五九〕〔平瀬直樹 二〇一五〕。

三　中世の山口を掘る

（一）　小稿の立場

山口市では、中世山口の実態解明のために平成二年度から「大内氏関連町並遺跡」（以下、「町並遺跡」という）の発掘調査を行っている。筆者も町並遺跡の調査に携わる一員であることから、小稿では発掘調査の成果をベースに大内氏治下の山口について考えることとする。

（二）　町並遺跡の調査成果

町並遺跡は、山口市の大殿地区に所在する（図3・4）。遺跡のほぼ中央には大内氏の拠点である大内氏館跡がある。遺跡の規模は東西約一キロメートル、南北約一、二キロメートルで、調査を始めた平成二年度から平成二十七年末までに一〇三次の調査が行われている（図5）。遺跡の範囲は、先に紹介した中世山口の一部に当る（図3）。

これまでの調査の結果、縄文時代以降の遺構・遺物が確認されている。時期別にみると縄文時代から中世前半のものは少なく、中世後半のものが多い。また、中世後半でも十四世紀末から十五世紀前半には検出される遺構・遺物は依然として少ないが、十五世紀後半になると多くの遺構・遺物が確認されるようになり、十六世紀中頃には更に多くの地点で遺構が確認されるようになる（図6）。このことから十五世紀後半に山口は都市化し、十六世紀中頃にかけて都市域が拡大したものと考えられる。都市の範囲については惣構等の施設を伴わないことから判然としない。建物はほとんどが掘立柱建物である。また、多くの土坑が検出されるが、これらの多くは不要なものを廃棄するためのゴミ穴として掘られたものと考えられる。これら検出遺構は一定の規制の下に配置されていると考えられる。検出遺構の方向性を規制するものとしては道路が考えられるが、これまでの調査で道路と

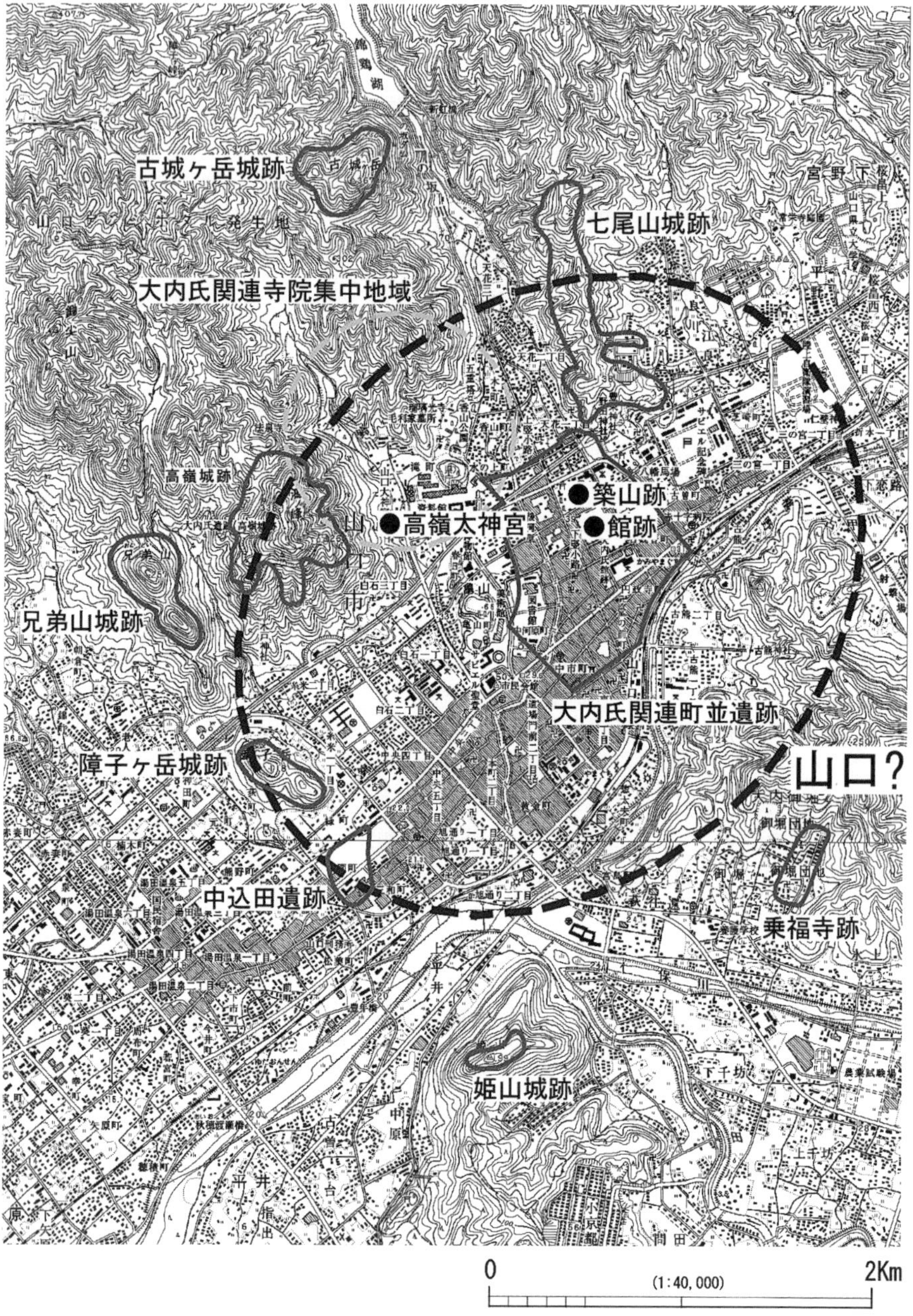

図3　関連遺跡等位置図(国土地理院発行の2万5千分の1「山口」「小郡」を使用)

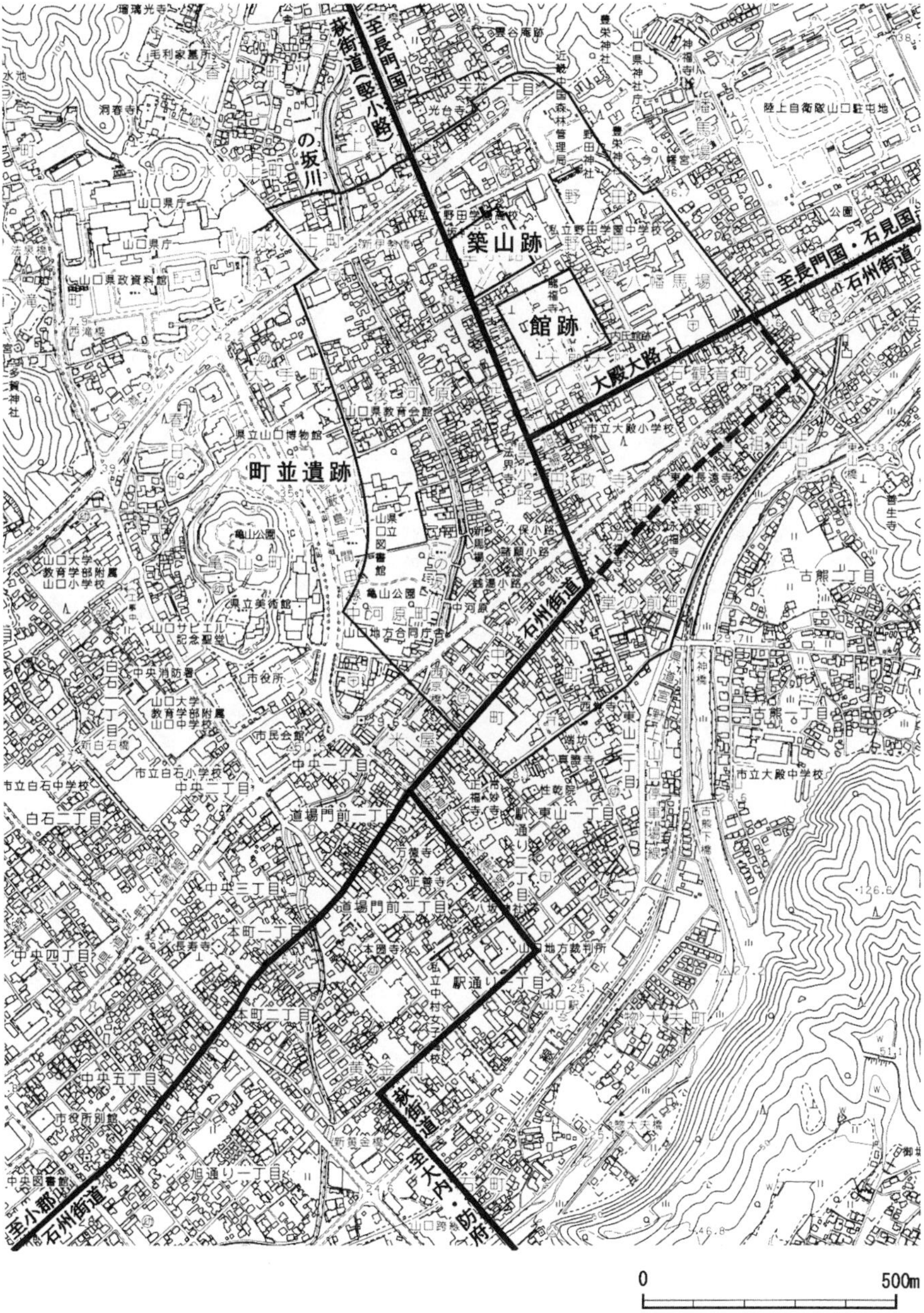

図4　町並遺跡周辺の地形と地名（山口市都市計画図（1:10,000）№3・№5の一部を使用）

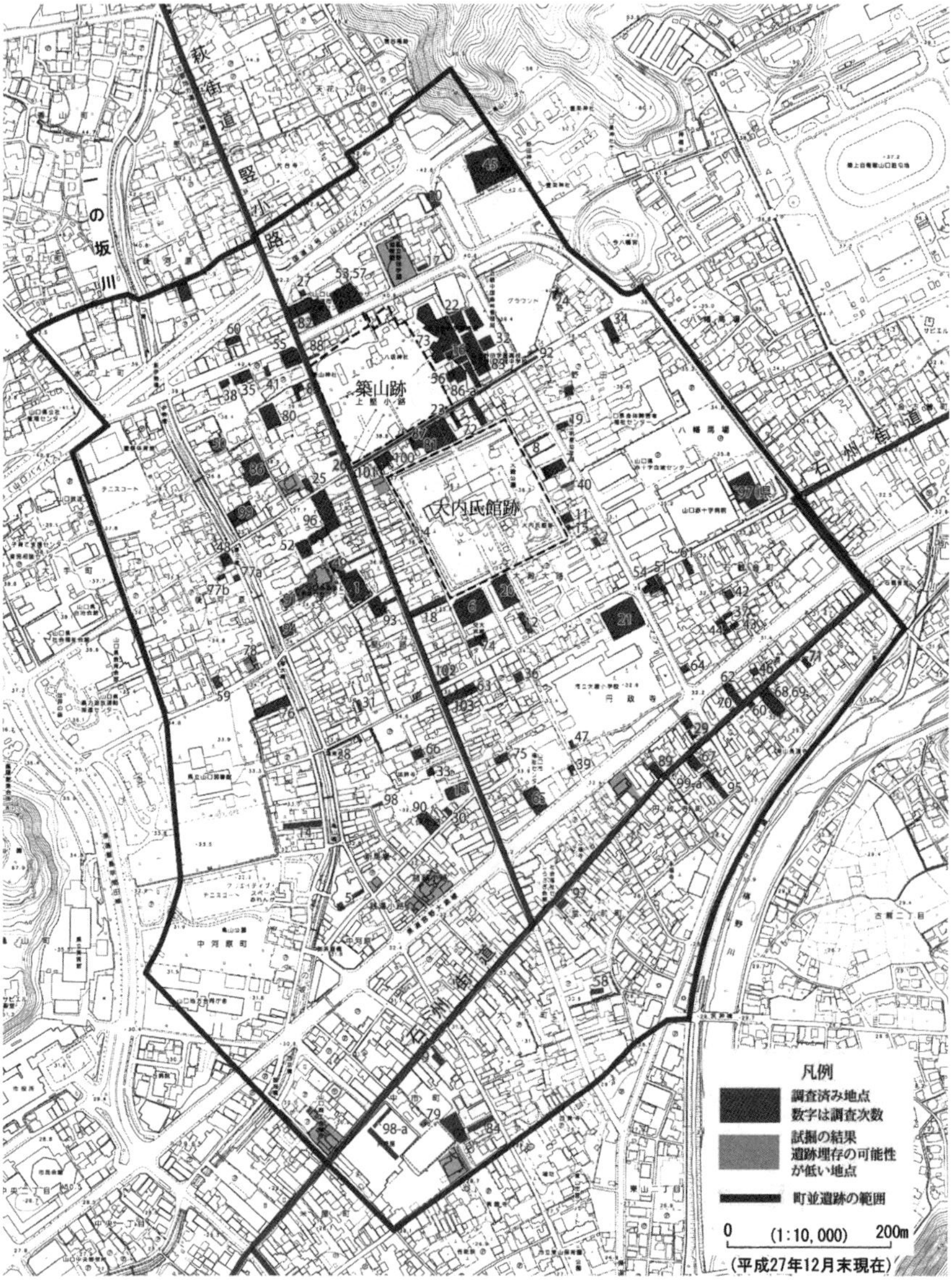

図5　大内氏関連町並遺跡発掘調査地点位置図（〔増野晋次（編）2016〕を一部改変）

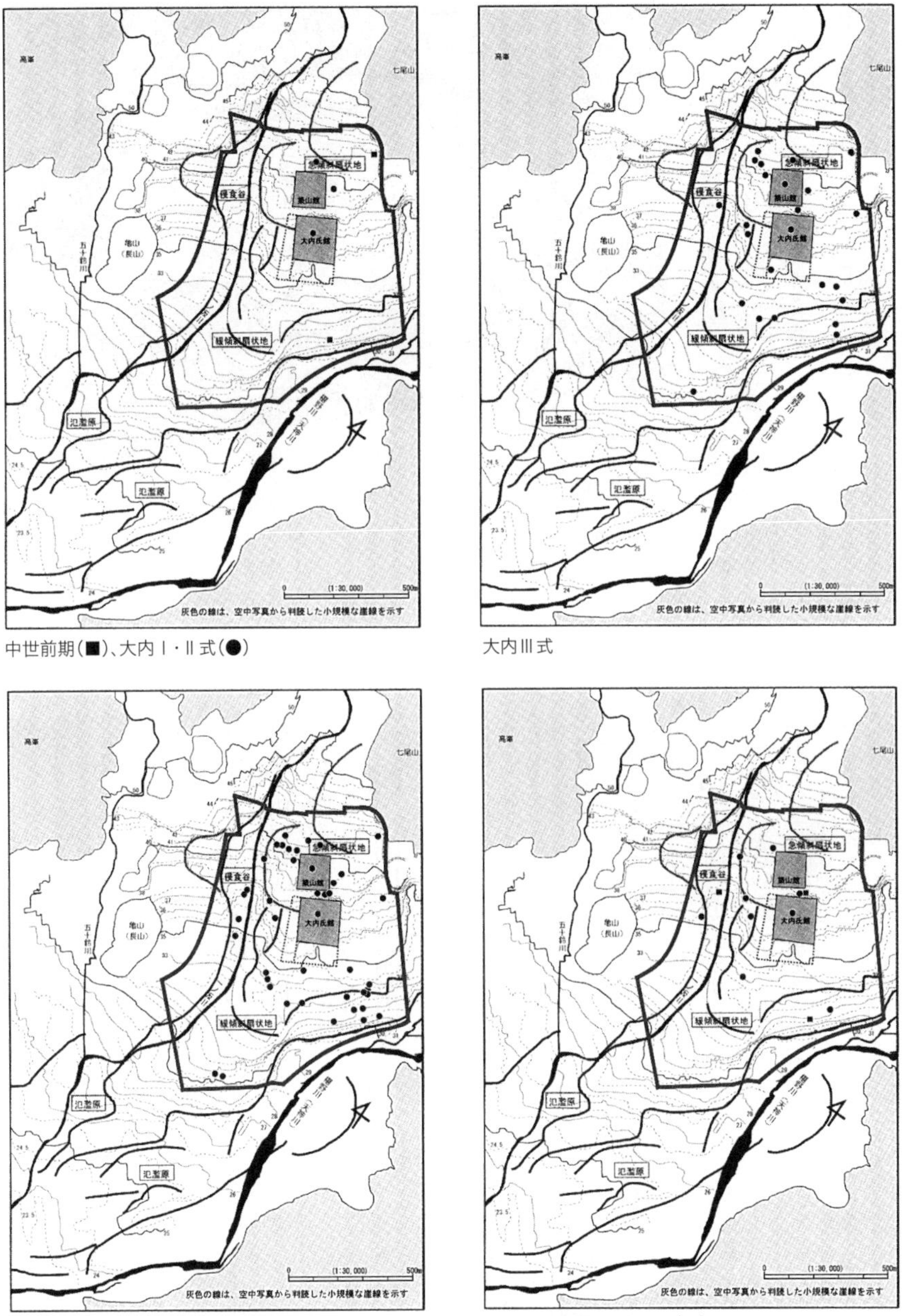

中世前期(■)、大内Ⅰ・Ⅱ式(●)

大内Ⅲ式

大内Ⅳ式

大内Ⅴ式(●)、大内Ⅵ式(■)

図6　大内氏関連町並遺跡時期別遺構分布図(〔山村亜希 2009〕に加筆、枠線は町並遺跡の範囲)

図7　町並21次調査区全景

確定できるものは確認されていない(1)。

町並遺跡は、周辺の同時期の遺跡に比べて遺構・遺物は多く、その種類も豊富である（図7）。中でも、礎石建物、方形石組、盛土整地などは周辺の遺跡ではほとんど見られない（図8）。このことから、山口の都市化は一般集落が単に稠密化したのではなく、一般集落とは異なる集落への転身であったと考えられる。

先に町並遺跡のピークは十五世紀後半から十六世紀中頃までと述べたが、その後の状況について補足しておくと、大内氏滅亡とともに遺構・遺物が確認されなくなるわけではなく、十六世紀後半以降も遺構・遺物は確認される。山口は大内氏滅亡後も都市として存続していることが分かる。

四　山口の景観の変化

以上、発掘調査の成果について紹介したが、発掘調査の対象範囲は山口の一部に限られ、都市の変遷を解明するには不十分である。そこで、ここでは他の学問分野の研究成果も参考にすることとする(2)。

都市に存在した寺社については、歴史地理学の山村氏の研究成果を用いる(3)（表2）。

都市の方向性を規定すると考えられる道路の存在は文献史料や地形等から推定する(4)（表3）。

また、山口は大内氏の拠点であったことから、同氏の動向を念頭に置くこととする。大内氏の動向と考古年代の対応は表1のとおり考えている。

礎石建物

塼列建物

方形石組

石組井戸

土師器皿廃棄土坑

区画溝

図8　大内氏関連町並遺跡検出遺構

表1　小稿の時期区分と大内氏の動向の対応関係

西暦	大内氏の動向	段階	時期	考古遺物
1350		1	中世前期	
	14C後? 大内氏の山口移転	1		防長系足鍋の出現
1400		2	中世後期	Ⅰ・Ⅱ式
1450		3	中世後期	Ⅲ式
1500	1485　大内氏の家臣集住政策	3	中世後期	Ⅲ式
	1520　大内義興による高嶺太神宮勧請	4	中世後期	Ⅳ式
1550	1557　大内氏滅亡	5	中世後期	Ⅳ式
		6	中世後期	Ⅴ式
1600	1604　毛利氏の萩移封	6		Ⅵ式

※網掛けは大内氏が山口に拠点を置いた時期

表2　中世の史料において確認できる山口の寺社

寺院

No.	名称	大内氏創建	宗派	建立年代 元号・年	建立年代 西暦	所在地	初見年代 元号・年	初見年代 西暦	初見史料	中世前期 1	中世後期 2	中世後期 3	中世後期 4	中世後期 5	中世後期 6
1	円政寺		不明			円政寺	建長六	一二五四	金鼓銘文	●	●	●	●	●	●
2	國清寺	●	臨済宗	応永一一	一四〇四	滝	応永七	一四〇〇	防長風土注進案所収古文書		●	●	●	●	●
3	法泉寺	●	臨済宗			滝	応永七	一四〇〇	南朝編年紀略		●	●	●	●	●
4	香積寺	●	臨済宗			滝	応永一四	一四〇七	防長風土注進案所収古文書		●	●	●	●	●
5	安養寺（善福寺）	●	時宗	正応元	一二八八	久保小路？↓西門前	応永一六	一四〇九	防長風土注進案所収古文書		●	●	●	●	●
6	観音寺（勝音寺）	●	臨済宗	永享二	一四三〇	滝	応永一六	一四〇九	防長風土注進案所収古文書		●	●	●	●	●
7	保寿寺（保寿院）	●	臨済宗			滝	永享七	一四三五	癡鈍梵顕袖判宛行状		●	●	●	●	●
8	雲谷庵					天花	寛正五	一四六四	竹居西遊記			●	●	●	●
9	平蓮寺（長山薬師堂）		天台宗↓真言宗	長久元	一〇四〇	長山	文明二	一四七〇	防長風土注進案所収古文書			●	●	●	●
10	廣澤寺	●	曹洞宗	文明元以前	一四六九以前	古熊	文明一七	一四八五	防長風土注進案所収古文書			●	●	●	●
11	永興寺	●	臨済宗	正応年間	一二八八—九三	白石↓古熊	文明一八	一四八六	大内氏掟書			●	●	●	●
12	観音堂	●				滝	永正一五以前	一五一八以前	高嶺太神宮御鎮坐伝記			○			
13	正法院					滝	永正一五	一五一八	高嶺太神宮御鎮坐伝記				●	●	●
14	観音堂			永正一五	一五一八	春日山	永正一五	一五一八	高嶺太神宮御鎮坐伝記				●	●	●
15	正因庵					滝	永正一七	一五二〇	高嶺太神宮御鎮坐伝記				●	●	●
16	普門寺	●	臨済宗	建武年中	一三三四—三八	白石	永正一七	一五二〇	高嶺太神宮御鎮坐伝記				●	●	●
17	神光寺		真言宗	建久年間	一一九〇—九九	江良	大永六	一五二六	神光寺宛文書					●	●

No.	名称	大内氏創建	宗派	建立年代 元号・年	建立年代 西暦	所在地	初見年代 元号・年	初見年代 西暦	初見史料	中世前期 1	中世後期 2	3	4	5	6
18	玉蔵院					後河原	享禄五	一五三二	中国九州御祓帳					●	●
19	西方寺	●	浄土宗	弘長元	一二六一	古熊	天文三	一五三四	防長風土注進案所収古文書					●	●
20	大蔵院					天花	天文六	一五三七	毛利隆元山口滞留日記					●	●
21	真如寺	●	浄土宗			江良	天文一八	一五四九	大内義隆記					●	●
22	浄光寺					鰐石	天文一八	一五四九	元就公山口御下向之節饗応次第					●	●
23	瑞雲寺（竜福寺）	●	臨済宗	建永元	一二〇六	白石↓大殿大路	天文一九	一五五〇	大内義隆記					●	●
25	萬福寺		曹洞宗	推古五	五九七	堂ノ前	天文一九	一五五〇	黒地蔵銘文					●	●
26	求聞持堂	●				滝	天文二〇	一五五一	大内義隆記					●	●
27	浄泉寺	●	浄土宗			円政寺筋	天文一九	一五五〇	防長風土注進案所収古文書					●	●
28	圓通寺	●		大永元	一五二一	古熊	天文一九	一五五〇	防長風土注進案所収古文書					●	●
29	覚雄寺（覚皇寺）					白石	天文二〇	一五五一	大内義隆記					●	○
30	住院・学院（大道寺）						天文二〇	一五五一	耶蘇会士日本通信					●	●
31	霊光院		禅宗	永禄年中	一五五八—七〇	滝	永禄一一	一五六八	防長寺社由来所収古文書						●
32	本國寺	●	法華宗	文和年中	一三五二—五六	道場門前	—	一五八七	フロイス日本史						●
33	端坊		浄土真宗	天文年中	一五三二—五五	松木	慶長六	一六〇一	防長風土注進案所収古文書						●

神社

No.	名称	大内氏創建	宗派	建立年代 元号・年	建立年代 西暦	所在地	初見年代 元号・年	初見年代 西暦	初見史料	中世前期 1	中世後期 2	3	4	5	6
1	仁壁神社		—			宮の前↓三ノ宮	延長五	九二七	延喜式神名帳	●	●	●	●	●	●
2	厳島社		—	応永一四	一四〇七	滝	応永一四	一四〇七	防長風土注進案所収古文書		●	●	●	●	●

3	今八幡宮		―	貞観元	八五九	朝倉↓八幡馬場	文明一〇	一四七八	大内氏掟書			●	●	●	●
4	築山社	●	―			上竪小路	文明一九	一四八七	大内氏掟書			●	●	●	●
5	祇園社	●	―	応安三	一三七〇	竪小路？↓水の上↓滝	永正一六	一五一九	高嶺太神宮御鎮坐伝記				●	●	●
6	諏訪大明神・辨才天		―	永正一六以前	一五一九以前	竪小路↓滝	永正一六	一五一九	高嶺太神宮御鎮坐伝記				●	●	●
7	貴船大明神		―	永正一六以前	一五一九以前	今道↓滝	永正一六	一五一九	高嶺太神宮御鎮坐伝記				●	●	●
8	高嶺太神宮	●	―	永正一七	一五二〇	滝	永正一七	一五二〇	高嶺太神宮御鎮坐伝記				●	●	●
9	祇園社御旅所		―			今道	永正一七	一五二〇	高嶺太神宮御鎮坐伝記				●	●	●
10	春日神社		―	天文年間	一五三二―五五	春日山	天文二〇？	一五五一？	大内義隆記					●	●
11	多賀神社		―	天文年間	一五三二―五五	上竪小路	天文二〇？	一五五一？	大内義隆記					●	●
12	北野天神	●	―	応安六	一三七三	北野小路	天文一六	一五四七	宝殿墨書					●	●
13	荒神堂		―			馬場殿小路	天文一九	一五五〇	防長風土注進案所収古文書					●	●

表3　中世の史料において存在が確認できる山口の地名・道路名

No.	名称	初見年代 元号・年	初見年代 西暦	初見史料	字名、近世地名、比定地	地名	道路名	段階	考古年代
1	宇野秋弘(名)	明徳二	一三九一	興隆寺文書	比定：字早間田付近			2	Ⅰ・Ⅱ
2	後河原	嘉吉三	一四四三	防長風土注進案所収古文書	字：東後河原、西後河原	○		2	Ⅰ・Ⅱ
3	新立小路	文明一六	一四八四	興隆寺文書	比定：小字新町を通る南北路？		○	3	Ⅲ
4	森小路	延徳二	一四九〇	興隆寺文書	近世：森小路、字：森	○	○	3	Ⅲ
5	竪少路	延徳四	一四九二	大内氏掟書	字：上竪小路、下竪小路、地名：竪小路	○	○	3	Ⅲ
6	端山田(村)・はやまた	明応五	一四九六	興隆寺文書	字：早間田	○		3	Ⅲ

7	大町	永正一七	一五二〇	高嶺太神宮御鎮坐伝記	比定：字大市・中市・米屋町の辺り	○		4	Ⅳ
8	今道	永正一七	一五二〇	高嶺太神宮御鎮坐伝記	字：今道	○		4	Ⅳ
9	窪小路町	永正一七	一五二〇	高嶺太神宮御鎮坐伝記	字：久保小路	○	○	4	Ⅳ
10	今少路	永正一七	一五二〇	高嶺太神宮御鎮坐伝記	字：今小路	○	○	4	Ⅳ
11	道場	享禄三	一五三二	中国九州御祓帳	小字：道場	○		5	Ⅳ
12	立売・立賣棚	天文七	一五三八	毛利隆元山口滞留日記	字：太刀売	○		5	Ⅳ
13	わにし	天文七	一五三八	毛利隆元山口滞留日記	字：鰐石	○		5	Ⅳ
14	馬場殿小路	天文一九	一五五〇	防長風土注進案所収古文書	字：馬場殿小路	○	○	5	Ⅳ
15	魚物小路	弘治三	一五五七	萩藩閥閲録所収古文書	比定：相物小路	○	○	6	Ⅴ・Ⅵ
16	中市	永禄七	一五六四	防長風土注進案所収古文書	字：中市	○			Ⅴ・Ⅵ
17	今市	永禄七	一五六四	防長風土注進案所収古文書	字：今市	○			Ⅴ・Ⅵ
18	道祖本町	永禄八	一五六五	萩藩閥閲録所収古文書	字：道祖町	○			Ⅴ・Ⅵ
19	圓政寺町	永禄八	一五六五	萩藩閥閲録所収古文書	字：円政寺	○			Ⅴ・Ⅵ
20	松木	永禄一三	一五七〇	萩藩閥閲録所収古文書	字：松ノ木	○			Ⅴ・Ⅵ
21	堂前・堂前辻	天正一一	一五八三	山口祇園会毎年順勤人数之事	字：堂ノ前	○			Ⅴ・Ⅵ
22	晦日市	天正一二	一五八四	萩藩閥閲録所収古文書	比定：米屋町	○			Ⅴ・Ⅵ
23	道場門前	天正一二	一五八四	萩藩閥閲録所収古文書	字：道場門前	○			Ⅴ・Ⅵ
24	合物小路	天正一九?	一五九一?	防長風土注進案所収古文書	字：相物小路	○			Ⅴ・Ⅵ
25	奥小路	文禄四	一五九五	防長風土注進案所収古文書	近世：奥小路		○		Ⅴ・Ⅵ
26	新町	文禄五	一五九六	防長風土注進案所収古文書	字：新町	○			Ⅴ・Ⅵ
27	大市	慶長一一	一六〇六	萩藩閥閲録所収古文書	字：大市	○			Ⅴ・Ⅵ

(一) 大内氏の動向

大内氏当主は山口に拠点を移した後、常に山口で政務を執ったわけではない。弘世以降の当主には、義隆、義長を除き在京時期が存在する。この間の支配機構の変遷について和田氏は以下のようにまとめられている。①十四世紀後半（弘世の防長統一後）に家政機関から領国支配機関への変化が認められ、②十四世紀末には、当主在京時には、通常は山口の支配組織を経ずに、京都の分国支配に当る中枢組織から現地にいる分国の守護代に直接伝えられるという命令系統が確認できる。③十五世紀前半には、当主在京時には在山口の守護代クラスの重臣たちが集団で分国支配に当る体制が成立し、④遅くとも十五世紀中頃には評定制の成立が確認できる〔佐伯弘次 一九八二〕。⑤十五世紀後半以降、当主は基本的に山口に腰を落ち着けて戦後処理と領国経営に専念することとなる〔和田秀作 二〇〇七〕(5)。

(二) 第一段階――大内氏の移転前
（十四世紀後半以前）（図9上）

大内氏移転前の山口においては、人々の生活の痕跡は確認できるものの、拠点的な集落の存在は想定し難い。

この段階に存在が確認できる寺社は、円政寺、仁壁神社である。

この段階の道路としては、遠隔地連絡道の萩街道、石州街道、朝倉街道を想定しておく。石州街道のうち竪小路より東側の部分（図4の破線部分）は、椹野川の攻撃面付近という地形的に不安定な場所に当ることから、当該期の石州街道のルートが現在のものとは異なる可能性が指摘されている〔山村亜希 二〇〇九〕。そこで、今回は地形的に安定した地帯を想定しておく。ところで、萩街道と石州街道は十字形に交差することなく、現在の大市、中市付近を共有しており（図4・5）、本地点が両街道の結節点となっていることが分かる。「大市」、「中市」という地名は市町の存在を連想させる。今後の考古学的な解明が望まれる。

(三) 第二段階――大内氏の山口移転
（十四世紀後半〜十五世紀前半）（図9下）

大内氏の山口移転に伴い、同氏の意図が山口の景観に反映されるようになる。大内氏の拠点である館が設置され、それと前後する時期から大内氏関連寺院が建立されはじめる。これらは山口の北部地域に配置される(6)。

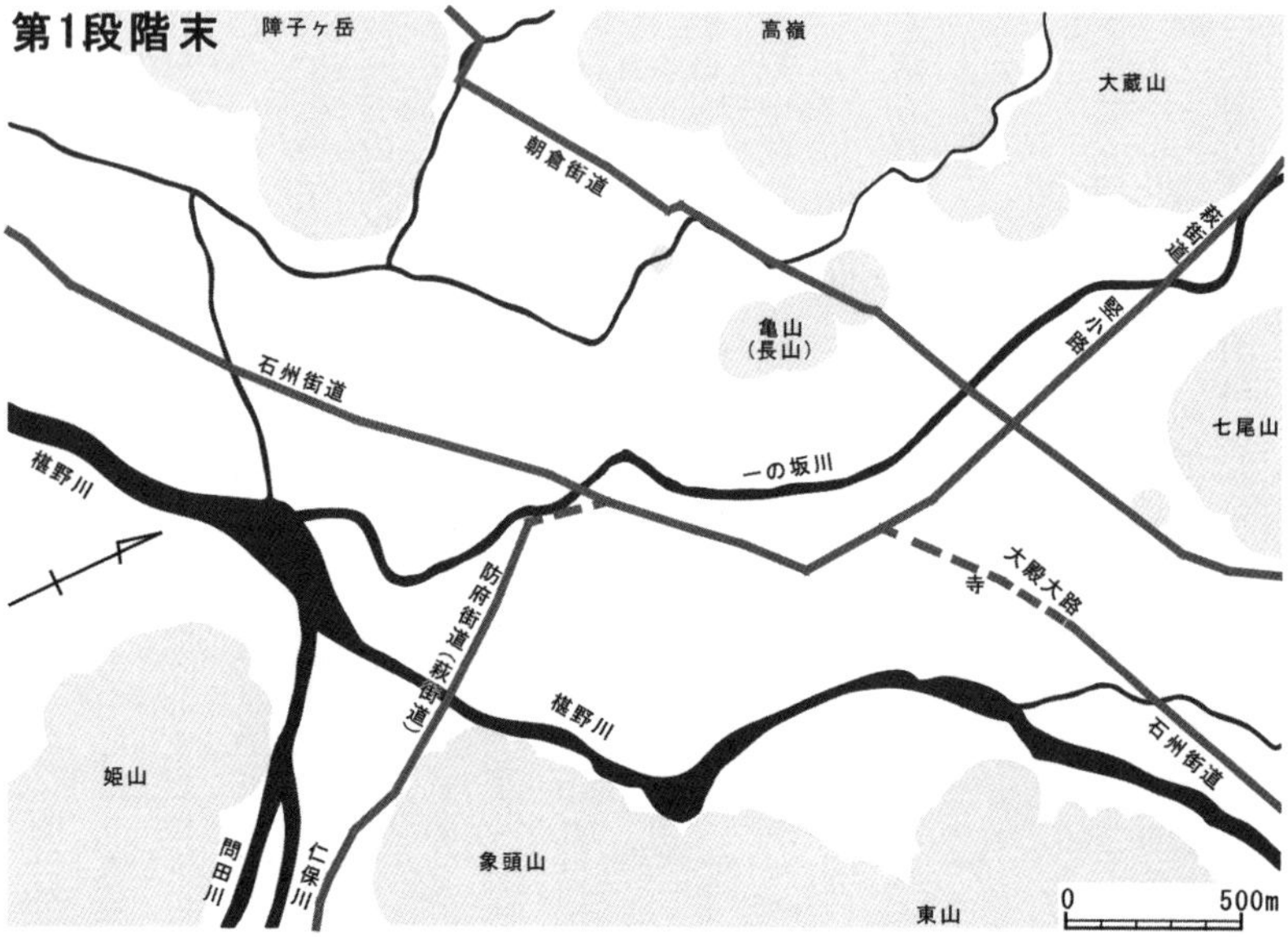

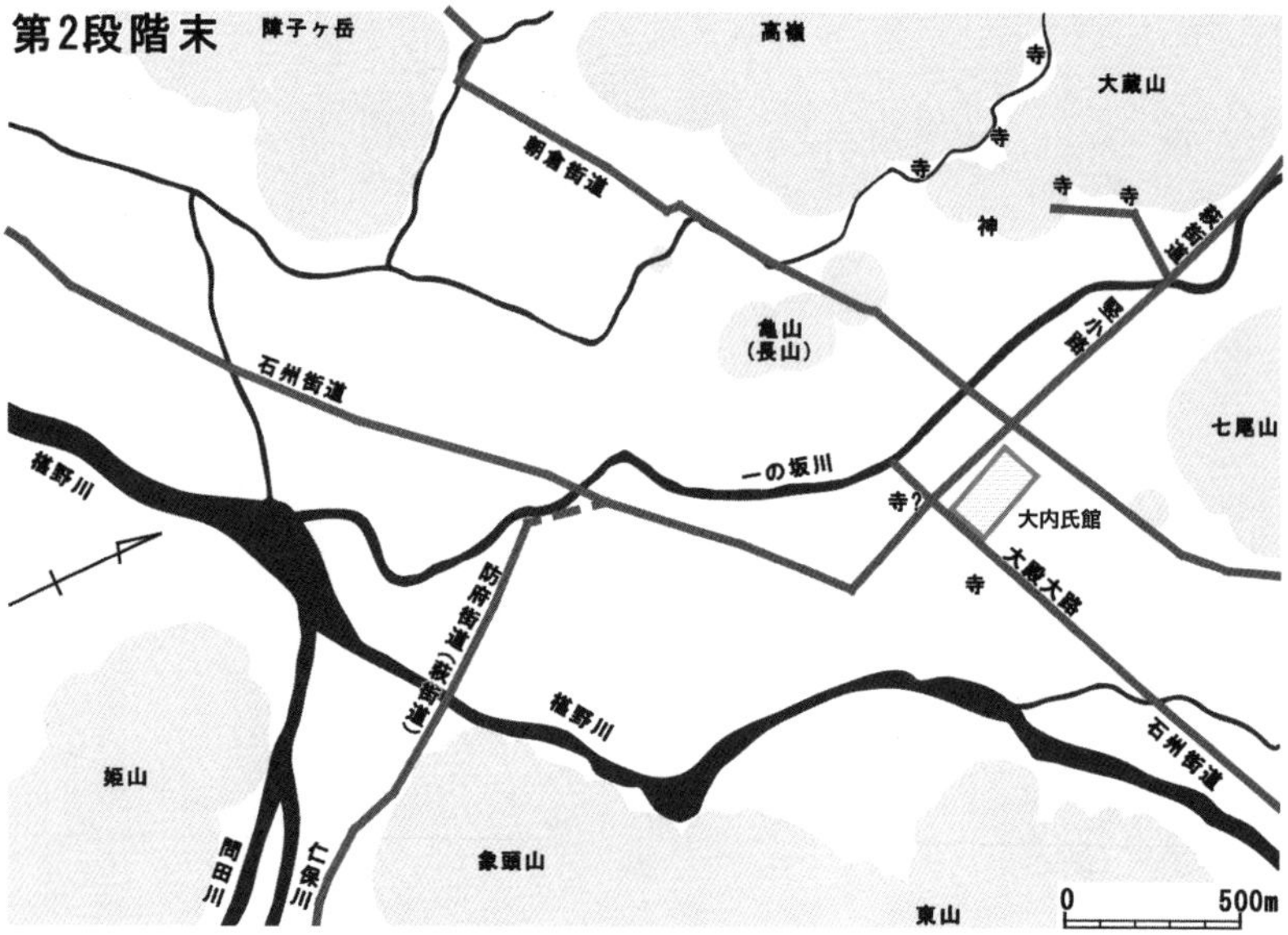

凡例　寺：寺院、神：神社、屋：屋敷(文献)、■：屋敷？(考古)

図9　山口の景観復元案（その1）

大内氏館には、当主が常駐したわけではない。当主在京の際には守護代等有力家臣が山口に常駐し、京都への取次や一部政務を行ったとされる〔和田秀作 二〇〇七〕。こういった状況下では館は、最低限の政務をこなすことができれば、十分に機能し得たのではなかろうか。

当時の山口にあった施設としては、大内氏の居館、寺社としては中世前期から存在した円政寺のほか、国清寺、法泉寺、香積寺、安養寺（善福寺）、観音寺、保寿寺、厳島社が確認できる。

道路としては、前段階の石州街道、萩街道、朝倉街道が存在したと考える。また、大内氏館の地割は大殿大路に規定されていると考えられることから〔北島大輔 二〇一四〕、大殿大路も存在したものと考える。そのほか、先に紹介した諸施設に至る道路も存在したものと考える。

（四）第三段階――中世山口の都市化
（十五世紀後半〜十六世紀前半）（図10上）

寛正二年（一四六一）発布の「大内氏掟書」（以下、「掟書」という）の「従山口於御分国中行程日数事」からは山口の分国内における首都性を見て取ることができる〔佐藤進一ほか 一九七五〕。

応仁文明の乱が終結し、九州を回復した後、大内政弘は、山口に腰を据えて分国経営を行うようになる。そのためこの時期には多くの法令が発布されている〔佐藤進一ほか 一九六五〕。当主在国により館には、政務機能に加え、当主の居住、接客等の機能の充実が求められるようになったと考えられる。また、政治機構の更なる充実に伴い、山口に出仕する家臣の数は増加したと考えられる。さらに、大内氏は家臣の山口滞在を命じており〔佐藤進一ほか 一九七五〕、これにより山口の定住人口は増加し、同地における消費活動も拡大したことが想像される。この消費活動を下支えしたのが、市町と考えられる石州街道沿いの南部地域であったと考えられる。

当時の山口にあった施設としては、大内氏館、築山館、寺社では前段階のものに加え、雲谷庵、平蓮寺、廣澤寺、永興寺、今八幡宮、築山社が確認できる。新たに七尾山山麓や樋野川南岸の古熊、一の坂川西岸の長山山麓に宗教施設が築かれたことが分かる。築山社は上竪小路の築山跡の地に比定されるが、築山館においては、十五世紀後半に幅三メートルを越える堀が埋め戻されていることが明らかになっており、施設の性格に変化が生じた可能性が指摘されている〔佐藤力ほか 二〇一六〕。町並遺跡の発掘調査では、屋敷地を区画すると考えられる溝状遺構や饗応等に伴う土師器皿廃棄土坑も確認される（図8）。これらは家臣屋敷の存在を示すものと言える（図10上の■）。[7]

道路では文献史料に竪少路、森小路が確認される。また、前述した諸施設に至る道路の存在も想定できよう。

（五）第四段階――高嶺太神宮勧請に伴う都市の改変（十六世紀前半）（図10下）

大内義興は十年にわたる在京の後、永正十五年（一五一八）に山口へ帰還し、直ちに高嶺太神宮造営に着手した。本事業の経過は〔山口県 二〇〇一〕（以下、「伝記」という）に詳しい。中司氏は本事業を、「政治的宣伝・宗教政策・都市政策といった政治的意図をもって行われた、大内氏によって重要な意味を持つもの」と評価されている〔中司健一 二〇一一〕。本事業では多くの宗教施設が高嶺太神宮の近くに移転されており、山口が都市化して以来の景観上の大きな変化であったことが想定される。

この段階の寺社としては、前段階のものに加え、観音堂、正法院、観音堂、正因庵、普門寺、祇園社、諏訪大明神・弁財天、貴船大明神、高嶺太神宮、祇園社御旅所が確認できる。[8]

道路では、窪少路、今少路が確認できる。これらは竪小路や石州街道から分岐する道路である。また、高嶺太神宮の勧請に伴い大内氏館方面から一の坂川を渡り太神宮に至る伊勢大路が敷設されたと考えられる。

（六）第五段階――都市の成熟（十六世紀中頃）（図11上）

十六世紀中頃には、検出遺構は前代よりも多くなることから、当該期は大内氏治下の山口の最盛期であったと考えられる。大内氏館も最盛期を迎え、邸内に三つの庭園を持つに至る〔丸尾弘介（編）二〇一四〕。

この段階の寺社としては、前段階のものに加え、神光寺、玉蔵院、西芳寺、大蔵院、浄光寺、万福寺、求聞持堂、浄泉寺、圓通寺、春日神社、多賀神社、北野天神、荒神堂が確認できる。[9]これらの中には石州街道付近に所在するものがみられる。

道路では、馬場殿小路が確認できる。馬場殿小路は石州街道の一本南の道路であり、宗教施設の建立や市町の発展に伴い敷設されたものと考えられる。

発掘調査の成果からは石州街道のうち竪小路より東側

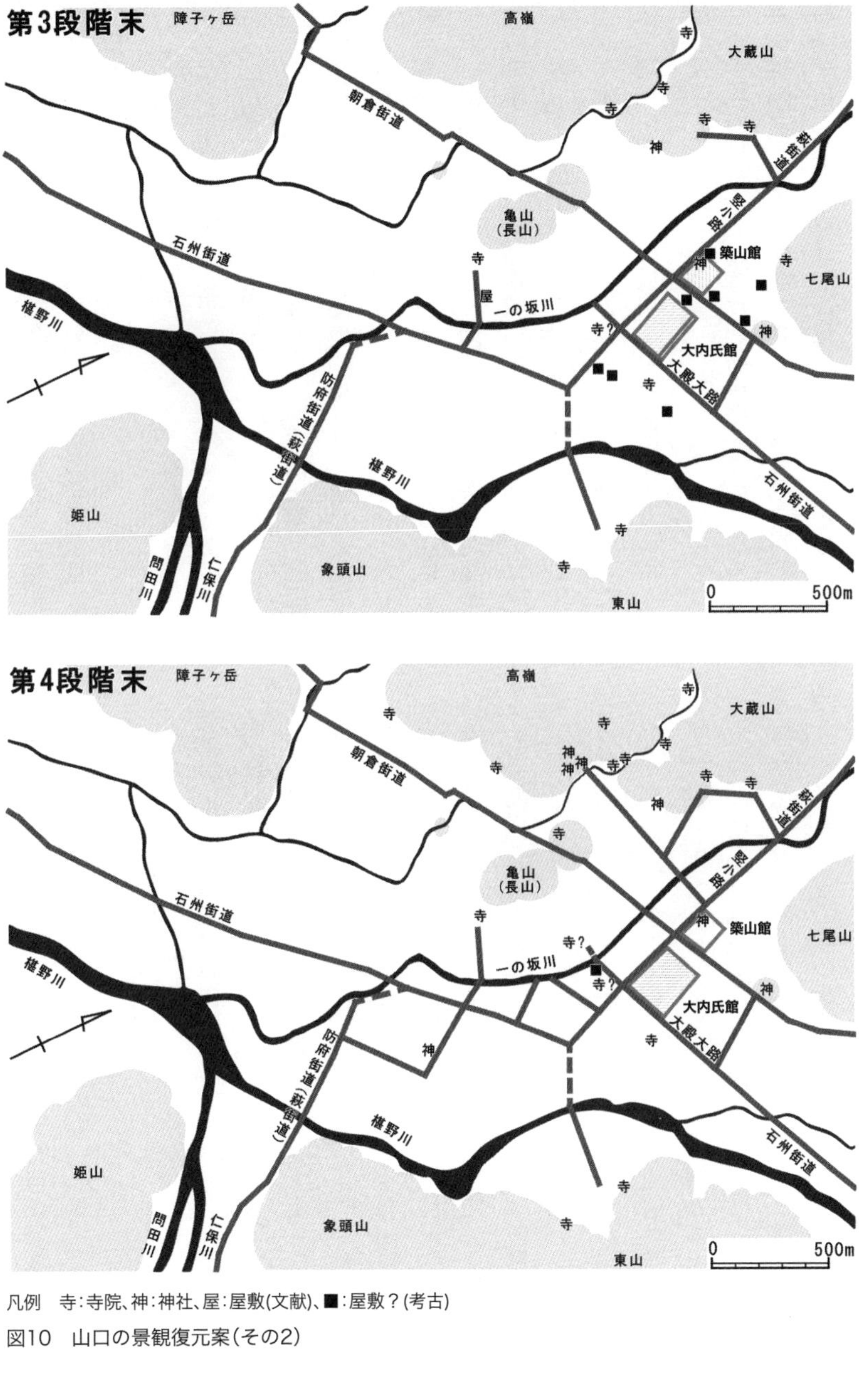

凡例　寺:寺院、神:神社、屋:屋敷(文献)、■:屋敷?(考古)

図10　山口の景観復元案(その2)

のルートの存在が想定できる（図4の破線部分）。

以上のことから、この段階には、大内氏館周辺の北部地域に加え、石州街道沿いの南部地域の発展を見ることができる。

（七）第六段階――都市の存続

（十六世紀後半）（図11下）

十六世紀中頃に大内氏は滅亡し、大内氏館、築山館は機能を停止する。大内氏館の跡地にはまもなく龍福寺が建立される。築山館の跡地は、薮になっていったものと考えられる。これにより北部地域の求心力は低下する。一方、南部地域は存続し、発展している様子が文献史料から確認できる。南部地域における発掘調査例は少ないものの、十六世紀後半から十七世紀初頭の遺物が多く出土する地点も見られる。同様のことは、前段階になって住空間化の進んだ一の坂川沿いの後河原においても確認できる。

この段階の寺社としては、前段階のものに加え、霊光院、本国寺、瑞坊が確認できる。為政者の交替にもかかわらずほとんどの寺社が存続していることが分かる。道路では、魚物小路、奥小路が確認できる。

この段階、大内氏館周辺は大内氏の滅亡により衰退したが、石州街道周辺の地域は前段階に引き続き発展していることが分かる。

五　最盛期の山口

大内氏治下の山口の様子を描いた絵画史料として「大内氏時代山口古図（以下、「古図」という）」がある（図12）。本史料は製作年代が近世以降で、伝来するものが原本ではなく写しという扱いにくい史料である。「古図」に描かれた都市景観を、敢えてこれまで述べた山口の変遷に当てはめるとすると、最盛期に当る十六世紀中頃の姿が最も近いと言えるのではなかろうか。

町並遺跡の検出遺構の方向性からみて、中世山口の町の方向性は現在の山口の町と同じものが多かったと考えられる。現在の道路の方向を観察すると、①南部に見られる石州街道に似たものと、②北部に見られる竪小路や大殿大路に似たもの、③先の二者とも異なるものがある。このうち、①は一の坂川扇状地の、②は山口低地の地形の影響を受けたものと考えられる〔山村亜希 二〇〇七〕。そして、これら二種類の地割は下竪小路・久保小路周辺で重複する。山村氏は山口が大きく大内氏の影響の及ぶ

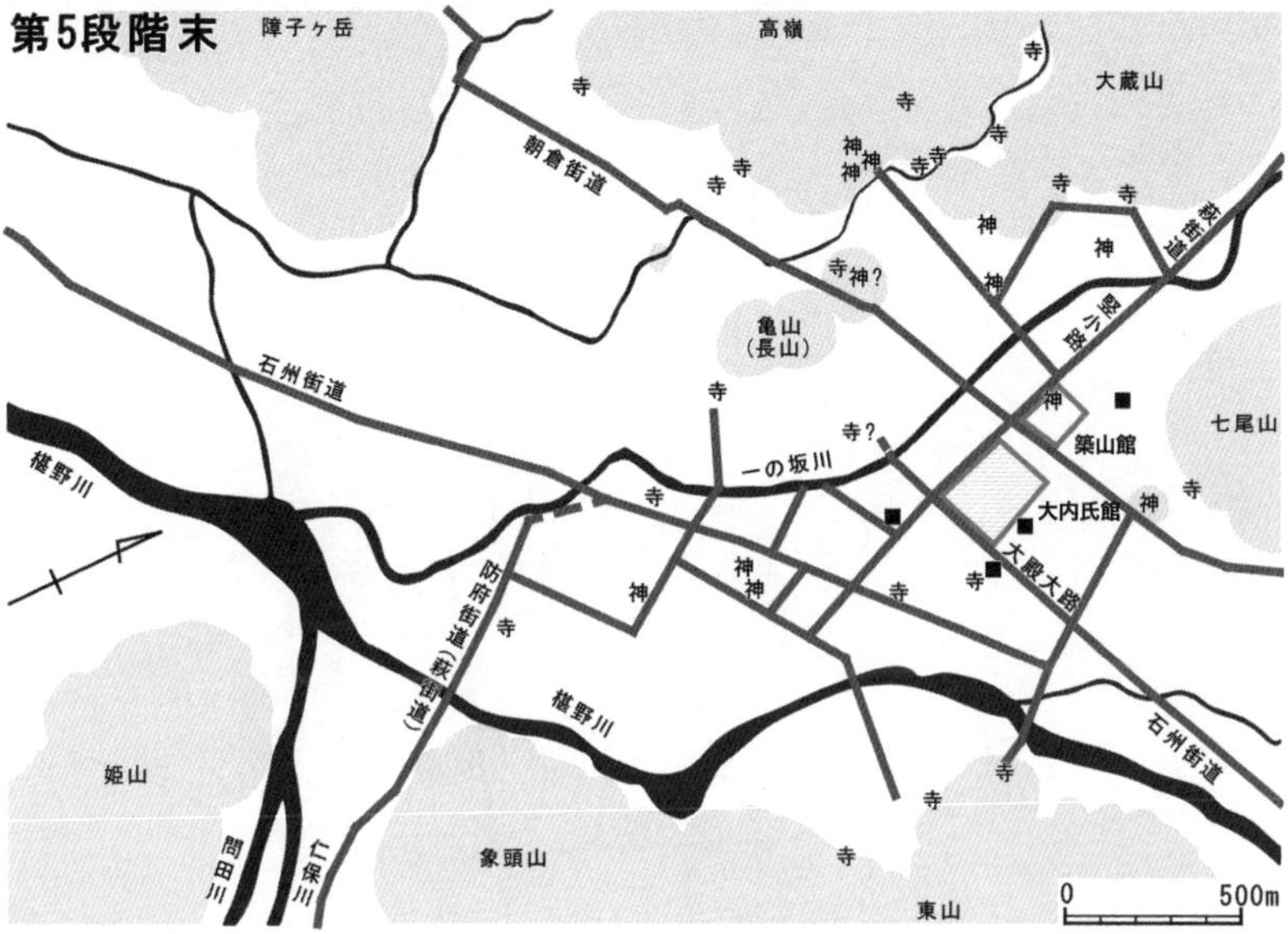

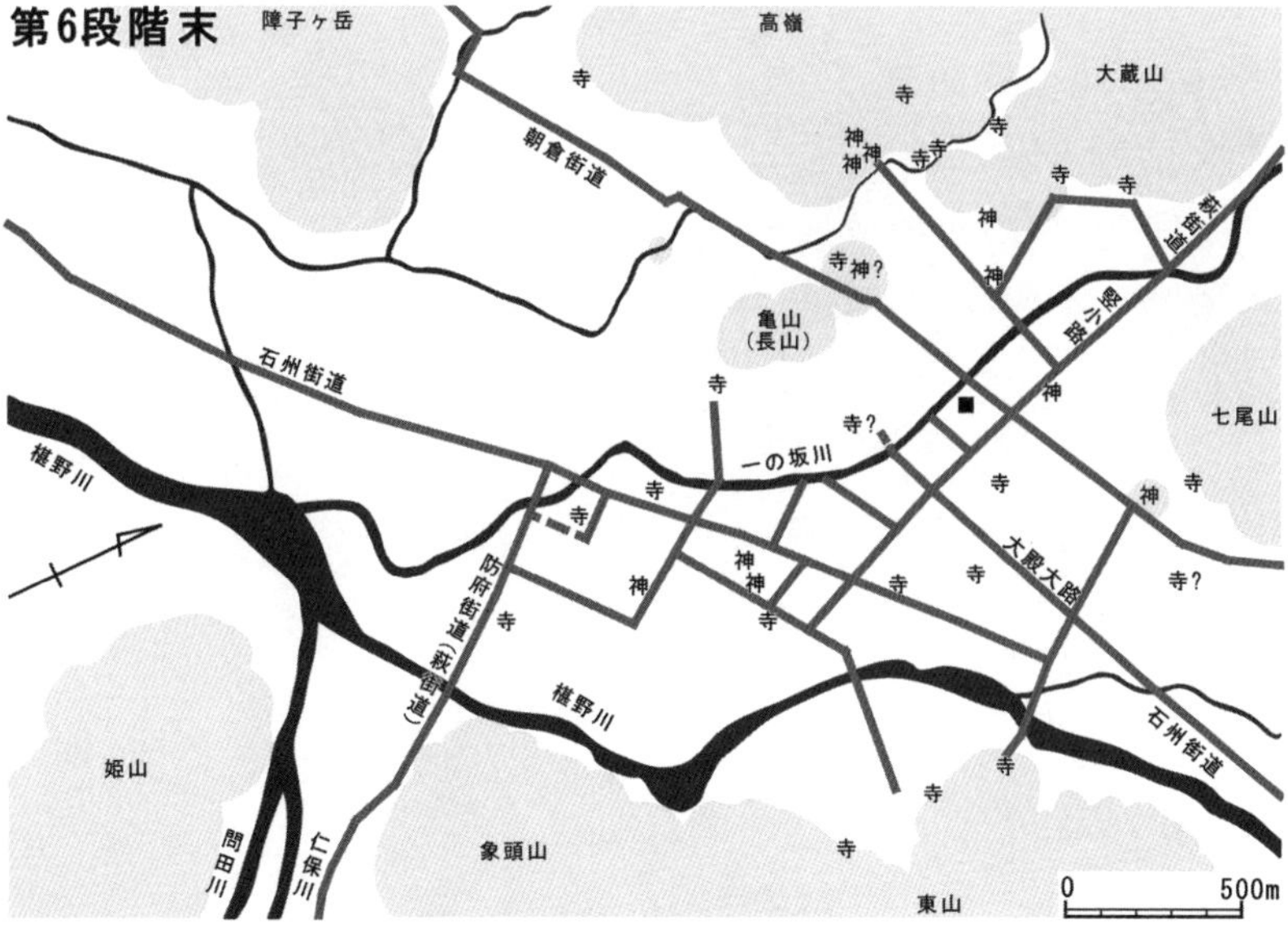

凡例　寺：寺院、神：神社、屋：屋敷(文献)、■：屋敷？(考古)

図11　山口の景観復元案（その3）

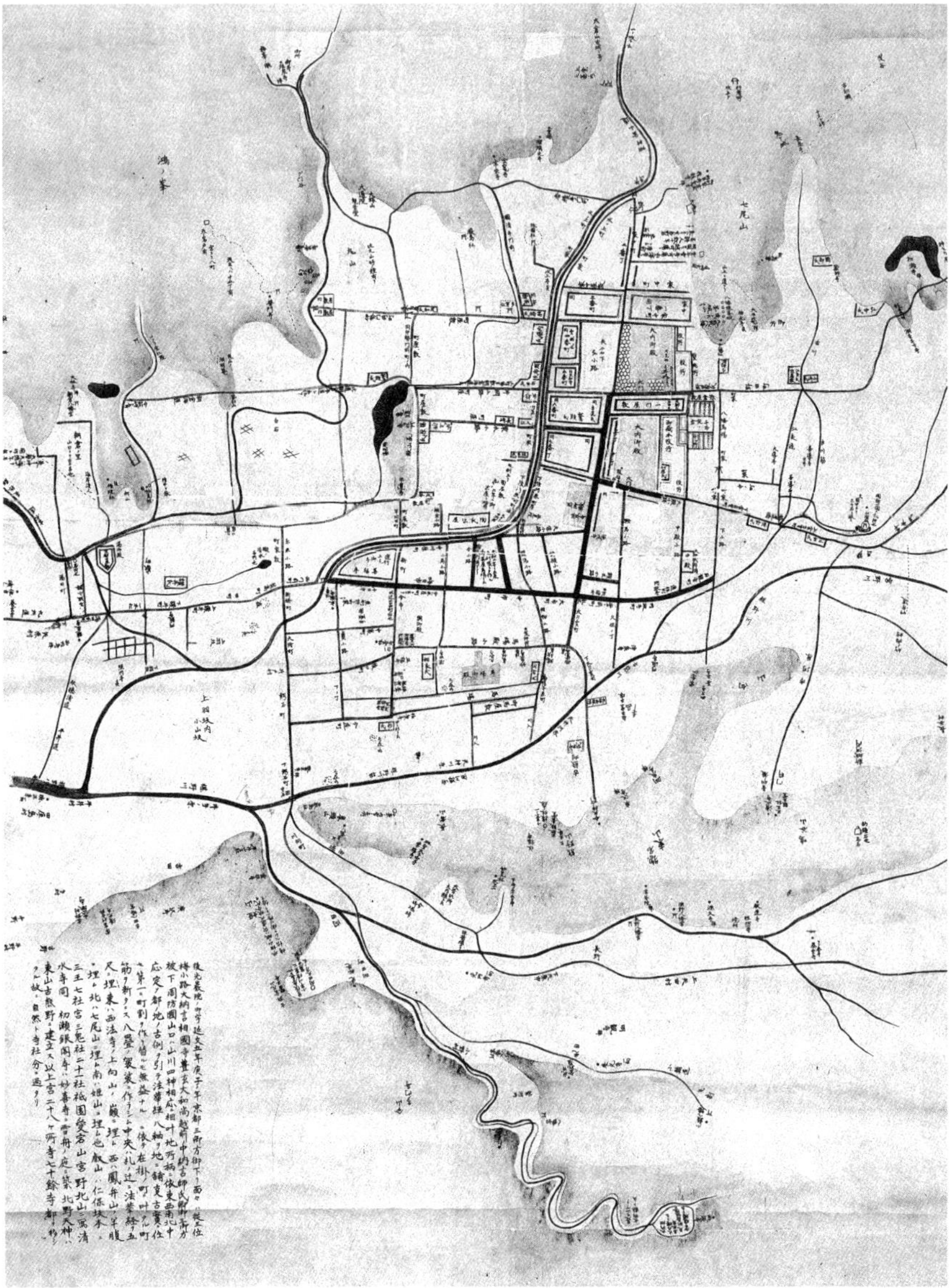

図12　大内氏時代山口古図（山口県文書館所蔵）

北部地域と、町場空間である南部地域からなっていたとされる〔山村亜希 一九九九〕。これを先に示した①一の坂扇状地型の地割と②山口低地型の地割という二つの地割でみると、前者が北部地域、後者が南部地域にほぼ相当する。

北部地域には、南に大内氏館、築山館、北には高嶺太神宮、香積寺、国清寺をはじめ大内氏関連寺院が存在する。山口には家臣屋敷が存在したと考えられる。「古図」には、家臣屋敷の位置が描かれているが、それらの中には一の坂川沿いや南部地域の馬場殿小路より南にあるものがある。これらは地形的に不安定な場所であり、都市化が遅れる傾向にある。このことは、家臣屋敷の中には都市化した部分に強引に割り込むのではなく、あまり開発の進んでいない所に設置されたものも存在した可能性を示すものと言える。

以上のことから、大内氏は自身に関係の深い施設の配置には構想があったものと考えられる。しかし、山村氏も指摘するように、町場や家臣屋敷の配置にまでは規制を行っていないのではなかろうか〔山村亜希 一九九九〕。そのため、北部、南部というそれぞれの地形の影響を受けた地割の異なる空間が統合されることはなく、それぞれに拡大を続けた。「掟書」には、分国の住人に対し発布された法令があることから〔佐藤進一ほか（編）一九七五〕、大内氏は山口の都市生活には様々な働きかけをしていたことは確かであるが、それが山口の都市プランにまで及ぶことはなかった。

このことを示す発掘事例を一つ紹介する。大内氏館跡においては、検出遺構の検討から座標系が存在することが指摘されているが〔北島大輔 二〇一四〕、これが館外にまで広がる可能性は低い。というのも館跡の約三〇メートル北に位置する築山跡において大内氏館の座標系は当てはまらないからである〔佐藤力ほか 二〇一六〕。これは、山口においては京都のように碁盤目状の地割が施されたのではなく、敷設された道路に影響される形で都市形成が成されたことを示す。山村氏の指摘のとおり、道路の敷設による一本街村的なものが幾重にも巡らされ、結果的に面的な都市景観が誕生したと考えられる〔山村亜希 一九九九〕。

大内氏治下の山口は大きな町であったとされるが〔河野純徳（訳）一九八五〕、それは大内氏のトータルコーディネートのもとに突如として出現したものではなく、いくつかの段階を経た結果、形づくられたものであった。

おわりに

小稿では大内氏の拠点山口の変遷について述べた。ただし、全容を明らかにするには遠く及ばず、景観復元のための一作業を行うに留まった。今後も調査研究を積み重ね、中世山口の実態を解明する必要がある。今回は都市のハード部分を扱った。もちろんのことながら、都市では多くの人々が活動したことであろうが、現状では、山口の都市生活レベルまでの復元はできていない。今後は、文献をはじめ様々な学問分野から都市生活といったソフト面の研究も行う必要がある。そうすることで、大内氏の首都山口が当時の人々にとってどういう存在であったかが明らかになるであろう。

（増野晋次）

注

（1）　町並遺跡第一〇〇次調査において、道路の可能性のある遺構が確認されている〔丸尾弘介 二〇一六〕。なお、中世山口の推定域の南西部に位置する中込田遺跡においては、十六世紀中頃の道路状遺構が検出されている〔堀永健二ほか 二〇〇二〕。

（2）　これまでに、中世都市山口に関する主な研究は以下のとおりである。
文献　乾貴子 一九九四、野村晋哉 一九三八、平瀬直樹二〇〇一
歴史地理　山村亜希 一九九九・二〇〇七・二〇〇九
考古　古賀信幸 一九九四・二〇〇〇・二〇〇四・二〇〇六、佐藤力二〇〇七、増野晋次 二〇〇五・二〇一三・二〇一四、増野晋次・北島大輔 二〇一〇

（3）　寺社の出現時期については、山村亜希一九九九を参考に、同時代史料（近世の編纂物に書写されたものを含む）における初見年代を採用した。

（4）　道路はある地点とある地点を結ぶものであるが、山口における交通路を見ると、国と国を結ぶものから都市内の施設間を結ぶものまで様々なレベルのものがある。ここでは、遠隔地を結ぶ道路がまず敷設され、都市内の施設同士を結ぶ道路は都市の周密化により必要となったと考えることとし、遠距離を結ぶ道路の成立が古く、都市内の施設を結ぶ道路は新しいと仮定して復元を試みることとする。

（5）　大内氏の政治的動向において十五世紀半ばが大きな画期であり、これ以後、大内氏の分国支配体制が整備されてゆくことが指摘されている〔川岡勉 二〇一〇〕。それより前の弘世期から持世期においては、盛見期に画期が見られることが指摘されている

〔岡松仁二〇一四、平瀬直樹二〇一五〕。

(6)　平瀬直樹氏は、大内盛見が山口の北辺に香積寺および国清寺を建立したことをもって、山口の都市的発展過程の第一の画期とされている〔平瀬直樹二〇一五〕。

(7)　区画溝の中には当該期で埋め戻されるものも存在することから、一旦家臣屋敷化した土地利用が継続するわけではなく、他の用途に転ずるという土地利用の流動性があったことが分かる。歴史地理的研究においても早間田周辺について「武士邸の存続を図り難い非永続的な土地」であった可能性が指摘されている〔山村亜希一九九九〕。

(8)　この段階に多くの寺社名が確認されるのは「伝記」に多くの寺社が記載されていることによるところが大きい。

(9)　山口における大内氏関連の寺社のほとんどは建立後、少なくとも大内氏滅亡までは同地点において存続するものが多い。これは、大内氏の保護の下、十分な維持管理がなされていたためと考えられる。

参考文献

乾貴子一九九五「戦国期山口城下における城館と屋敷神──周防国守護所別邸「築山」について──」『山口県地方史研究』七四、山口県地方史学会
内田伸一九九〇『山口の金石文』マツノ書店
岡松仁二〇一四「南北朝・室町初期大内氏の支配機構──奉者の分析を中心として──」『山口県史研究第二二号』山口県史編さん室
香川正矩・(米原正義校訂)一九九六『陰徳記　上』マツノ書店
河野純徳(訳)一九八五『聖フランシスコ・ザビエル全書簡』平凡社
川岡勉二〇一〇「室町幕府──守護体制と西国守護──」川岡勉ほか編『西国の権力と戦乱』清文堂
北島大輔二〇一四「大内氏館の空間分節原理──設計・測量・地割の技術解明に向けて──」『大内氏館跡15』山口市教育委員会
古賀信幸一九九四「守護大名大内(多々良)氏の居館跡と城下山口」金子拓男・前川要編『守護所から戦国城下へ──地方政治都市論の試み──』名著出版
古賀信幸二〇〇〇「防州山口における城・館・寺」『都市の求心力──中世都市研究七──』新人物往来社
古賀信幸二〇〇四「大内氏館」『山口県史　資料編　考古二』山口県
古賀信幸二〇〇六「周防国・山口の戦国期守護所」内堀信雄ほか編『守護所と戦国城下町』高志書院
近藤清石・(三坂圭治校訂)一九七四『大内氏実録』マツノ書店
佐伯弘次一九八二「大内氏の評定衆について」『古文書研究』第一九号　日本古文書学会

佐藤進一・池内義資・百瀬今朝雄（編）一九七五『中世法制資料集　第三巻』岩波書店
佐藤力二〇〇七「大内氏関連町並遺跡について」『中・近世における都市空間の景観復原に関する学際的アプローチ――方法論的再検討を目指した機内と防長両国の比較研究――』
佐藤力・丸尾弘介二〇一六『大内氏築山跡8』山口市教育委員会
竹内理三（編）一九八八『角川日本地名大辞典　三五山口県』角川書店
中司健一二〇一一「山口大神宮勧請・造営に見る大内氏の財政」『日本歴史』第七六〇号、日本歴史学会
野村晋哉一九三八「戦国時代時代に於ける山口の発達」『社会経済史学』第八巻第二号、岩波書店
平瀬直樹一九九八「防長の中世社会」小川国治編『山口県の歴史』山川出版社
平瀬直樹二〇〇一「中世都市の空間構造――周防国山口を中心に――」『北陸都市史学会誌』No.八、北陸都市史学会
平瀬直樹二〇一五「南北朝期大内氏の本拠地」『日本歴史』第八一〇号
堀永健二・磯部貴文・井上広之・佐藤力・岡村良和二〇〇二『中込田遺跡』山口市教育委員会
増野晋次二〇〇五「山口における戦国期のみちとまち」藤原良章編『中世のみちと橋』高志書院
増野晋次・北島大輔二〇一〇「大内氏館と山口」川岡勉・古賀信幸編『西国の権力と戦乱』清文堂
増野晋次二〇一三「中世の山口」鹿毛敏夫編『大内と大友――中世西日本の二大大名――』勉誠出版
増野晋次二〇一四「周防山口」『守護所シンポジウム二@清須新・清州会議資料集』新・清須会議実行委員会
増野晋次（編）二〇一六『特別展「中世の山口を掘る」パンフレット』山口市歴史民俗資料館・山口市教育委員会文化財保護課
松岡久人一九八九「大内氏」『地方別・日本の名族――九』新人物往来社
丸尾弘介（編）二〇一四『大内氏館跡15』山口市教育委員会
丸尾弘介二〇一六「大内氏関連町並遺跡第一〇〇次調査」『山口市文化財年報9――平成二六（二〇一四）年度――』山口市教育委員会
御園生翁甫一九五九『大内氏史研究』山口県地方史学会　大内氏史刊行会
山口県二〇〇一「高嶺太神宮御鎮坐伝記（「山口大神宮文書）」一号『山口県史　史料編　中世三』所収
山口市二〇一六「東大寺文書」未一―二四『山口市史　史料編　中世』
山村亜希一九九九「守護城下山口の形態と構造」『史林』八二巻三号、史学研究会

山村亜希　二〇〇七「戦国期山口の微地形と街路・街区」『中・近世における都市空間の景観復原に関する学際的アプローチ――方法論的再検討を目指した機内と防長両国の比較研究――』
山村亜希　二〇〇九「戦国期山口の景観構造・再論――街路・地割の形態分析を通じて――」同著『中世都市の空間構造』吉川弘文館
米原正義（校註）一九六六『戦国期中国史料撰』人物往来社
和田秀作　二〇〇七「大内氏の領国支配組織と人材登用」岸田裕之編『毛利元就と地域社会』中国新聞社

（二〇一六年六月二十三日脱稿）

大内館・築山館を掘る

はじめに

大内館は、室町・戦国時代に西国を広く支配した守護大名大内氏の居館で、大内氏当主が日常生活を送る居所であるとともに、領国経営を行う上での政治的拠点であった。大内館があった場所は現在、大内氏館跡（以下、館跡）と呼ばれ、山口市の市街地である山口市大殿大路に所在し、山口盆地を貫流する椹野川の支流の一つである一の坂川が形成した扇状地の扇央部に位置している。

築山館は、大内氏が別邸として築いた居館と伝えられ、二八代教弘を築山殿と称することから、教弘が築いたと考えられている。その場所は現在、大内氏築山跡（以下、築山跡）と呼ばれ、館跡からは道路と宅地を隔てた北側に近接した場所に位置している（図1）。

館跡と築山跡は、高嶺城跡・凌雲寺跡とともに大内氏に関わる重要な遺跡として、昭和三十四年（一九五九）に大内氏遺跡附凌雲寺跡（以下、大内氏遺跡）として国史跡に指定された。

館跡の史跡指定地は一辺約一六〇mの方形をしており、面積は約二万四〇〇〇㎡である。現在、史跡中央には大内氏滅亡後の弘治三年（一五五七）に、毛利隆元により建立された大内義隆の菩提寺龍福寺がある。(1)龍福寺の境内地は史跡指定地の範囲に相当するものであった。そのため現在の史跡指定地の多くは寺有地で、それを取り巻くように周縁に公有地と一部に民有地が存在する。

一方、築山跡の史跡指定地は一辺約一四〇mの方形で、面積は約一万八〇〇〇㎡である。(2)史跡の北部には元治元年（一八六四）に八坂神社、明治三年（一八七〇）に築山神社が建立される。南端中央部には明治十年（一八八七）に建てられた河村写真館が存在する。(3)また同年、南東部に料亭祇園菜香亭が創業し、平成八年（一九九六）まで営業し、平成十二年（二〇〇〇）に近隣の指定地外への移築保存が決まった。移築後の跡地は公有化された。現在のところ指定地の多くは社寺有地で、南東部と北部及び南西部の一部に公有地が存在する。

一　年代表記

大内氏に関わる遺跡の出土品の編年は、最も多く出土する土師器皿を中心に構築され、現在のところ遺物編年が二案ある（表1）。

山口市では大内氏遺跡の史跡整備事業を行っており、説明の際に暦年代を用いる必要があることから、年代観の検討を行い、現段階での歴年代観とした。ここにおいてもこれに従うこととし、以下のような時期区分での年代表記を行う。

大内Ⅰ・Ⅱ式　十四世紀末～十五世紀前半
大内Ⅲ式　十五世紀後半～十六世紀初
（細分して用いる場合は、ⅢA式：十五世紀後半、ⅢB式：十六世紀末～十六世紀初頭）
大内Ⅳ式　十六世紀前半～中頃
（細分して用いる場合は、ⅣA式：十六世紀前半、ⅣB式：十六世紀中頃）
大内Ⅴ式　十六世紀後半
大内Ⅵ式　十六世紀末～十七世紀前半

表1　各編年案との対応関係（〔山口市教育委員会 2016〕）

北島編年［2010］

相対年代		推定暦年代
（+）		
大内0式	A	14世紀前半
	B	14世紀中頃～後半
大内Ⅰ式		14世紀後半～末
大内Ⅱ式	A	14世紀末～15世紀前半
	B	
大内Ⅲ式	A1	15世紀前半～中頃
	A2	15世紀中頃～後半
	A3	15世紀後半～末
	B	15世紀末
大内Ⅳ式	A1	16世紀初頭
	A2	16世紀前半
	B1	16世紀前半～中頃
	B2	16世紀中頃
大内Ⅴ式		16世紀後半
大内Ⅵ式		16世紀末～17世紀前半

古賀編年［1999・2001］

相対年代	推定暦年代
県史Ⅰ－A期	14世紀前半
県史Ⅰ－B期	14世紀中頃～後半
大内Ⅰ期	15世紀中頃
大内Ⅱ期	15世紀後半
大内Ⅲ期	15世紀末～16世紀初頭
大内Ⅳa期	16世紀前半
大内Ⅳb期	16世紀中頃
（大内Ⅴ期）	16世紀後半
（+）	16世紀末～17世紀初頭

豊後大友編年［長2009］
大友Aa期（14世紀末～15世紀前半）
大友Ab期（15世紀後半）
大友B期（15世紀末～16世紀初頭）

瑠璃光寺編年［小田村1988］
瑠璃光寺Ⅳ期
瑠璃光寺Ⅲ期
瑠璃光寺Ⅱ期
瑠璃光寺Ⅰ期

京編年［小森2005］
京Ⅹ期新　15世紀後半～末
京XI期古　16世紀初頭～前半
京XI期中　16世紀前半～中頃

※大内式京都系土師器皿の変容が進行するため、京XI期新以降の対比困難。

二　大内館を掘る

（一）調査に至る経緯

これまでの発掘調査により明らかになってきたことを

述べる前に、まずここでは発掘調査に至るまでの経緯について触れておきたい。

館跡が国史跡に指定される以前、昭和二十年代に龍福寺の境内地周縁に市営住宅が建設された。その後、市営住宅地は民有地となった。史跡指定後の昭和四十年代に入ると指定地内での民家の増改築に伴う現状変更申請が提出されるようになり、遺跡の保護と開発の間で問題が生じるようになった。昭和五十二年（一九七七）に龍福寺庫裏の改築に伴う現状変更申請が提出され、昭和五十三年度に館跡で初めての本発掘調査が行われた[4]。この調査の結果、館跡に関わる遺構が確認されたため、昭和五十四年度に大内氏遺跡保存対策協議会を設置し、大内氏遺跡の保存・活用を図るとともに、開発行為等との調整を図るために検討を行った。その成果として、昭和五十五年度に『史跡大内氏遺跡保存管理計画策定報告書』（山口市教育委員会 一九八一a）を公刊した。以降この保存管理計画に基づいて現状変更等に対処し、史跡の保存が図られるようになった。また、将来史跡公園とすることを前提として、土地の公有化を行う土地買上げ事業が昭和五十六年度から開始され、指定地周縁の民有地の買上げが進められ、平成五年（一九九三）度末までに四十一戸中四十戸の公有化が完了し、現在に至っている。発掘調査は公有化した土地を中心に実施し、現在までに三十七次に及ぶ調査を行っている。

（二）発掘された大内館

先述したように、館跡の発掘調査は昭和五十三年から継続的に実施され、現在までに三十七次にわたる調査が行われている（図1）。これらの調査ではさまざまな遺構・遺物が発見され、当時の大内館の様相がどういったものであったか、少しずつ明らかになってきている。

1 外郭施設

館の内と外を区画する遺構として検出されているものに溝・堀・塀があり、それらに伴うものとして出入口となる土橋（開口部）や門跡が発見されている。

まず、館の最古の外郭施設として十四世紀末〜十五世紀初頭に、東一号溝・北溝・西溝が掘られ、その内側に築地塀が構築される。

東一号溝は第二十四次調査地点で幅二・四m、深さ〇・九mで、断面形状は逆台形である。北溝は第二十六次調査地点で幅約二・〇m、深さ〇・五mで、断面形状

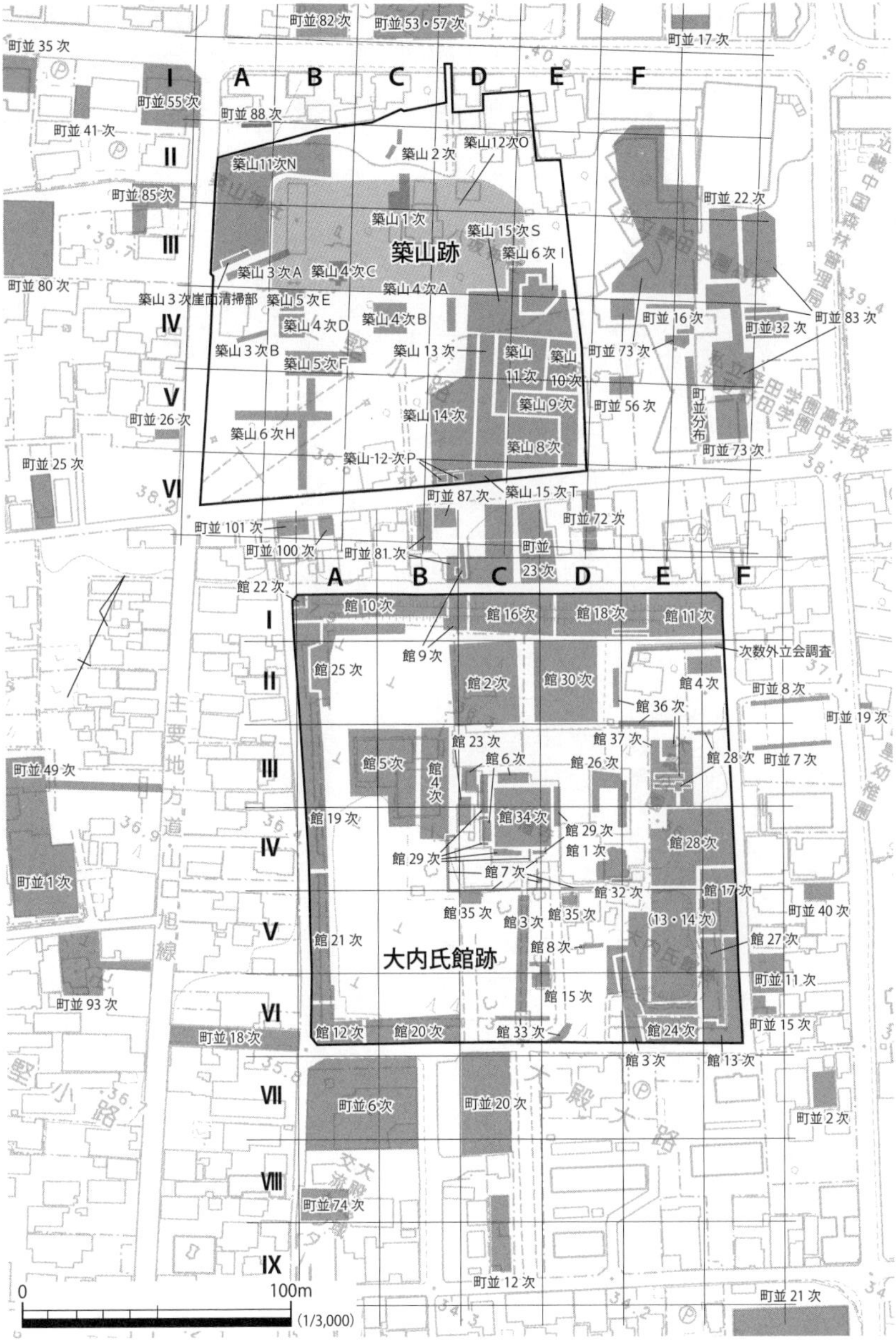

図1　館跡・築山跡の発掘調査地点（〔山口市教委 2016〕を改変）

は逆台形である。指定地北端の中央付近で二五mほど途切れており開口部がある。西溝は第一九次調査地点で幅約一・五m、深さ一・〇m、断面形状は逆台形である。調査から東一号溝と西溝は史跡指定地よりも南に延びると考えられ、屋敷地は指定地よりもさらに南側に広がると推定される。

東一号溝と北溝の内側には二列に並走する柱穴列があり、築地塀に伴う須柱か、版築時の仮設添柱のいずれかの設置痕跡と考えられる。推定される築地塀の規模は基底幅二・一五m、高さ三・四mである。〔山口市教育委員会二〇一四b〕。

東一号溝・北溝・西溝が埋没した後、新たに掘られるのが東二号堀と北堀である。東二号堀は第一八次調査地点で幅五・五m、深さ三・一五mで、断面形状はV字形である。北堀については北側が指定地外に広がるため規模は明らかではない。東二号堀でいえば、東一号溝よりも幅・深さとも二倍以上あり、北堀も北溝より規模が大きいことは明らかで、前代よりも強固な外郭施設となったことがわかる。東二号堀もまた指定地以南に延びると考えられるが、北堀が指定地よりも西側に延びていくかは現状では不明である。[5] 東2号堀は指定地西部の中央付近で途切れて段違状となり、約三・七mの開口部が存在する。この開口部に伴う門跡などの施設は発見されなかったが、館の東側の出入口であると考えられる。なお、この時の塀構造については不明である。

東二号堀が埋没した後、新たに東三号堀が掘られ、堀の内側には築地塀ないし土塀が構築される。東三号堀は第十七次調査地点で幅約五・〇m、深さ約二・〇mで、断面形状は舟底形である。東三号堀も指定地より南に延びると考えられる。堀の内側には一条の柱穴列が検出されており、築地塀ないし土塀の芯柱の痕跡と考えられる。[6] これは東一号溝などに伴う築地塀とは異なる構造をしており、規模はやや小さくなる。また、東三号堀には、指定地東端の中央付近で幅約三・五mの土橋と考えられる開口部がある。なお、北堀は前代に引き続き機能している。

このほかに、西門と南門がみつかっている。西門は第十九次調査地点において、門柱痕と、柱を両側から挟み込む楔形の石を検出している。柱間距離は一・八mである。屋敷内を仕切る施設で、館の内郭と外郭を繋ぐ内門であったと考えられる。

南門は第二十次調査地点において、門柱を支える礎石と、門にとりつく塀の端部を押さえる貝形柱の礎石を検出している。柱間距離は約四・五mで西門よりも規模は大きい。西門と同様、館の内郭と外郭を繋ぐ内門であったと考えられる。

2 建物

礎石建物二棟、塼列建物二棟、石列建物三棟、石積基壇一基、掘立柱建物などがみつかっている。

礎石建物は指定地北西部と西部中央付近で検出された。北西部で検出された礎石建物は枯山水庭園（三号庭園）の東側に隣接し、庭園を鑑賞した建物である。規模は南北三・〇三mで、その周りに幅約一・〇mの縁が巡る。礎石が残っているのは西辺のみで、東側の大部分は龍福寺の墓地によって失われている。

西部中央付近では、三棟の建物が重複して見つかっていて、塼列建物、石列建物、礎石建物の順に建て替わっている。このうち塼列建物について、外周に塼列が巡り、その内側に礎石が列状に設置されていたことが明らかとなっている。塼列は西辺と南辺に残っていて、規模は南北四・五五mで東西幅は不明である。塼は一辺約二九・五㎝四方の正方形である。次に建てられた石列建物は北東部のみが残っており、規模は南北二・三二m以上、東西二・七八m以上である。周辺には焼土層が面的に確認されたことから火災で焼失したと考えられる。焼土層中からは青磁の瓶や馬上坏・香炉・盤などの高級な輸入陶磁器、タイ・華南産陶器などが出土したことから、希少価値をもつ威信財類を保管する蔵であったと推定される（山口市教育委員会 二〇一〇）。塼列建物も同様に蔵と考えられる。続いて建てられた礎石建物は東辺のみ（四間）が明らかで、柱間寸法は約一・六五mである。館廃絶後の龍福寺期のものである。

もう一棟の塼列建物は指定地北部の中央付近で検出された。規模は南北一〇・五m、東西六・六mである。一辺約三〇㎝の正方形に近い塼を立て並べた状態で四方を囲んでいる。南辺中央には小さな突出部があり、建物の出入口となった可能性がある。塼列の内側には西部に三個、東部に一個の礎石が残っている。

石列建物は、指定地南東部の池泉庭園（二号庭園）に伴うものが一棟みつかっている。規模は東西約四・二m、南北約六・〇mで南北に長い建物である。

掘立柱建物については、館内で柱穴が多く検出されることから、相当数存在したと考えられる。そのうち、龍福寺本堂下の調査で検出された掘立柱建物についてみていく。調査では二棟の建物が想定され、三つの復元案を推定することができるが、そのうちの一つは、東西約六・〇m、南北約五・四mで、その周りに一・五mの縁が巡る構造の建物で、この建物の南東側に付随してもう一棟建物が建つ。調査では一辺二四cm（八寸）の大ぶりな角柱痕をもつ柱穴が確認されている。館の中心に近い場所であることから、中心建物の一部を構成するものの可能性も考えられる。

このほか、二十棟程度の掘立柱建物を復元することができるが、現状ではその復元案が妥当性のあるものとなっておらず、今後もさらなる検討が必要である。

また、全体の傾向として、比較的大型の建物と考えられるものは十五世紀後半までに廃絶する。一方で、十五世紀末以降の遺構からは瓦が出土し、その種類から、総瓦葺ではなく棟瓦として屋根頂部に瓦を葺いた建物の存在が推定できる。このことから、十五世紀末以降の館内には、棟瓦を採用した建物が各所に存在した可能性が指摘されている〔山口市教育委員会二〇一四b〕。

3　庭園

館跡では四つの庭園が確認されている。

・一号庭園

第一次・七次調査で検出され、史跡中央の東寄りに位置する。第一次調査では方形石組の下から見つかり、護岸石や立石、平玉石敷が確認されている。第七次調査では立石が検出されている。庭園の北側と南側の一部が検出されたと考えられ、規模は南北五・三m以上、東西三・〇m以上と推定できる。また、北側の平玉石敷は南側の立石根元よりも約三〇cm低く、第一次調査遺構検出面より約八〇cm低い。一方、立石根元は遺構検出面より約二〇cm低い。これらの高低差から、地面を掘り込んで作庭され、南側の立石は北側の護岸石や平玉石敷よりも高い位置にあることがわかる。構成として立石部分が主景となり、北側から鑑賞したのではないかと考えられる。現状では庭園様式は不明である。十五世紀前半に作庭され、十五世紀末に廃絶したと考えられる。

・二号庭園

史跡南東部に位置し、南北約四〇m、東西約二〇mの池泉と中央に中島をもつ池泉庭園である。池縁や中島には部分的に護岸石が配置され、池泉北端には高さ約一・〇mの石積護岸が施されている。池泉の東側にある石組水路から水を取り入れ、南西部の溝状張り出し部から排水したと考えられる。池の深さは約一・〇mで、水深は三〇cm程度であったと考えられる。池底には保水のための工夫は確認されなかった。

庭園を鑑賞する会所のような建物は西岸付近にあったと考えられるが、建物は検出されていない。作庭以降、二度の改修が行われており、二度目の改修で池泉の南東側に小規模な石列建物が築かれ、ここからも庭園を鑑賞したと考えられる。十五世紀末~十六世紀初頭に作庭され、十六世紀中頃に廃絶したと考えられる。

・三号庭園

史跡北西部に位置する、景石や平玉石敷を用いて滝や水の流れを表現した枯山水庭園である。規模は南北約一二m、東西五m以上である。庭園の西部は館廃絶以降に掘られる西堀、東部は近世以降の墓地により失われている。滝・滝壺・流れを中心に構成され、流れに囲まれるように庭園を鑑賞する礎石建物が存在する。滝壺の南側には築山があり、景石が配置されている。庭石や礎石には被熱痕があり、建物付近には焼土層が広がっていることから、建物が消失したことにより庭園は廃絶したと考えられる。十六世紀前半に作庭され、十六世紀中頃に廃絶したと考えられる。

・四号庭園

史跡北東部、二号庭園の北側に位置する。地面を掘り込んで、一部に護岸石や立石、景石を据え、平玉石を敷き、滝・池・流れを表現している。導排水施設が確認できず、滞水した痕跡もないことから枯山水庭園と考えられる。規模は掘り込み上端において南北一二・五m、東西七・六m以上、深さは約八〇cmである。主景と考えられる北東部の滝石組は滝壺から約四五cm高くなっている。また、南西端にも滝石組と考えられる立石があり、平玉石敷より約三〇cm高い位置にある。西側から鑑賞したと考えられるが、建物は検出できていない。十六世紀前半に作庭され、十六世紀中頃に廃絶したと考えられる。

・庭園の機能、性格

これらの庭園の特徴についてみていくと、四号庭園は池状に掘り込んだなかに護岸石や平玉石を設置していることから特異なようにみえる。しかし、全容は不明なものの一号庭園も同様に、地面を掘り込んで石を配置し、立石と平玉石敷に高低差があることから、二つの庭園は構造が似ているのではないかと考えられる。また、館内における立地についてみてみると、二～四号庭園は堀や塀といった外郭施設に近く、鑑賞方向が外郭施設に向いている。一方、一号庭園は外郭施設からやや離れており鑑賞方向もそれに向いていないと考えられることから、建物に囲まれたような空間に位置するか、あるいは館内を仕切る区画施設が付近に存在する可能性が考えられる。

十六世紀前半～中頃にかけて三つの庭園が並存するが、庭園の位置付としては、二号庭園は大勢で儀礼や宴会を行う公的なもの、三号庭園は少人数で楽しむ私的なもの、四号庭園は奥向きの空間に設けられたものと考えられ、用途に応じて使い分けられていたものとみられる。

4　そのほかの遺構

石組井戸・石組水路・方形石組といった石組遺構、土師器皿を一括に廃棄した土坑などが検出されている。

5　出土遺物

土師器皿、瓦質土器、国産陶器、貿易陶磁器、瓦、鉄製品、青銅製品、動物遺存体などがある。そのうち九割以上を占めるのが土師器皿で、ロクロ成形で薄手の在来系土師器皿と手づくねで厚手の京都系土師器皿の二系統がある。在来系は館の全時期を通じて確認できるが、京都系は十五世紀末以降からみられるようになり、十六世紀前半から出土量が増える。なお、京都系は大内氏滅亡後の十六世紀後半も製作される。国産陶器は備前焼が最も多い。瀬戸美濃系陶器は天目碗や卸皿などが少量出土している。貿易陶磁器は十五世紀末より前は青磁碗皿や白磁碗皿、天目碗などが中心であるが、十五世紀末以降、青花碗皿がみられるようになる。朝鮮半島産の褐釉陶器や白磁、青磁なども出土している。そのほか華南産褐釉陶器やタイ産四耳壺が出土している。十六世紀前半～中頃に出土量が急増する傾向にある。威信財陶磁器の出土もみられる。

また、特徴的なものとしては、二号庭園の南側に位置する石組井戸から、ほぼ完形となる金箔土師器皿と小破片が出土している。金箔土師器皿は周辺の築山跡、大内氏関連町並遺跡（以下、町並遺跡）からも小破片が出土しているが、いずれも京都系土師器皿が用いられている。また、在来系・京都系土師器皿を変形して製作した箸置きが少量出土する。

（三）　大内館の変遷

ここまで、館跡で発見された遺構・遺物について個別的にみてきたが、これらすべてが館の全時期を通じて機能していたわけではない。存続時期の検討などから、館内の諸施設を改修ないし新築しながら徐々に拡大していったことが明らかになってきている。[7] ここでは大内館がどういった変遷を遂げてきたのか、大きく五段階に分けてみていきたい（図2）。

・大内氏館第Ⅰ段階（十四世紀末〜十五世紀初頭）

館の内と外を区画する東一号溝・北溝・西溝とその内側に築地塀が構築され、この時期に屋敷地として明確になる。北溝は史跡指定地中央付近で途切れており、開口部が存在する。東一号溝・西溝とも史跡指定地よりも南に延びると考えられ、館の敷地は指定地よりもさらに南側に広がると推定される。屋敷地の規模は東西一二五m、南北一六〇m以上である。

・大内氏館第Ⅱ段階（十五世紀前半〜後半）

東一号溝の約一〇m東に東二号堀、北溝の約一m北に北堀が新たに掘られ、前段階よりも屋敷地が拡大する。この時期、堀の内側にどういった遮蔽施設が構築されていたか不明である。東二号堀は指定地中央付近で段違いに途切れることが明らかになっており出入口が存在する。そこから南西にいった場所に一号庭園がある。また、十五世紀後半には指定地北部中央付近に塼列建物が存在する。東二号堀もまた指定地よりも南に延びると考えられる。屋敷地の規模は東西一四〇m、南北一六五m以上である。

・大内氏館第Ⅲ段階（十五世紀末〜十六世紀初頭）

東三号堀が新たに掘られ、館の敷地が東に約二〇m拡大する。堀の内側には築地塀ないし土塀が構築される。東三号堀もまた指定地よりも南に延びると考えられる。また、指定地西辺で西門、南辺で南門が確認され、それらに遮蔽施設が接続することから、このころに館は内郭と外郭に分割される構造になったと考えられる。しかし、外郭の範囲については、東3号堀が指定地より南に延びるので、指定地よりも南側は外郭であるといえるが、大殿大路まで広がるかは不明である。また、指定地よりも西側は、北堀が指定地よりも西に延びるか現状では確認できていないので、西門から竪小路までの範囲が外郭であったかはわからない。

内郭の施設としては、一号庭園は埋め戻され、新たに二号庭園が指定地南東部に作庭される。その北側には蔵

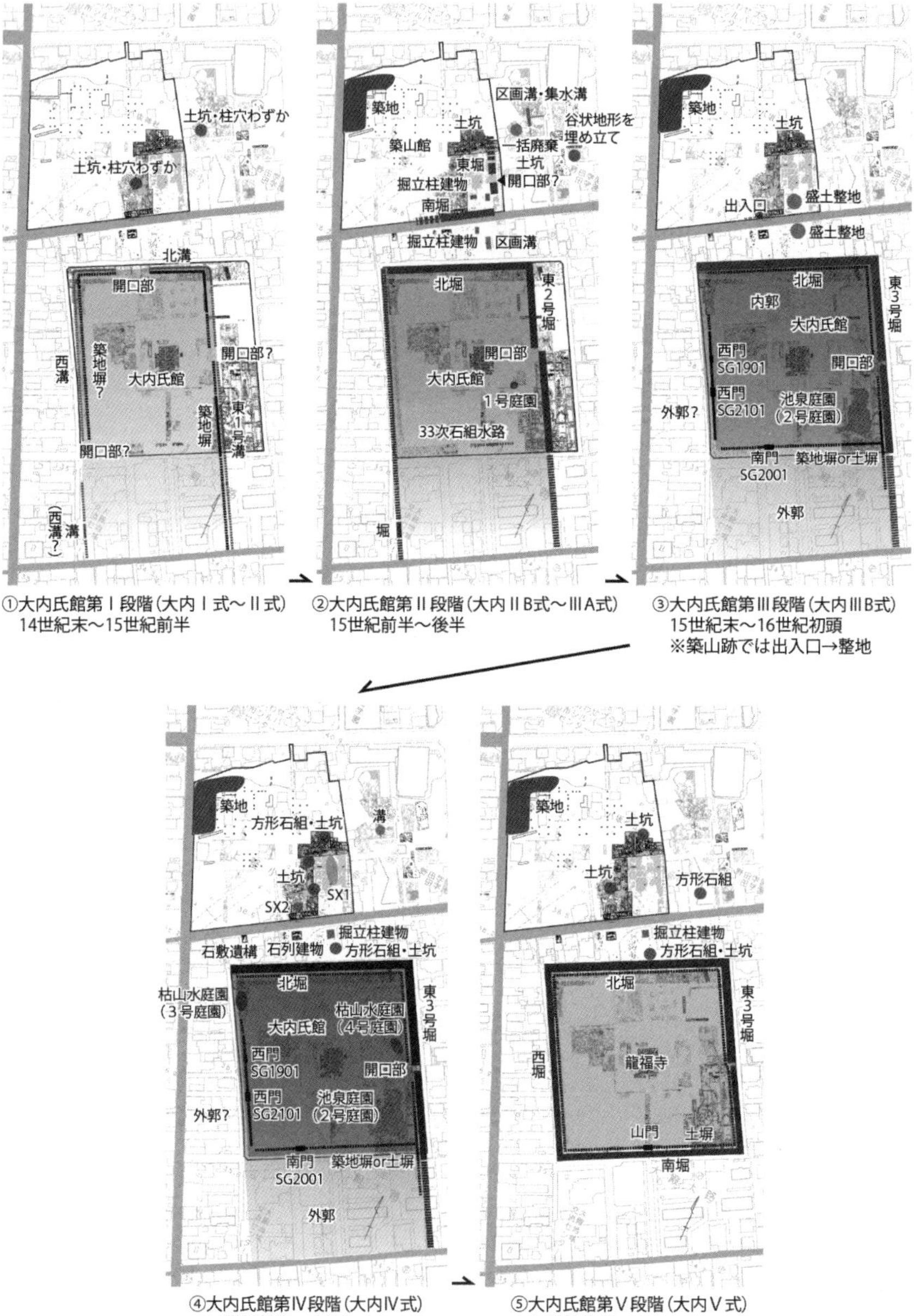

①大内氏館第Ⅰ段階（大内Ⅰ式〜Ⅱ式）
14世紀末〜15世紀前半

②大内氏館第Ⅱ段階（大内ⅡB式〜ⅢA式）
15世紀前半〜後半

③大内氏館第Ⅲ段階（大内ⅢB式）
15世紀末〜16世紀初頭
※築山跡では出入口→整地

④大内氏館第Ⅳ段階（大内Ⅳ式）
16世紀前半〜中頃

⑤大内氏館第Ⅴ段階（大内Ⅴ式）
16世紀後半

図2　館跡と築山跡の敷地変遷（1/7,000）（〔山口市教委 2014b〕を改変）

や台所が構築される。また、二号庭園の作庭に伴って、指定地南東部にかけて広く整地が行われる。屋敷地の規模は東西一六〇m、南北一六五m以上である。

・大内氏館第Ⅳ段階（十六世紀前半〜中頃）

外郭施設に変化はないが、内郭の北西隅に三号庭園、西端中央付近に四号庭園が作庭され、二号庭園とともに三つの庭園が並存することとなる。この時期が館の最盛期である。屋敷地の規模は前代同様、東西一六〇m、南北一六五m以上である。

・大内氏館第Ⅴ段階（十六世紀後半）

十六世紀中頃に、西門や三号庭園などが火災で焼失するとともに、ほかの庭園や諸施設も機能を停止するなど、大内氏の滅亡により館は廃絶する。

その後、毛利氏が館跡の内郭中央に龍福寺を建立する。その際、館跡の内郭の西辺と南辺に西堀と南堀が新たに掘られ、館跡の北堀・東三号堀がそのまま龍福寺の北堀・東堀として使われることで、館の内郭であった範囲が龍福寺の境内地となった。境内地の規模は一六〇m四方である。

（四）大内館の特質

ここまで大内氏館跡の調査成果について述べてきたが、その特質について簡単にまとめる。

・大内館は十四世紀末〜十五世紀初頭に設置される。

・堀や塀といった外郭施設を造り替え、屋敷内の改修を行いながら、館が廃絶するまでの約一五〇年間移動することなく同じ場所にありつづけている。

・礎石建物や石列建物、塼列建物、掘立柱建物などが検出されており、館内には構造の違う多様な建物が存在したと考えられる。

・四つの庭園遺構が発見され、そのうち三つは同時期に並存していた。三つの庭園は立地、規模、庭園様式がそれぞれ異なることから、機能が異なり、用途により使い分けていたと考えられる。

・十五世紀末以降、館は内郭・外郭構造となる。

・土師器皿を短期間で大量に使用し廃棄した一括廃棄土坑が見つかっており、儀礼や宴会時の土師器皿の大量使用を推測することができる。

・貿易陶磁器では周辺遺跡よりもバラエティに富み、最も優れたものを有していた〔増野晋次二〇一五〕。

三　築山館を掘る

(一)　調査に至る経緯

築山跡についても館跡と同様、調査に至る経緯について簡単に触れておきたい。

築山跡において発掘調査の契機となったのは、昭和五十二・五十三(一九七七・一九七八)年度に行った八坂神社本殿の防災設備工事に伴う予察・立会調査である。[8] これ以降断続的に遺構確認調査が行われたが、近代以降の撹乱が多く築山跡に関連する遺構を検出することはできなかった。しかし、昭和六十三(一九八八)年度に行った第六次調査において初めて築山跡に関わる遺構を検出した。

これ以降は、館跡の公有化と調査を優先したため、調査はしばらく途絶えていたが、平成十二年(二〇〇〇)～十四年(二〇〇二)度にかけて指定地内の南東部の公有化が行われた。この公有化を機会に、また、館跡と築山跡の一体的な整備を目指すため、再び発掘が動き始めたのが、平成十七年度に行った第十二次調査からである。この調査で築山跡に関連する遺構を発見し、遺構の分布と遺構面の深さを把握した。これ以降、現在までに十五次にわたる調査を行っている。

(二)　発掘された築山館

先述したように、第一次～第五次調査まで築山館に関わる遺構は検出できていない。第六次調査において初めて築山跡に関わる遺構を検出し、なかでもI地区において面的に検出された。そして平成十七年(二〇〇五)以降は史跡指定地南東部を中心に継続的に発掘調査を行い、近現代の撹乱が多いものの、築山跡に関わる遺構を広い範囲で確認することができ、築山館の様相が少しずつ明らかになってきている。ここでは南東部の調査成果を中心にみていきたい。

1　外郭施設

南東端において、東堀と南堀が見つかっている。東堀は南端が確認されている。南堀は東端が近現代の撹乱により確認できていないものの指定地外に延びないことは明らかである。このことから東堀と南堀は接続せず、南東隅に約一一・〇mの開口部が存在する。

東堀の規模は幅約三・〇m、深さ約一・〇mで、南端の断面形状は箱形である。堀は途中で途切れると考えられる箇所があり、そこに開口部が存在した可能性がある。また、そこから北側の東堀の断面形は逆台形から徐々にV字形に狭くなることから、同じ東堀でも堀の形状が異なることがわかる。堀は第十五次調査S地区でも撹乱の下から堀底を検出することができ、さらに北に延びることが明らかである。

南堀については、南側が指定地外に広がるため全容は不明であるが、規模は幅三m以上、深さ一・〇m以上である。第十二次調査P地区でも南堀が確認されており、さらに西に延びていくことは明らかである。東堀・西堀とも十五世紀後半に掘られ、ごく短期間のうちに埋め戻されたと考えられる。なお、いずれの堀の内側にも遮蔽施設（築地塀や土塁）は見つかっていない。

また、指定地南端の中央やや東寄りで、南堀を埋めた上に、石を用いた出入口遺構が構築される。出入口遺構は石敷と二つの石列を組み合わせた階段状のもので、石列の石は一部抜き取られていたが、その痕跡から規模は東西約二八〇cmとわかった。石の中央をとると、ほぼ九尺となる〔山口市教育委員会二〇一六〕。この遺構の性格については、礎石・柱穴がなく左右に塀の痕跡がないことから、門と考えるのは難しいものの、出入口と考えるのはよいだろうという指摘を受けている。また、出入口としても間口が狭いため、築山跡の正門とは考えられないことも指摘された〔山口市教育委員会二〇一六〕。

このほかに現存する遺構として、指定地北西部に築地跡（土塁）がある。規模は基底部幅一〇～一四m・高さ約三mで、南北約五〇m・東西約四〇mのL字形に残っている。築地跡の構造解明のため西部と北部にそれぞれトレンチを一本入れて調査したが、いずれにおいても中世の築地の盛土を確認し、一部削平を受けているものの、構築当初の姿を留めていることが明らかとなった。

2　建物

三棟の掘立柱建物が見つかっている。そのうち規模が明らかなものは二棟で、いずれも第八次調査で検出されている。一棟は東西約五・八m、南北約三・四mの二間×二間で、東西に長い。この建物には幅三〇cmの溝が伴う。もう一棟は東西約三・八m、南北約約六・一mの二間×三間で、南北に長い。いずれも堀と同時期の遺構である。

3　そのほかの遺構

方形石組や土坑、用途不明遺構などが見つかっている。方形石組は指定地東部中央で見つかり、石組の内法は南北二五六㎝、東西一六〇㎝、深さ五四㎝である。築山跡ではこの方形石組が唯一で、館跡や周辺の町並遺跡と規模を比べてみるとかなり大きい(9)。大内Ⅳ式の遺構である。

土坑の中で特筆されるものとして、長大な遺構ＳＫ１があげられる。調査区をまたいで検出されたが、規模は南北約二五・四ｍ、最大幅約五・六ｍ、深さ〇・三ｍで、浅い皿形をなし南北に長い。どのように使われたかは不明であるが、館跡や町並遺跡でもこのような長大な遺構は見つかっていない。大内Ⅳ式の遺構である。

同じく用途不明遺構としてＳＸ１とＳＸ２がある。出入口遺構の東側で見つかったもので、いずれも大型の遺構である。ＳＸ１は大内Ⅲ式、ＳＸ２は大内Ⅳ式のものである。

4　出土遺物

土師器皿、瓦質土器、国産陶器、貿易陶磁器、瓦などがある。館跡と同様、土師器皿が最も多く出土する。貿易陶磁器は館跡よりも出土数が少なく、青磁、青花、華南産褐釉陶器、朝鮮半島産陶器などがみられる（山口市教育委員会二〇一六）。高級陶磁器はほとんどない。

瓦については、館跡に比べて比較的多く瓦が出土する（山口市教育委員会二〇一四）。また、館跡ではみられない丸瓦・平瓦や格狭間が出土している。

（三）　築山館の変遷

ここからは築山跡の時期的な変遷について五段階に分けてみていきたい。

・築山跡第１段階（十四世紀末〜十五世紀前半以前）

大内Ⅱ式の土坑・柱穴がわずかにみられるのみで、活発な土地利用は見受けられない。これよりも古い遺構として、弥生時代の円形竪穴住居が見つかっている。また、古代の遺構がわずかに見つかっている。

・築山跡第２段階（十五世紀後半）

東堀と南堀が掘られ、屋敷地として明確になる。堀の内側には築地塀などの遮蔽施設は確認できていない。東堀は途切れる場所があり、そこに開口部が存在した可能性がある。内部には掘立柱建物が三棟確認でき、そのうちの一棟には溝が伴う。

指定地北西部に現存する築地跡については、出土遺物からは第二・第三いずれの段階に属するか決めがたいが（山口市教育委員会二〇一六）、屋敷の外郭施設としての機能を担うものと判断するなら、東堀・南堀は南東部の外郭施設、築地跡は北西部の外郭施設として機能したと考えられる(10)。

・築山跡第3段階（十五世紀後半）

東堀と南堀が埋め戻され、南堀の上に出入口遺構が構築される。この出入口は規模が小さいため屋敷の正門とは考えられない。これに伴う遮蔽施設は不明であるが、内と外を画す意図はあったものと考えられる。

この段階の遺構はこれのみであるが、所属時期からは、大内Ⅲ式としたいずれかの遺構が関連する可能性があるが、土層・遺物からは確定しがたい（山口市教育委員会二〇一六）。

・築山跡第4段階（十五世紀末〜十六世紀中頃）

全域に盛土整地がされ、利用の中心が中央寄りになる段階である（山口市教育委員会二〇一六）。この段階では出入口機能は廃絶しており、外郭施設は不明である。土坑、溝、方形石組が検出されている。土坑は用途不明の規模の大きなものがある。

・築山跡第5段階（十六世紀後半）

遺構が少なくなり土坑がわずかにみられるのみである。新たな施設を設けたり、常時人が生活したりするような場所ではなかったと考えられる。

（四）築山館の特質

ここまで築山跡の調査成果について述べてきたが、その特質について簡単にまとめる。

・十五世紀後半に堀が掘られ屋敷地が明確となるが、十五世紀末前には堀は埋め戻されることから、屋敷地として利用されたのはごく短期間である。

・屋敷の時期の遺構は、堀、掘立柱建物、溝、土坑、柱穴などである。

・館跡のような土師器皿の一括廃棄土坑や高級陶磁器がないことから、継続的に当主の屋敷として利用された可能性は低い。

・堀を埋め戻した後に出入口が構築されるも、ごく短期間のうちに廃絶し、それ以降、外郭施設は不明確である。

・大内Ⅳ式には方形石組や土坑が掘削されるが、周辺の町並遺跡ではみられないような規模の大きな遺構であったり、大内Ⅴ式以降、遺構が少なくなったりすることから、周辺の町屋が築山跡に進出してきてはいないと考えられる。

四　大内館と築山館の変遷

ここまで、館跡と築山跡についてそれぞれ個別的に発掘調査成果をみてきたが、いずれも大内氏が築造した居館であること、南北に近接していることなどからして、両者の関係性について考えてみないわけにはいかない。そこで両者がどのような変遷を遂げていったか、館跡の変遷を基にしながら、みていきたい（図2）。

館跡において屋敷地として明確化する館第Ⅰ段階では、築山跡では土坑・柱穴がわずかにみられるのみで、活発な利用は見受けられない。

続いて、館跡で東二号堀や一号庭園が機能する館第Ⅱ段階では、十五世紀後半に築山跡で東堀・南堀が掘られ、屋敷地として明確になる。また、このとき築山跡の北西部に築地が構築されたと考えられる。しかし、築山跡の堀はごく短期間のうちに埋め戻され、出入口遺構が南堀の上に構築される。だが、この出入口遺構もごく短期間のうちに廃絶する。これ以降、築山跡の外郭施設は不明となる。

そして、館跡で東三号堀や二号庭園が構築され、内郭・外郭構造となる館第Ⅲ段階では、築山跡では全体に盛土整地が行われる(11)。

続いて、館跡が最盛期を迎える館第Ⅳ段階では、築山跡では方形石組や長大な土坑や用途不明の遺構が掘られる。遺構の分布は中央寄りになっている。

館跡が屋敷地として廃絶し龍福寺の境内地となる館第Ⅴ段階では、築山跡で遺構が少なくなり土坑がわずかにみられる。この時期、築山跡ではあまり遺構が掘削される状況ではなかった可能性がある。

このように館跡と築山跡の変遷をみていくと、館跡の変遷と築山跡の変遷が一致せず、必ずしも連動しないことが明らかとなってきた（図3）。

まず、築山跡が屋敷地として明確になるのは館跡よりも遅れ、十五世紀後半からである。そして、築山跡の堀は十五世紀後半のうちに埋め戻され、屋敷地としての機能はごく短期間であった。このことは、築山跡が大内氏当主の屋敷として使われた期間がごく短期間であったということがいえる。一方、館跡は引き続き屋敷地として機能し、堀が付け替えられ、庭園が築かれるなど、規模を拡大しながら一貫して当主の屋敷地として機能し続けていく。

そして、築山跡は堀埋没後も、出入口遺構が造られたり、盛土整地が行われたり、規模の大きな遺構が造られたりするなど、築山跡独自の動きをみせている。また、両遺跡の遺構軸の違いや堀の位置の違いは、築山跡の利用画期が不明確なことを差し引いても、一体的な利用はなかったと考えられる〔山口市教育委員会二〇一六〕。

ここで築山跡が造営された意図と役割の変化についてみていきたい。

まず、築山跡の堀が機能した時期は、大内氏の当主でいうと教弘と政弘の時期に当たる。文献資料から、教弘が生前に政弘に当主を譲ったこと、その時期は居所が別々であったことが判明している〔山口市教育委員会二〇一六〕。発掘調査では堀が短期間に廃絶することが明らかであるが、この廃絶する契機を教弘の死去と推定している。

そして堀廃絶後の築山跡の性格を考える上で、政弘による教弘の神格化を挙げておきたい。政弘は、教弘没後に、教弘を築山霊神へと神格化する。これは祠・廟を伴う。つまり、教弘の神格化による祠・廟は築山跡に築かれたと考える。または、別の可能性として、菩提寺の別院が築山跡にあった可能性もある。いずれにしても、築山跡は、堀廃絶後には宗教施設になったと考えられる〔山口市教育委員会二〇一六〕。

このようにみていくと、館跡は全時期を通じて大内館と呼ぶことができるが、築山跡は堀が存在した十五世紀後半のある時期だけ築山館と呼ぶことができる。

おわりに

最後に館跡と築山跡の整備と活用について若干触れておきたい。館跡では、これまでの発掘調査の成果を基に、整備対象時期を館の最盛期にあたる十六世紀前半～中頃とし、西門、二号庭園、三号庭園などの復元整備を行っ

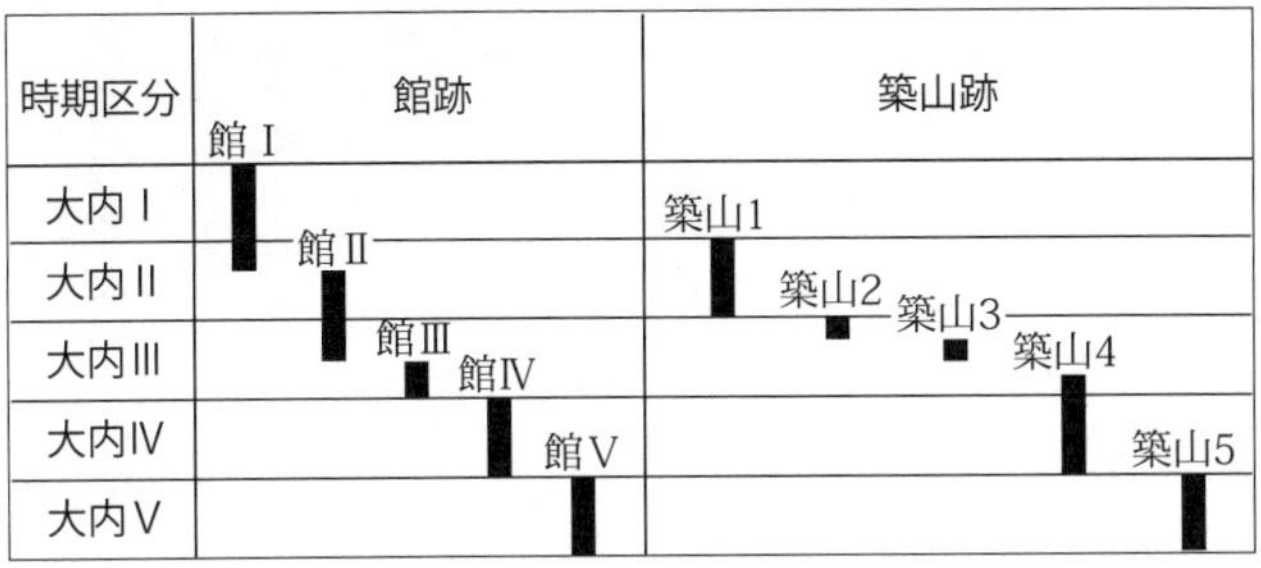

図3　館跡と築山跡の敷地変遷

てきた。そして、平成二十五年（二〇一四）度で館跡の第一期整備は終了した。

築山跡については、平成二十六年度に公有化した部分の発掘調査がすべて終了したことから、今後は整備事業を進めていく。

両遺跡は、史跡指定されてから六十年、発掘調査が開始されてから三十五年以上が経過し、報告書も数多く刊行されてきた。過去の調査を検討し、新しい調査成果を積み重ね、その都度、成果をブラッシュアップしているものの、まだまだ解明するべき点も多く、今後も発掘調査・研究の進展が望まれる。

（丸尾弘介）

注

（1）龍福寺本堂は国重要文化財（昭和二十九年九月一七日指定）。

（2）八坂神社本殿は国重要文化財（大正六年八月一三日指定）。

（3）県指定文化財（平成十八年十二月二十六日指定）。

（4）この第一次調査で館機能時の庭園（一号庭園）や方形石組等が検出された〔山口市教育委員会一九八一b〕。

（5）平成二十三年（二〇一一）に行った史跡指定地北西隅に隣接する民有地での試掘調査では、現代の撹乱により、中世の遺構は削平・滅失していたが、北堀の堀底は撹乱の深さよりもさらに深いとみられるのに発見されなかったことから、史跡指定地よりも西へは北堀は延びない可能性が高くなった〔山口市教育委員会二〇一四b〕。

（6）従来はこの柱穴列を板塀と捉えてきたが、築地塀や土塀の構築方法に芯柱工法があること、さらに、柱穴列周辺に硬化面があること、塀の端部を押さえる貝形柱設置痕跡が確認できることなどから、板塀よりも築地塀ないし土塀が構築されていた可能性が高いと考えられる。

（7）館の変遷については、これまでに何度も検討され、修正を加えながら確立されてきている〔古賀信幸二〇〇四・二〇〇六〕〔北島大輔二〇一〇〕〔山口市教育委員会二〇一二b・二〇一四bなど〕。

（8）この第一次調査では集石や瓦捨て場の一部を検出したが、中世の遺構ではなかった〔山口市教育委員会一九八一b〕。

（9）長軸が二五〇㎝以上の物は、館跡十一基中一基、町並遺跡五十三基中〇基で、その規模の大きさが特筆される。

（10）延徳四年（一四九二）の『大内氏掟書』の第一四六条に「於築山築地之上、祇園会其外自然之見物、被加制止訖」とあり、民衆が築地に上るとこを禁止している。よって、これより前に築地が存在していたことがわかる。

(11) 築山跡では堀の掘削から盛土整地までの変遷は大内Ⅲ式の時期のことであり、現状では大内ⅢA式、大内ⅢB式というように細分できない。ここでは便宜上、築山跡での堀の掘削から出入口機能時までを館第Ⅱ段階とし、盛土整地を館第Ⅲ段階とした。今後の研究の進展により細分が可能となろう。

参考文献

岩崎俊彦 一九九七『大内氏壁書を読む——掟書による中世社会の探究——』大内文化探訪会

北島大輔 二〇一〇「1大内氏遺跡館跡」『山口市史 資料編 大内文化』山口市

古賀信幸 二〇〇四「大内氏館跡」『山口県史 資料編 考古2』山口県

古賀信幸 二〇〇六「周防国・山口の戦国期守護所」『守護所と戦国城下町』高志書院

古賀信幸 二〇一四「大内氏遺跡築山跡小考」『山口考古』第34号 山口考古学会

増野晋次 二〇一五「山口県における中世後半の貿易陶磁の様相」『中世山陰と東アジア——貿易陶磁からみる日本海交易——』日本貿易陶磁研究会

増野晋次・北島大輔 二〇一〇「第6章 大内氏館と山口」川岡勉ほか編『西国の権力と戦乱』清文堂

山口市教育委員会 一九八一a『史跡大内氏遺跡保存管理計画策定報告書』

山口市教育委員会 一九八一b『大内氏館跡Ⅰ』

山口市教育委員会 二〇〇九『大内氏築山跡Ⅴ』

山口市教育委員会 二〇一〇『大内氏館跡Ⅺ』

山口市教育委員会 二〇一二a『大内氏築山跡6』

山口市教育委員会 二〇一二b『大内氏館跡13』

山口市教育委員会 二〇一三『大内氏館跡14』

山口市教育委員会 二〇一四a『大内氏築山跡7』

山口市教育委員会 二〇一四b『大内氏館跡15』

山口市教育委員会 二〇一六『大内氏築山跡8』

大内氏の宴
――その器と配膳方法――

はじめに

室町時代の京都洛外では、手づくね成形による京都産土師器皿が作られ、洛中に広く流通した。その寸法が大小さまざまに規格化(多法量化)していたことは、出土品や文献記録などから確認できる。製作技法の検討や、器名考証、さらには民俗誌的な調査によって〃作り分け〃の解明が進む一方、さまざまな寸法の土師器皿をどう使い分けたのかは断片的にしか分かっていない。

しかし、その謎を解く鍵が周防《すおう》山口にあった。守護大名大内氏の館跡でみつかった京都系土師器皿や、大内氏が実際に開いた宴の献立記録をもとに、〃作り分け〃と〃使い分け〃の実態に迫ってみたい。

一　京都系土師器皿、山口に伝わる

十五世紀から十六世紀になると、京都産土師器皿をまねてつくった在地産の京都系土師器皿が全国各地で確認できる。室町将軍家の周辺で創り出された献杯儀礼や饗応文化が地方へと波及したためと解釈されることが多い。

ところが、器の寸法に着目して再検討してみると、地方でみつかる京都系土師器皿は二・三法量が中心で、多法量化していないのが実状だ。しかも、地元に展開する在来系の土師器皿とほぼ同じ法量のものが使われるため、「模倣生産というかたちで京都系土師器を受け容れた際に、献盃儀礼に用いる道具、すなわち儀礼に用いる器としての使いみちがはっきりと意識されていなかった」との評価もある。

その一方で、例外的な事例とされるのが山口の大内氏館であった。多法量化が顕著で、製作技法の点からも京都洛外産土師器皿を忠実に再現した京都系土師器皿を作り、使ったことが明らかとなっている(図1)。

大内氏の食文化については、宴の献立記録をはじめとした文献史料が数多く残されている。また、宴で使った大量の土師器皿や料理の食べ残しを捨てた土坑が館跡からみつかり、考古学の立場からも当時の食生活に迫ることができる。

十五世紀までの大内氏館では、ロクロ回転の遠心力で

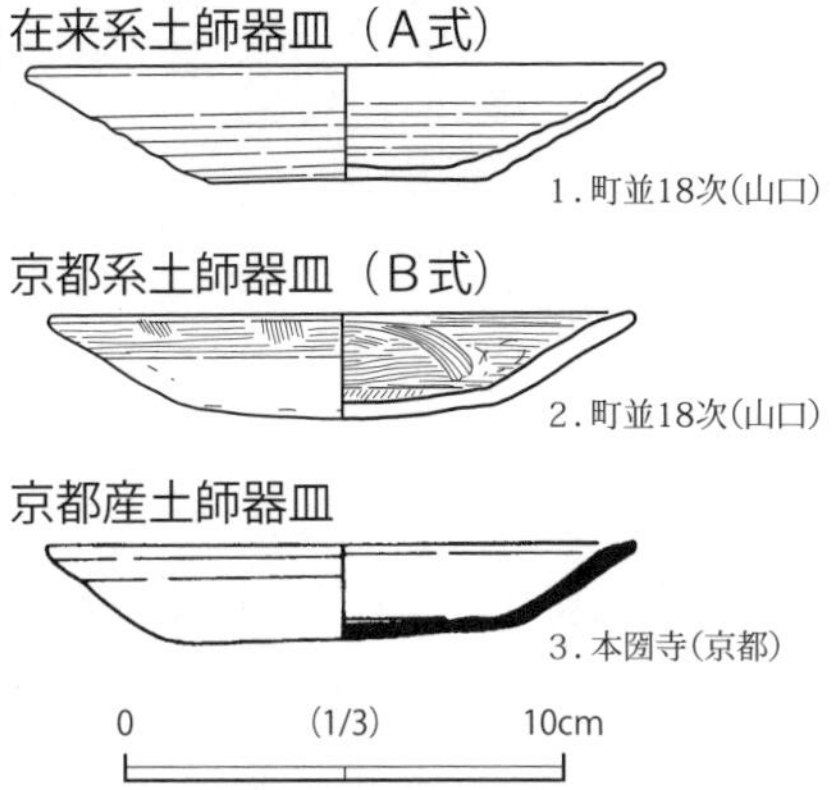

図1　土師器皿三種

写真1　大内氏館跡の京都系土師器皿

挽き出した在来系土師器皿が用いられた。ところが十六世紀に入ると、こうした在来系土師器皿に取って代わるように、手づくねで作った京都系土師器皿が大量に使われるようになる。しかも、その法量分布は京都産土師器皿とかなりの部分で一致する。京都での製作技法をほぼ忠実に再現する一方、山口の粘土が用いられる。そのため、京都から山口へと土器工人が移動して製作をおこなったと想定できる。

後で述べるように、十六世紀の山口では、土師器皿に対して京都と同じ呼び名を踏襲し、寸法によって呼び分けていた。大内氏は、京都の武家儀礼を忠実に再現してみせることで、自らの権威付けを図ったと考えられる（写真1・2）。

二　大内義隆、毛利元就をもてなす

大内氏の宴を考えるうえで、重要な献立記録がふたつある。

ひとつめの文献は『明応九年三月五日将軍《しょうぐん》御《お》成《なり》雑掌《ざっしょう》注文《ちゅうもん》』である。明応九年（一五〇〇）、〝流れ公方〟足利義尹《よしただ》（後に義稙《よしたね》と改名）を大内義興がもてなしたもので、料理数が判明した宴としては室町時代最大であった。現存する将軍御成記のなかでは最初期の史料である点も興味深い。山口開府六五〇周年とされる平成二十二年（二〇一〇）、食文化史家の江後迪子《みちこ》氏の監修によって、その料理ほぼ全てが再現された。ただし、この文献では料理名と配膳順序に関する記述はあるものの、器や膳の種類までは分からない。

もうひとつの文献は『元就《もとなり》公《こう》山口《やまぐち》御下向《ごげこう》之《の》節《せつ》饗応《きょうおう》次《し》第《だい》』である。天文十八年（一五四九）、大内義隆のいる山口を、広島の毛利元就が表敬訪問した時の献立記録である。二ヶ月に及ぶ滞在中、大内義隆やその重臣たちが毛利氏側と二十数回もの宴を開いており、そのうち、六回分の宴について献立が記される。宴の行われた場所や日付・料理・膳の数、さらには盛付けた器の種類、膳の上での器の配置までをも知ることができる。

たとえば三月朔日《ついたち》の宴は、「殿中」すなわち大内氏館で催され、三十人前の膳が用意された。このうち毛利元就一人に対して出された器と膳をリストアップしてみる（図2）。

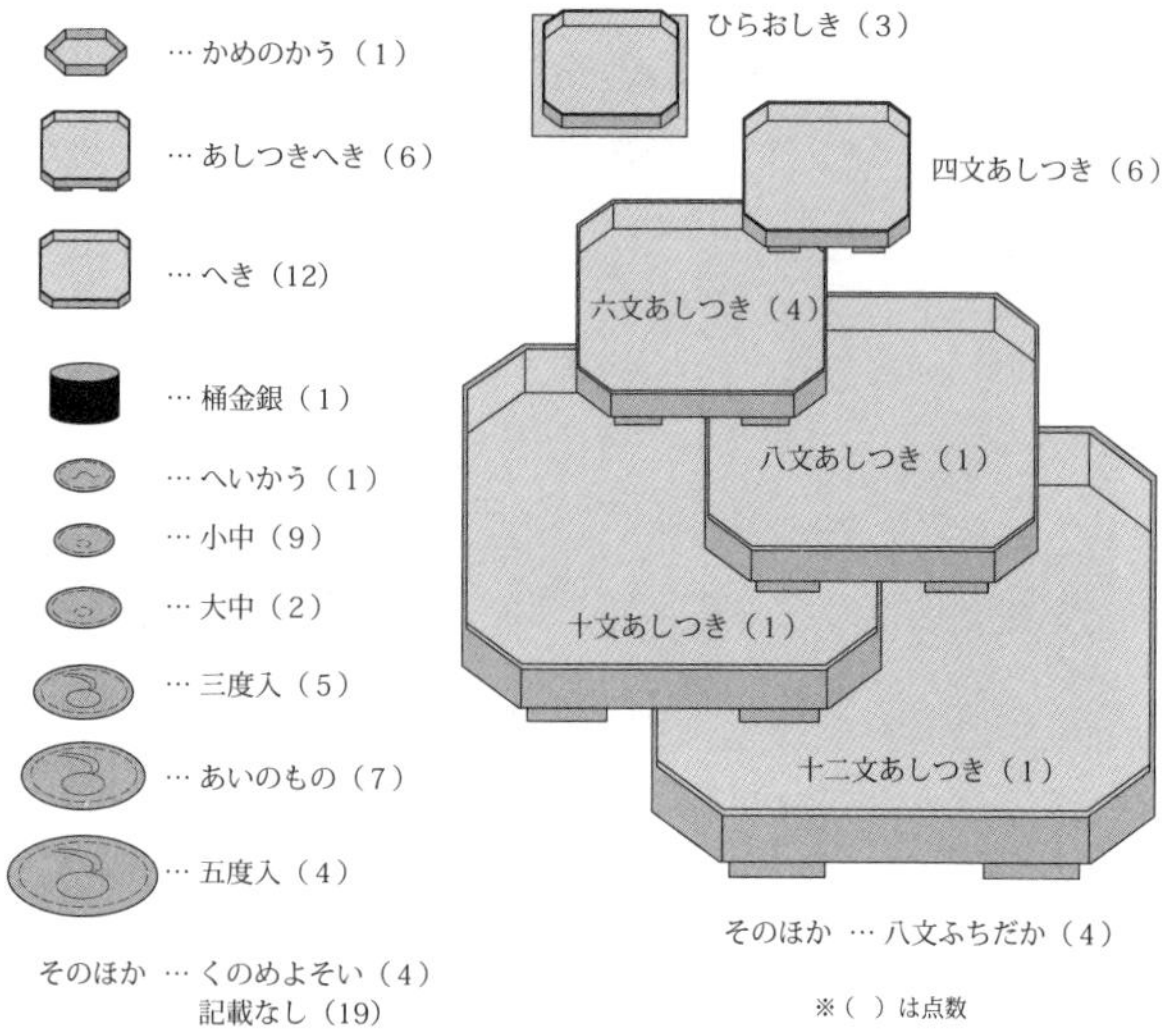

図2　天文十八年三月朔日饗応での器と膳

まず土師器皿をみると、「小中《こじゅう》」「大中《おおじゅう》」「三度入《さんどいり》」「間《あい》のもの」「五度入《ごどいり》」など、京都産土師器皿に特有な、寸法にもとづく呼び名が確認できる。また、土師器皿以外にも、ヒノキなどの薄い剥板《へぎいた》で作った「へぎ折敷《おしき》」の類が使われていた。こうした土師器皿や剥折敷は、平折敷《ひらおしき》や「あしうち」など膳の上に載せられる。分国法『大内氏壁書』によると、宴の膳は、漆塗ではなく白木を用いるのが本式であった。

『饗応次第』では、一献ごとに料理名が前後左右にばらして記される。これは、料理名の筆記位置が膳の上での皿の配置を示すためである。また、料理名の右上には、盛った器などについての添え書きがある。さらにその下には「六文足うち」といった膳の種類と寸法が記される。

これをわかりやすく模式図にしてみよう（図3）。

三月朔日の饗応は十献に加え、「一之膳」から「三之膳」、そして「御菓子七種」が出された。饗応に先立って、客人の元就と亭主の義隆とが内々に取り交わす式三献の献杯儀礼については記述が省かれている。

写真２　大内氏の宴（イメージ）

一見して分かるように、器の種類やその配置には、盛られる料理やその配膳順序などと密接な相関関係がありそうである。

たとえば、膳のなかでも手前中央に「五度入」や「間の物」「三度入」などの大形の土師器皿や漆器などが据

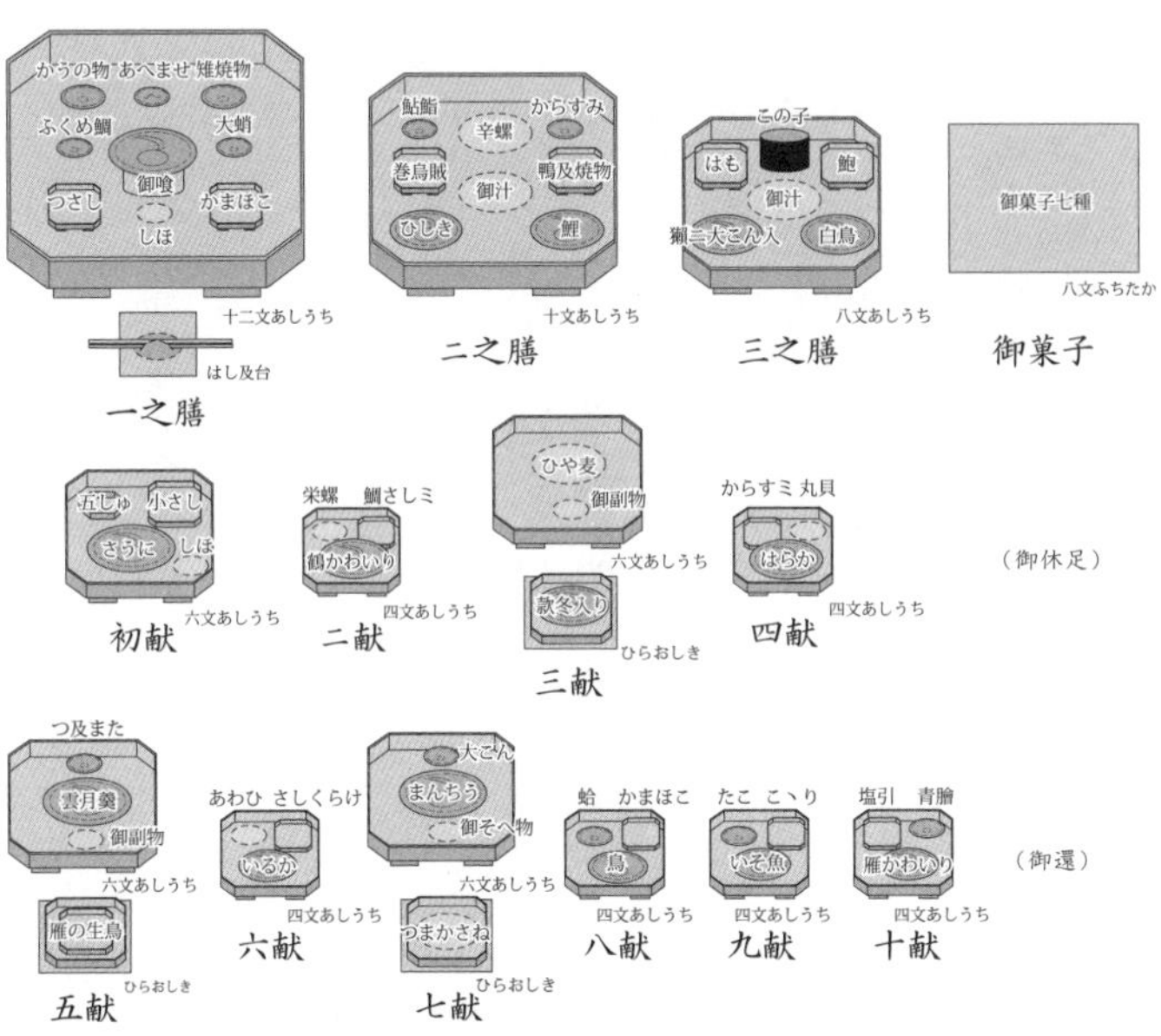

図3　天文十八年三月朔日料理の配置

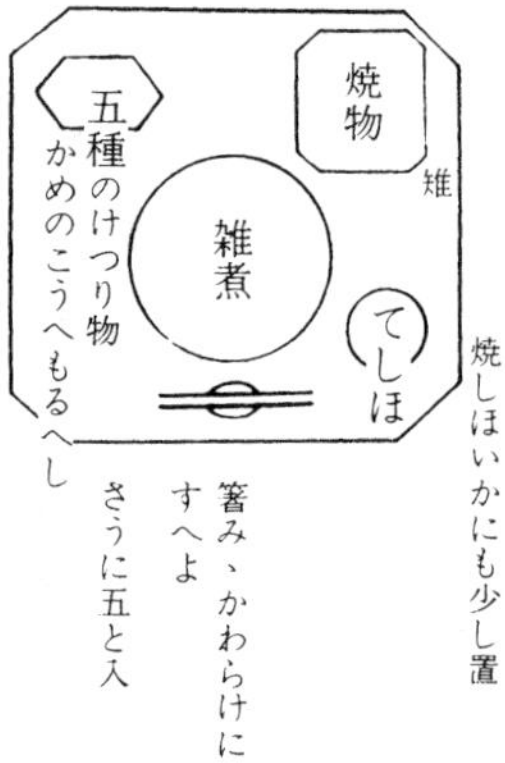

図4　『山内料理書』の雑煮と器

えられ、その奥には「小重」や「剥折敷」などの小ぶりな器を左右に並べるのが一般的であった。

とりわけ初献には特定の供し方があり、五度入の土師器大皿で雑煮が出され、膳の手前中央に置かれる。膳の左奥には「かめのこう」とよばれる亀甲形の剥折敷が組み付けられ、「五しゅ《（五種）》」とよばれる雑煮の上に乗せる副食材（串鮑《くしあわび》・串海鼠《くしなまこ》・大根・青菜・花鰹など）が置かれる。また、右奥には「小さし《（小刺）》」と呼ばれる鳥の焼物が添えられる。焼串に取り付ける紙飾の名にちなんで「きそく《（亀足）》」ともいう。こうした初献での料理の品目や配置、そして器の使いかたは、京都の式正料理でも確認できる。斯波氏の料理人が記した秘伝書『山内料理書』はその好例である（図4）。

また、二献目には鳥料理などを出すのが大内氏のしきたりであった。三・五・七の膳では、麺類や「あつもの」、点心などが出され、それらには「すさい《（酢菜）》」などの「御副物《おんそえもの》」が組み付くことが多い。

元就に供された膳の規格は以下のとおりである。

まず、「一之膳」は「十二文あしつき」、「二之膳」は「十文あしつき」、「三之膳」は「八文あしつき」である。そして初献の膳は「六文あしうち」である。

「あしうち」とは、足のついた折敷のことで、大名クラスの人物に出される。ちなみに、それ以下の身分の者に対しては、足の付かない平折敷が出される。また、将軍クラスでは折敷の台に四方から穴を空けた「四《し》方《ほう》」、中納言以上には「三方《さんぽう》」を出すのが当時の慣わしであった（『宗五大草紙』）。毛利元就は広島の大名であるから、「足うち」の膳は身分相応といえる。

つぎに、三献・五献・七献では「六文あしうち」に「平折敷」が組付く。これは、七・五・三が吉祥数であることによる。それ以外の献では最小クラスの「四文あしうち」が使われた。

これらをふまえ、器と膳との関係をみよう。

「六文あしうち」の場合では、手前に「五度入」の大皿を用い、奥の小皿には「小中」や「へぎ折敷」などが使われる。「四文あしうち」の場合では、手前に「あいのもの」か「三度入」を用い、奥の小皿には「小中」や「へぎ折敷」などが使われる。

ここで注目したいのは、五献以降になると「四文あしうち」の膳となり、大皿が一まわり小ぶりとなることである。つまり、二献と四献では「間のもの」が使われる一方、五献以降の六献・八献・九献・十献になると「三度入」に変化する。

その理由について参考となるのは、故実書『大内問答』の記述である。これによると、三献が終わった頃、様体を見計らって暫時休憩となる。ただし、休憩を前後させたり、省略したりする場合もあった。そして宴が再開すると、能などの芸能が始まる。三月朔日の宴で五献以降の大皿がサイズダウンしたのは、四献後の途中休憩を挟んで膳のサイズが小ぶりとなったためと考えられる。

また、通常の土師器皿以外にも、一定の用途をもつ器が存在した。

たとえば、雑煮の上置を載せる亀甲形の剝折敷「かめのこう」や、海鼠《なまこ》の卵巣を容れる「桶金銀《おけきんぎん》」のように、特定の料理を盛る器もあった。「耳かわらけ」のように、箸置として使われた小皿もある。『山内料理書』によると、「耳かわらけ」は「大名様」すなわち主賓クラスの貴人にしか出してはならないとされており、他の出席者に対しては箸が直置きとされた。

このほか三月朔日の宴では、器名を記さない料理が十七品ある。単なる書き漏らしというよりは、それなりの理由がありそうである。

たとえば、二の膳や三の膳に出される「お汁」や、三献の「ひや麦」などのように、水気の多い料理には、漆器や曲物《わげもの》などの植物素材の容器が使われたことだろう。大内氏の館跡では、漆器そのものが見つかった例はない。しかし、土師器皿を大量に含む廃棄土坑の水洗篩選別では、赤漆の塗膜が微細片となって検出されることが多い。土中の酸性分や乾湿のために漆器の木質部分は朽ちてしまい、かろうじて漆塗膜だけが遺存したのである。

また、辛螺《からにし》・栄螺《さざえ》・丸貝・あわびなどの貝料理にも器の名前が記されていない。蛤《はまぐり》は小重に盛られているので、剝折敷などの小皿に盛りつけたとも考えられるが、貝殻そのものを器とすることがあったのかもしれない。

さらに、酢や塩・薬味などを容れる器についての添え書きもない。小中よりもさらに小ぶりの土師器皿が使われたことだろう。近世では「雛《ひな》」とよばれる最小サイズの小皿である。

三　展望

以上でみたように、大内氏館の京都系土師器皿には、多方量化するのに見合った使い道があった。そして、土師器皿以外の器や、膳の大きさ、盛られる料理との関連のなかで、体系的に使い分けられてもいた。今回の所見は、本場京都での土師器皿の使い分けの解明にも応用できるのではないか。

宴を催す際、献を立てるということは、季節や場の設《しつら》え、出席者の人数や身分格式・座席配置・引出物の品定めなどを綿密に計算する必要がある。これをひとつ間違えると、不興を買ったり、非難の対象ともなりかねない(『大内問答』)。当時の宴では、何よりも先例を重んじる。多くの献立記録や故実書・料理秘伝書が書き残されたのは、このような背景があったからであろう。

その一方で、次のようなこともいえるのではないだろうか。

京都系土師器皿や多法量化を受け容れなかった地方の献立記録をみても、京都の将軍御成記に記された式正料理と、料理の構成や配膳方法が類似した例が多い。たとえば、石見《いわみ》の国人領主であった益田藤兼《ふじかね》・元祥《もとよし》父子による毛利元就への饗応はその一例である(益田家文書)。益田氏の三宅御土居《みやけおどい》や、安芸《あき》郡山城《こうりやまじょう》での調査成果から考えて、在来系のロクロ成形土師器皿を用いたことだろう。しかし、献立記録だけをみれば、式正料理の配膳法が忠実に再現される。武家儀礼としての饗応文化は、地方の武家社会へも広く浸透していたのである。

膳の手前中央に大皿一枚、奥に小皿二枚という配置をとるには、二・三法量の土師器皿でも事足りる。その意味で、地方における京都風の饗応文化の受容は、式正料理やその配膳手順を真似ることに主眼があり、多法量化した京都系土師器皿の導入は絶対条件ではなかった。おそらく地方大名の宴では、奇数献と偶数献とで同一規格の膳を用いたにちがいない。それゆえ、京都や大内氏館のような、土師器皿の多法量化が必要とはならなかったのであろう。

おわりに

本稿では、文献記録も参照としつつ、大内氏の宴の器と配膳方法について述べた。京都系土師器皿が多法量化したのは、それなりの使いみちがあったためである。

従来、京都系土師器皿の模倣現象については、製作技法や法量分化などの検討がなされ、京都の武家儀礼との文化的距離を推し量る指標とされてきた。本稿では、そうした側面を大筋で認めつつも、土師器皿の模倣現象だけでは捉えきれない可能性があることも指摘した。

土師器皿の作り分けや使い分けは、宴全体を見据えて理解するべきである。動物遺存体などの食物残滓や、漆器・折敷などの有機質遺物への目配せも欠かすことができない。宴の学際的研究が必要とされる理由は、まさにそこにある。

（北島大輔）

参考文献

江後迪子 二〇〇五『萩藩毛利家の食と暮らし』つくばね舎
江後迪子 二〇〇七『信長のおもてなし――中世食べもの百科――』吉川弘文館
北島大輔 二〇〇九「大内氏は何を食べたか――食材としての動物利用――」五味文彦ほか編『動物と中世』高志書院
北島大輔 二〇一二「大内氏の宴を再現する」『大内氏館跡13』山口市教育委員会
倉林正次 一九八五『日本料理秘伝集成』第18巻、同朋社出版
島田貞彦 一九三二「山城幡枝の土器」『考古学雑誌』第21巻第3号、日本考古学会
中井淳史 二〇一一『日本中世土師器の研究』中央公論美術出版
二木謙一 一九九九『中世武家の作法』吉川弘文館

【附記】 なお本稿は、日本考古学協会二〇〇九年総会での研究発表「京都系土師器皿の作り分けと使い分け――周防大内氏の場合――」をもとに文章化したものである。

大内文化を科学する

大内文化の核心に迫る自然科学的調査の取組みについて紹介する。

（沓名貴彦・沖田絵麻・北島大輔）

はじめに

大内氏ゆかりの考古資料に初めて科学的な分析をおこなったのは、一九七八年の大内氏館跡第一次調査で出土した「金色瓦」「銀色瓦」への蛍光X線分析である。安土城で出土するような金箔瓦の一種かとも期待されたが、金や銀は検出されず、瓦に光沢を持たせる雲母《うんも》細粒（綺羅粉《きらこ》）の塗膜であったことが判明した。瓦そのものも、大内氏滅亡後の館跡に移転してきた龍福寺の近世瓦であることが明らかとなる。出土品の年代論が確立する前の〝早すぎた出会い〟ではあった。しかし、より正確で、より豊かな歴史像に迫るためには、こうした試行錯誤を積み重ねるしか手はない。ただ近道があるとすれば、やみくもな分析を避け、適切な分析方法や試料選択・データ解釈について、発掘担当者と分析担当者とが議論を深め、分析結果と真摯に向き合うことである。本稿では、

一　大内氏が誇る金属文化
――出土遺物から探る金属生産技術――

（一）　大内氏と非鉄金属生産

日本における金や銀、銅といった非鉄金属生産の歴史において大内氏の果たした役割は、非常に大きい。一つは、現在世界遺産となった石見《いわみ》銀山を見つけ開発し、世界に銀を供給したこと、もう一つは海外から製錬技術「灰吹法《はいふきほう》」を導入した記録が文献に残されていることである。さらに古代から知られる長登《ながのぼり》銅山にも関わったとみられるが、詳細は不明である。

中でも「灰吹法」は、当時の日本では石見銀山でしか用いられなかったのであろうか。それとも、大内氏の本拠地山口などでも用いられていたのであろうか。併せて、当時他にどの様な金属生産が行われていたのであろうか。国際貿易都市博多を治め、海外との繋がりも強い大内氏の築いた文化を探る手立てとして、ここでは科学技術史における非鉄金属生産の視点から紹介する。

(二) 非鉄金属の生産技術とその歴史

最初に、金や銀、銅といった非鉄金属の生産工程から考えてみよう。

金は安定した金属のため砂金といった自然金や岩石中に微粒子状に単体で存在しており、銀や銅は他の元素と結合した鉱物の状態で主に存在している。そのため金属やその鉱物を含んだ鉱石が主な原料であり、地中から多くの工程を経て金属を得ることができる。では金や銀の生産工程を、おおまかに説明したい。

まず、地中から鉱石を取り出す作業の「採鉱」、次に鉱石中から金属含有部分を選び出す「選鉱」がある。選鉱では、鉱石を細かく砕いて目的の金属含有部分を選び出し、臼を用いて粉にした後に水を利用してさらに金属含有部分と土砂に分離する。その後、金属含有粉を火力により金属と結合した元素や、鉱物に混在する不純物を取り除く「製錬」を行い、不純物が多い金属を得る。このままでは不純物が多く利用できないため、さらに不純物を除き純度を上げる「精錬」を行い、金属が生産される。

銀を事例に考えると、自然銀は非常に稀で硫黄との化合物の輝銀鉱が主要な鉱物であり、他には鉛鉱石の方鉛鉱や銅鉱石などの中に含まれている。石見銀山では、銀鉱石の鉱脈として福石鉱床と永久鉱床が存在するが、大内時代における生産は、鉱石が柔らかく採鉱や選鉱を容易に行える福石鉱床と考えられており、銀の生産拡大には都合がよかった。また銀では、製錬及び精錬で効率よく銀と不純物を分離する技術として、鉛を用いる「灰吹法」が知られている。この技術は、ヨーロッパでは紀元前より利用され、ヨーロッパの技術書「デ・レ・メタリカ」や中国明代の技術書「天工開物」などにも記載されるなど、著名であった。日本では、一五三三年に博多商人神屋寿禎《かみやじゅてい》が大陸から技術者を石見銀山に呼び寄せ灰吹法を始めたと、江戸時代の文書「銀山旧記」に記されている。この技術こそ、石見銀山の生産拡大に必要不可欠であった。

生産された銀は、大航海時代のヨーロッパにもたらされ、世界に流通する銀の三分の一は石見銀山の銀とまでに至った。中世、マルコポーロが記した〝黄金の国ジパング〟を探し求めたヨーロッパ人は、金の国ならぬ〝銀の国・日本〟を発見したのである。石見銀山で産出した銀は海外ではソーマ銀(佐摩銀)と呼ばれ、大内時代に石見銀山からの銀生産量は定かでないが、莫大な量の銀を産出したことであろう。その一端は、現存する判銀や

写真1　丁銀

山口市内の一ノ坂銀山産出の銀から作られたとされる天又一丁銀などから窺うことができる（写真1）。

では、大内氏の城下町山口の遺跡である大内氏関連町内遺跡の出土遺物への科学調査の成果から、当時の非鉄金属生産技術を考えてみたい。

（三）科学調査からみた大内氏関連町並遺跡における非鉄金属生産

大内氏の城下町にあたる山口市中心部の大内氏関連町並遺跡では、主に三箇所から金や銀の生産に関連する遺物が確認されている。一つは中心部である大内氏館跡の東南隅に位置する十一次調査であり、他の二箇所は竪小《たてこう》路《じ》沿いの三十三次調査と石州街道沿いの六十二次調査である。この三箇所から、それぞれ異なる様相を呈する非鉄金属生産に関わる遺物が多数確認されている。非鉄金属生産遺物の確認地点と確認された金属や遺物などを、地図中（図1）に示した。

まず十一次調査であるが、遺構は確認されないものの溝から生産関連の遺物が多数出土した。時期は十六世紀中頃とされ、その特徴は銅に特化した生産関連の遺物が集中的に出土していることである。他にも、金銀生産関連遺物がわずかに出土しており、総合的な金工品などの非鉄金属生産の形跡がうかがわれる。遺物は、銅製品や銅滴《どうてき》、鉱滓などから、金属が付着した土器や羽口、鋳型や炉壁とみられる土製品といった生産に関連した遺物が数多く出土している。銅滴や土器に付着した金属の蛍光X線分析を用いた非破壊分析では、純銅や青銅だけでなく他の銅合金を検出した。特にヒ素濃度の高いヒ素銅や、銅と亜鉛の合金である真鍮《しんちゅう》など、銅とみれば純銅や青銅を考えがちな事からも、かなり異なる様相である。山口は、古代より長登銅山をはじめとした有数の銅生産地であり、その特徴に約数%程度のヒ素の含有があった。分析で確認したヒ素銅はその濃度以上のヒ素が含まれ、他に不純物とみられる金属元素が検出されないことからも、意図的な添加の可能性が考えられる。金工品の素材とし

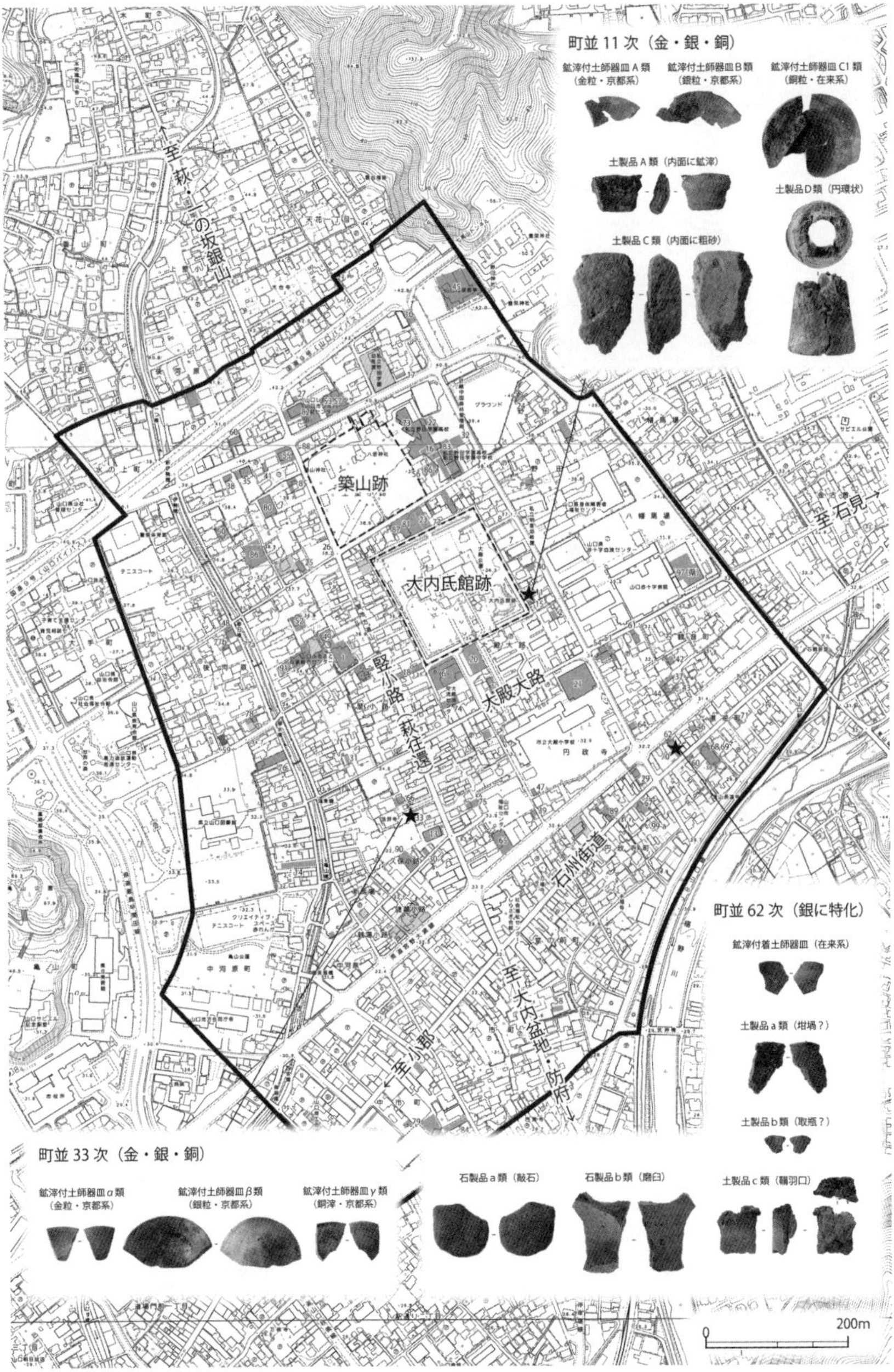

図1　大内氏関連町並遺跡における金属生産関連遺物出土地点

て黒味銅と呼ばれる銅―ヒ素合金が知られるが、その濃度よりもかなり高い。また塊状の真鍮を確認しており、数少ない十六世紀中頃の事例として重要であろう。他に金や銀粒子の付着遺物は、各一点ずつと限られているが出土している。金粒子では、金を中心に銅がわずかに検出した以外に土器由来の元素しか確認されていない。銀についても同様である。この事からも十一次調査の周辺では、当時銅を中心とした金属生産工房とみられるものが存在したと考えられる。

三十三次調査は狭い範囲での調査のため生産に関連する遺構は確認されず、十六世紀中頃の土坑から金粒子と銀粒子がそれぞれ付着した遺物が少数出土している。金粒子が付着した土器片は小片であるが、銀粒子付着ののは約半分を接合により復元でき、形状が普通の土師器皿と異なり銀粒子が付着した遺物では同様の形状は他に確認できていない。そのため、この形状は今後考慮する必要があろう。分析では、金粒子ではその周辺に鉱石由来の不純物は検出されないものの、銀粒子付着土器の表面には光彩状の熔融物が付着し、その中や周辺に銀粒子を多数確認する。資料写真とX線透過写真を並列する(写真2)が、銀が付着する左上の土師器皿のX線写真でも資料写真の光彩状熔融物と同形状に広く影が見られる。分析から光彩状熔融物部では鉛を検出し、その様相から中央部にあった鉛を含む銀から、加熱により鉛が酸化分離され周辺の資料表面に付着したと考えられる。この土師器皿は、直径九cmに対して深さが二cm程と坩堝《るつぼ》としては非常に浅く、内部表面の状態からも灰吹に用いられたとは考えにくいとみている。

六十二次調査でも、また遺物の様相が他の二地点とも異なる。この地点も限られた範囲での調査であり、金属生産に関連する遺構は確認されないが、十六世紀中頃〜後半の土坑から銀粒子が付着した遺物のみを他地点より

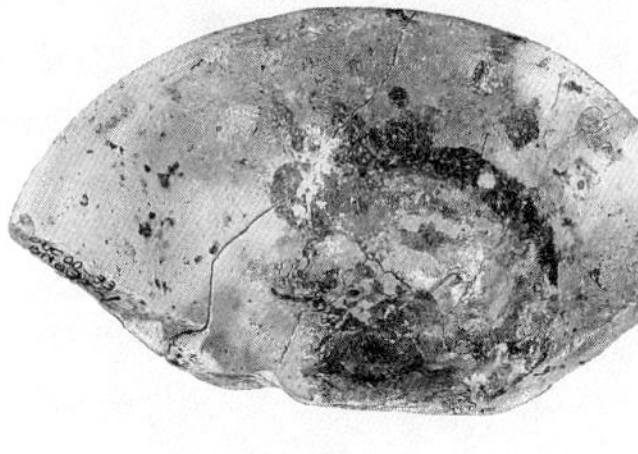
写真2a　鉱滓付土師器皿

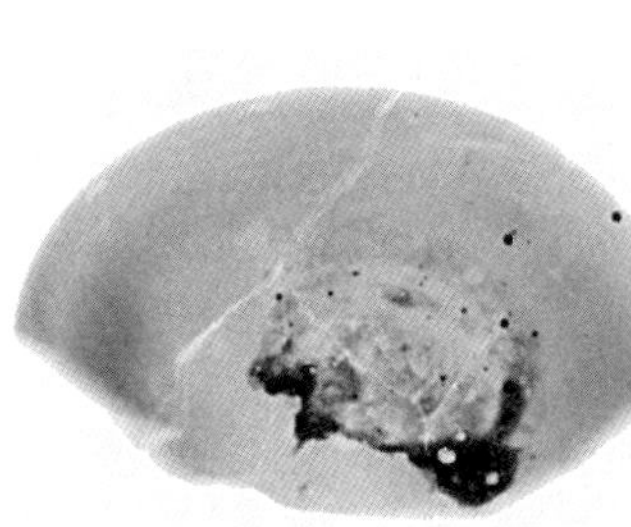
写真2b　鉱滓付土師器皿のX線透過写真

多く確認している。出土遺物には鉛が付着した土製品や発泡状物質などもみられ、当時近くで銀に関連する生産活動が行われ、それらを捨てたものと考えられる。ここでの銀粒子が付着した遺物は、全てが在来系の土師器皿であった。分析により、銀粒子の周辺には鉛以外にビスマスと呼ぶ鉱石由来とみられる元素が銀粒子の付着した遺物のほとんどで確認された。この元素は鉛と似た性質を持ち、鉛鉱石や銀鉱石などとともに少量産出する。そのためこの土師器皿では、不純物を多く含む粗銀の純度を高める精錬作業を行っていた可能性が高い。しかし、いずれの遺物も非常に薄い土師器皿での作業であり、作業性や耐熱性などを考えると今後の充分な検討が必要である。他にも厚手の土製品が多数出土しているが、一部には内側表面全体に鉛酸化物の付着があり、わずかに銀粒子や不純物のビスマスも確認していることから大型坩堝の破片と考えられ、灰吹に用いられた可能性も視野に入れられるであろう。また、六十二次調査の場所が石見銀山に繋がる石州街道沿いのことからも、石見銀山の銀がここへ持ち込まれ精錬が行われた可能性は充分考えられるのではないか。

大内氏の膝元山口の周囲には、一ノ坂銀山や長登銅山をはじめ大小の鉱山がいくつも存在する。隆盛を誇った大内氏の城下では、近隣地域をはじめ海外からも様々な金属が集まり、金工品の生産がされていたのであろう。

(四)大内氏の支配地域における非鉄金属生産

ここでは、大内氏の支配地域として石見銀山と博多における非鉄金属生産について触れたい。

まずは石見銀山をみてみよう。大内氏が開発を行った石見銀山では、世界遺産となる以前より詳細な発掘調査が継続されており、出土遺物に対し様々な科学調査がされてきた。出土した銀生産関連遺物の中でも銀に直接関連するものでは、豆状銀粒塊や銀粒子が付着した坩堝片などが知られている。非破壊分析の結果では、銀粒塊は主成分が銀、次にビスマス、鉛と銅から構成されるものであり、時代は江戸時代末とされている。また、坩堝片も遺跡各所から出土しており、分析から銀粒子周辺に銅や鉛、ビスマスなどを検出したものがあり、その元素から永久鉱床による特徴と考えられている。

次に博多である。古代より海外との窓口であった博多は、中世には国際貿易都市として栄え、その支配は息浜《おきのはま》を大内氏、博多浜を大友氏が担っていた。港湾都市博多に残された博多遺跡群では炉跡や生産関連遺物が多数確認されており、息浜に位置し隣接する四十二、六十、一四二次調査の遺物に着目する。この場所は、江戸時代に神屋寿禎の孫にあたる神屋宗湛《そうたん》の屋敷跡地点に隣接し、十六世紀後半の遺構から銅製品や半製品、坩堝や羽口などの生産道具、炉跡などが確認され、当時付近で金属生産活動があったと想定される。本地点から出土した坩堝片は大半が銅生産関連であるが、一部の坩堝片や坩堝完形品の表面には金や銀を確認し、分析で金粒子が付着した小型坩堝ではヒ素を検出、破片では白金属のオスミイリジウム（オスミウムとイリジウムの合金）と金が組み合う粒子も確認している。また銀が付着した大型坩堝は、前述の山口出土の坩堝片とは様相などは異なるが、鉛酸化物が坩堝表面全体に広がっており、内側表面の様子からも灰吹に用いた坩堝の可能性が高い。白金属の主生産地は北海道であり、坩堝片から日本海交易との繋がりが考えられ、大型坩堝からは博多における灰吹の可能性など、大内氏の広範な交易活動と関連した資料が博多でも明らかとなっている。

金属生産において大内氏の果たした役割は大きいものの、これまでその実像を知ることは難しかった。ようやく出土遺物への科学調査から山口や支配地域で行われた非鉄金属生産技術がみえるようになり、そこから大内氏が果たした役割を再認識できるようになってきた。今後も調査を継続することで、当時の日本や世界に果たした大内氏の役割が明らかとなるであろう。（沓名）

二　発掘されたゴミから食生活をさぐる

（一）ゴミ穴に捨てられた、焼けた骨

大内氏館跡の発掘調査では、土師器皿をはじめとする食器類や調理具が捨てられた土坑（ゴミ穴）が見つかる。ゴミ穴の中には、炭や灰と共に白い欠片が混ざっている場合がある。土ごと篩《ふるい》にかけて水洗すると、わずか数ミリの白いものが骨片であることがわかる（写真3）。

骨は本来淡い褐色をしているが、ゴミ穴から出土する骨の多くが白いのは、焼けているからである。大内氏館では、生ゴミを焼いて処理することがあったようである。

日本の土壌は通常酸性を帯びているため、骨のような有機質の遺物は埋まっている間に分解されてしまうが、骨は焼けることで分解されにくくなる。また、炭や灰の影響で土壌の酸性が中和されたことも、中世の骨片が現

代まで保存される要因になった。こうして時代を超えて当時のゴミ（骨片）が保存されたおかげで、現代の私たちは大内氏館での食生活、特に動物質食材を具体的に知ることができる。

遺跡に残った骨の形態的特徴を調べて、それがどの動物の骨かをつきとめることを同定《どうてい》という。そして同定した動物の骨から、遺跡を残した人々の生活や社会を研究する学問を動物考古学という。ここでは、動物考古学の視点で大内氏館跡と大内氏関連町並遺跡から出土した動物骨を研究してわかったことを紹介する。

写真３　土坑から出土した骨の破片（スケール5㎜）

（二）　出土した食材　魚貝類

出土した魚貝類の種類を表1に示した。○は同定した種類、△は同定できなかったが近似した骨が出土した種類である。魚貝類の特徴は、淡水のものが少なく、海のものが大半を占めることである。沿岸部の漁村から内陸の山口まで、魚貝類が運ばれていたことがわかる。

貝類は、クロアワビ、サザエ、アカニシ、ウミニナ科を同定した。魚類骨に比べて、貝類の種類数と出土量は多くない。

魚類は多くの種類が出土した。サメやエイの仲間は、現在ではあまり頻繁に食べない魚であるが、遺跡からはしばしば出土する。館跡および町並遺跡からはサメ類の歯やエイ類の尾棘《びきょく》が出土し、頭や尾がついた状態で調理していたことがわかった。

淡水魚はアユ、コイ科が出土した。山口には椹野川をはじめ大小河川があるにもかかわらず、同定した淡水魚はわずかである。

海水魚は多種類が出土したが、その中でも多いのがタイ科である。土を篩にかけると、タイ科の顎《あご》から外れた歯の、歯冠《しかん》と呼ばれる硬い部分がたくさん出土する（写真４）。タイ科は、クロダイ属・ヘダイ・マダイ・チダ

表1　館跡・町並遺跡から出土した魚貝類

		館跡			町並遺跡		
		15世紀後半～末	15世紀末～16世紀初頭	16世紀前半～中頃	15世紀末～16世紀初頭	16世紀前半	16世紀前半～中頃
軟体動物門	種類不明貝類	○		○	○		
腹足綱（巻貝類）	種類不明巻貝類	○	○		○		
	クロアワビ			○			
	サザエ	○	○				
	アカニシ	△		△	○		
	ウミニナ科		○		○		
斧足綱（二枚貝類）	種類不明二枚貝類		○		○		
軟骨魚綱	サメ／エイ類		○		○		
	サメ類	○	○				
	トビエイ上科（エイ類）	○			○		
硬骨魚綱	種類不明魚類	○	○	○	○	○	○
	ハモ属		○		○		○
	サケ科（種不明）		○				
	アユ	○	○				
	コイ科（種不明）		○		○		
	イワシ類（種不明）		○		○		
	フサカサゴ科（種不明）	○	○	○	○		
	スズキ属		○	○	○		
	アイナメ科？（種不明）	○					
	ハタ科（種不明）	○					
	アジ科（種不明）	○	○	△	○		○
	イサキ科（種不明）	○		△			
	イトヨリダイ科（種不明）				○		
	タイ科（種不明）	○	○	○	○		○
	クロダイ属		○				○
	ヘダイ	○	○	○	○		
	マダイ亜科（種不明）	○	○		○		○
	マダイ	○	○	○	○		○
	キダイ		○		○		○
	タイ類（歯）	○	○	○	○		○
	ウミタナゴ科（種不明）	○	○				
	サバ科（種不明）		○				

写真4　タイ類の歯冠（スケール2㎜）

イ・キダイを同定した。そのなかでも、マダイとヘダイがたくさん出土し、タイ科の中でも好まれたようである。タイ科のほかには、サケ科（写真5）・イワシ類・フサカサゴ科（カサゴやメバルの仲間）・スズキ属・アジ科・ウミタナゴ科などが出土し、色々な種類の魚類を食べていたことがわかった。

魚骨には刃物傷が残るものがある。写真6の尾椎《びつい》に残る傷からは、調理の際に魚の身をいくつかに切り分けたこと、薄刃の鋭利な包

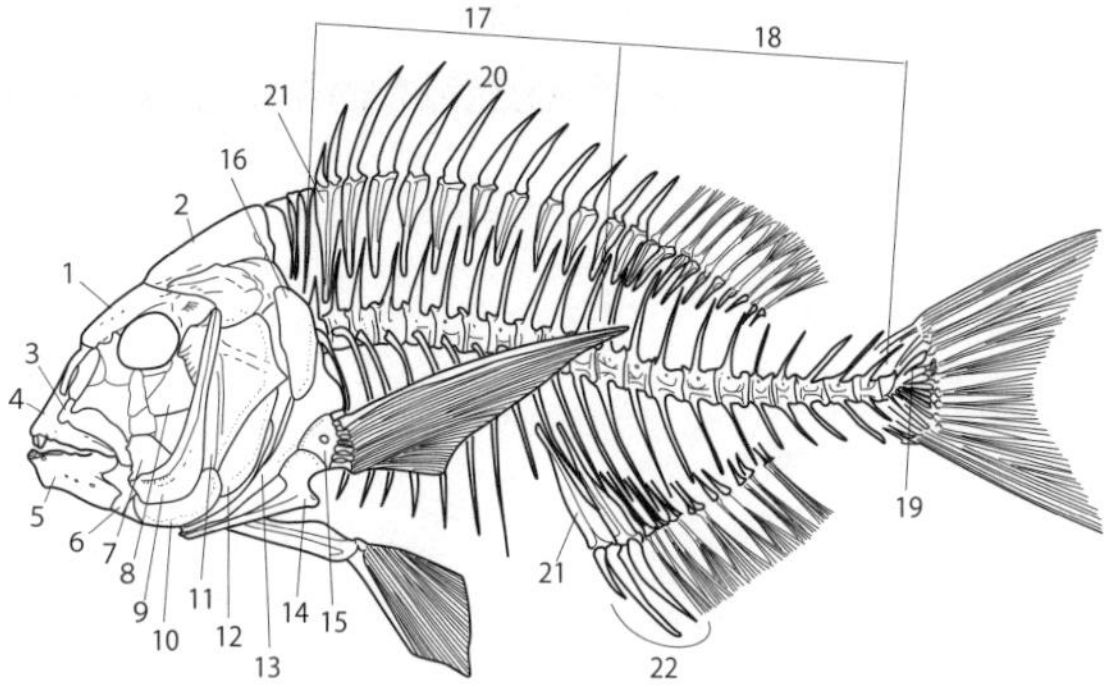

1 前頭骨
2 上後頭骨
3 主上顎骨
4 前上顎骨
5 歯骨
6 角骨
7 方骨
8 舌顎骨
9 前鰓蓋骨
10 間鰓蓋骨
11 主鰓蓋骨
12 下鰓蓋骨
13 擬鎖骨
14 烏口骨
15 肩甲骨
16 上擬鎖骨
17 腹椎
18 尾椎
19 下尾骨
20 背鰭棘
21 担鰭骨
22 臀鰭棘

図2　魚類の骨格

丁が使われたことがわかる。当時のゴミは食生活に関する色々な情報を持っているのである。

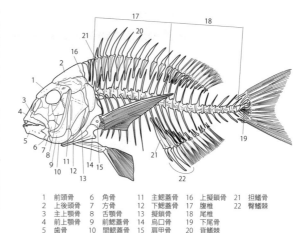

（三）　出土した食材　鳥獣類

次に、鳥獣類を見てみよう。出土した鳥獣類の種類を表2に示した。

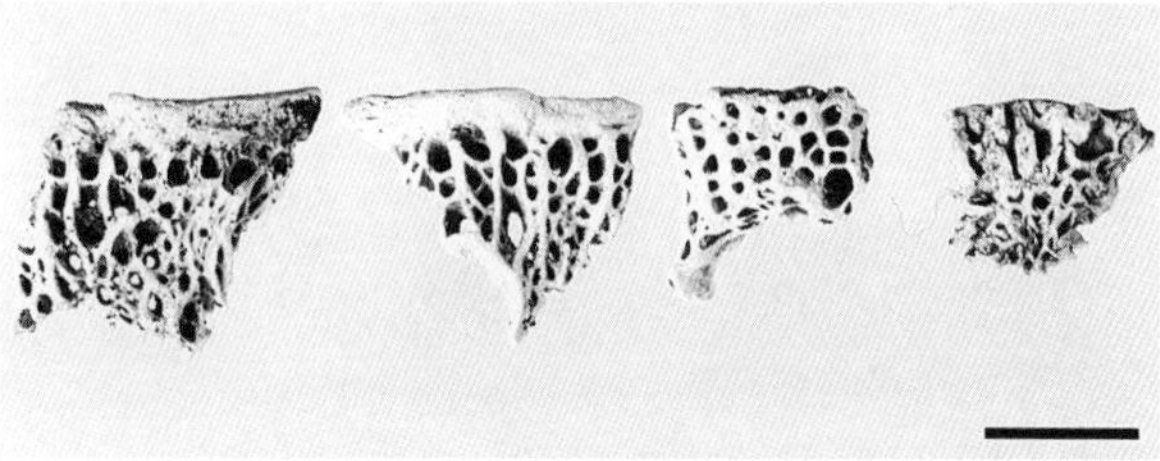

写真5　サケ科の椎骨片（スケール2㎜）

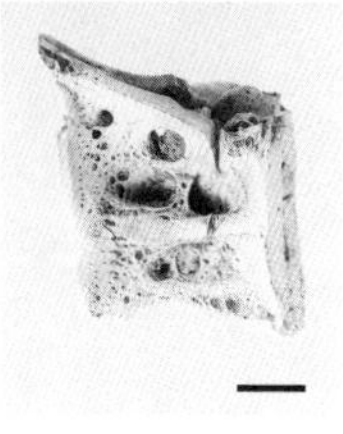

写真6　刃物傷の残るタイ科尾椎（スケール2㎜）

鳥は館跡からよく出土する。しかし、鳥は空を飛ぶために進化する過程で骨が薄くなり、遺跡からは粉々に割れた状態で出土することが多いため、種類が同定できるものは稀である。館跡からはカモの仲間、キジの仲間（写真7）、スズメ目《もく》の小鳥を同定した。文献史料に残された宴会料理の献立にはツル、コウノトリ、ハクチョウ、ツグミなども食材として記録されており、同定できなかった骨片の中には、多種類の鳥の骨が含まれていると考えられる。

獣類も出土した。館跡からはネズミ科、ノウサギ、タヌキ、テン、カワウソを同定した（写真8）。このうち、ネズミ科は食材ではなく駆除《くじょ》されたものと考えられる。カワウソは大内氏の宴会料理の献立に食材として記録されている。また、町並遺跡から出土した骨により、当時の山口で

表2　館跡・町並遺跡から出土した鳥獣類

		館跡			町並遺跡		
		15世紀後半～末	15世紀末～16世紀初頭	16世紀前半～中頃	15世紀末～16世紀初頭	16世紀前半	16世紀前半～中頃
鳥綱	種類不明鳥綱	○	○	○	○		○
	カモ亜科（種不明）		○				
	キジ科（種不明）		○				
	スズメ目（種不明）		○				
哺乳綱	種類不明哺乳綱	○	○	○	○		○
	ネズミ科（種不明）		○		○		○
	ノウサギ		○		○		
	ネコ目		○		○		
	タヌキ	○					○
	テン		○				
	カワウソ		○				
	ウマ				○		
	イノシシ類						○
	ニホンジカ				○		
	イルカ類						○

写真7　キジ科の手根中手骨
（スケール2㎜）

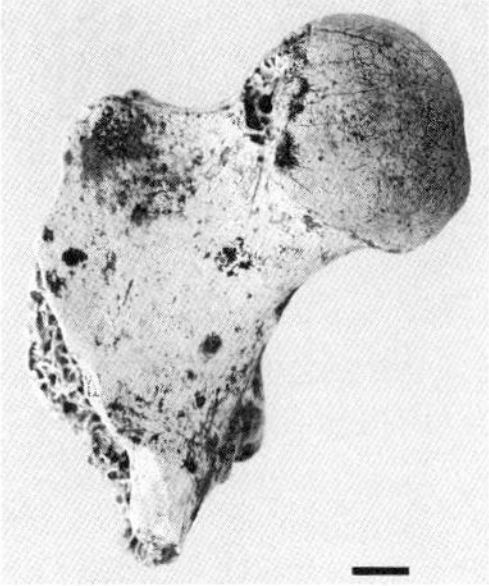

写真8　カワウソの大腿骨
（スケール2㎜）

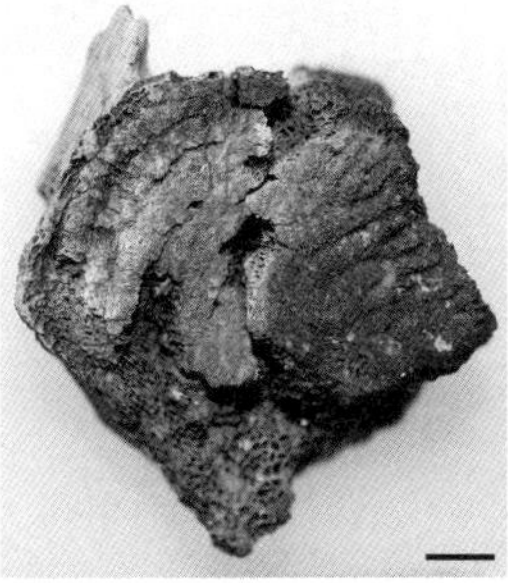

写真9　イルカ類の腰椎
（スケール5㎜）

はイルカ類も食べられていたことがわかった（写真9）。

最後に、館跡と町並遺跡の違いに注目してみたい。イノシシ類、ニホンジカなどの大型陸獣類は館跡では出土していない。これは大内氏がイノシシ類やニホンジカを食べなかったということではなく、解体処理が館の外でおこなわれたためとみられる。イノシシやニホンジカは、武士の軍事訓練の一環である狩りの獲物である場合が多いため、狩り場などで解体したと考えるのが自然であろう。さらに、当時は仏教の戒律による肉食の禁忌が浸透していたため、都の貴族文化を取り入れていた大内氏が四足獣の肉を堂々と食卓に乗せることは避けたとも考えられる。これらの骨が出土する町並遺跡とは対象的である。

また、大内氏の軍事的側面を考えれば、当然飼育されていたであろうイヌやウマは、館跡のゴミ穴からは出土しない。イヌについては、十六世紀末〜十七世紀初頭の町並遺跡の発掘調査において、人に食べられた痕跡のある骨が出土しているが、現在のところ館でイヌが食べられていたことは確認できていない。

館跡と町並遺跡で出土する動物種の違いは、消費した人の経済状況や嗜好も反映している可能性がある。しかし、それを残された骨片から判断することはできない。こうした背景については、他分野と協力して探ってゆく必要がある。

（沖田）

三　その他の自然科学的調査

（一）　地中レーダー探査

発掘調査に先立ち、何が埋まっているかを探査する技術である。地中に向けて電磁波を送信し、地中からの反射波を受信することで、地下の構造や状態を探る。大内氏館跡や築山跡・凌雲寺跡の発掘調査で、特に重要な遺構が埋存すると予想される場合に試みられている。近年では、探査器機の精度が飛躍的に向上し、大内氏館跡第三十七次調査では、四号庭園や方形石組・石組水路・堀などの検出に成功している。

（二）　三次元計測

文化財の複雑な形状を立体的に計測する技術である。大内氏館跡の二〜四号庭園や、凌雲寺跡の石垣遺構の三次元レーザー計測がおこなわれた。こうしたデータは、調査研究に役立つだけではない。バーチャルリアリティや模型作成などの教育普及にも応用が期待される。さらには、石垣の孕《はら》み具合の解析から、崩落を未然に察知する診断材料となり、地震などの災害で遺構が崩れた際には復元の根拠にもなる。

このほか、卓上型の三次元レーザースキャナによって、土師器皿や瓦などの遺物の三次元計測もおこなわれ、製作技術の解明に役立っている。

（三）　土壌堆積物の顕微鏡観察

土壌中に含まれる花粉化石や珪藻《けいそう》化石・寄生虫卵殻《らんかく》など、微細な自然遺物を顕微鏡観察する分析方法で、当時の周辺環境や食生活を復元する手がかりとなる。これら自然遺物はガラス質であり、種によって形状が異なるうえ、長期にわたって地中で遺存する特徴をもつ。ただし、水はけがよく乾湿を繰り返す土壌環境のためか、大内氏遺跡での遺存状況は決して良くはない。大内氏館の庭園遺構の堆積物を分析したものの、庭木などの植生に関する情報はほとんど得られなかった。このほか、方形石組の底にたまった堆積物の分析事例を積み重ねた結果、アブラナ科の花粉が多い傾向がみられた。こうした特徴は、糞便堆積に一般的とされる。方形石組は便槽として使用されたらしい。

（四）炭化材の樹種同定

大内氏関連の遺跡では、焼土層や廃棄土坑（ゴミ穴）などから炭化材が出土することがある。これらの木材組織を走査顕微鏡などで観察し、樹種を同定する。その結果、ゴミ穴などではアカガシ亜科のほか雑木類を含む事例が多く、薪《たきぎ》や焚付《たきつけ》など燃料材の燃え滓らしい。大内氏館の南門跡の門柱を抜取った穴からは炭化材や焼土塊が多量にみつかった。分析した炭化材五点はいずれもヒノキと判定された。館最末期の火災で炎上した南門の建築部材に由来すると考えられる。このように、樹種を特定し、何が燃えているかを明らかにすることは、遺構の性格の理解にも役立つ。

（五）胎土分析

土器や陶器などの製作地を推定するには、胎土分析が有効である。土器片を砕いて細粒・均質化した試料を蛍光X線分析する方法や、剥片プレパラートで砂礫構成を顕微鏡観察する方法、X線回折など様々な方法がある。大内氏遺跡で出土する土師器には、在来系と京都系の2系統があるが、微量元素の成分領域に違いがあることが明らかとなっている。また、瓦質土器の多くは、防府市域の焼成窯跡で出土する製品と成分領域が一致する。ただし、防府市域以外の製作地から運び込まれたものも少数ながら含まれるらしい。さらに、備前系陶器を製作した窯跡が山口市域南部の陶地区でも見つかっている。その陶器片を肉眼で観察するかぎり、本場の備前産陶器と全く見分けがつかない。しかし、胎土の成分領域は明らかに異なる。また、大内氏遺跡で出土する備前系陶器を分析したところ、ほとんどは備前産陶器が山口に運びこまれたとみられる。山口産の備前系陶器の流通は、年代的にも空間的にも限られていたようだ。

（六）石材鑑定

庭園遺構や石垣の石材を岩石学的に鑑定することで、当時の人々の石材利用の実態に迫ることができる。正確な結果を得るためには、顕微鏡観察や理化学的分析を必要とするが、文化財へのダメージを避けるため、専門家による現地での肉眼観察でおこなうことが多い。大内氏館跡の庭園遺構で用いられる石材は、周防変成岩が多くを占める。青く美しい色調が景石として好まれたのであろう。一方、方形石組や石組井戸では、周防変成岩に加え石英斑岩の比率が増える。ずんぐりとした立方体を呈するため、石積に適していたのであろう。

このほか、石臼《いしうす》・砥石《といし》・石鍋・硯《すずり》・火打石・石製円盤・石塔など、大内氏遺跡で出土する多種多様な石製品も、用途によって石材が異なる。中世山口の人びとは、石材の特質を見抜き、用途に適した素材選択をしていたとみられる。（北島）

おわりに

本稿では、大内文化に関連する考古学的調査と自然科学分野との連携について紹介した。

発掘調査を犯罪事件の現場検証に例えるなら、自然科学的調査は科学捜査に相当する。微小な残留物が事件解決の糸口となることもある。推理力が必要だが、これを実証するための客観的事実の積み重ねもまた重要である。現時点で解明できていない課題は何か、これを解決する適切な分析方法はないか、別なデータ解釈の余地はないか。こうした問いかけを常に繰り返し、次の分析に活かすことが大切である。

今後の課題として、他地域との比較研究を挙げておく。金属生産に関しても、動物遺存体にしても、その動向は山口で完結するものではない。結論を急ぐことなく、着実に共同研究を進めていきたい。また、ここで触れることができなかったが、文化遺産を後世へと伝える保存科学もまた重要である。その取組みは、機会を改めて論じることとしたい。（沓名・沖田・北島）

◉コラム◉

大内氏関連寺院の調査

はじめに

大内氏関連寺院には氏寺の興隆寺や、歴代当主の菩提寺である禅宗寺院群がある。このコラムでは、その中から発掘調査の進んだ三つの寺院を取り上げる。

一　興隆寺跡

興隆寺は大内氷上にある天台宗の寺院である。伝承による創建は古代にさかのぼるが、確実な文献史料によると、暦応四年（一三四一）「大内妙厳書状」に火災に遭ったとあり、これ以前には存在したことになる。

興隆寺は、大内氏の氏寺として中世に最盛期を迎えた。たとえば、文明十八年（一四八六）に大内政弘が記した「氷上山伝記」によると、上宮、下宮、本堂、四面長廊、二層楼門、東西の塔、鐘楼、輪蔵、経庫、長日護摩堂、不断如法経堂、八幡社壇、三十番神祠、山王七社、厩屋、庁屋、湯屋、法界門があった。近世も真光院と称して寺勢を保ったが、近代以降になると伽藍はことごとく失われ、現在はほとんどが山林や畑となっている。

近年は本書コラム「氷上山興隆寺の旧境内」にあるように、真木隆行氏の研究により伽藍配置が明らかにされてきた。発掘調査では平成三十一年四月現在、十九次の発掘調査を実施してきた。

建物の特定ができたのは、山王社跡（図1）の調査である（山口市教育委員会二〇一一）。場所は興隆寺跡の西側中央の山中で、『行程記』『風土注進案』などから近世に山王社が祀られていたことがわかっていた。現地の表面を清掃すると、岩盤を削りだした一辺二・七mの方形の段が現れ、その四隅には二・一mの間隔で柱穴があった。これは本殿の基壇跡で、山王社図（「宝乗坊差図」山口県文書館蔵・図2）の寸法とよく合致する。幣殿・拝殿の痕跡は残っていなかったが、先の差図で往時の様子が分かる。なお、文献によると山王社は応安二年（一三六九）に勧請され、明治四十二年（一九〇九）に御堀神社への合

図1　山王社跡

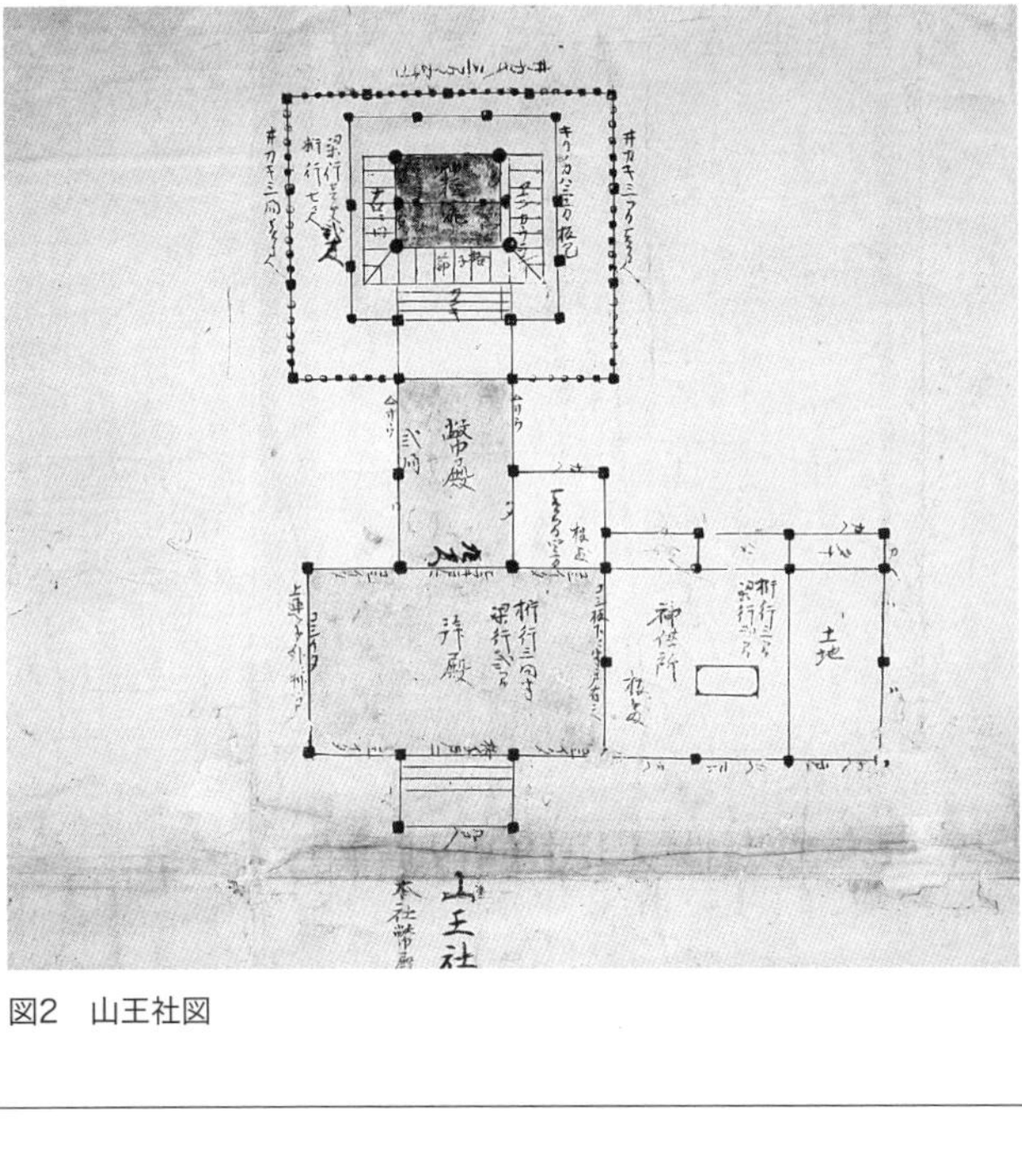

図2　山王社図

図3　一括出土銭

祀をもって廃絶する。発掘調査では土師器皿が出土したが近世のものであり、この地点の山王社跡が中世までさかのぼる確証は得られなかった。

次に性格を特定できたのは、法界門推定地より南側の調査である〔山口市教育委員会二〇〇五〕。ここでは掘立柱建物二十二棟を検出した。掘立柱建物は基壇や礎石を伴わない簡易な構造の建物で、寺の宗教施設ではなく住宅等に向いている。また、都市遺跡でよく見られる方形石組遺構があり、瓦質土器の鍋や擂鉢等の生活用具も出土している。文献史料によるとこの付近には門前町が形成されていたことがわかっており、出土品の時期から十五世紀後半から十六世紀半ばの門前町と考えられる。

それから、昭和四十七年に畑地の工事中に発見された一括出土銭（図3）に注目しておきたい。これは備前焼の大甕に納められており、総重量二九四キロである〔山口市教育委員会一九八七〕。甕は十五世紀末から十六世紀初頭のもので、また銭貨のなかで最新のものは朝鮮通寳（一四二三年初鋳）である。備蓄目的のもので、銭の枚数は数万枚と推定されており、興隆寺の財力を物語っている。

二　乗福寺跡

乗福寺は大内御堀にある臨済宗の寺院である。鎌倉時代の終わり頃に創建され、開基である大内重弘の逝去後はその菩提寺となった[1]。建武元年（一三三四）に勅願寺となり、建武五年（一三三八）には諸山に列せられた。また、貞和元年(一三四五)に周防国の利生塔にあてられるなど早くから重用された寺院である。現在は伽藍はことごとく失われ、県営住宅の敷地となっている。乗福寺は丘陵の谷部に位置しているが、中世の伽藍図が伝えられており、そこに描かれた地形と現地の地形を比較して遺跡の範囲が定められた。発掘調査の結果、谷の奥では石組基壇や溝とともに、大量の瓦が発見されたことから、中世の寺域の中心が明らかになった。具体的な建物の構造はわからなかったが、瓦から興味深いことがわかった。それは、通常の日本の瓦のほかに、朝鮮系の瓦が大量にあり、一時期乗福寺は朝鮮風の外観をしていたということである〔山口市教育委員会二〇〇四〕。

瓦を詳しく分析すると、製作技法が朝鮮のもので粘土だけが日本の土である。これは朝鮮からきた工人が日本で瓦を作ったことを示している。軒瓦には龍と鳳凰の文様がデザインされている。この文様は特殊なもので、朝鮮では王族に関係する施設でしか使用されない。これらの瓦は大内氏が百済王族の出自であることを明示するために、乗福寺に特別に葺かせるべく、朝鮮から工人を招いて作らせたと考えられるのである。

この瓦の製作時期は十四世紀後葉と考えられ〔高正龍二〇〇六〕、大内義弘が当主の時期にあたる。伊藤氏は十四世紀後葉に朝鮮通交を活発化していた大内義弘が、日本国内に朝鮮国との密接さを表現したものと評価した〔伊藤幸司二〇〇八〕。高氏は乗福寺正寿院に葬られた大内弘世の廟所に葺かれたものと評価した。しかし、この瓦は推定境内域で広域に分布しており、弘世の廟所だけでなく、この時期の大規模な伽藍改造で複数の建物に使用されたものと考えられる。

なお、龍と鳳凰の文様の瓦には二種類があり、片方は製作技法が日本化している〔佐藤力二〇一三〕。こちらは十五世紀前半頃の瓦と考えられ、朝鮮風の外観で乗福寺を再整備する必要が生じた時に製作されたものか、従前のものが破損したときの差し替え瓦と考えられる。

また、この瓦(図4)は、日本国内はもとより大内氏領国でも乗福寺でしか出土しない。乗福寺には十四世紀後半に製作されたとされる琳聖太子木像

（図5）も伝わっていることから、乗福寺は、十四世紀後半から外見も内容も朝鮮とのゆかりを強調して大内氏の祖先伝承を視覚化する役割を持つようになり、その役割は少なくとも十五世紀前半までは続いていたと考えられる(2)。

三　凌雲寺跡

凌雲寺跡は吉敷中尾にある大内義興の菩提寺である。開基は義興で、了庵桂悟を開山とすることから臨済宗寺院と考えられる。昭和三十四年に大内氏遺跡附凌雲寺跡として国の史跡に指定された。寺院跡は台地上にあり、尾根先端にある総門跡（図6）は著名である。ただ文献記録がほとんどなく、寺の内容は謎であった。

発掘調査は平成二十二年から開始された（山口市教育委員会二〇一五）。場所は寺跡の南半部で総門の周囲である。

総門跡の石垣（石垣一〇一）は、垂直の石壁で、高さ二・五m、幅一・七m、全長六六mである。一mを超える巨石を使用し、布積と乱積が混在している。石垣の隅は石を交互に積もうとしているが、近世城

図5　琳聖太子木像

図4　朝鮮系瓦

図6　総門跡

郭のような算木積は確立していない。中央に開口部がありその幅は四・〇mである。総門石垣から四〇m奥にも同じ構造の石垣（石垣二〇一）があり、同じ幅の開口部がある。つまりここを結んだ線が参道である。石垣二〇一の開口部からは階段が発見された。

凌雲寺跡南半分では、建物跡は発見されず、このあたりは後世に削られ礎石などが失われたようだが、場所による出土遺物に違いからある程度推測できる。石垣二〇一の北側ではで瓦・塼が多く出土し土器・陶磁器も出土する。遺物が多いのは開口部の付近で、その東西には少ない。従って開口部付近に建物が想定される。石垣一〇一と石垣二〇一の間は瓦が多く出土するが塼はほとんどない。つまりここには本瓦葺の建物か塀があったことが想定される。なお、石垣一〇一から南側ではほとんど遺物が出土しないことから、ここが凌雲寺の南限と考えられる。

遺物には、土師器皿や瓦質土器、青磁と瓦があり、十六世紀初頭から後半のものが多く十六世紀末以降のものはほとんどない。このことから、凌雲寺は十六世紀に創建して発展し、十六世紀末以降は急速に衰退したことがわかる。

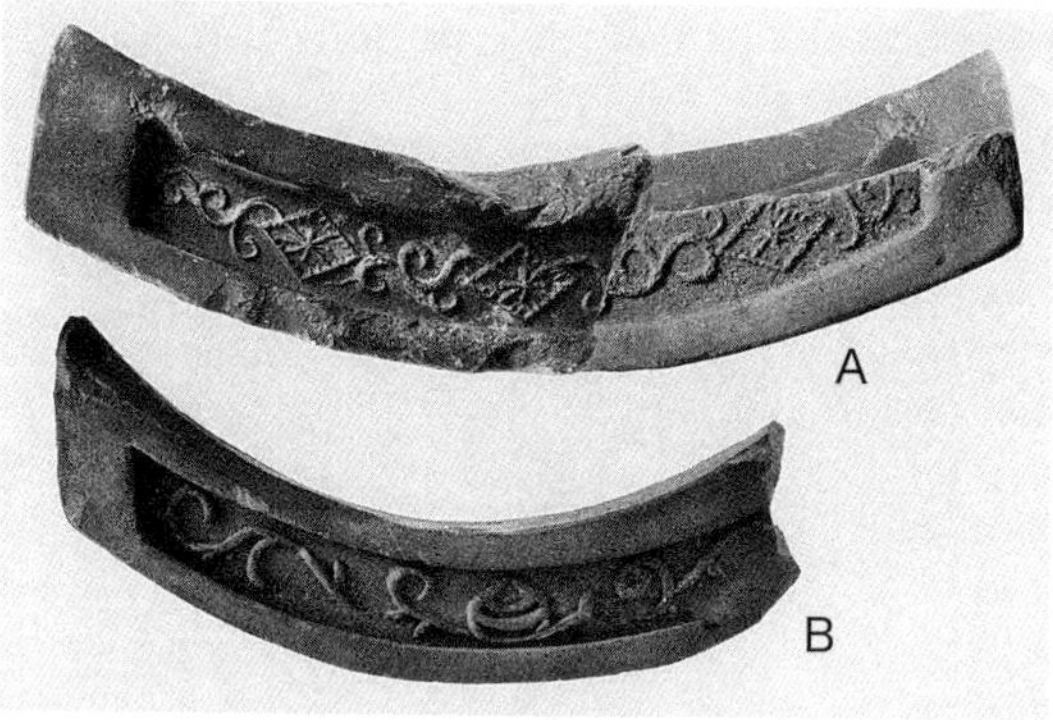

図7　軒平瓦

土師器皿には特徴があり、京都系土師器皿（手づくね作りで厚い）が九割以上を占め在来系土師器皿（ロクロ作りで薄い）がごく少ない。京都系が在来系を大きく上回るのは、大内氏館跡周辺など山口の中心部に限られており、これは凌雲寺の大内氏との強い結びつきを伺わせる。

瓦にはA・B二セットの軒瓦の組み合わせがあった。Aの軒平瓦（図7）は角菱の文様をしている。(3)この瓦は中央以外に左右にも角菱の文様を置いており この配置は山口では珍しい。Bセットの軒平瓦の文様は宝珠である。

凌雲寺跡は発掘調査のメスが入り、謎の解明が始まったところである。大内氏との関わりが深いこの寺院の調査は今後に大きな期待が持てる。

おわりに

今回は主要な三寺院を取り上げたが、大内氏関連寺院はほかにもあり、それらを群として調べていくことにも価値がある。例えば、乗福寺跡出土品と同笵の瓦（同じ型で文様をつけた瓦）が国清寺跡や、周防国分寺でも出土している。(4)また、大内氏館跡の出土品と同系統の文様の瓦が、凌雲寺跡や乗福寺跡、築山跡で出土している（山口市教育委員会二〇一四）。このことは、造営に関わった大内氏の動向を示す点で重要である。今後も寺院跡の調査に注目してほしい。

（佐藤力）

注

（1）現在の本堂裏にある大内重弘・大内弘世の墓は無縫塔の形式だが、内田氏の研究により新しいものと判明している。内田大輔「防長地域における無縫塔形式の変遷」（『石造物の研究仏教文物の諸相』高志書院、二〇一一年）。

（2）朝鮮との関わりを強調する時期、および伽藍配置の純粋さを考慮すると、朝鮮系瓦を描いていない伽藍図は、創建当初に描かれたものと推測される。

（3）北島氏は角菱を大内菱と評価している。北島大輔「織豊城郭成立以前の家紋瓦――山口市凌雲寺跡採集瓦の研究――」（『西国城館論集Ⅰ』中四・四国地区城館調査検討会、二〇〇九年）。

（4）国清寺跡の場所は現在の洞春寺境内地である。

参考文献

伊藤幸司 二〇〇八「中世西国諸氏の系譜認識」九州史学研究会編『境界のアイデンティティ』岩田書院

高正龍 二〇〇六「山口乗福寺跡出土瓦の検討」喜谷美宣先生古稀記念論集刊行会編『喜谷美宣先生古稀記念論集』喜谷美宣先生古稀記念論集刊行会

佐藤力 二〇一三「周防国乗福寺跡出土瓦の再検討」鹿毛敏夫編『大内と大友』勉誠出版

山口市教育委員会 一九八七『大内氏関連遺跡分布調査』

山口市教育委員会 二〇〇四『乗福寺跡Ⅲ』

山口市教育委員会 二〇〇五『興隆寺跡遺跡Ⅲ』

山口市教育委員会 二〇一一『山口市文化財年報4』

山口市教育委員会 二〇一四『大内氏築山跡7』

山口市教育委員会 二〇一五『凌雲寺跡1』

山口市教育委員会 二〇一九『凌雲寺跡2』

◉コラム◉

大内館と大友館

大内氏と大友氏は、南北朝時代以前から続く西国を代表する守護大名として君臨していた。大内氏は周防国山口、大友氏は豊後国府内（中）を本拠としていた。大内・大友両氏の領国は北部九州や瀬戸内海を介して隣接していることから、各時代を通じ政治や経済・文化などの面での関わりが強く、両氏は政治的な関係性の中で婚姻関係を結ぶこともあったが、総じて領地問題や後継ぎ問題等において、緊張関係や軋轢が生まれることも度々であった。

大内・大友両氏の本拠地の地理的特徴について、周防国山口の大内館は、海から離れた内陸部の盆地の扇状地に位置する。一方で、豊後国府内は、別府湾に注ぐ大分川下流域左岸の沖積地上に立地している（図1）。

また現在確認されている大内・大友両氏の館の存続期間について、大内館は十四世紀末から十六世紀中頃、大友館は十四世紀後葉から天正十四年（一五八六）までである。

右記のように、深い関係性を有しながら様々な点で違いをみせる大内・大友両氏の館であるが、本稿では考古学的調査成果が蓄積されてきている両館の、戦国期に焦点をあてた次の四点の異同を中心に論述していきたい。

図1　大内館と大友館の位置

一点目は館の規模である。大内館（図2）は十五世紀末以降内郭と外郭を持っていると推定されており、内郭と外郭を合わせたおおよその規模は、南北二五〇m、東西一五〇mである。大友館（図3）の規模は、十四世紀後葉から拡張を繰り返したものと推定されており、十六世紀後半には一辺二〇〇m四方のほぼ正方形を呈していたと考えられる。また館の正面について、大内館の正門などは、まだ考古学的に確認されていない。なお、山口のメインストリートである大殿大路は館の南に位置している。大友館の正面は、古絵図や考古学的調査成果等から、館東側に位置する第二南北街路と仮称する最大幅一一mのメインストリートに面していたと考えられる。ただし、大内館と同様に大門（正門）の位置の特定には至っていない。

二点目は館の外郭構造（図4・5）である。大内館の外郭構造は、館の創設当初から築地塀だったことが発掘調査成果から推定されている。大友館では、正面と考えられる東側外郭推定地において、十六世紀後半の築地塀の一部が発掘調査で確認されてい

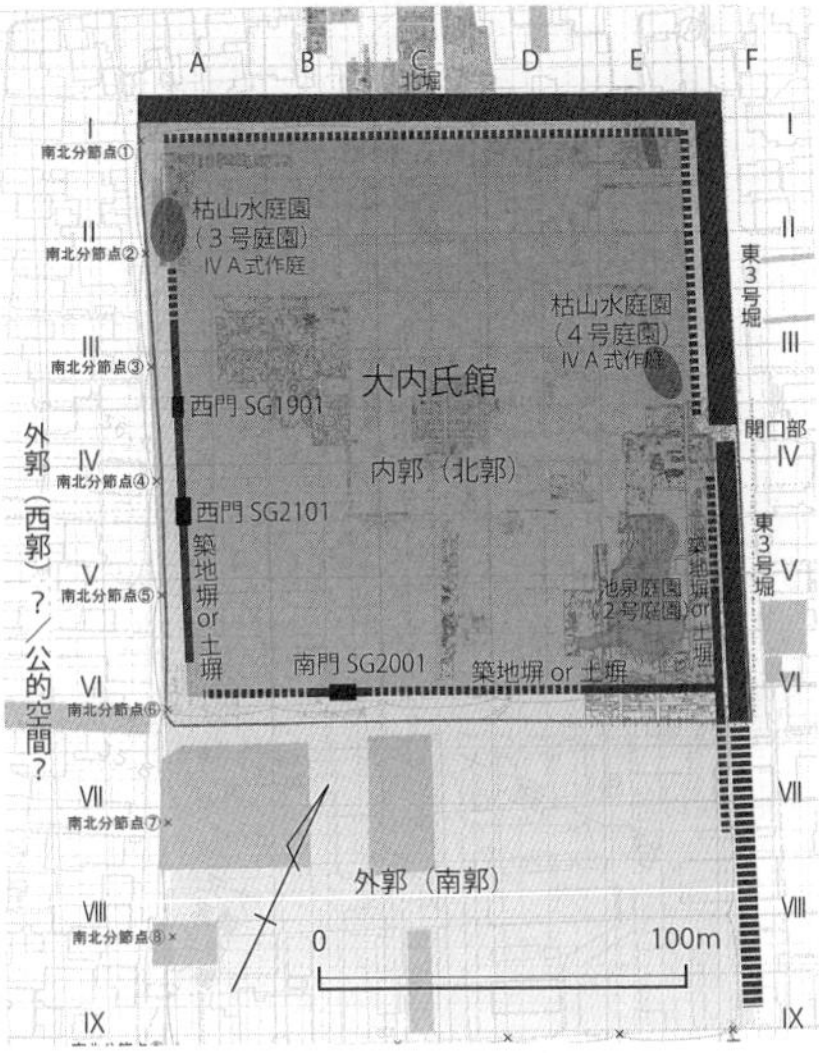

図2　16世紀前半から中頃の大内館の状況

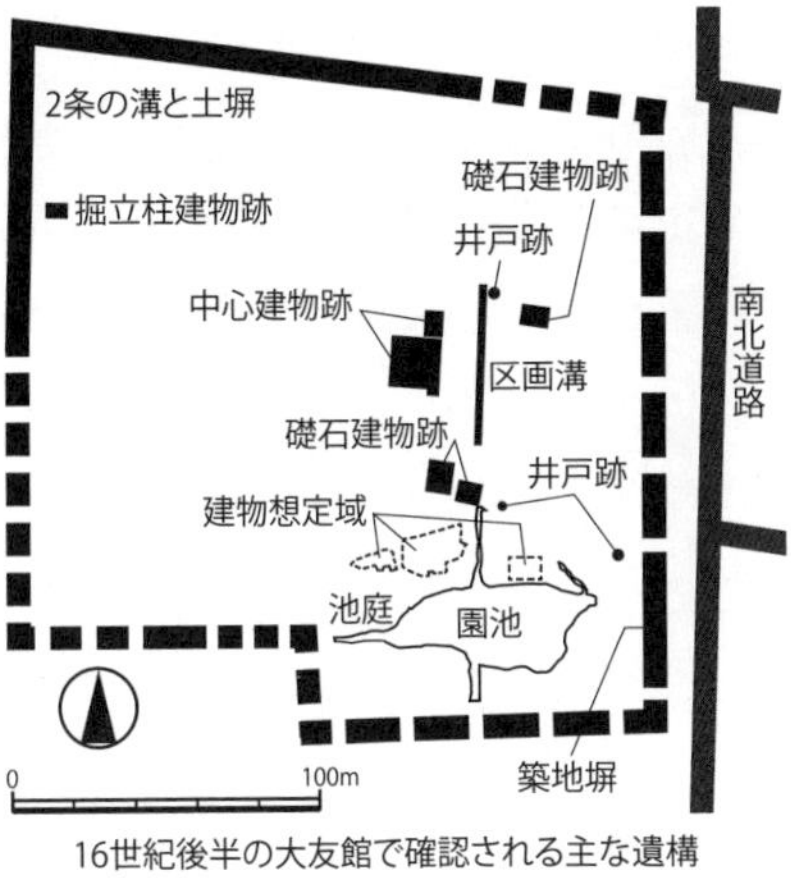

図3　16世紀後半から天正14年（1586）の大友館の状況

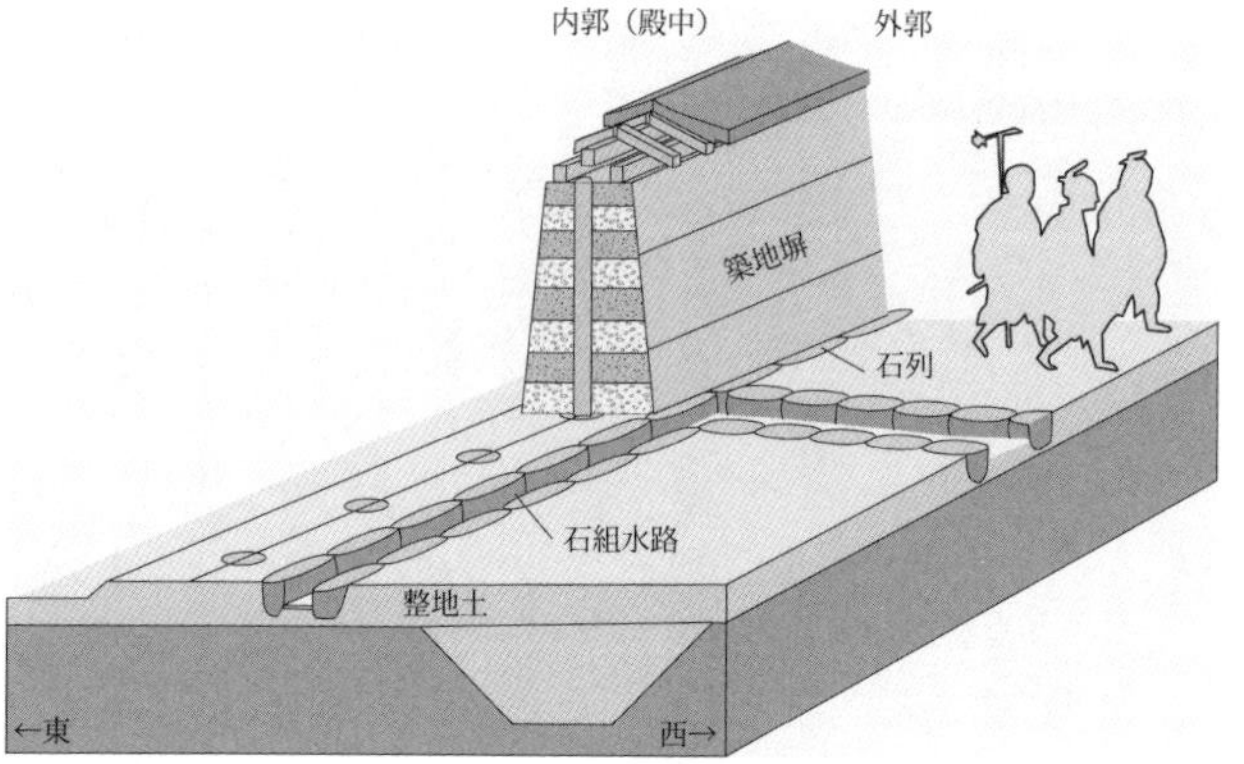

図4　16世紀前半から中頃の大内館の外郭構造

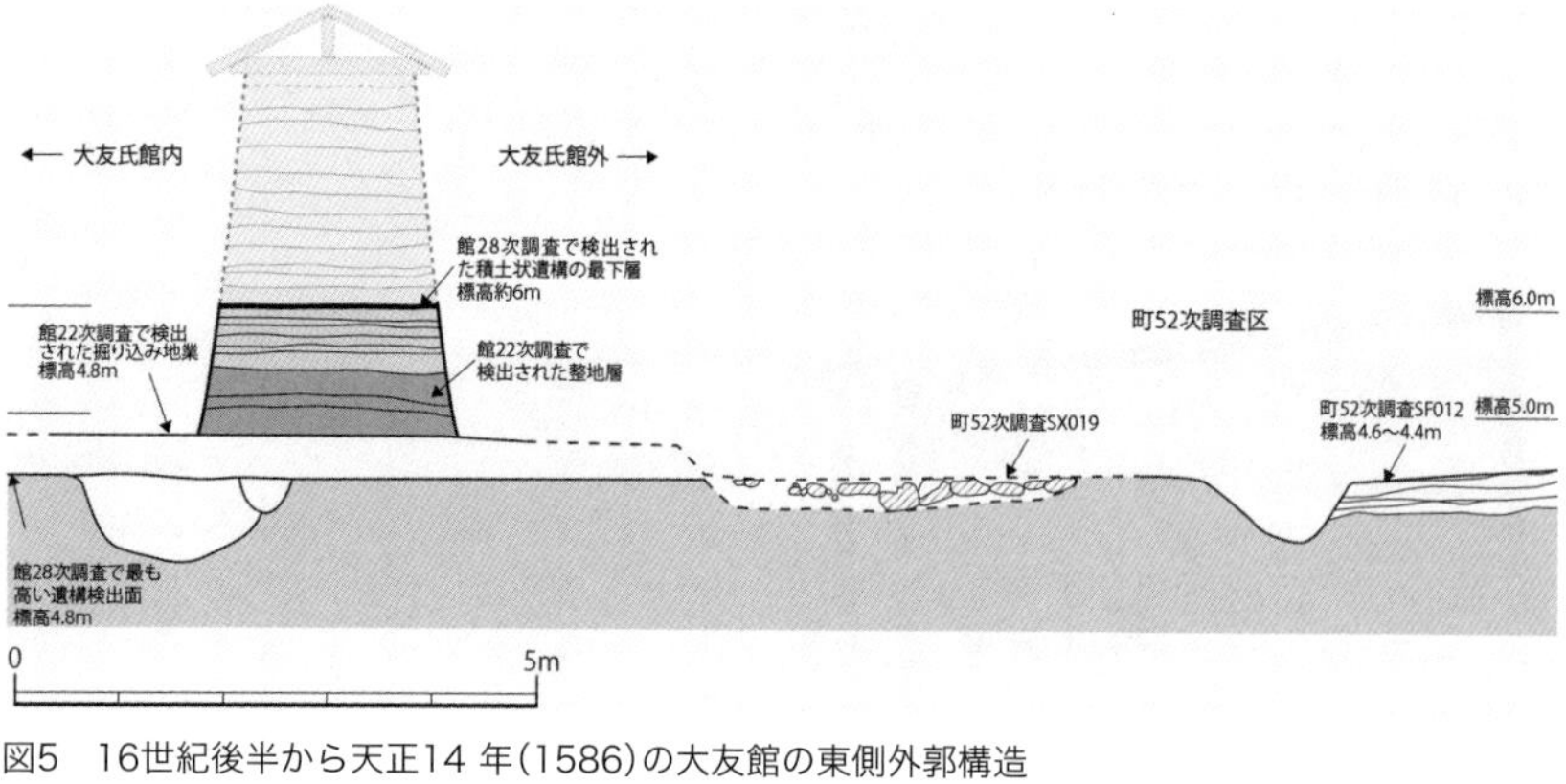

図5　16世紀後半から天正14 年(1586)の大友館の東側外郭構造

る。しかしながら大友館の北・西・南側の外郭構造は、築地塀である東側正面とは明らかに異なり、二条の平行する溝の間に土囲と土塀を持つような構造であると考えられる。両館の外郭構造の共通点は、築地塀という他の戦国大名の館ではあまり確認されていない施設を有している点と、高土塁などで周囲全てを囲うような防御的機能の高い施設が確認されていない点である。加えて防御面での共通する要素として、戦国期の大内・大友両氏ともに、館に近接した山城を築いていない点が挙げられる。越前国朝倉氏をはじめ、戦国期の大名が、館に近接して比高差のある山城を配置し、さらに館外郭についても高土塁等でしっかりと防御している状況とは大きく異なっており、守護館から段階的に発展した大内・大友両氏は他の戦国大名とは異なる館や城造りの思想をもっていた可能性を指摘できる。

三点目に観賞用の庭についてである。大内館では、十五世紀前半には様式は不明ながら最初の庭が確認されている。そして末期の十六世紀前葉には三つの庭が同時に存在することが発掘調査からわかっており、池庭（図6）や枯山水といった様々な様式の庭園が存在していたとされる。一方、大友館の場合、最初期の庭は十五世紀後半に造られるようである。庭は改修を繰り返しており、十六世紀後半の最終段階には南北三〇m、東西六七mの規模を持つ園池が造作され、園池を含む池庭の推定面積は五〇〇〇平米を超える（図7）。現在調査されている全国の戦国大名居館における庭面積や園池の規模を比較してみると、大友館の池庭は最大規模となる。

四点目に出土遺物の「かわらけ」について見てみる。十五世紀中葉から後葉にかけての大友館出土のかわらけには在地系のかわらけに混じり、白色の胎土の器壁が薄い一群のかわらけが出土する。

図6　大内館の池庭（15世紀末〜16世紀中頃）

図7　大友館の池庭（16世紀後半）

このかわらけは内外面にロクロ痕跡を残すもので、ここでは便宜的に白色系かわらけと呼ぶことにする。実はこの白色系かわらけは、大友氏領国内よりも大内氏領国内で圧倒的に多く出土する。さらに白色系かわらけは、大内館では大友館よりも早い十五世紀前半には出現することがわかっている。この白色系かわらけの生産地等は、現在のところ不明であるが、その出土量比率や出現時期等からすると大内氏領国内で生産された可能性が高いと推定される。十六世紀になると、両館内で使用されるかわらけに大きな変化が起こる。京都を中心に使用されている非ロクロ成形のかわらけ（以下、京都系かわらけ）の出現である。大内館では十六世紀前葉頃、大友館では大内館よりも若干遅れて、十六世紀前葉から中葉にかけて京都系かわらけが導入された。このような戦国大名の館で使用されるかわらけは、京都系かわらけやその前段階のものも含めて、儀式・儀礼で使用されることが一般的で、最終的に一括廃棄された状況で出土することが多い。

以上において、大内・大友両氏の館で行われてきたこれまでの発掘調査成果から、四点に関して述べ

図9　大友館出土の白色系かわらけ

図8　大内館出土の白色系かわらけ

てきた。特に池庭や白色系かわらけ、京都系かわらけなどは、いずれも大友館よりも大内館で先行して取り入れられている。反対に、大友館が大内館よりも先行している事象は、管見の限り現状では確認できていない。また大友館への池庭の導入時期と白色系かわらけが一定量出土する時期は、いずれも十五世紀後半頃とほぼ同時期である。現状では推定の域をでないが、大友館の池庭の導入経緯について、白色系かわらけの出土状況や時期等を踏まえると、その背景に大内氏の影響を考慮しておく必要があろう。

十六世紀中頃、大内館は毛利氏の侵攻により、大友館よりも三十年近く早く廃絶してしまう。十六世紀後半の豊後府内は、大友宗麟によるキリスト教保護政策の成果として、南蛮貿易等の恩恵を受け、経済的・文化的にも最盛期を迎えることになる。そしてこの時期、前述したように大友館の庭園は改修され、池庭の規模や構造、景石の配置等に大友氏のオリジナリティを醸しながら発展していった。このような大友館の最終的な姿は、変遷段階を踏まえると、突如として現れ自己発展したと考えるより、少なからず大内氏・大内館の影響を受けながら成立したと捉えることもできるのではないだろうか。今後、考古学、文献史学等の様々な面での両者の関係性の追求が急務といえる。

（五十川雄也）

参考文献

山口市教育委員会二〇一〇『大内氏館跡』XI
山口市教育委員会二〇一四『大内氏館跡』15
大分市教育委員会二〇一四『史跡大友氏遺跡保存管理計画書』
大分市教育委員会二〇一五『大友氏館跡』1
大分市教育委員会二〇一五『史跡大友氏遺跡整備基本計画』

大内氏をとりまく権力との交叉

大内氏と室町幕府

はじめに

大内氏は、十六世紀半ばまで、周防・長門を中心に西中国から北部九州にかけて強大な勢力を持った西国随一の地域権力である。官僚機構や法制などを整備して自立的な分国支配のシステムを発達させ、瀬戸内海水運を掌握し、博多を拠点に海外交易に乗り出し、首都山口を中心に「大内文化」と呼び慣らわされる華やかな芸術文化を築き上げるなど、その存在は列島社会において際立っている。政治的にも経済的・文化的にも西国社会の中心的存在であることから、「小幕府」と表現する研究者がいるほどである。

一方で、大内氏は京都と深いつながりを持ち、中世国家と諸権門を支える役割を果たしていたのも事実である。足利義持・義教の治世は大内盛見の軍事力に大きく依存しており、応仁の乱に際しては大内政弘が大軍を率いて入京し西軍に参陣、永正年間には大内義興が足利義尹を奉じて上洛し幕政を主導した。在国時にあっても、大内氏は京都の将軍家や幕臣、朝廷や公家とも緊密な連絡を取り合って各種の栄転を手に入れるのである。

中世後期は地域社会・地域権力が自立性を強めた時代であり、大内氏などは地域権力の自立的側面を体現する存在だと言ってよかろう。但し、それを列島社会の権力秩序の全体状況の中にいかに位置づけるかが問われなければならない。大内氏は幕府の全国支配からどの程度自立していたと言えるか、すなわち自立性の質や内容の解明が求められているのである。大内氏と室町幕府との関係をどのように理解するかは、戦国期の地域権力の性格を見定める上で重要な手がかりになると言っても過言ではない。

一　大内氏と中央権力との関わり

これまで、大内氏の性格をめぐって、どのような議論がなされてきたのであろうか。

大内氏研究において古典的な業績を残した松岡久人氏は、大内氏は当初は幕府や東大寺など中央勢力と妥協し、国守護という地位を保持することを必要としていたが、国人の多くを支配下に収めて早期に地域的封建制を樹立したと論じた〔松岡久人二〇一一〕。これは中世後期の守護を地域的封建制の担い手と捉える守護領国制論の立場から大内氏を把握した理解だと言える。

松岡説を継承した岸田裕之氏も、大内氏の京都政権からの自立性を強調し、中央権力（幕府・細川氏）と大内氏の対抗関係を基軸に十五世紀の中国地方の政治史を捉える構図を提示した〔岸田裕之一九八三〕。しかし、両者の対抗関係の起点と想定されている応永の乱後の段階から間もなく、大内氏は幕府との関係を修復し、また大内氏を封じ込める役割を期待されたという山名氏が、その後の推移の中で大内氏との提携を強めていく中で、こうした構図は次第にリアリティを失っていくように思われる。

大内氏の自立性を強調する議論はその後も散見され、近年、「室町期大名」権力という概念を提示した藤井崇氏も、大内氏の支配は荘園制や幕府支配から自立的であり、守護権力にとどまらない大規模地域的公権力に脱皮していたと論じている〔藤井崇二〇一三〕。

しかし、自立性のみを強調することは権力のあり方を一面的に把握してしまう恐れが強い。むしろ、中世後期の武家権力全体の仕組みの中で、各地域権力がどのように位置づけられるかを総合的に探ることが求められていよう。筆者は、中世後期の武家権力の構造を室町幕府―守護体制と把握し、室町幕府と諸国の守護が相互補完的に結びついていたことを重視する〔川岡勉二〇〇二〕。筆者の理解によれば、幕府―守護体制は諸国の地域権力を一定の自立性を保証したまま体制の中に組み込んでいる。したがって、地域権力が自立的であったか、それとも幕府に制約されていたかを二者択一的に捉えるような議論は、さほど意味をもつとは思われない。自立性の内実を、一般論に解消せず、地域社会の多様なあり方に照らし突きつめていく作業が必要なのである。

一方、室町・戦国期研究が深化する中で、列島社会の地域差を重視しながら地域権力の位置づけを探る見方が強くなってきた。大名領国制論を主唱する池享氏は、中央との関わりから地域権力を「近国型」「中間地帯型」「遠国型」と分類し、大内氏や尼子氏は「中間地帯」の中では例外的な「近国型」地域権力であったと把握している〔池享二〇〇三〕。桜井英治氏は、大内氏や今川氏など例外的に在国を許されていた守護が、分国に根を張り最初に分国法を生み出したことに関心を寄せている〔桜井英治・清水克行二〇一四〕。

室町期の守護が在京を義務づけられていたことは、この時代を考える上で重要であり、東国・九州を除く、北陸・東海から中国・四国（「室町殿御分国」と呼び慣らわされる）の守護は、任命されると京都にいるのが常態であった。在京する守護たちは幕府権力の構成員として、それぞれの家格に応じて幕政の職務を分掌した。大内氏も本来は在京原則が適用される守護ではあったが、特に九州経営の必要から西国に下向する機会が増加した。山田徹氏は、在京領主の集団的支配体制が及んだ近国地域と非在京領主が多くを占める中間・遠国地域とでは顕著な地域差が存在したと捉えた上で、東の今川、西の大内など、中間地域において早い段階から下国した守護のもとから、有力で特色ある戦国初期の権力が生まれると論じている〔山田徹二〇一五〕。

大内氏が「室町殿御分国」の外縁部に位置づけられるのは事実であり、それが大内氏に京都の中央政界に対する独自の位置づけを付与したことは重要である。但し、諸国守護の性格を京都の側からだけみていてよいであろうか。山田徹氏は中世後期の武家の権力構造を在京領主による集団的支配体制と捉え〔山田徹二〇一五〕、吉田賢司氏は在京して幕政の一翼を担う諸大名が地域行政に携わる守護職を兼ねていたと表現しているが〔吉田賢司二〇一〇〕、地域社会の動きをすべて中央でコントロールできるかのような議論は中世社会の特質を考えるとバランスを欠いている。室町幕府―守護体制は様々な出自をもつ守護を、それぞれの特性や自立性を保証しつつ体制の中に包摂したところに特徴があり、京都中心の議論だけでは大内氏のような存在を的確に把握することはできない。守護と地域社会との関係を軽視することなく、すなわち統合的契機と分裂的契機の両者を見すえながら各守護の位置づけを探っていくことが肝要であろう。

大内氏の性格を考える上で、とくに重要なのは東アジア世界との関係で大内氏を把握する視点である。近年の研究で、国境をまたぐ地域やそこで活動する人々の存在への注目が高まり、その実態解明が大きな前進を見せている。よく知られているように、大内氏は他の諸大名と比較にならない主体的で強力な外交活動を展開した。大内氏の外交を支えた禅僧の活動に着目した伊藤幸司氏の研究〔伊藤幸司二〇〇二〕や、アジアン大名という概念で大内氏や大友氏を捉える鹿毛敏夫氏の研究〔鹿毛敏夫二〇一五〕など、大内氏の対外交易が多角的に論じられているが、それが室町幕府や大内氏の政治的動きとどのような関連しあっているかを見定める必要がある。須田牧子氏は大内氏の動向を検討することは対外関係史と政治史の成果を統合・発展させる上で有効だと説き〔須田牧子二〇一一〕、長谷川博史氏は戦国期西国の政治変動を考える上で対外的契機を見落とすことはできないと述べている〔長谷川博史二〇〇五〕。大内氏と室町幕府の関係を探る上でも、対外関係を視野に入れて論じることが求められている。

二　大内氏を室町・戦国期の武家権力の中にどう位置づけるか？

（一）　室町幕府―守護体制に占める大内氏の位置

大内氏は、周防国在庁官人として勢力を拡大し、鎌倉期には幕府の御家人も兼ね、地域社会に強固な権力基盤を確立する中で南北朝期に守護職を獲得した。南北朝内乱が広がる中で大内氏一族の分裂・抗争が展開したが、これに勝利した大内弘世は貞治二年（一三六三）に南朝から北朝に転じ、室町幕府から周防・長門両国の守護に任じられた。幕府は西国の安定を図るために、大内氏のもつ強大な軍事力や経済力を室町幕府―守護体制の内部に組み込んだのである。

防長守護補任を条件に北朝方に転じた大内弘世は、九州に出陣して南朝勢の掃討に尽力した。大内氏の分国支配は九州制圧という課題と密接に関連しており、大内氏は九州の争いが鎮まるまでは国中所領について幕府から介入を受けないとする約束を取り交わしていたようである（「東寺百合文書」さ二九）。大内氏は自立性を強く保持したまま室町幕府―守護体制に包摂されたことが分かる。

弘世は康暦二年（一三八〇）に死去し、後継者の座をめぐり義弘・満弘兄弟の間で争いが起きている。これに勝利した義弘は、対朝鮮貿易で得た経済力で幕府に接近し、康応元年（一三八九）に上洛してから約十年に及ぶ在京期間を通じて将軍義満の信頼を勝ち取った。義弘は石見や豊前を分国に加え、明徳の乱後は和泉・紀伊の守護職も得て強大化した。幕府―守護体制は足利将軍家を中核として斯波・畠山・細川氏ら足利氏一門の守護が幕府の中枢部を構成する形で成り立っており、外様の守護である大内氏は体制の外縁部に位置すると言ってよい。それにもかかわらず、義弘は明徳の乱や南北朝合一時の功績によって、義満から「一そく（族）の准に思給候」という賛辞を授かっている（「蜷川家文書」『大日本古文書　家わけ二一』）。しかし、やがて大守護の勢力削減を図る義満と対立を深めるようになり、応永六年（一三九九）に堺で挙兵して敗死するのである（応永の乱）。

義弘の死後、弟の盛見は幕府から討伐の対象とされながら実力で防長両国を制圧し、幕府から守護職を追認された。応永十五年に義満が死ぬと、翌年冬に盛見は上洛し、以後約十五年間在京して足利義持の政権を支えた。義持と盛見の関係は親密で、盛見の軍勢を義持の「影の直轄軍」とする評価がなされるほどである（桜井英治二〇〇二）。しかし、応永三十二年に菊池・少弐氏が蜂起したため盛見は俄に帰国し、以後は九州経営に専念することが多くなる。永享元年（一四二九）には、遣明船復活を図る新将軍の義教が、対外交易の窓口である筑前を幕府料国化し、盛見を代官に任じた。西国には鎌倉府のような地域権力の政治的結集の核が存在せず、盛見は九州探題に代わる幕府の西国支配の中心的担い手となった。それだけに、同三年に盛見が筑前深江の戦闘で大友勢に討たれたことは、幕府の九州支配にとって大きな痛手であった。

以上のように、大内氏は弘世や盛見が防長支配を幕府より追認される形で幕府―守護体制に加わったことから、その分国支配は自立的性格を強く帯びていた。しかも、大内氏の存在感を高めたのは、その経済力と大内氏分国の占める地政学的な重要性である。既に十四世紀段階で、上洛した弘世が多くの銭貨や新渡の唐物を将軍や配下の人々に贈り、その人気が幕府の上下を圧倒したことはよく知られている（『太平記』巻三九）。永享八年には大内持世が九州の平定を達成し、筑前の守護職も得ている。国際貿易都市博多を支配下に収め、朝鮮との交易を展開し、北部九州から瀬戸内にかけての水運を掌握した大内氏は、貿易・流通・商業を押さえることによって莫大な富を手に入れた。十五世紀半ばに至ると、勘合を得て日明貿易にも参画していくことになる。大内氏はこうして築き上げた豊富な財力で、幕府財政を支えていくのである。

（二）室町幕府―守護体制の変質と大内氏

室町幕府―守護体制のあり方は、政治状況の変化や歴代将軍の個性、諸国守護の動静などに規定されて変動を見せる。とりわけ十五世紀半ば、嘉吉の乱で将軍義教が討たれ、幕府―守護体制が変質する中で、各地域権力の自立的側面はより高次の段階へと進む。大内氏の場合も、持世が嘉吉の乱に巻き込まれて死去し、その跡を継いだ教弘の代に自立性を拡大させた。教弘は山名宗全の養女を妻に迎えており、嘉吉の乱後に急成長する山名氏との関係を深めていった。

教弘は九州に出兵した後、足利義政が新将軍に宣下された宝徳元年（一四四九）に上洛を遂げた。しかし、教弘は享徳四年（一四五五）以前に周防に帰国し、分国支配の強化に努めた。この時期は「大内氏掟書」の制定における一つのピークであり、分国の空間的・理念的一体性を意識した法令が集中的に制定されている。官僚機構や税制の整備、国内領主の掌握、寺社に対する調査と統制強化など、教弘期は大内氏の発展の上で注目に値する〔川岡勉二〇一〇〕。

大内氏は分国支配を強化する一方、教弘が義政の勘気を蒙っていたようで、幕府に敵対的な動きを示すようになる。大内勢は康正三年（一四五七）に安芸に進攻して合戦に及び、細川氏が支持する安芸武田氏と対立を深めていった。教弘は長禄三年（一四五九）に義政に追われた斯波義敏を受け入れ、その後も幕府の上洛命令を拒否するなど反抗的姿勢を見せており、寛正二年（一四六一）には教弘の討伐を命じる幕府奉書が出されている（『経覚私要鈔』寛正二年正月二十二日条）。同六年には伊予に出陣した教弘・政弘父子が、幕命に背いて伊予河野氏に加勢し、細川勢と交戦して撃退している。

しかしながら、大内氏の体制離脱は幕府の九州支配や東アジア外交にとって大きな打撃である。同六年、義政の側近である伊勢貞親は教弘に対し大嘗会段銭を「九州の面々」から急ぎ進上するよう下知を加えて欲しいと依頼している（『蜷川親元日記』寛正六年七月二十五日条）。ここには、大内氏の九州における統括的権限が示されているが、納付された形跡は見られない。同年、幕府は大内氏に来春の遣明船を仕立てさせようと図っており（『蜷川親元日記』寛正六年十月七日条）、翌年になると伊勢氏の画策により大内氏の赦免が実現するのである。大内氏と対立してきた細川勝元は、面目を失って一時は隠居を願い出たとされるほどであった（『大乗院寺社雑事記』文正元年七月三十日条）。

応仁元年（一四六七）、戦国時代の幕開けとされる応仁の乱が勃発すると、細川勝元と対立を深めていた大内政弘は上洛して山名宗全の率いる西軍に加わった。政弘が周防・長門の兵をはじめ、九州衆や四国の河野勢を含む数万の大軍を従えて入京したことで、それまで劣勢であった西軍は一挙に勢いづいた。大内勢は西軍の軍事力の中心的存在として活動し、摂津や南山城・大和にも進軍して卓越した戦闘力を示した。山名宗全が死去して山名氏が東幕府に降参した後も、政弘は畠山義就とともに西軍を率いて抗戦を続けている。

大内勢の上洛に手を焼いた東軍は、九州の大友・少弐氏らを蜂起させて大内勢を九州から追い、大内氏分国を背後から脅かす作戦を取った。一方で政弘の伯父教幸(道頓)を東軍に誘って防長で反乱を起こさせたが、これは政弘の留守を預かる陶弘護らの活躍により鎮圧された。応仁の乱中、上洛した軍勢の長期在陣を支えるため、また大内方の九州勢が防長に避難してきたこともあって、大内氏分国では経済的負担がかさんだ。文明九年(一四七七)、政弘は東幕府に帰順し、防長豊筑四カ国守護職と知行地を安堵されて周防に帰国するのである。

大乱終結の翌年、政弘は失っていた九州北部の回復のために渡海し、豊前・筑前を平定して凱旋を遂げた。これ以後、政弘は教弘期の方向を発展・グレードアップさせる形で分国支配体制の整備に乗り出した。各種法令の制定、官制・官僚機構・訴訟制度・軍事制度の再編成がなされ、山口を中心とする一体的な分国経営が展開した。大内氏当主の袖判下文が大量に発給されて多くの領主が主従制に組み込まれ、寺社統制も強化された。守護所の拡大と守護城下町の発達が認められ、山口は大内氏分国の首都としての空間構造を整えていった。

以上のように、大内氏は十五世紀半ば、応仁の乱後という二つの段階を経て強固な分国支配を確立させた。何よりも目をひくのが、他の守護には見られない極めてシステマティックで整然とした行政機構の確立である。大内氏は、幕政を握る細川氏に対抗しうる大名として、西国にあってその存在感を高めていくのである。

三　戦国期の大内氏と室町幕府

(一)　大内氏の在国と上洛

応仁の乱終結後、自立性を高めた大内氏は、基本的に在国して活動するようになる。但し、だからといって、幕府─守護体制から切り離されていくとみるべきでない。その後も、政弘は幕府や朝廷・権門寺社と交信し、多額の金品を贈呈するなど、人的な繋がりを絶やしてはいない。幕府関係者に贈られた金銭には、年始礼や八朔進物など毎年恒例のもののほか、東山山荘の完成、将軍足利義尚の右近衛大将任官など、臨時の行事の際に納められる礼銭もあった。対外交易を通じて入手した珍品も京都に進上され、政弘は朝鮮との密接な関係を強調して自己の存在価値を高めようと図った。大内氏は幕府や朝廷から大きな経済的支援を期待される存在だったのである。

政弘は文明十年（一四七八）より亡父教弘の贈位運動を開始し、献金を通じて幕府や朝廷への政治工作を重ねた。その結果、同一八年に教弘への贈従三位の勅許を獲得し、同じ年に氏寺の興隆寺の勅願寺化も実現した。多額の謝礼が支払われたのは言うまでもない。長享元年（一四八七）に義尚が近江に出陣すると政弘は代官を派遣し、延徳三年（一四九一）の新将軍義材の近江出陣には子息の義興を参陣させている。

大内氏が様々な形で京都との関係を維持しつづける中で、その威勢を頼って山口にやって来る公家や僧侶・文化人などは少なくなかった。彼らを通じて京都風の趣味や知識が大内氏分国に持ち込まれた。大内氏は幕府の諸制度や機構を模倣・導入し、各種の典例・故実・儀礼などの文化装置を摂取した。大内氏分国の首都である山口では、京都風の町づくりが進められ、諸寺社が勧請されている。このように、大内氏は京都と結びつく様々な回路を保持していたのである。

明応二年（一四九三）、細川政元らによるクーデターが起きて室町幕府が再び分裂の様相を呈すると、強固な分国支配と豊かな経済力を背景とする大内氏が、幕政を握る細川氏に対抗しうる存在として注目を集めるようになる。明応の政変により政元の手で将軍の地位を追われた足利義尹（義材から改名）は、北陸を経て同九年に山口に下向するのである。同三年に大内氏の家督を継いでいた義興は、義尹を擁して西国の諸氏を味方につけるため動き出した。義尹の御内書と義興の副状が周辺の諸地域に送付され、義尹の上洛への協力が呼びかけられた（山田貴司二〇一二）。これに対し、京都では大内氏治罰の綸旨が出され、九州・四国・中国の諸氏に義興討伐を命じる幕府奉行人奉書が送付されている（『大友家文書録』二）。明応の政変に始まる幕府の分裂は、京都の足利義澄―細川政元方につくか、周防の足利義尹―大内義興方につくかという選択を西国の諸氏に迫り、軍事的緊張関係を高めていった。戦国期においても、幕府―守護の権力秩序が地域社会を規定する力を持っていたことが確認できよう。

永正五年（一五〇八）、義興は義尹を奉じて上洛を遂げた。中央権力の分裂状況を背景に、大内氏は応仁期につづいて永正期にも入京を果たすのである。その後、義興は将軍職に返り咲いた義尹を支え、細川高国・畠山尚順らとともに十年以上にわたって中央政界を主導した。これにより、幕府や朝廷との結びつき、中央文化との接触がますます深化した。永年九年に義興は従三位に任じられ、大内氏当主として初めて公卿に列した。また、日明貿易の独占権を幕府から認められるなどの成果も獲得した。しかし、在京の間に中四国の政情が変動し、国元で紛争が頻発したため、義興は同十五年十月に周防に帰国している。

義興は享禄元年（一五二八）に死去し、その子義隆が大内氏の家督を継いだ。中央政界では、この年から将軍足利義晴が近江に在国しており、足利義維を奉じて阿波から堺に進出した細川晴元と対立を深めていた。同四年、晴元方の援軍として三好元長の率いる阿波勢が堺に上陸したのに対し、義晴は京都奪還めざして進軍し、義晴を支える細川高国も摂津に陣を構えた。六月、淀川デルタ地帯で展開した両軍の戦闘は晴元方の勝利に終わり、高国は尼崎で自害、義晴も近江桑実寺まで落ち延びている。翌月、義晴は大内氏に上洛を呼びかけているが、義隆は応じていない。天文三年（一五三四）には義隆は妹を晴元の擁する義維に嫁がせており、晴元方との親密な関係がうかがわれる。

豊後の守護大友義鑑は、義晴の入京を実現する上で大内氏が障害になっているとして、大内氏分国への出兵を図り、安芸武田氏や出雲尼子氏、伊予の河野・宇都宮・村上氏らに呼びかけて大内氏包囲網の構築を画策した（「熊谷家文書」『大日本古文書　家わけ一四』）。義隆はこれに対抗して陶興房らを九州に出兵させ、少弐氏・大友氏連合軍との間で激しい戦闘が繰り広げられている。しかし、まもなく義晴と晴元が和睦して義晴が入京を果たすと、義晴の仲介により大内・大友両氏の和平交渉が開始されることになる。

天文六年、義晴から大内氏に対して上洛と幕政参画が求められ、義隆は請文を提出しているが、出雲尼子氏との対立が激化して京都に赴くことはなかった。義隆は、その後も上洛してはいないものの、将軍家や公家・朝廷などと音信を取り交わしており、在京人との交友などを通じて京都との緊密な関係を保持した。義隆は和漢の学芸や古典を重視し、故実・儀式・典礼を尊重して、京都の文化を摂取するのに熱心であった。また、大内氏は当主が在京していない時に在京雑掌を置いて幕府との連絡調整に当たらせており、義隆期にもその活動が確認できる。大内氏の在京雑掌はとくに外交に通じる者が任命される事例が多く、遣明船派遣との関わりで幕府と交渉することが大内氏にとって重要な課題であったことがうかがわれる〔萩原大輔二〇一三〕〔須田牧子二〇一三〕。

大内氏当主側近には、龍崎氏や沼間氏ら公家勢力と深いつながりを有する家臣もおり、彼らを介して京都と交渉する回路も存在していた〔松井直人二〇一六〕。義隆は天文五年に後奈良天皇の即位式に献金し、念願の大宰大弐に就任して昇殿の許可を得た。同十年には従三位に任じられて公卿に列し、同十四年に正三位、十七年には従二位に昇進を遂げている。義隆が将軍義晴と位階の上で肩を並べる存在になった天文十年以降は、義隆は幕府を介さず朝廷と直接結びつく傾向を強めていくように見受けられる。うち続く戦乱の中で、大内氏は近隣の守護・領主との関係を有利に展開し、また分国支配を強化するために、公武の伝統的な権力・権威を最大限に活用する姿勢を示したのである〔山田貴司二〇一五〕。

(二) 大内氏と周辺諸勢力との関わり

戦国期の地域紛争は、室町期の紛争が中央政界との関係に大きく規定されていたのとは違い、対立軸が複雑・多様で、地域ごとに独自の様相を帯びながら展開した〔長谷川博史二〇〇五〕。とはいえ、戦国期においても京都との関わりがなくなるわけではない。戦国期の大内氏は、出雲尼子・安芸武田・伊予河野・豊後大友氏をはじめとする近隣の守護・領主との間で対立・抗争を繰り広げ、しかもそれは相互に連動し、かつ中央政局ともリンクしていた。前述したように、前将軍足利義尹の山口下向は、大内氏―西国公方と細川氏―京公方という対立構図の中に西国の諸勢力を巻き込んだ。また、大友氏が尼子・武田・河野氏らに呼びかけた反大内氏同盟は、足利義晴による帰京支援要請を背景に成立したものであった。義晴は大内・大友両氏に停戦を提案し、義晴の仲介により和平交渉が開始されて講和が成立している。同じ頃、義晴は大内・尼子両氏の間についても和談を画策しているが、これは毛利氏の存在が障害となって実現しなかった。

天文十年代における中国地方の戦乱も中央政界を巻き込んだ対立と連動しており、大内氏・毛利氏が細川晴元主導の幕府に働きかけて対尼子戦を有利に進めようと画策したのに対し、尼子氏は細川氏綱らと結んでこれに対抗した。やがて、晴元政権が崩壊して氏綱と三好長慶が権力を奪取するに及んで、尼子氏が足利義輝から八カ国守護職を与えられている〔川岡勉二〇一三〕。一方、大内氏は義隆が天文二十年のクーデターで自害すると、家臣たちは「京都御下知」に応じるという形式を踏んだ上で、義隆の甥である大友晴英を後継者に迎えた。晴英は義輝から大内氏の家督就任を認可され、義輝の偏諱を受けて義長と改名している。陶・内藤・杉・問田・飯田氏ら、主だった家臣たちも義輝から白傘袋の免許や受領の任官を認められるのである。

戦国期においては、幕府の命令が出ても、その通りに整序されるとは限らない。しかし、だからといって幕命が意味を失ったとみるべきではない。足利将軍家は諸大名にたびたび上洛を要請し、彼らに支えられる形で幕政を建て直すことを画策した。諸国の戦乱に対しては、将軍家が和平調停に乗り出す事例も散見される。将軍家の上意はそれなりの重みを持つものであり、地域権力の側では自らが主体的に選択する余地を保ちつつ上意に従う場面も見られた。京都を中心に存立する権力秩序は、西国においてもなお現実に一定の社会的機能を果しており、将軍家が分裂すると、地域権力に多大の影響が及ぶことになる。中央政界の変動と地域権力の動静は密接に関連しあっていたのである。

大内氏は、国衆や家臣の要望を幕府や朝廷に注進・推挙し、彼らが所領や所職、官位、偏諱などを獲得する便宜を図っている。国衆らが大内氏の保持する中央政界との太いパイプに頼って自らの家格上昇や権限拡大を画策したのに対し、大内氏は京都とのつながりを背景に彼らの統制や関係強化を進めていくことになる。大内氏にとって、京都との関係は、自らを地域社会秩序の担い手・統治者として位置づけるために、それにふさわしい支配の正統性を幕府や朝廷との関係に求めたところに生じる。京都を中核とする権力秩序の中に自己を位置づけ、これを根拠に分国支配を安定させようとしていたのである。

おわりに

中世後期の政治史を論じる上で、各地域の中心的な統合主体である守護の動向を基軸に、多様で分権的な地域のあり方をたどることは重要な研究課題である。但し、地域はそれだけで完結するわけではなく、中央―地方という構造的連関の中に位置づけられてこそ各地域の位置や特質が見えてくる。各地域の権力秩序のあり方は、守護分国の内部にとどまらず、分国内外の政治状況を十分にふまえて読み解いていくことが肝要なのである。

本稿では、室町幕府―守護体制という全国的な武家権力の仕組みや変遷と関連づけながら大内氏権力の段階的変化の様相をたどってきた。周防・長門両国を中心に分国支配を確立した大内氏は、周辺諸国に勢力を伸ばして中国地方西部から北部九州に分国を拡大する一方で、中央政界と結びつき幕府や朝廷と親密な関係を築き上げていった。さらに、九州支配を足場に列島社会を超える国際交流の場に参入していった。その多彩な活動を背景として、山口には京文化や東アジア文化を取り込んだ「大内文化」と呼び慣らわされる文化が花開いた。大内氏分国の地政学的な特質から生じる絶妙な立ち位置が、大内氏に独特の性格を付与していったと言えよう。

戦国期には諸国に対する幕府の関わりは希薄化していくのは事実であり、将軍家の上意が示されても諸国の動向を整序できるとは限らない。とはいえ、将軍家はそれでもなお上意再建を志向し続け、それが諸国の地域権力秩序に様々な影響を及ぼした。そのような中にあって、大内氏は幕府・朝廷と結びつき、その権威を利用することにより、当主権力の正統化や家臣団の統制・序列化、国衆との関係強化を図った。その結果、西国屈指の大名へとのぼりつめていくのである。しかし、十六世紀半ばの家臣団のクーデターを機に権力秩序はたちまち流動化し、大内氏の滅亡へと急展開していくことになる。大内氏の多面的で国際性豊かな活動をいかにトータルに把握すべきか、そしてそれを中世社会の中にどう位置づけるべきか、大内氏の歩みは室町・戦国という時代の特質を考える上で重要な手がかりを数多く提供してくれるように思われる。

（川岡勉）

参考文献

池享 二〇〇三『戦国・織豊期の武家と天皇』校倉書房
伊藤幸司 二〇〇二『中世日本の外交と禅宗』吉川弘文館
伊藤幸司 二〇一三「大内氏の外交と大友氏の外交」鹿毛敏夫編『大内と大友』勉誠出版
鹿毛敏夫 二〇一五『アジアのなかの戦国大名』吉川弘文館
川岡勉 二〇〇二『室町幕府と守護権力』吉川弘文館
川岡勉 二〇一〇「室町幕府——守護体制と西国守護——」川岡勉ほか編『西国の権力と戦乱』清文堂出版
川岡勉 二〇一三「戦国期の室町幕府と尼子氏」島根県古代文化センター研究論集11集『尼子氏の特質と興亡史に関わる比較研究』島根県古代文化センター
岸田裕之 一九八三『大名領国の構成的展開』吉川弘文館
桜井英治 二〇〇一『日本の歴史12 室町人の精神』講

談社
桜井英治・清水克行 二〇一四『戦国法の読み方』高志書院
須田牧子 二〇一一『中世日朝関係と大内氏』東京大学出版会
須田牧子 二〇一三「大内氏の在京活動」鹿毛敏夫編『大内と大友』勉誠出版
萩原大輔 二〇一三「中世後期大内氏の在京雑掌」『日本歴史』七八六
長谷川博史 二〇〇五「戦国期西国の大名権力と東アジア」『日本史研究』五一九
藤井崇 二〇一三『室町期大名権力論』同成社
松井直人 二〇一六「義興～義隆期大内氏権力の構造的特質」『日本歴史』八二二
松岡久人 二〇一一『大内氏の研究』清文堂出版
山田貴司 二〇一二「足利義材の流浪と西国の地域権力」天野忠幸ほか編『戦国・織豊期の西国社会』日本史史料研究会
山田貴司 二〇一五『中世後期武家官位論』戎光祥出版
山田徹 二〇一五「室町時代の支配体制と列島諸地域」『日本史研究』六三一
吉田賢司 二〇一〇『室町幕府軍制の構造と展開』吉川弘文館

大内氏と朝廷

はじめに

本稿は、草創期から大内義隆の時代までに、大内氏が朝廷と取り結んできた関係を検討し、その変遷と特質を考察するものである。具体的には、中世日本において政治・儀礼的行為の一主体であった天皇及び朝廷と、天皇に仕え、朝廷を支えた公家との関係を取り上げ、命題に迫るとしたい。

中世後期の武家（とくに室町幕府）と朝廷の関係については、実質的な政治権力論としても、儀礼的な秩序論としても、とくに一九七〇年代以降に多くの先学が蓄積された。とりわけ地域権力と朝廷の関係については、天皇を頂点とする「礼の秩序」の重要性を唱えた石母田正以来〔石母田正 一九七二〕、将軍・天皇の政治的諸機能と地域権力の自立性の関係を検討した池享〔池享 二〇〇三a〕、一九九〇年代に天皇論が興隆する中、政治・文化・宗教など、さまざまな切り口から中世後期の天皇権威とその推移を検討した脇田晴子〔脇田晴子 二〇〇三〕、「実利的官位」「治罰綸旨」などを論点に地域権力と天皇の関係を分析し、戦国時代における天皇権威の上昇を説いた今谷明〔今谷明 二〇〇一〕、朝廷の運営や儀礼の実態面を検証し、天皇権威上昇説を批判した池や永原慶二など〔池享 二〇〇三b〕〔永原慶二 一九九七〕、多くの研究者が関心を寄せ、貴重な研究成果がいくつも発表されている。

そして、大内氏と朝廷の関係は、その格好の検討素材として、これまで頻繁に取り上げられてきた。地域権力の中でも、大内氏が朝廷と親密な関係を築いていたことは、もはや周知の事実であり、先行研究でむしろ議論になっていたのは、その捉え方や評価の問題であった。

ただし、こうした研究動向には、いまなお課題も残されている。とくに筆者が気にしているのは、先行研究のほとんどが、地域権力と朝廷の関係が顕著になっていく室町時代後期から戦国時代（大内氏でいえば、大内義隆の時期）に検討のウェイトを置いていることである。史料的制約や時期的な画期性のためであろうが、そもそも地域権力と朝廷の関係を通観することなく、その特質に関する結論は導き出せるのであろうか。

もうひとつの課題は、先行研究の多くが地域権力と天皇の関係論に留まり、公家との関係論をうまく織り込めていないことである（むろん、試みられていないわけではない。たとえば、〔神田裕理 二〇一一〕など）。たしかに、同時に取り組むのは容易ではないが、地域権力が何らかの事情で朝廷にアプローチを試みる場合、実際には、公家との個別的な繋がりをきっかけにするケースが多かったはずだ。公家との関係も含めて論じる必要性を指摘するゆえんである。

かかる現状を踏まえ、本稿では、大内氏と朝廷、その関係者（公家）のやり取りを段階的に検討し、実態の通観を目指す。そのうえで、両者の関係の変遷と特質を考えてみたい。

なお、行論にあたっては、検討対象をなるべく政治的なやり取りに絞り込むつもりだ。政治性を感知すれば、儀礼や文芸の問題も取り上げるが、網羅的な関係の検証にはとうてい及ばない。この点を、まずは了承いただきたい。

一　草創期から南北朝時代にかけての関係

本章では、大内氏の草創期から南北朝時代にかけてみられた同氏と朝廷（関係者）の関係を検討しよう。対象時期は、南北両朝の合一にもかかわった大内義弘の段階を区切りとする。

（一）鎌倉時代以前の大内氏と朝廷（関係者）

周知のように、もともと大内氏は周防の在庁官人である。平安時代後期から史料上に姿をみせはじめ、鎌倉時代中期以降には、鎌倉幕府の御家人としても活動していく。

そうした草創期における朝廷との関係だが、史料的制約が大きく、確実なことはほとんどわからない。あえて手がかりをピックアップすれば、養和二年（一一八二）四月二十八日付周防与田保内野寺住僧弁慶申状案（「東大寺文書　四ノ四十七」『平安遺文　古文書編』四〇二三号文書）の最奥などに、大内弘盛（大内氏の祖）が「権介多々良」と署名していることであろう。これ以前に、「周防権介」に任じられていたと考えられるからである。

それでは、この任官は、朝廷の県召除目などを経たものであったのだろうか。残念ながら、その確証は得られていない。在庁官人出身の武士がしばしば用いた「〇〇介」「〇〇権介」「〇〇権守」という名乗りは、けっきょく、「知行国主・受領国司の補任と職の相伝によって成り立ったもので、朝廷の除目（県召除目）とは直接に関係がない」のだという〔峰岸純夫一九八八〕。

大内氏と公家の接触が明確にみられはじめるのは、いまのところ鎌倉時代中期以降とされる。松岡久人の研究によれば、「十三世紀中葉ころ以来」在京していた大内氏は、「六波羅評定衆ないしその前身の如き地位」につき、公家から幕府に持ち込まれた訴訟にかかわったり、御家人の一族が関与する訴訟に本所が下した判決を伝達したりと、「朝幕間の枢機に通じ、また関連的に朝廷の要路に接触する機会も多く、朝儀の要諦にも明るかったものと推測」される〔松岡久人二〇一一〕。

そして、かかる人的な繋がりは、周防国衙における大内氏の地位と権益の維持にも寄与した。周知のように、文治二年（一一八六）に東大寺の造営料国にあてられて以来、周防国衙領支配は、同寺大勧進をトップに、現地へ目代を派遣する格好で進められていたが、鎌倉時代後期に「蒙古襲来という非常事態下での臨時措置に便乗」して「国衙興行」を目論む大勧進心源と、「既得権の否定」に抵抗する在庁官人の間で対立が起こったおり、後者の筆頭であった大内重弘は、「秘計を廻らして公家の朝儀」を動かし、心源を罷免に追い込んだというのである〔松岡久人二〇一一〕。

このような松岡の見解に依拠すると、鎌倉時代中期までに大内氏は、京都にも活動の場を広げていたとみられる。そして、そうした中、公家とやり取りし、便宜を働きかけるような場面も生まれていたわけである。

（二）南北朝時代の大内氏と朝廷（関係者）

本節では、南北朝時代にみられた大内氏と朝廷（関係者）のやり取りを検討しよう。まず確認したいのは、建武政権との関係である。鎌倉幕府の滅亡後、建武政権により、大内長弘が周防守護に取り立てられたと考えられているからだ〔森茂暁二〇一二〕。両者の間でどういったやり取りが生じていたのかは不明であり、その後まもなく長弘は足利尊氏に与していくことになるけれど、ともあれ、歴代当主が周防守護を世襲する出発点は建武政権期にあった。

次に、大内氏と朝廷の接点が確認されるのは、十四世紀半ばのことである。観応の擾乱にともない西国へ下向していた足利直冬に属する大内弘世が、直冬とともに南朝へ降ったのである。そのタイミングについては諸説あるが、恐らく正平九年（一三五四）から同十八年の間であろう〔和田秀作 二〇一三〕。南朝方の周防守護となった弘世は、北朝方の周防守護・鷲頭一派と抗争し、周防を統一。次いで北朝方の長門守護・厚東氏を攻撃し、長門にも進出した。

それでは、弘世は南朝とどのような関係を築いていたのであろう。直接的なやり取りを示す史料はほとんど紹介されておらず、あまり注目されてもいないが、最近筆者は正平十八年四月一日付大内介宛後村上天皇綸旨案（「松田福一郎氏所蔵文書」東京大学史料編纂所影写本）の存在を確認。「周防国下得地保以下惣検事、地頭難渋候条、太不可然、早任国例、急速可令遂其節」という文面から、弘世が南朝方の周防守護として実際に活動していた様子が明らかとなった。また、年未詳六月二十四日付後村上天皇宸筆消息（「五條家文書」『史料纂集古文書編』四一号）によると、「其堺」（恐らく、北部九州方面であろう）の「錯乱」について「弘世注進之旨」が届いたという。弘世から吉野の南朝へ地域の情勢が報告されていた様子もかいまみられた。

その後、貞治二年（正平十八、一三六三）九月に弘世は南朝から離脱。周防・長門守護を兼ねた有力者として、北朝に迎えられた。そして、朝廷との関係でも新たな一面をみせていく。

ひとつは、北朝から新たに位階を与えられたこと。貞治四年十二月二十日付後光厳天皇口宣案（「口宣綸旨院宣御教書案」〔末柄豊 二〇一一〕七号文書）により、弘世は従五位上に昇進したのである。室町幕府を通じてのことか、後述する多々良弘保の事例のように親密な公家を通じてのことか、経緯は判然としない。いずれにせよ、北朝に転じて間もない時期という点を勘案すると、転向に対する恩賞的な意味あいを含むものであったと考えられる。

特定の公家と接触する機会が増えたことも、転向後の特徴である。特筆すべきは、転法輪三条家との関係であろう。弘世は同家出身の女性を妻に迎えており、後の当主の大内盛見は彼女が生んだとされる〔近藤清石 一九七四など〕。また、『後愚昧記』（大日本古記録）永和五年（一三七九）正月十七日条によると、弘世は転法輪三条公忠に大内一族の多々良弘保の受領転任の取り次ぎを依頼。公忠を通じて、朝廷に働きかけていた。

それではなぜ、弘世は転法輪三条家とこうした関係を築けたのであろう。その背景には、長門の同家領荘園（深川荘や日置荘、大津荘）の存在があったと考えられる〔米原正義 一九七六〕。大内氏の長門攻略後、それらの経営には同氏との関係が不可欠となったからだ。『後愚昧記』永和四年四月二十二日条をみると、弘世室とおぼしき「防州大内女性」は、転法輪三条家の青侍「有信」が「去月廿二日請取深川庄」ったと報告する手紙を公忠へ送り、同家領荘園に関与していた様子を示している。すなわち、弘世と公忠は経済的な接点をきっかけに結びつき、やがて政治的な便宜供与や婚姻などに関係を展開していったのであろう。そして、これ以降、転法輪三条家の人物は、たびたび大内領国へ下向したり、朝廷とのパイプ役を務めたりしていくのである。

(三) 大内義弘と朝廷(関係者)

大内弘世の跡を継ぎ、西国屈指の有力者にまで大内氏の地位を高めた大内義弘は、康応元年(一三八九)から応永五年(一三九八)にかけて京都に滞在した。そのためであろう、この間に朝廷や公家との関係は、前代以上に看取されるようになる。

たとえば、義弘は若い頃から二条良基を和歌の師と仰ぎ、至徳元年(一三八四)撰進の『新後拾遺集』に二首入集を果たす。その背景には、西国の有力者に対する室町幕府の配慮と良基の推薦があったとされ(米原正義一九七六)、和歌の実力に即した評価とはいい難いようだが、これ以後頻度を増していった大内氏の文芸と公家の関係を示す早い事例として注目される。

朝廷の神祇を司った吉田兼敦との関係もまた、在京中の動向として検討に値する。義弘は『日本書紀』や神祇のことに関心を持っており、兼敦にたびたび疑問点を問い合わせていた。彼の学問の幅広さを示すエピソードだが、興味深いのはそれだけではない。同じ頃に義弘は、「守護押妨」により「多年御不知行」となっていた「吉田社領周防国小白方庄」の年貢を調進し、兼敦を喜ばせるが、そうした配慮は「日本書紀師範之故」であった(『兼敦朝臣記』〈山口県史史料編中世一〉応永五年七月十六日条、同十八日条、同年九月二十四日条など)。すなわち、文芸面における結びつきが、荘園領主と現地の守護、代官という関係に作用することもあったわけだ。互酬的ともいうべきこうした関係は、後に触れる大内政弘と一条兼良のやり取りにもみてとれ(詳細については、第二章第二節を参照)、注目したいところである。

この時期になると、大内家臣と公家の関係もみられはじめた。たとえば、至徳三年から嘉慶二年(一三八八)の冬にかけて、四辻善成が「ひかる源氏の物語講読の席」で「五十四帖の秘儀」を講義したおり、「大内家子」平井相助は欠席せず受講し続けたという（「千鳥」奥書『山口市史史料編　大内文化』第四編第八章第二節二三号）。恐らく彼は、大内氏の在京雑掌として活動し、後に足利義満にも仕えた平井道助（田村杏士郎二〇一五）。応永九年中に祥助と改名しており、「相助」の記名は「しょうじょ」の音通ゆえとも考えられる。いずれにせよ、興味深いのは、この時期すでに公家と文芸的な関係を有する大内家臣が登場していたことである。「大内文化」を支えた家臣団の文芸活動の先駆けとして、特筆すべき動向といえよう。

加えて、義弘期の問題としてもうひとつ押さえておきたいのは、南朝との関係である。応永の乱から間もない時期に成立した『応永記』（群書類従二〇）の「勲功ニ和泉・紀伊給両国、某南朝御和睦ノ事ヲ取申シ、両朝一統スルノミニ非ズ、三種ノ神器ヲ当朝ニ納ム」という記事などを根拠に、義弘が南北両朝の合一にかかわったとされているのである。他に一次史料がなく、真偽は定かではないけれど、南朝に与していた過去や、和泉・紀伊の守護という立場を勘案すると、たしかに「すべて虚構とは言いがたい」という評価が妥当なのであろう（森茂暁一九九七）。

なお、早い時期の大内氏研究の中には、義弘が応永の乱を起こした際に、後村上天皇の皇子師成親王を擁していたとする説もある（御薗生翁甫一九五九など）。ただし、それらの見解は、すでに米原正義により否定されている（米原正義一九七六）。しばらく後に生じたとされる大内教弘と師成親王の歌道の師弟関係については検討の余地を残すものの、義弘段階における関係性は裏づけられないのである。

（四）小括

ここまで本章では、草創期から大内義弘期にかけてみられた朝廷（関係者）との関係を検討してきた。改めて内容を整理しておこう。

在庁官人の出身である大内氏は、平安時代後期には「周防権介」を名乗りはじめた。ただし、任官経緯は不明であり、朝廷との関係はまだはっきりしない。鎌倉時代中期までくだり、大内氏が活動の場を京都まで広げると、公家とのやり取りが確認されはじめる。「六波羅評定衆ないしその前身の如き地位」にあった大内氏は、その立場上、公家とも接触するようになったのである。

南北朝時代に入り、大内氏は朝廷との関係を明確に示しはじめる。詳細は不明ながら、大内長弘は建武政権から周防守護に任じられ、やがて北朝方の周防守護に転じ、守護職世襲のきっかけをつくった。その一方、大内弘世は正平九年（一三五四）から同十八年まで南朝方の周防守護として活動。周防を統一し、さらには長門進出も果たしたうえ、北朝へ転じた。北朝は位階を与え、彼を歓迎している。

北朝転向後に注目されたのは、公家と接触する機会が増えたことであった。長門に荘園が所在した関係もあり、とりわけ転法輪三条家との結びつきは顕著であり、弘世は婚姻関係を結んだり、大内一族の任官申請まで依頼したりしている。そして、同家とのこうした関係は、大内義隆の時代まで続いた。

大内義弘の時代になると、長く在京したこともあり、公家と接触する機会はさらに増加する。とくに注目されたのは、周防・長門守護と荘園領主という関係に留まらず、文芸に関するやり取りが確認されはじめたこと、大内家臣についても同様の動きがみられはじめたことであろう。大内氏による京都の文化的要素の摂取は、厳密にいえば、このあたりからスタートするのかもしれない。また、政治的な面では、義弘が南北両朝の合一にかかわっていた可能性が指摘された。かつて南朝に与していた過去と、和泉・紀伊守護を兼ねていた立場ゆえと考えられる。

全般的な流れとしては、大内氏と朝廷（関係者）は、前者の立場の変化（上昇）に即しつつ、鎌倉時代中期から南北朝時代にかけて接触機会を増やしていた。そして、その内容は「六波羅評定衆ないしその前身の如き地位」に即した接触にはじまり、南北朝時代にみられた守護職や官位にかかわる事柄、荘園領主とのやり取り、義弘の在京中にみられはじめた文芸面のやり取りといった具合に展開した。時期を経て、関係には変化と広がりが生じていたのである。

二　室町時代の大内氏と朝廷（関係者）

各地の武士と直接的な結びつきを形成した南朝の消滅、室町幕府による朝廷の諸権限の接収、伝奏を介した公武交渉の窓口の一元化などを経たことで〔森茂暁 二〇〇八など〕、室町時代に入ると、各地の地域権力が朝廷と政治的な関係を持つ場面はみられなくなっていく。

ただし、だからといって公家や皇族との個別的な関係が断ち切られたわけでない。在京機会が多いこともあり、大内氏の場合、荘園をめぐるやり取りや、文芸面の交流は引き続き活発であった。また、領国内の寺社の祭祀・儀礼については、朝廷が重要な役割を担っていた。

そして、かかる大内氏と朝廷（関係者）の関係は、応仁・文明の乱をきっかけに転機を迎えた。大内氏が自身の政治活動のために、親しい公家を介して朝廷とコンタクトを試みる場面が生じはじめたのである。

本章では、室町時代にみられた右のごとき関係と変遷を追跡しよう。対象時期は、大内政弘の時代までである。

（一）室町時代前期にみられた関係

ここでは、室町時代前期における大内氏と朝廷（関係者）の関係を検討したい。

冒頭で述べたように、この間にみられる事例の多くは、公家や皇族との個別的なやり取り。守護管国内に所在する荘園に関することや、文芸面の交流である。大内氏当主の官位昇進など、その他にも朝廷との接触を予測させる場面もみられるが、この頃には室町幕府を通じた手続きが体制化しており（木下聡二〇一一a）、大内氏も一応これに従っていたとおぼしい。この時点では、さしあたり検討の視野に入らない。

1　荘園をめぐるやり取り

まずは、伏見宮家領であった筑前住吉社領の問題を素材に、荘園をめぐるやり取りをみておこう。永享元年（一四二九）の「筑前御料国」化にともない、筑前支配の担い手が少弐氏から大内氏に転じると（佐伯弘次一九七八）、住吉社領の代官はさまざまな人物から「競望」された（「競望」した人物については後述）。そうした中、将軍足利義教の意向もあり、永享五年九月から同所の収納を二〇〇〇疋で請け負ったのが大内氏である。代官は、同氏の在京雑掌安富定範。彼と伏見宮家の間では、すぐに補任状と請状がやり取りされた（『看聞日記』〈続群書類従補遺二〉永享五年九月十二日条）。

ただし、筑前では大友氏や少弐氏との紛争が続いており、当初はなかなか収納に至らなかった（『看聞日記』永享十年三月十五日条）。また、筑前をとり巻く政治状況が変化すると、代官もまた移り変わった。永享十二年二月に少弐氏が室町幕府から赦免されると（「志賀文書」『熊本県史料中世篇第二』二三九号文書）、代官は三五〇〇疋に増額のうえで同氏へ移行（結局は、三〇〇〇疋に減額。『看聞日記』嘉吉元年三月二十一日条）。嘉吉二年（一四四二）十二月に少弐氏が討伐対象になると（「志賀文書」二四七号文書）、翌年二月にふたたび大内氏へ戻り、やはり定範が代官を務めた（『看聞日記』嘉吉三年二月七日条）。そして、こうした代官の移行や収納、額の増減交渉のつど、大内氏と伏見宮家の間では人や文書の往来が生じていた。

かかる事例を勘案すると、守護管国内に所在した荘園をめぐるやり取りは、地域や荘園領主にもよるのだろうが、かなり頻繁であった。恐らくこの頃、大内領国の中に権益を有した公家・皇族と大内氏の間では、右のごときやり取りが大なり小なり行なわれていたと考えられる。

2 下向してきた皇族、そして貞成親王との関係

ところで、この間には大内領国へ下向する皇族も存在した。よく知られているのは、応永の乱後に下向したという師成親王だが（御薗生翁甫 一九五九など）、先述のように、在国の確証は得られていない（米原正義 一九七六）。ただし、師成親王以外にも下向していた皇族が確認される。彼等はいったいどういう人物で、大内氏とどのような関係を結んでいたのであろう。

ひとりは、「筑紫宮」「筑紫河嶋宮」「五辻宮」と呼ばれた人物である。『看聞日記』永享四年（一四三二）八月二十八日条によると、「後深草院後胤」であり、歴代は伏見院や花園院の「御猶子」として「御諱字」を賜ってきたという。九州に本領を有しており、永享年間に大内・大友両氏の紛争が起こると、伏見宮貞成親王の仲介で大内盛見から所領安堵を獲得（『同』永享四年四月四日条）。やがて九州へ下向し、永享五年八月には、先述した筑前住吉社領の代官を競望する（『同』永享五年八月四日条）。どうやら活動基盤は筑前にあり、それで大内氏と接点を持つことになったらしい。

もうひとりは、「法泉寺」「法泉寺方丈」と呼ばれた僧侶。「崇光院宮、相応院御舎弟」とされ（『看聞日記』嘉吉元年四月十六日条）、先行研究は明江宗叡という臨済宗大応派の禅僧に比定する。応永十三年（一四〇六）に周防へ下向し、嘉吉元年（一四四一）まで三十五年にわたり在国。上洛後は南禅寺正眼院に逗留し、「五山長老」への「出世」を目指すもうまくいかず（『同』嘉吉元年四月二十五日条、五月十九日条）、結局は妙心寺住職に納まったという（玉村竹二 一九八一）（國守進 二〇一二）。

そんな法泉寺方丈と大内氏の間には、上洛以前から接点が生じていた。たとえば、永享四年に法泉寺方丈は大内持世・持盛兄弟と話を付け、伏見宮家の筑前住吉社領の代官を一時的に請け負っている（翌年交替させられ、そ

の後ふたたび請負申請。『看聞日記』永享四年二月五日条、同七日条、同五年九月三日条）。法泉寺領をめぐるやり取りもみられ、『看聞日記』永享八年七月十一日条によると、法泉寺方丈は大内氏に対する「寺領事」「口入」を貞成親王に依頼。嘉吉三年三月にも、法泉寺領周防屋代島安下庄公文名の返還を要請する「奉書」を貞成親王から大内氏に送ってもらっている（『同』嘉吉三年三月一日条）。かかる関係をみる限り、法泉寺方丈もまた大内領国に基盤を置き、大内氏とやり取りしつつ活動していたようだ。

加えて、大内氏と皇族の関係を整理する中で目に留まるのは、貞成親王が両者を仲介していたこと。とくに興味深いのは、伏見宮家領ではない法泉寺「寺領」の回復まで大内氏に「口入」していた事実である。それではなぜ、こうした事態が生じたのであろう。

永享八年及び嘉吉三年という発生時期を勘案すると、恐らく「口入」は、永享五年の「治天の君」後小松上皇の死去にともない、後花園天皇の実父であった貞成親王が、公家社会の中で存在感を示しはじめていた状況を背景としよう。つまり、限られたケースではあるけれど、大内氏は、「事実上の上皇」というべき貞成親王とやり取りし、荘園保護の要請を受けることもあったわけである。

3　宇佐宮の造営と朝廷

荘園経営などをめぐり、公家や皇族の間で生じた個別的な関係とは別に、朝廷との直接的なやり取りを示唆するケースもみられた。寺社の祭祀や造営等に関する事柄である。応永年間に実施された宇佐宮の造営を事例に、その様相をみてみよう。

田村正孝の研究によると、応永二十五年（一四一八）に着工した宇佐宮の造営は、応永の乱で失墜した権威の回復を企図する大内盛見の主導のもと、将軍足利義持の後ろ盾を得て実施されたが、じつはこの動きに朝廷もかかわっていた。たとえば、造営や遷宮の節目にあたっては、京都の陰陽師安倍氏から日時勘申が出されており、蔵人所からは神宝装束が送られている（田村正孝二〇〇七）。また、応永二十九年の遷宮にあたり、盛見は朝廷に勅使「宇佐使」派遣を働きかけていた（『康富記』〈増補史料大成〉応永二十九年二月十三日条）。先例調査の結果、「宇佐使」の派遣は最終的に沙汰やみとなったが、同年六月には造営成就をことほぐ称光天皇の綸旨が発給されており、朝廷の関心は明らかであった（「到津文書」『大分県史料一』二〇七号文書）。

このように、応永年間に実施された宇佐宮の造営は、大内氏と室町幕府のみならず、朝廷も関与し、進められていた。先例に則り事業を推進するためには、日時勘文や装束など、朝廷が提供する儀礼的資源が不可欠であったためであろう。逆にいうと、経費や実務のイニシアチブをどれだけ握ったとしても、武家にそれを用意することは困難であった。ゆえに、盛見は幕府の関係者のみならず、朝廷の関係者とも連絡を取り合わなければならなかったのである。

(二) 応仁・文明の乱が与えた影響

政治性を帯びたやり取りはみられなかったものの、大内氏と朝廷(関係者)の関係は、室町時代前期の時点でも思いのほか活発であった。それでは、こうした状況は、室町時代の政治的画期とされる応仁・文明の乱の勃発により、どのように変化するのであろう。本節では、このことを検討してみたい。

1 応仁・文明の乱前後にみられた関係の変化

応仁・文明の乱にあたり、時の当主大内政弘は西軍に味方。応仁元年(一四六七)に上洛し、文明九年(一四七七)十一月まで京都に滞在する。それでは、そうした政治的立場と活動地域の変化は、大内氏と朝廷(関係者)の関係にどんな影響を与えたのであろう。

結論を先どりすると、この間に生じた大きな変化は、朝廷(関係者)が大内氏の政治活動にかかわりはじめたことにある。

ひとつは、後南朝勢力との結びつき。すでに知られているように、応仁・文明の乱にあたり、西軍は南朝の後胤・小倉宮流の岡崎前門主の子息を「新主上」として擁立した。森茂暁によると、その動向は文明元年から同四年頃まで確認されるという〔森茂暁 一九九七〕。「新主上」と政弘の関係を明示する史料はみつかっておらず、また、後南朝の活動も一時的なものに過ぎないのだが、西軍における大内氏の立場を勘案すると、この間に両者がなんらかの接点を有していた可能性はあろう。

一方で、応仁・文明の乱の前後にかけて、政弘は数人の公家と親密な関係を築き、そうした人脈を自身の政治活動に利用していた。たとえば、「一天無双の才人」と呼ばれた学者であり、関白まで務めた一条兼良は、そのひとりである。

大内氏と一条家の関係は、兼良とその家族が応仁二年八月に奈良興福寺大乗院へ疎開した頃からみられはじめた。直接的なきっかけは、同年十一月に摂津福原荘へ移った一条政房（兼良の孫）と大内家臣の問田弘綱の関係。当時兵庫湊を押さえていた弘綱は、政房に「奉公」を申し入れ、「庄家事」から「朝夕等事」まで対応していたのである（『大乗院寺社雑事記』〈増補続史料大成〉応仁二年十一月二十六日条、十二月五日条、文明元年六月二十二日条など）。文明元年十月に東軍方が福原荘を襲い、政房を死に追い込んだために、両者の関係はわずか一年で幕をおろすが、その後に展開する政弘と兼良のやり取りには、こういう前提があった（なお、両者の関係については、つい最近、大田壮一郎の詳細な研究成果を得た〔大田壮一郎 二〇一八〕。あわせて参照いただきたい）。

そして、これ以後、政弘と兼良は関係を深めていく。文明四年五月に依頼した亡父大内教弘の肖像賛を皮切りに（『大乗院寺社雑事記』文明四年五月二十七日条）、同六年四月には『花鳥口伝抄』の書写校合を、同八年七月には自筆の『伊勢物語愚見抄』と『花鳥余情』を所望（米原正義一九七六）。上洛中の政弘は、兼良の文芸活動の成果を存分に享受していた。

もっとも、両者の関係は、政弘の要請ばかりで占められていたわけではない。この間に兼良はたびたび金銭を受け取っており（『大乗院寺社雑事記』文明七年八月十三日条など）、後述するように、長年不知行であった周防屋代荘を返還されてもいる。先述した大内義弘と吉田兼敦の事例と同様に、両者の関係は互酬性をともなうものであった。

こういった両者のやり取りの中で、とりわけ注目したいのは、政弘が進めた亡父教弘への従三位贈位運動に兼良が協力し、文明十一年には、後土御門天皇への働きかけを担ったことである（詳細については、次項を参照）。以前検討したように、従三位贈位運動は、自身の家督を正統化するために政弘が進めた亡父顕彰の手続き〔山田貴司二〇一五c〕。いい換えれば、「朝廷の栄典」を利用した大内氏の政治活動であった。このような、朝廷との関係を自身の政治活動に利用しようという動きと、それに公家が協力するという構図は、室町時代前期にはみられなかったもの。応仁・文明の乱を経て生じた、新たな展開といえよう。

大内氏の政治活動とのかかわりという点では、陰陽師の賀茂一族との関係も見逃せない。応仁・文明の乱の間に親密になったらしく、文明九年の帰国にあたり、政弘は賀茂在宗を領国へ招聘。「筑前国糟屋郡西郷福満庄」

等の「公領分」を与えて側に置き（『正任記』〈山口県史史料編中世二〉文明十年十月十八日条など）、災厄を察知する陰陽師としてのみならず、その人脈を駆使した朝廷とのパイプ役として活動させた。なお、賀茂一族は、在宗以後も在重、在康と三代にわたり大内氏との関係を維持。右に示したような役割を担い続けていく〔森茂暁 一九九六〕〔藤井崇 二〇一四〕。

この間に生じた新たな局面として、公家の下向問題にも触れておこう。周知のように、室町時代から戦国時代にかけて大内領国には多くの公家が下向するが、早い事例は転法輪三条公敦のそれであった。先述のごとく、長門には転法輪三条家領荘園が所在。かつて両者の間には血縁関係も存在した。下向以前の公敦と大内氏の関係はよくわからないが、経済的な困窮に耐えかね、右の縁を頼り下向したのであろう。『長興宿祢記』（史料纂集）文明十一年四月十九日条にみえる「今日転法輪三条新右府公敦公令下向周防国給、一乱中家領等飛行、未無安堵、仍在京御堪忍難叶之間、被申御暇、暫為在国令下向給云々」という記事は、そうした事情を端的に物語っている。

下向の当初、公敦は当座の在国とするつもりだったらしい。しかし、結局は上方を旅した一時を除いて周防に在国し続け、永正四年（一五〇七）に当地で生涯を終えた。二十八年に及ぶ在国中に、公敦は政弘や大内義興、そして家臣団の文芸活動に大きな影響を与え、そのことは米原正義の研究に詳しい〔米原正義 一九七六〕。

むしろ、本稿で注目したいのは、京都に残っていた子息実香が、やがて大内氏と朝廷の取次役として頻出するようになり（『御湯殿上日記』〈続群書類従補遺三〉享禄二年十二月二十四日条など）、嫡孫公頼もまた周防に下向するという、その後の流れである。公敦の下向により、大内氏と転法輪三条家は一層親密さを増したのである。

2　大内政弘が実施した「諸政策」と朝廷（関係者）

少し触れたように、応仁・文明の乱前後に至り、大内氏は朝廷との関係を自身の政治活動に用いはじめた。では、具体的にそれはどういった格好で進められたのであろう。文明年間後半に大内政弘が推進した「諸政策」を材料に、検討してみたい。

まずは、「諸政策」の内容と推進の背景を整理しておこう。そもそも政弘の父大内教弘は、室町幕府と対立を繰り返した人物。死去直前には、伊予河野氏追討をめぐり、「対治」の対象になっていた。そして、教弘の後継者となった政弘は、そうした対立構図をあわせて継承する。応仁・文明の乱にあたり、彼が西軍に与し、幕府と対立し続けた背景には、こういった事情があった。

その一方、西軍として上洛した政弘には、もうひとつ頭の痛い問題が生じていた。不在の大内領国で伯父大内教幸が東軍方として挙兵し、領国と家臣団の分裂を招いたのである。文明九年（一四七七）に政弘が東軍と和睦し、帰国後すぐに教幸勢を駆逐することで事態はおおよそ収束に向かうけれど、しばらく家臣団の混乱は続いた。

かかる事情や課題を踏まえ、文明年間後半にかけて政弘は、祖先伝承の整備、亡父教弘の顕彰、家臣団の任官統制、官僚機構の整備など、当主権力の正統性と支配体制を強化する政策を次々に打ち出した。これらが、本稿でいう「諸政策」である。多岐に渡ったその内容については拙稿等を参照いただきたいが〔山田貴司 二〇一五d〕〔伊藤幸司 二〇〇八〕、さしあたり朝廷との関係で注目されるのは、①文明十年から同十八年にかけてみられた亡父教弘への従三位贈位運動と、②同年に実現した氏寺氷上山興隆寺の勅願寺化と勅額下賜、③同十九年に進められた亡父教弘の神格の「大明神」昇格運動である。

先ほども述べたように、①は、亡父教弘を顕彰することで、自身の家督をも正統化しようというもの。はじめは幕府を通さず、一条兼良を伝手に後土御門天皇へ直接打診する格好で進められた。もっとも、最初の働きかけは、「武家執奏」を経ていない手続きを問題視する天皇の意向と、足利義政の執奏拒否により挫折。その後、文明度の遣明船の帰洛をめぐる駆け引きの中、義政が翻意して執奏し、文明十八年六月にようやく実現した。なお、この時には、前関白近衛政家がかかわりをみせている〔山田貴司 二〇一五c〕。

②は、政弘の「瑞夢」をきっかけにするというもの。ただし、申請理由はそれだけではあるまい。対象となった興隆寺は、大内領国の人々の結集機能を担っていた重要な寺院〔森茂暁 一九九八〕。しかも、その勅願寺化は、大内氏の祖先伝承の整備と、政治的立場の正統化が同時並行的に進められていた文明十八年に申請された〔須田牧子 二〇一一〕。つまり、この時に企画された勅願寺化と勅額下賜には、大内氏の正統性を演出する目論みも込められていたのである。

そして、申請にあたり活躍するのが、先ほど紹介した賀茂在宗である〔森茂暁 一九九六〕。政弘の意向を受けて

図1　後土御門天皇宸筆《本造扁額「氷上山」》文明18年(1486)(興隆寺所蔵)

周防から上洛した彼は、朝廷との交渉実務を担当。その働きにより、政弘の申請は三条西実隆から後土御門天皇へ執奏され、みとめられることとなった。最終的に、興隆寺に宸筆の勅額(図1)が掲げられたのは、大祭修二月会の直前、文明十九年二月十一日のことであった。

③は、亡父教弘を顕彰する政策の最終段階で実現したもの。これ以前に教弘は神格化され、「築山霊神」と呼ばれていた。しかし、文明年間後半に至り、政弘は朝廷の神祇を司っていた白川伯家の忠富王や、吉田神道を興隆した吉田兼倶、さらには宮中の長階局と接触し、「大明神」への昇格を画策。最終的には後土御門天皇の勅許を受け、文明十九年三月五日に昇格を果たした(山田貴司二〇一五d)。

それでは、右記①〜③に登場した公家の面々は、どういった経緯で政弘の「諸政策」にかかわりはじめたのであろう。それぞれ事情は異なるのであろうが、背景のひとつには、大内氏との経済的な結びつきがあったと思われる。象徴的なのは、①の事例。従三位贈位を拒絶した後土御門天皇に向けて出された、一条兼良の書状である。ここで彼は、長く不知行だった周防屋代荘を政弘に返してもらったので、「さやうのちなみにつき」従三位贈位の件を申し上げたが、「もし申さたし候はすは、けつちやう又おさへ候へき」と大内氏の「あんないしや」から伝えられている、ついては「ふけのとかめや申され候はんすらん」などといわず、このままでは「たちまちにけりやうを一所うしなひ候事を、あはれみおほしめし」して欲しいと述べ、勅許を再度懇願しているのである(「北白川宮旧蔵手鑑零存」〔末柄豊二〇〇六〕)。すなわち、政弘の期待に応えられなければ、彼等は荘園の年貢を確保したり、礼銭を獲得できなかったわけだ。

このように、応仁・文明の乱前後に至り、政弘は直面する課題を克服すべく、経済的な結びつきを梃子に親しくなった公家を交渉ルートに朝廷とコンタクトし、その関係を自身の政治活動に利用しはじめていた。

ではなぜ、この時期に至り、政弘はかかる動向をみせはじめたのであろう。彼を取り巻いていた政治状況を勘案すると、背景には、教弘以来、幕府と対立してきたという経緯や、地域権力の政治的立場に正統性を供給してきた将軍権力の分裂があったとおぼしい。そうした経緯や状況、そして自身の体験を踏まえ、政弘は、政治的立場を演出し、正統化する技法とその供給元を、幕府以外にも確保しようと考えたのではないだろうか。確たる手がかりはまだ乏しいけれど、状況証拠的に、いまはこのように考えておきたい。

(三) 小括

本章では、室町時代にみられた大内氏と朝廷(関係者)について、二つの時期に区分して検討してきた。内容を整理すると、室町時代前半にみられた事例の多くは、大内氏の守護管国に所在する荘園に関することや、(ここでは取り上げなかったが)文芸的な事柄。各地の武士と直接結びついていた南朝が消滅する一方、室町幕府が朝廷の諸権限を吸収し、公武交渉の窓口を一元化していったこともあり、この間に政治的なやり取りはみられなくなっていた。

しかしながら、公家や皇族との個別的なやり取りは活発であった。代官請の契約や収納のたびに、大内氏(ないしその家臣)と荘園領主たる公家・皇族の間では関係が生じていたと思われ、加えて大内領国には、筑紫宮や法泉寺方丈といった「下向皇族」も存在した。しかも、彼等は「事実上の上皇」とみなされていた伏見宮貞成親王に「口入」を依頼し、大内氏と交渉することもあった。

また、この間に朝廷は、大内盛見が主導した宇佐宮の造営に、日時勘文や装束調達などでかかわっている。先例との兼ね合いもあり、朝廷が寺社の祭祀・造営等に独自の役割を果たす場面もみられたのである。

その後、大内氏と朝廷(関係者)の関係は、応仁・文明の乱をきっかけに新たな展開を示した。亡父大内教弘以来、幕府と対立してきた経緯と、伯父大内教幸の挙兵により生じた領国及び家臣団の分裂を背景に、大内氏そのものと、その家督を継承した自身の正統性の演出を企図する大内政弘の政治活動に、朝廷(関係者)がかかわりはじめたのである。とくに注目されたのは、文明年間後半にみられた亡父教弘への従三位贈位運動、教弘の神格の「大明神」への昇格運動、そして氏寺氷上山興隆寺の勅願寺化と勅額下賜の働きかけ。政弘は親しい公家を介して朝廷に打診し、これらを実現に導いていた。そして、こうした動向に公家が協力したのは、大内氏との経済的な結びつきがあったためと思われる。

このように、大内氏と朝廷（関係者）の関係は、政弘期に至り変化を迎えた。その背景には、教弘以来、幕府と対立してきたという経緯と、地域権力の政治的立場に正統性を供給してきた将軍権力の分裂という事態があったのだろう。そういった状況を経験した政弘は、自身の政治的立場を演出し、正統化する技法とその供給元を、幕府以外にも、つまり朝廷との関係においても確保しておこうと考えたのではないか。状況証拠的には、そうみなされるのである。

三　大内義興の上洛と朝廷（関係者）

応仁・文明の乱を画期に、大内政弘は朝廷との関係を自身の政治活動に利用しはじめる。その様子は、文明年間後半に進められた「諸政策」に顕著であった。それでは、そうした動向は、その後どのように推移するのであろう。本章では、大内義興の時代に焦点をあて、このことを考えてみたい。

（一）　義興期前半の状況

まずは、大内政弘の晩年から大内義興期の前半までの状況を押さえよう。

この間には、周知のように室町幕府を揺るがす大事件が起こった。明応二年（一四九三）四月に敢行された管領細川政元のクーデター、明応の政変である。その結果、将軍足利義材（足利義視の子息。義尹、義稙とも）は幽閉され、足利義高（堀越公方足利政知の子息。義澄とも）が新将軍として迎えられた。ところが、失脚したはずの義材は幽閉先を脱出し、北陸に亡命政権を樹立。その結果、将軍権力は義材派と義高派に分裂し、両派に連なった地域権力を巻き込み、対立していくこととなった。

亡命中の義材が大きな期待をかけていたのが、かつては父義視を西軍の首領として仰いでいた大内氏であった。ちょうどその頃に大内氏は、政弘から義興への代替わりを迎え、家督相続の前後から「内憂外患」に悩まされた義興は、義材の要請どおりに動けていないのだが、やり取りは絶えることなく続いていた。そして、明応七年に生じた大友勢との紛争の最中、同八年末に義材が周防山口へ下向すると、最終的に義興は義材派として旗幟を鮮明にした。その一方、京都の将軍義高と管領政元は、義材と義興に対抗すべく大友氏と連携する。かかる経緯の末に、大内・大友両氏の紛争は、義材派と義高派のそれへと性格を転じていくのである〔山田貴司二〇一二〕。

それでは、こうした中、大内氏は朝廷（関係者）とどのような関係を結んでいたのであろう。史料を洗ってみると、明応四年に完成をみた準勅撰連歌集『新撰菟玖波集』の編纂など、公家との文芸的なやり取りは政弘の晩年まで引き続きみられた。しかし、義興が家督を継承した頃から、大内氏と公家の関係を示す史料は政治的にも文芸的にも希薄になっていく。背景には、将軍権力の分裂にともなう政治・軍事的緊張の高まりや、北部九州で生じた少弐氏や大友氏との軍事紛争があったのだろう〔山田貴司二〇一二〕。また、明応三年八月に将軍義高は、義材と通交しないよう公家・門跡に要請していた（『御湯殿上日記』明応三年八月十四日条）。義材の周防下向以後は、これとの兼ね合いも大きかったとみられる。

その後、朝廷との関係はむしろ悪化の様相を呈した。義材派の大内氏と義高派の大友氏の紛争が激化していた文亀元年（一五〇一）閏六月、将軍義高の申請を受けた後柏原天皇は、「大内治罸」の綸旨を発給（『実隆公記』〈続群書類従完成会〉文亀元年五月二十三日条、閏六月十日条など）。義興を「朝敵」としたのである。治罸綸旨により義高派が勢いを増し、大内氏が窮地に追い込まれたなどという情勢変化は確認しえないけれど、同氏と朝廷、公家との関係に与えた影響は小さくなかったはずだ。義材に随行していた阿野季綱や烏丸冬光などを除くと、これ以後、両者のやり取りは、いよいよみられなくなるのである。

（二）永正五年の上洛にともなう関係の変化

ただし、かかる状況は、永正五年（一五〇八）に劇的な変化を迎えた。前年七月の管領細川政元の頓死をきっかけに、大内義興と足利義材は上洛準備をはじめ、永正五年五月にそれを果たしたのである。上洛した義興は、政元の養子細川高国と提携して義材政権を樹立。山城守護にも就任し、政治・軍事の両面で政権を支えていく〔今谷明一九八六〕〔今岡典和二〇〇一〕〔萩原大輔二〇一一〕。

それでは、このような政局の変化は、大内氏と朝廷（関係者）の関係にどういった影響をもたらしたのであろう。

1　官位昇進の経緯が示す関係改善

最初に指摘すべきは、大内氏と朝廷の関係改善であろう。治罸綸旨の件でいったん悪化した両者の関係は、大内義興の上洛にともない改善へと向かい、その後さらに接近していくのである。

その様相は、在京中に実現した義興の位階昇進に顕著である。一度目のそれは、上洛して間もない永正五年（一五〇八）七月、将軍足利義材が「沙汰始」を行なった直後に、義興が帰国を示唆したことに端を発する。義興を京都の秩序維持のキーパーソンと見込んでいた朝廷は、義材の要請もあって慰留にやっきとなり、義興が在京継続の意思を示すと、従四位下に昇進させた（『実隆公記』永正五年七月二十三日〜八月一日条、『後法成寺関白記』〈大日本古記録〉同年七月二十三日〜同三十日条など）。

右の経緯で注目されるのは、この間に朝廷が義興の位階昇進を自発的に提案していた事実である。当時、武士の官位昇進の主導権は室町幕府が握っており、朝廷は「武家執奏」のない叙任を避けていた。ところが、本件が義材に伝えられたのは、朝廷で位階昇進を決定した後のこと（『実隆公記』永正五年七月二十八日〜八月二日条など）。本来の手続きから逸脱しているのだ。そこには、大内氏との関係改善と、慰留に努める朝廷の強い意思がみてとれよう。

また、永正九年三月に実現した義興の従三位昇進は、大内氏と朝廷の関係がより親密になっていた様子を示唆する。永正七年頃から巻き返しをみせはじめた足利義高派を、翌年八月に船岡山で撃破し、「京都平安」をもたらした大内勢の働きに感じ入った後柏原天皇は、すぐに宸筆の女房奉書でその活躍を称賛。半年後の永正九年三月に、義興の「上階」を「叡慮」として発案し、武家伝奏広橋守光をして義材の意向を確認したうえ、これを実現させたのである（『守光公記』〈史料纂集〉永正九年三月二十五日〜同二十七日条、〔湯川敏治 二〇一二〕）。天皇が「叡慮」により武士の官位昇進を主導するという異例の経緯と、大内氏当主が生前に従三位へ昇進した最初の事例という点は、義材政権を支え、京都の治安維持を担った義興の政治的地位をまさに反映するもの。彼との結びつきを強めようという朝廷の思惑も、よく示されている。

2　大内義興と後柏原天皇

異例の官位昇進が物語るように、大内義興と後柏原天皇の間には、かつてないほど親密な関係が生じており、公家の三条西実隆などを通じてやり取りすることもしばしばであった。たとえば、永正六年（一五〇九）二月に天皇が実隆を通じて「薫貝十被裏薄様被納手箱蓋入筥」を義興に下賜し、同年十月に義興が「御薫物拝領御礼」の「沈ノカフ居盆剔紅」を献上した件は、両者間でみられた贈答の応酬を示す一例（『実隆公記』永正六年二月二十七日条、十月十二日条など）。そして、船岡山合戦の直後に天皇が宸筆で女房奉書をしたため、「忠節可被感仰之子細、并下向事被留仰之儀」を義興へ伝えたように、両者の意思疎通は室町幕府を介することなく行なわれていた（『同』永正八年九月二十八日条）。

両者の親密さを象徴する出来事は、永正八年十二月二十五日に義興が西芳寺を訪れた際に、雪化粧した比叡山をみて「かく許　とをきあつまの　富士のねを　いまそ都の　雪のあけぼの」と詠じたところ、「殊勝」と称賛する十三人もの公家が和歌を寄せてこれに応え、さらには後柏原天皇からも自筆「御製」を賜ったという一件であろう（「黒田太久馬氏所蔵文書」『大日本史料　第九編之三』六五七〜六六〇頁、〔米原正義　一九七六〕）。船岡山合戦から間もない時期のことであり、義興の名声が高まっていたとはいえ、その文芸活動までフォローする気の配りようには驚きを禁じ得ない。公家や天皇としては、さまざまな機会を捉え、とにかく大内氏との関係を強化したかったのであろう。そして、義興にとっては、文芸についても面目を施す絶好の機会となった。

なお、永正九年三月十四日に後柏原天皇へ「御製」の御礼を献上した義興は、実隆や転法輪三条実香とともに「長橋上臈局」へ参上。「禁裏被下御酒」を飲み、「沈酔」している（『実隆公記』永正九年三月十四日条、『後法成寺関白記』同日条、『守光公記』同十八日条）。節目ごとにみられたかかる往来もまた、両者の親密さを端的に物語っていよう。

3　接触機会が増えた公家との関係

永正五年（一五〇八）から同十五年までの在京中に、大内義興は公家とも交流を深めた。政治的にも文芸的にも深くかかわった三条西実隆（図2）との関係を中心に、その様相をみておこう。

実隆との関係は、大内政弘の時代にはじまる。きっかけは、周防山口へ下向していた転法輪三条公敦や勘解由小路在宗・在重を介したやり取り（『実隆公記』文明十三年五月六日条など）。文明十八年（一四八六）には、政弘が進めた氏寺氷上山興隆寺の勅願寺化と勅額下賜の「奏聞」を担い、大内氏と朝廷のパイプ役を務めた（『同』文明十八年七月四日、同五日、同二十日条）。文芸面での結びつきがみられはじめるのも、ちょうどこの頃からである（『同』文明十九年三月三日条）。在国し続けた公敦との付き合いや、連歌師の宗祇、猪苗代兼載の周防下向、『新撰菟玖波集』

図2　土佐光信筆《三条西実隆像紙形》文亀元年（1501）（東京大学史料編纂所所蔵）

編纂の「素願」の地とされた長門一宮の法楽和歌との絡みもあり、明応年間半ばまで両者の間にはしばしばやり取りが生じていた（米原正義 一九七六）。ただ、先述のごとく将軍権力の分裂や大内氏の代替わりにより、いったん関係は希薄化する。

ふたたびやり取りが頻繁になったのは、大内義興の上洛以後である。両者が（恐らく）はじめて対面したのは、上洛から間もない永正五年七月十一日。贈答の御礼として、義興が実隆邸を訪れた時のことであった（『実隆公記』永正五年七月十一日条）。これをきっかけに以前の関係が復活したらしく、この後に実隆は、先述した位階昇進や「御製」下賜の件など、さまざまな場面で大内氏と朝廷のパイプ役を担っていく。

加えて、実隆のもとには、大内家臣がたびたび訪れていた。頻繁だったのは、問田弘胤、龍崎道輔、陶興就など。用件には、政治のことと文芸のことが入り混じっている。弘胤に多いのは、周防国衙領や東大寺領椹野荘の返還問題（詳細については、次項を参照）などの政治的なやり取り。彼ほどではないけれど、道輔にも同様の内容がみられる。逆に、興就には政治的なやり取りはみられない。ほとんどが、文芸にかかわるものであった（米原正義 一九七六）。

大内家臣と実隆の関係で興味深いのは、上洛直後から道輔が「職原抄の校訂、不審条々の勘付、有職事不審条々（官位方事不審篇目）の注付、弘安礼、職原抄不審の注付、雑々不審の勘付、当時公家殿上交名の注付、不審条々の銘、実隆筆本弘安礼の題銘、奥書の染筆、鷹不審事の回答」などを実隆に所望していたことである（米原正義 一九七六）。道輔は大内氏権力の実務を担う奉行人であり、「官位方事不審、綿密宏才之者」と評された人物であった（『実隆公記』永正五年十月二日条）。

道輔が実隆のもとに通い、「官位方事」など有職故実の受容に務めたのは、大内氏の政治・儀礼的立場の上昇と人間関係の変化にともない、主従ともども場面に即した礼法と所作が求められるようになったためであろう。事実、上洛直後に義興が帰国を示唆したおり、朝廷は慰留の勅使を大内邸に派遣するが、「無其例条、何トモ対面ノ様ヲ不知」との理由で、義興はこれに対面しなかった（できなかった）のである（『梵恕記』〈山口県史史料編中世一〉永正五年七月二十七日条）。

そんな実態も踏まえ、上洛中の義興は、武家故実を伊勢貞陸に学び、家臣もまた有職故実を熱心に享受した。義興は「有職故実や芸能について、これまでの大内歴代より遥かに深い教養をもっていた」とされるが（米原正義一九七六）、その背景には、京都の公家社会、そして武家社会の儀礼と故実に通じなければ、場面に即した振舞いができないという現実的な課題があった。接触機会を増やした公家から「田舎武士」と揶揄されないためには、有職故実に精通した人物に接近し、学びとっていくより他なかったのである。

4　公家から持ち込まれた政治的な要請

上洛により、大内義興は朝廷や公家と日常的に接触する機会を持つようになり、かつてないほどその政治・儀礼的な立場を高めた。ただし、それだけに、彼のもとにはしばしば政治的な要請が持ち込まれることにもなった。それは、大内領国に所在する荘園のことから、新たに守護となった山城国内での対応（『実隆公記』永正八年九月二十三日条など）、時には守護管国外に所在する公家領の問題にまで及んでいる（『同』同年六月四日条など）。

とりわけ注目すべきは、三条西実隆を通じて東大寺から持ち込まれた周防国衙領の返還要請であろう。先述したように、中世を通じて周防は東大寺の造営料国。もともとは戒壇院・油倉が大勧進職として国司を務め、目代を現地へ派遣し、「寺院荘園」というべき国衙領の年貢収取と輸送にあたらせていた。ところが、たび重なる大内氏の課役賦課や応仁・文明の乱により、そうした支配体制は動揺しはじめ、延徳二年（一四九〇）に大内政弘が子息の大護院尊光を目代に据えると、国衙領の年貢は東大寺にまったく入らなくなっていた。それで東大寺は、義興の上洛を機にその回復を画策したのであり、両者の折衝を取り持ったのが、これまで何度も登場してきた実隆その人であった（本多博之一九八七）。

要請を受けた当初、義興は「帰国之後可渡」と回答を示した（『実隆公記』永正五年十一月二十七日条）。上洛にあたり、将軍足利義材から相国寺崇寿院領和泉堺南荘を付与された際には、辞退したうえで「何事モ旧ノ如クニ寺社本所領ヲ御返シツケラレヨ」と言上し、荘園保護の姿勢をみせたというが、それに比べると明らかに歯切れが悪い（『梵恕記』永正五年五月九日条）。自身と家臣の利害に直接かかわる事柄でもあり、先送りしたかったのであろう（藤井崇二〇一四）。

しかし、実隆を介した粘り強い働きかけと、東大寺「閉門」という実力行使を前に、最終的に義興はこれを受諾（『実隆公記』永正六年正月二十二日条）。延徳年間以来、取得し続けてきた国衙領の収入を手放した。すでに大内氏とその家臣は、代官請や国衙候人の被官化などにより国衙領支配に深く食い込んでおり（本多博之一九八七）、返還で権益のすべてを失ったわけではなさそうであるが、在京費用も嵩む中、想定外の事態ではあったろう。しかも、その直後に義興は、やはり実隆の仲介により東大寺領の周防椹野荘の返還を要請され、結局これも受け入れるのである（『同』永正六年四月十四日条、九月十四日条など）。

このように、朝廷や公家との交流が提供したのは、なにもポジティブな影響ばかりとはいえなかった。上洛によって新たに形成された関係を壊さないために、また、この間に高まった政治・儀礼的な立場の手前もあり、義興は公家の要請、あるいは公家がらみの要請を、なかなか無碍にできなかったのである。

（三）　小括

ここまで本章では、大内義興期における朝廷（関係者）との関係を検討してきた。内容を整理すると、明応の政変にともなう将軍権力の分裂と、北部九州で生じていた少弐氏や大友氏との軍事紛争、さらには足利義材の周防下向により、大内氏と朝廷（関係者）の関係はいったん希薄化。さらには、文亀元年（一五〇一）閏六月に後柏原天皇が「治罰綸旨」を発給したことにより、関係は悪化の様相を呈していた。

かかる状況が劇的に変化するのは、永正五年（一五〇八）に実現した義興と義材の上洛がきっかけであった。義興を京都の秩序維持のキーパーソンと見込んだ朝廷は、彼が帰国の意思を示したおりや、船岡山合戦で足利義高一派を撃破した際に、異例の位階昇進を自発的に提案するなど、義興の称賛と慰留にやっきとなっていた。その結果、上洛前には悪化の様相を呈していた大内氏と朝廷の関係は、一気に改善。義興と後柏原天皇、そして公家との間には、かつてないほど親密な関係が築かれたのである。

最後に、このような関係の意義を改めて考えてみたい。はたしてこの時期にみられた朝廷（関係者）との関係は、大内氏にとってどのような意味あいがあっただろう。

ひとつ指摘できるのは、朝廷との関係が、京都における義興の立場にはっきりとした輪郭を与えていた可能性である。そもそも上洛以前の義興は、義材を自領に迎え、御内書副状を発給して諸勢力と連絡を取り合うことで、義材派の中心という役まわりを担っていた（山田貴司二〇一二）。そして、そうした活動内容は、上洛以後もさほど変わらないという。ただ、幕府の制度上における義興のポストは、あくまで中国と北部九州、そして山城を管轄する守護に過ぎず、また、義材政権の一方の柱となった管領細川高国や畠山尚順の合流もあり、上洛以後の彼の「幕政関与」は「幕府機構外における口入という形」に留まっていた（今岡典和二〇〇一）。すなわち、上洛した義興に幕府が用意した政治的立場は、思いのほか曖昧であったのだ。

そんな義興の役まわりと立場を、より明快に周囲へ示していたのは、むしろ朝廷との関係であろう。先述のとおり、後柏原天皇は大内勢に京都の治安維持を期待しており、義興が帰国を示唆するつど慰留に努めた。実際のところ、京都を含む山城の統治には管領高国と重なる部分もあったわけだが（今谷明一九八六）、とにかく朝廷が重要視していたのは、義興と大内勢が在京し続けることであった。

そして、このような期待の大きさと影響力の優劣は、義材政権の構成員の官位昇進にストレートに反映された。細川京兆家の場合は、永正五年に管領高国が右京大夫に任官し、同九年に「四品」への昇進がとり沙汰された程度（結局は辞退し、昇進せず）。その一方、大内氏の場合は、義興が永正五年八月に従四位下へ、同九月に従四位上へ（『歴名土代』〈続群書類従完成会〉）、同九年三月に従三位へ昇進（湯川敏治二〇一一）。同五年十月には、亡父大内政弘への従三位贈位も実現した（『拾芥記』〈改定史籍集覧〉永正五年十月十四日条など）。官位昇進に対する意欲にも違いがあるのかもしれないけれど、その差は歴然である。すなわち、義材政権を支え、京都の治安維持を担う義興の重要な立場は、むしろ朝廷との関係、とくに官位昇進の面によく示されていた。

それだけに、在京時における朝廷との関係は、特筆すべき自身の事績として義興の記憶に深く刻まれたようだ。

そのことは、帰国後の大永元年（一五二一）に氏寺氷上山興隆寺の本堂を改修した際に、あわせて奉納された願文の記事に象徴される（「興隆寺文書」『山口県史史料編中世三』二四二号文書）。この願文で義興は、興隆寺の縁起をたどり、その荘厳さを礼賛したうえ、自身の事績にも触れるのだが、そこには義材の将軍復帰を成し遂げたことと、「剰夷朝敵而誇治国賞戴綸旨而、昇三□位栄運、余身□□在家佗門曾無比類」ことだけしか記されていない。すなわち、義興にとって上洛中に生じた朝廷との関係は、義材を奉じて上洛し、将軍に復位させたことと並ぶ、たいへん大きな出来事だったのである。

四　多くの公家が下向した大内義隆の時代

永正十五年（一五一八）に帰国した大内義興は、その後は上洛することなく、山陰の尼子氏と軍事紛争を繰り返していく。そのためであろう、同十七年に飛鳥井雅俊が周防へ下向した事例などを除くと（『実隆公記』永正十七年三月十三日条）、義興の帰国後、朝廷（関係者）との関係はやや希薄化する。

朝廷（関係者）とのやり取りがふたたび頻繁になったのは、大内義隆が家督を継いだ後である。周知のように、義隆の時代には多くの公家が周防山口へ下向して文芸・故実の発展を担い、彼自身は最終的に従二位兵部卿まで異例の官位昇進を果たした。それゆえ、一般的に義隆は、京都文化への憧憬や貴族趣味の強い人物であったとイメージされており、先学もまた、そうした彼の動静を、戦国時代における朝廷（関係者）と地域権力の関係を示す代表的な事例として頻繁に取り上げてきた。

ただし、よくよく調べてみると、義隆の時代における朝廷（関係者）との関係は、いまだ充分に解明されていない。本章では、先学の成果を踏まえつつ、改めて検討してみよう。

（一）　下向公家・地下官人の増加とその様相

まずは、大内義隆期に顕著となった公家・地下官人の下向問題を取り上げよう。これまで述べてきたように、室町時代以来、大内領国にはしばしば公家が下向したが、義隆の時代はその最盛期となった。管見で確認しえた当該期の事例は、次頁にかかげた表のとおり。以下、これを参考に、その特徴を整理してみたい。

表　大内義隆期に大内領国へ下向してきた公家・地下官人

№	名前	下向（出発）時期	下向後の動向	下向の要因	出典
1	三条西公条	享禄3・11		故義興の「一回転経」供養	実隆公記
2	小槻伊治	享禄5・7 天文14・4 天文16	天文12・12上洛 天文14・12上洛 天文20・8死去	 義隆側室の娘の出産 相良氏叙任の勅使	言継卿記 御湯殿上日記 相良家文書 策彦和尚再渡集
3	万里小路秀房	天文2・10		義隆正室の父	言継卿記
4	賀茂在康	天文3・5以前		大内領国に所在する所領関係 文明年間以来の関係	歴名土代
5	転法輪三条公頼	天文3・11 天文12～13？ 天文18・11	天文5・6上洛 天文20・8死去	大内領国に所在する荘園関係 南北朝時代以来の関係	厳助大僧正記 御湯殿上日記 言継卿記 公卿補任
6	吉田兼右	天文4・春ヵ （計画のみヵ） 天文11・4	 天文13・12上洛	義隆への御礼 尼子氏との紛争祈祷	兼右卿記 神道相承抄 房顕覚書 御湯殿上日記
7	広橋兼秀	天文5・6 天文14・6 天文17・6	天文5・12上洛 天文19・6上洛	即位御剣下賜の勅使 娘は義隆側室	御湯殿上日記 公卿補任 言継卿記
8	持明院基規	天文6・正 天文11以前 天文14・9 天文18・11	天文7・11上洛 天文12・12上洛 天文17・9上洛 天文20・9死去		言継卿記 御湯殿上日記 公卿補任
9	万里小路惟房	天文6・正		義隆正室の兄弟	言継卿記 御湯殿上日記
10	一条房通	天文12・12	天文13・2土佐へ下向	京都と土佐の往来の間に厳島逗留、大内家臣と接触	房顕覚書
11	二条尹房	天文13	天文20・8死去	尼子氏との和平仲介	房顕覚書 公卿補任 御湯殿上日記
12	烏丸光康	天文13・9	天文14・4上洛	阿蘇氏叙任の勅使	言継卿記
13	柳原資定	天文14・3 天文19・正	天文18秋上洛 陶隆房の乱後も山口に滞在	学問教授のためヵ 尼子氏との和平仲介	言継卿記 公卿補任 天文御日記 証如上人書札案
14	清原業賢	天文14・4	永禄9・11死去	小槻伊治の義兄弟 学問教授のためヵ	言継卿記 公卿補任
15	二条良豊	天文16・8以前ヵ	天文20・9死去	二条尹房に随行ヵ	歴名土代 御湯殿上日記
16	東坊城長淳	天文16・11	天文17・3大宰府に赴く途中で死去	大宰府安楽寺の訪問	言継卿記 公卿補任
17	岡崎氏久		天文20・8死去	二条尹房に随行ヵ	歴名土代
18	冷泉範遠		天文20・9死去		歴名土代
19	水無瀬親世		義隆死後に落髪		公卿補任

註　本表は、〔山田貴司 2019〕より転載したものである。ただし、一部加筆したところがある。

1　人的特徴と下向の要因

表をみてみると、摂関家の二条尹房から地下官人の小槻伊治まで、下向してきた面々の地位や立場は幅広い。特定の家格や家業に偏っておらず、バラエティに富む印象である。それではなぜ、彼等は大内領国へ下向したのであろう。表に示した事例を整理し、いくつかの要因を導きだしてみたい。

ひとつは、大内領国に設置されていた荘園や権益の存在である。先述したように、長門には転法輪三条家領荘園が、周防には「吉田社領」の荘園が所在しており、賀茂氏は筑前に所領を与えられていた。その経営実態はよくわからないが、三条公頼や吉田兼右、賀茂在康の下向には、これらからの収益確保という目論みもあったとみられる。

次に指摘すべきは、婚姻関係である。もともと大内義隆の正室は、「本女中様」と呼ばれた万里小路秀房の娘。彼とその子息惟房の下向がみられるのは、そのためであろう。ただし、夫婦関係はうまくいかなかったらしく、秀房の娘は天文十八年（一五四九）に離縁され、帰洛する。そして、義隆の寵を奪ったのが、秀房の娘に仕えていた侍女「おさいの方」。伊治の娘だという。やがて彼女は広橋兼秀の養女として側室に迎えられ、「御新造様」となり、天文十四年に大内義尊を生んだ。なお、兼秀についても、実の娘も義隆の側室「高徳院御新造」となっている〔近藤清石 一九七四など〕。こうした婚姻関係もまた、下向の背景のひとつである。

これ以前に積み重ねられてきた大内氏との付き合いも、下向のきっかけであった。たとえば、三条西実隆の子息公条の下向は、大内義興が永正年間に在京していた頃の関係を踏まえたもの。公頼や在康の下向もまた、大内氏との長い付き合いが要因のひとつであろう。

また、朝廷の文書作成に携わる家柄であった伊治の下向や、当初は対立する山陰の尼子氏の調伏を目的とした兼右の下向、天文十五年にはじまった四書五経の輪読会の師範を務めたという清原業賢の下向などは、義隆の意向が強く働いたとおぼしき事例である〔米原正義 一九七六〕〔伊藤聡 二〇一二〕。各公家が有していた専門性により、義隆に招聘され、下向したケースとみられる。

加えて、朝廷や室町幕府の使者として下向する事例も生じていた。たとえば、天文五年の兼秀の下向は、後奈良天皇の即位料を献上した義隆に「御けん」を下賜するため（『御湯殿上日記』天文五年六月十五日条）。同十三年頃とみられる二条尹房の下向は、「天下ヨリノ御事、坊州雲州ノ和談」のためであった（『房顕覚書』〈広島県史古代中世資料編Ⅲ〉）。また、同十三年に肥後の阿蘇氏のもとへ下った烏丸光康の事例や、翌年に同じく肥後の相良氏のもとへ下った伊治の事例は、「勅使」として下向する途中に周防山口へ立ち寄ったケース。天文十七年の東坊城長淳の事例は、氏寺大宰府安楽寺を目的地とするものであったが、下向にあたり、義隆には「毎篇可扶補」との天皇の勅書が付されていた（「北九州市立歴史博物館所蔵文書」『大宰府・太宰府天満宮史料巻一四』六七三頁）。

この時期にみられた公家・地下官人の下向要因を検討すると、おおよそ右のとおりに整理された。実際のところは、それぞれの事情により複数の要因が絡み合い、公家たちに下向を促していたものと思われる。

2　下向公家・地下官人を迎えるメリット

その一方、下向公家・地下官人を迎えた大内氏には、どんなメリットがあったのだろう。文芸面のそれについては先学に譲り、おもに政治面を検討すると、強調すべきは朝廷とのパイプを確保する意味あいである。

この後みていくように、祖父政弘や父義興と同様に大内義隆もまた、朝廷との関係を自身の政治的立場の正統化に利用する。また、領内に所在する寺社や、僧侶・神官にかかる申請が頻度を増していた。ただし、政弘や義興と異なり、彼自身は上洛しておらず、朝廷とのやり取りを担う人脈を京都で直接形成する機会は得られなかった。

したがって、頼りは以前からの伝手と、下向公家・地下官人を介したネットワークであった。彼等の厚遇は、そうした思惑もあってのことと考えられる。

3　下向公家・地下官人が増加した背景

もっとも、右に示した要因や思惑だけで下向公家・地下官人が増えたわけではない。背景には、公家たちを取り巻いていた京都周辺の状況や、この間に大内義隆が展開していた朝廷支援、そして、朝廷との親近性を政治活動に利用しようという方向性があった。

前者について述べると、永正十五年（一五一八）の大内義興の帰国後、京都はふたたび混乱の時期を迎えていた。義興の去った足利義材政権は、将軍義材と管領細川高国の対立により崩壊。京都を出奔した義材にかわり、管領高国は足利義高の子息義晴を新将軍に据えた。しかし、混乱は収まらず、義材の後継者となった足利義維（義高の子息で、義材の養子）は、細川晴元（細川澄元の子息）と結んで将軍義晴・管領高国に対抗。堺を拠点とする政権「堺公方」を樹立し、近江に逃れていた義晴一派と抗争を続ける。最終的に「堺公方」は晴元の離脱で享禄五年（一五三二）六月に崩壊するが、一向一揆の蜂起や細川京兆家の内紛により京都周辺の混乱は継続し、とりわけ天文五年（一五三六）に勃発した「天文法華の乱」は、京都の大半が炎上するという事態を招いた〔福島克彦 二〇〇九〕。かかる状況が、公家の離京を後押しした歴史的背景である。

その一方、大内氏はというと、この間には朝廷の支援要請に応じる姿がたびたび看取された。天皇家の菩提寺・泉涌寺の舎利殿修造支援は、中でも早い事例。享禄四年四月、大内領国で費用を「勧進」するよう要請された義隆は、最終的に君臣あわせて四万疋あまりを献上している（『後法成寺関白記』享禄四年五月二日条、『御湯殿上日記』同年十一月二十九日条）。また、天文三年四月には、後奈良天皇の「即位の礼」の費用負担を朝廷から打診され、同年冬に二〇万疋進上の旨を回答。その結果、「即位の礼」は天文五年三月に実施され、義隆の「申さた」を「めてたく御ほしめし」た天皇は、広橋兼秀を「勅使」として周防山口へ派遣し、彼に御剣を下賜した（『御湯殿上日記』天文三年四月二十四日条、九月二十九日条、十二月二十九日条、同五年六月十五日条、『後奈良天皇宸記』〈増補続史料大成〉同四年正月三日条など）。

なお、この間の天文四年九月に義隆は、御所の日花門修理料一万疋を献上する（『後奈良天皇宸記』天文四年九月三日条）。これは、見返りとして大宰大弐任官を申請し、勅許を得るための布石とみられるが〔山田貴司 二〇一五b〕、朝廷にとっては思いがけない資金援助ではあった。

また、次節でも少し述べるように、天文十一年から同十二年にかけて山陰の尼子氏の領国出雲へ攻め入り、「大敗」を喫した義隆は、その直後より官途推挙状の文言変更や官位昇進政策などを進め、朝廷との親近性をことさら強調し、大内氏権力の健在ぶりを内外にアピールする方針を打ち出す。そうした戦略もまた、公家・地下官人の下向を促す要因になったと思われる。表に示されているように、出雲出兵の戦前よりも、戦後の方が下向の人数そのものは増えているからである〔山田貴司 二〇一九〕。

このように、義興の帰国後、京都周辺では政情不安が続いた。その一方、義隆は朝廷の支援要請に応えて多額の資金をたびたび献上しており、そうした動向は彼の晩年までみられた（たとえば、『言継卿記』〈続群書類従完成会〉天文十九年九月十一日条など）。そして、出雲出兵の敗北直後より大内領国でみられはじめた「大敗」糊塗の戦略は、朝廷との親近性を前面に打ち出したものであった。すなわち、こうした状況が、下向公家・地下官人の呼び水になっていたと考えられるのである。

（二）大内義隆の政治活動と朝廷（関係者）

大内義興の帰国後、希薄化していた朝廷（関係者）との関係は、大内義隆の朝廷支援や、京都周辺の政情不安にともなう下向公家・地下官人の増加などにより、ふたたび親密さを取り戻す。そうした中、義隆は朝廷（関係者）との関係を自身の政治活動に利用する場面をみせていき、とりわけそれは官位の問題に顕著であった。以下、その様相を検討してみよう。

1　大内義隆の官位昇進と朝廷（関係者）

ここでは、大内義隆自身の官位昇進にスポットをあてたい。享禄元年（一五二八）に家督を相続して以来、義隆は生涯を通じて昇進し続けた。その特徴は、①世襲官途（周防介や左京大夫）以外の獲得もみられたこと、②将軍をも超える高い位階に到達したこと、③大半の官位は公家を通じて朝廷と直接交渉し、獲得していたとおぼしきことである〔山田貴司二〇一五ａ〕。

前後するが、まずは③の問題、官位昇進の手続きを押さえよう。転法輪三条公敦の「申つけ」を受けた子息公香の沙汰により、享禄二年十二月に周防介へ任官したのを皮切りに（『御湯殿上日記』享禄二年十二月二十四日条）、義隆は親しい公家を通じて朝廷に申請し、次々と官位を獲得する。本来、武士の任官は室町幕府を通じて進められていたが、少なくとも義隆自身は、そうした手続きを経ていないのだ。恐らくその背景には、大内義興の上洛中に積み重ねられた先例や、下向公家・地下官人などを通じて形成された人脈があったとおぼしい。そして、特徴の①や②に示されるように、武家社会の先例や序列から明らかに逸脱し、（実態や影響は不明ながら）「公家」化したとまでみなされるほどの官位昇進を義隆が実現できたのは〔木下聡二〇一一ｂ〕、幕府というフィルターを通していないためであろう。それゆえ、以下みていくような、自身の政治・軍事的状況に即した官位昇進も可能であったと考えられるのである。

次に、①について。とりわけ注目されるのは、天文二年（一五三三）に実現した筑前守任官、同五年に実現した大宰大弐任官、そして同九年に実現した伊予介任官である。筑前守と大宰大弐は、将軍足利義晴の上洛要請を大義名分とする大友勢、それに加勢する少弐勢との対立・紛争にあたり、朝廷へ直接働きかけて獲得したもの。幕府との結びつきを強めていた大友氏に対抗し、北部九州における支配の正統性を顕示するという、政治的な意味あいを持つものであった。伊予介任官も恐らく同様で、安芸進出を見据え、伊予の諸勢力に求心性を発揮するためとみられる〔今谷明二〇〇一〕〔山田貴司二〇一五b〕。

それでは、朝廷との関係により得られたこれらの官途は、実際にどのような効果を発揮したのであろう。筑前守については、いまのところ実際に名乗られた形跡はみられない。伊予介は名乗られており、任官の事実は広く発信されたとみられるが、どのような影響を及ぼしていたのかについては、まだ手がかりがない。その一方、大宰大弐については、南北朝時代以降途絶えていた「大府宣」の復活・発給がまもなくはじまり、文書様式に任官が反映され、周知が図られていた様子がみてとれる。また、これをきっかけに、対馬の宗氏は大内氏宛文書の書札礼を厚礼化する〔荒木和憲二〇〇七〕。すなわち、大宰大弐任官にともない、北部九州における大内氏の優位性は、内外に間違いなく強調されていた〔山田貴司二〇一五b〕。

最後に、②について。以前も指摘したように、天文十年十二月に従三位へ昇進した義隆は、この時点で将軍足利義晴の位階にならび、同十四年六月までに正三位へ昇進し（「厳島野坂文書」『広島県史古代中世資料編Ⅱ』三二号文書）、ついに現役武家の最高位階に到達する。そして、最終的には異例の従二位まで到達した〔山田貴司二〇一五a〕。かかる事態に至った経緯については不明な点が多く、木下聡の研究の他にはあまり論じられていないが〔木下聡二〇一一b〕、大内氏の動向に即し、あえて解釈すると、どのように捉えられるのであろう。

すべての昇進を大内氏の政治活動に引きつけるのは難しいのかもしれないが、少なくとも従三位昇進と正三位昇進については、以下のように説明がつきそうだ。恐らく前者は、天文九年から同十年にかけて尼子勢と戦い、安芸から彼等を駆逐したことを背景とする。振り返れば、大内義興の従三位昇進は舟岡山合戦の勝利が要因であった。義隆が亡父の例にならい、戦勝を契機に朝廷へ働きかけた可能性は否定できまい。なお、尼子勢の駆逐は、義興が晩年に血道をあげた宿願であった〔藤井崇二〇一四〕。その意味でも、義隆の従三位昇進は、戦勝ムードをさらに高揚させたとみられる。

逆に正三位昇進は、天文十一年から同十二年にかけて敢行された出雲出兵の「大敗」とリンクするものであろう。というのも、出雲から帰国した義隆は、家臣に官途を授ける際に発給する官途推挙状に「敷奏」という文言を用いはじめ、朝廷との親密な関係を押し出し、敗戦の糊塗を試みていたからだ〔山田貴司二〇一五a・二〇一九〕。

このことを勘案すると、天文十四年六月に実現した正三位昇進もまた、同様の狙いを持っていたと考えられる。昇進経緯を示す手がかりは確認されていないが、自身を超える武士の昇進を将軍義晴が執奏するとは思えず、公家を通じた申請とみられる。ともあれ、将軍の位階を超える昇進となれば、大内氏の健在ぶりは領国内外に大きくアピールされたことであろう。目的や影響はこれに留まらなかったかもしれないし、義隆「公家」化という事態とその評価についても検討の余地は残るが、少なくとも、敗戦のショックを負っていた彼の政治活動に寄与するものではあったと考えられるのである。

2　大内家臣及び国衆の官位獲得と朝廷（関係者）

次に、大内家臣及び従属する国衆の官位獲得と朝廷（関係者）の関係を検討しよう。大内義隆の時代に入ると、享禄五年（一五三二）に沼間敦定が従四位下に叙されて以来（もっとも、敦定はもともと転法輪三条家の「青侍」であり、他の家臣とはやや異なる立場にあった。詳細については、〔松井直人二〇一六〕を参照。）、大内一門や領国支配の一端を担う重臣、従属する国衆が、朝廷への申請を経て官位を獲得する傾向が顕著となった〔山田貴司二〇一五a〕。たとえば、天文十九年（一五五〇）七月に集中してみられた家臣の叙任事例は、直前に周防から上洛した広橋兼秀により一括申請されたもの。現存する杉隆泰叙任の口宣案（図3）により、彼が上卿を務めたことが判明する（「杉家文書」〔井上聡・村井祐樹二〇〇八〕八一・八二号文書）。また、その他の事例についても、多くが『歴名土代』に記載されており、少なくとも朝廷関係者まで話が持ち上がっていたことは確実であろう。

このように、家臣が口宣案により叙任され、しかも『歴名土代』に記載されるという状況は、他の地域権力ではまったくみられない。したがって、その意味あいが問題となろうが、以前指摘したように、かかる状況には、

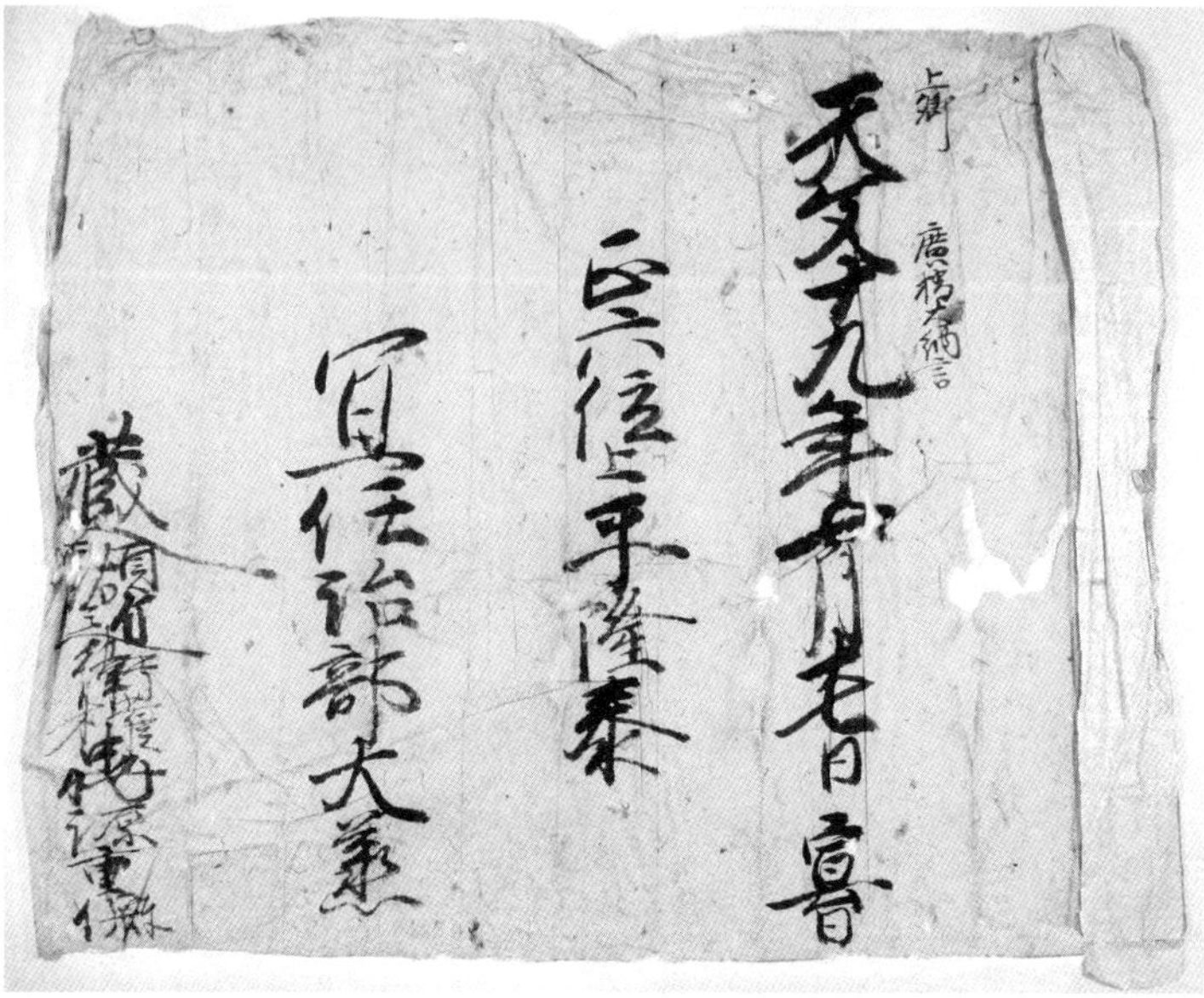

図3　杉隆泰宛《後奈良天皇口宣案》(「杉家文書」個人所蔵、萩博物館寄託)

官位の高低、位階の有無、叙任手続きの差異を組み合わせ、家臣や国衆を序列化する指標を新たに設けようという政治的意図があったと考えられる〔山田貴司二〇一五a〕。支配領域や影響力の拡大により、家臣や従属する国衆の量的規模が、過去最大になっていたとおぼしいからだ。

加えて、義隆は領国周辺の国衆に官位獲得を周旋することで、求心力を発揮しようと試みてもいる。たとえば、安芸の国衆毛利元就は、義隆の朝廷への申し入れにより、天文二年九月に従五位下右馬頭に叙任されたが(『御湯殿上日記』天文二年九月二十三日条など)、この背景には、前年にスタートしていた北部九州における大友氏との紛争があった。義隆としては、朝廷への申請を便宜に、戦線の後背に位置する毛利氏との関係を深めておきたかったのであろう〔山田貴司二〇一五a〕。

「勅使」小槻伊治の下向により、天文十四年に実現した肥後の相良長唯・為清父子の官位獲得もまた、義隆が周旋したものである。領国外では宇土の名和氏と対立し、領国内では、内紛を経て当主になった長唯自身の政治的立場と、重臣上村氏から養子入りした為清の後継者としての正統性に不安を抱えていた相良氏にとって、「勅使」下向による官位獲得は、自身の権威を内外に(とりわけ領国内に）表象する絶好の機会となったが、周防に在国していた伊治を上洛させ、お膳立てさせたのは義隆であった（山田貴司二〇一五e）。彼としては、祖父政弘以来の付き合いに加え、肥後に支配領域を拡大していた大友氏を牽制する意味あい、さらには遣明船警固への期待もあり、長唯・為清父子の要請に手厚く応えたのであろう。

　このように、義隆は朝廷とのパイプ役を務めることで、領国の安全保障にかかわる国衆に求心力を発揮しようとしていた。

（三）領国内の寺社をめぐるやり取り

　大内義隆の時代にみえる朝廷（関係者）との関係で、もうひとつ注目したいのは、領国内の寺社をめぐるやり取りである。文明十一年（一四七九）に大内政弘が氏寺氷上山興隆寺と周防清水寺の別当、「大内県八□（幡）宮司」の「僧官等」の昇進を朝廷に申し入れていたことや（『晴富宿祢記』文明十一年七月四日条など）、博多聖福寺の碩林上人の紫衣勅許が、大内義興の上洛直後の永正五年（一五〇八）六月に後柏原天皇からみとめられたことが示すように（伊藤克己一九九二）、以前から大内氏は、領国内の寺社に関する事柄や僧侶・神官の昇進を朝廷に推挙していた。そうした事例が、義隆の時代になり、一気に急増するのである。

　寺院について象徴的なのは、天文二年（一五三三）八月に勅許された「ちかきころとりたてたる寺」の勅願寺化や（『御湯殿上日記』天文二年八月十日条）、同八年八月以前に勅許されたとおぼしき凌雲寺（大内義興の菩提寺）と観音寺（大内持盛の菩提寺）への勅額下賜である（『同』同八年八月六日条）。伊藤克己によると、前者の対象は、義隆により再興された龍福寺。後に彼の菩提寺となった寺院である。北部九州をめぐり大友氏と抗争していた時期の申請という点から、同時に申請された筑前守任官とあわせて、大内氏の政治的立場を正統化する狙いが想定されている（伊藤克己一九九二）。後者はいずれも大内氏の菩提寺であり、寺格の上昇を意識した措置とみられる。

　また、僧侶の昇進を申請する事例も引き続きみられ、天文十四年には、義隆と姻戚関係にあった「まてのこうち」の沙汰により、興隆寺の「大僧つ」の件が勅許されている（『同』天文十四年四月十四日条）。

　その一方、神社や神官に関する事例は、この間にかなりの増加をみせた。ひとつは、社殿等の修造である。たとえば、享禄三年（一五三〇）に実施された松崎天満宮の造営にあたり、家督を相続して間もない義隆は、三条西実隆を通じて後奈良天皇の勅許を獲得（『実隆公記』享禄三年正月十八日条、「防府天満宮文書」『山口県史史料編中世二』二八号文書）。北部九州を舞台に大友氏と抗争する中、義隆が発意した「宇佐八幡大菩薩三所霊廟」の造立では（「益永文書」『大分県史料二九』［益永家職掌証文写］一七七号文書）、朝廷での「陣儀」を経て一御殿の「立柱上棟」の日時が決せられ、宣下を得ていた（『後奈良天皇宸記』天文五年三月一日条）。天文四年正月五日付後奈良天皇綸旨で達せられた「長門国一宮造営事」も、恐らく同様であろう（「住吉神社蔵文書（住吉神社文書）」『山口県史史料編中世四』三二号文書）。安芸へ支配領域を拡大した後、天文十五年に着手された厳島神社の大鳥居再建にあたっては（「大願寺文書」『広島県史古代中世資料編Ⅲ』四四号文書など）、天皇から二つの勅額を下賜された。奉納にあたり、義隆は「真字」の額を「外鳥居」に、「草字」の額を「内」に掛けるよう伝えている。義隆というと、領内の主要寺社に次々と修造を加えたといわれるが（『多々良盛衰記』〈山口県史史料編中世一〉など）、それらの事業に正統性を付していたのは、以上みてきたように、じつは朝廷のお墨つきであった。

また、この間にもうひとつ目立つのは、神官の官位昇進である。天文元年に実現した長門二宮大宮司内蔵興国と周防今八幡宮大宮司佐伯之次の従五位下昇進を皮切りに、周防高峰大神宮の神官橘歳信の従五位下宮内少丞叙任、「長州串嶋大宮司」賀田武光の従五位下昇進、宇佐宮大宮司の宇佐公建の従五位下修理大夫叙任、厳島神社神主の佐伯景教の従五位下刑部大輔叙任など、主要神社の神官たちが次々と昇進しているのである（『御湯殿上日記』天文三年八月二十三日条、『歴名土代』など）。これらはいずれも朝廷への申請を経たものであり、宇佐宮の公建と厳島神社の景教の両名については、義隆が広橋家に依頼していた経緯が判明する（「大徳寺文書」『大日本古文書　家わけ第一七』三一九九号文書など）。恐らく、他の事例も義隆の沙汰によるのであろう。

このように、義隆の時代には、領国内の寺社をめぐる朝廷とのやり取りが、これまで以上に活発化していた。恐らくそこには、後奈良天皇の勅許を背景に、大内氏ゆかりの寺院や地域の中核的な神社の修造、格式の上昇を進めることで、事業の推進者として、あるいは外護者としての正統性と影響力を高める狙いがあったと考えられる。あるいは、領国内に所在する寺社へのかかわりを強め、その序列を再編しようという意図などもあったのかもしれない。

ただし、こういった事例の増加は、じつは大内領国に留まるものではない。朝廷との関係を背景に、ゆかりの寺院や地域の中核的な神社の格式を上昇させたり、修造を進める方法は、この時期の地域権力にしばしばみられたものであった〔伊藤克己 一九九二〕〔脇田晴子 二〇〇三〕。戦乱が続く中、地域における優越性や正統性の強調を試みる地域権力の動向と、経済的な困窮に対応すべく、彼等からの申請を積極的に受け入れた後奈良天皇期の朝廷の方針が、そうした状況の歴史的背景なのであろう。領国内の寺社をめぐる朝廷とのやり取りの活発化は、程度の差はあるにせよ、この時期に広くみられた全国的なトレンドとも同調しているのである。

（四） 小括

本章では、大内義隆の時代にみられた大内氏と朝廷（関係者）の関係について検討してきた。最後に、内容を整理しておこう。

義隆期にみられた特色のひとつは、下向公家・地下官人の増加である。大内義興の帰国以後、不安定になっていた京都の情勢と、朝廷支援に熱心だった義隆の動向、そして、朝廷との親近性を出雲出兵「大敗」の糊塗に利用する戦略などを背景にするのであろう、この時期には、以前からの付き合いや経済的な結びつき、婚姻関係、専門家としての招聘や、「勅使」としての下向など、複合的な要因のもと、摂関家から地下官人まで、さまざまな公家が周防山口へ下向した。迎える側の義隆としては、文芸や故実の享受といった側面に加え、彼等を通じて朝廷との人脈が強化されるメリットがあったとみられる。

そして義隆は、以前からの人脈に加え、新たに形成されたそれを駆使し、朝廷との関係を自身の政治活動に利用した。とりわけ顕著だったのは、官位昇進の場面。親しい公家を通じて、義隆は自身を取り巻く政治・軍事的状況に即しつつ、次々に官位昇進を朝廷へ申請するのである。たとえば、将軍足利義晴の上洛要請を大義名分とする大友義鑑の豊前・筑前侵攻により勃発した天文年間初頭の軍事紛争を受け、天文五年（一五三六）に実現した大宰大弐任官は、北部九州における大内氏の優勢ぶりを内外に強調するもの。また、天文十年に実現した従三位昇進は、尼子勢を安芸から駆逐した戦勝を契機とするものであり、天文十四年に実現した正三位昇進は、将軍をも超える位階を得たというインパクトで、出雲出兵「大敗」をやはり糊塗しようというものであった。

その一方、義隆は有力一族や領国支配を担う重臣、従属する国衆の官位昇進も朝廷に申請していく。他に類例をみないこの政策は、支配領域や影響力の拡大にともなう家臣団や従属する国衆の増加を背景に、官位の高低、位階の有無、叙任手続きの差異を組み合わせ、彼等を序列化する指標を新たに設けようという政治的意図にもとづくものであろう。また、領国の安全保障の鍵を握る国衆に対しては、官位獲得を朝廷に周旋することで、求心力を高めようとしていた。すなわち、義隆は朝廷との親密な関係を活用して戦略的に自他の官位を昇進させ、政治活動を有利に進めようと考えていたのである。

なお、義隆の時代にみられた朝廷との関係は、これだけに留まらない。もうひとつ注目すべきは、領国内の寺社をめぐる朝廷とのやり取り。領国内の寺院を勅願寺にしたり、僧侶や神官の地位を昇進させる動きは以前からみられたが、とりわけこの間に活発化するのである。その結果、大内氏ゆかりの寺院は勅願寺化や勅額下賜により格が高められ、各地域の中核となっていた神社の修造は、後奈良天皇のお墨つきを得たうえで進められた。背景には、事業の推進者として、あるいは寺社の外護者として、自身の正統性と影響力を高めようという義隆の狙いがあったとみられる。

全般的にみると、上洛しなかったとはいえ、やはり義隆の時代には朝廷とやり取りする機会が増え、内容にも広がりがみられた。戦国時代に入り、こうした傾向は各地の地域権力でもみられ、なにも大内氏に限ったことではないが、その中でも事例は突出して多いと思われる。

ただし、それは京都文化への憧憬や、義隆自身の個性のみに帰結させて良いような話ではない。振り返れば、そもそもこの時期にみられた動向は、祖父政弘や父義興以来の人脈、朝廷との親密な関係を前提とするもの。そういった以前からの結びつきに、多くの下向公家・地下官人を迎え、新たに形成した人脈をプラスし、より親密さを増した朝廷との関係を、義隆は直面する個々の政治的な課題に即しつつ活用していたのだ。すなわち、義隆期にみられた朝廷との関係は、たしかに歴代の中でもっともぶ厚く、行き過ぎた一面を持つものでもあるけれど、決して突発的に生じたものではなく、長く営まれてきたやり取りの集大成とみなされるのである。

おわりに

以上、本稿では大内氏と朝廷、その関係者のやり取りを段階的に検討し、関係の実態を通観してきた。それぞれの時代にみられた特質は各章で小括したとおりであり、ここでは繰り返さない。最後に、大内氏と朝廷（関係者）の関係の全般的な推移を改めて整理するとともに、それが大内義隆の滅亡にどう影響するのかを考察し、結びにかえるとしたい。

ここまでの検討結果を踏まえ、大内氏と朝廷（関係者）の関係の全般的な推移と傾向を整理すると、まず指摘されるのは、時期により濃淡はあるにせよ、時代がくだるに連れて、接触機会や内容に拡大傾向がみられることである。南北朝時代から室町時代前半にかけて、室町幕府が朝廷の諸権限を吸収し、公武交渉の窓口を把握していったことで、荘園経営に関する事柄や寺社の祭祀にかかる問題はともかく、政治的なやり取りが各地の地域権力と朝廷（関係者）の間で生じることはなくなっていた。また、応仁・文明の乱をはじめ、立て続けに起こった戦乱で朝儀は滞り、公家は困窮するばかりであった（池享二〇〇三bなど）。ところが、こうした状況にもかかわらず、大内氏と朝廷（関係者）の関係は、時代とともに厚みを増す。そして、大内政弘期に至り、政治的なやり取りまでみせはじめていくのである。

かかる傾向の背景には、荘園や文芸などをめぐり、早い時期からみられた公家や皇族とのやり取り、政弘や大内義興の上洛により顕著となった同氏の政治・儀礼的立場の上昇などがあったと考えられる。また、応仁・文明の乱以降に生じていった将軍権力の分裂と対立が、大内氏をはじめとする諸勢力にも分裂抗争の契機を与え、自己正統化の資源を供給するもうひとつの存在として、朝廷に注目が集まる結果を招いたことも、背景のひとつであろう。こうして、朝廷との関係を自身の政治活動に利用しようという大内氏の狙いと、同氏の経済支援を当て込む朝廷（関係者）の思惑が合致し、関係の頻度はしり上がりに高まったと考えられる。大内氏と朝廷（関係者）の親密さというと、ともすれば義隆の個人的な趣向に引き付けて捉えられがちだが、実際には以前からの連続性があったわけである。

とはいえ、たしかに義隆期における朝廷（関係者）との関係や官位の昇進ぶりは、それ以前と比べても、また、他の地域権力と比較しても、やはり群を抜く。したがって、そのような関係が現出した背景と、そうした状況にありながら、陶隆房の反乱に倒れた要因について、ひとことコメントしておく必要があろう。

いずれの問題も史料的制約が大きく、はっきりとしたことはわからないけれど、あえて推測すれば、手がかりは義隆と共に最期を迎えた下向公家・地下官人の存在にあるのかもしれない。義隆が官位昇進を続け、朝廷との距離感を詰めることにより、家領荘園の保護、朝儀や御所の復興に向けた支援、文芸の振興など、もっとも多くのメリットを享受しえたのは、彼等であったと考えられるからだ。義隆の異例の官位昇進や「公家」化、文芸への傾注を後押しし、尽力しているのは、そのためなのであろう。また、出雲出兵「大敗」の後、義隆が朝廷との親近性を打ち出し、大内氏権力の健在ぶりをアピールしよう画策した狙いが、当初の戦略から逸脱し、親近性ばかりエスカレートするピントのずれたものになったのも、それゆえと思われる〔山田貴司二〇一九〕。

そして、そうした策動に、隆房をはじめとする反乱軍の諸氏は、いい印象を有していなかった。反乱にあたり、多くの下向公家が殺害されているのが、その証左なのである〔宮本義己一九八八〕。

ただし、こうした義隆の最期を受け、朝廷（関係者）との関係にネガティブな評価ばかり与えるのは早計であろう。というのも、義隆の滅亡後に樹立された大内晴英（義長）政権においても、朝廷への申請を経た家臣の叙任は継続しており（『歴名土代』）、「陶等」に「抑留」されたという柳原資定や（「証如上人書札案」『真宗史料集成　第三巻　一向一揆』一一一四頁）、天文二十一年（一五五二）に下向した飛鳥井雅綱・雅教父子（『言継卿記』天文二十一年五月二十七日条）、永禄九年（一五六六）に周防で死去した清原業賢のように（『公卿補任』〈新訂増補国史大系〉）、公家の下向や在国が引き続き確認されるためである。晴英政権のもとでもみられたこうした現象は、脈々と育まれてきた朝廷（関係者）との関係が、義隆の滅亡により消し飛んでしまったわけではなく、（全面的ではないにせよ）継承されていたことを物語っている。

すなわち、本書に掲載された諸論文が明らかにする室町幕府や他の地域権力とのやり取り、さらには東アジアの交易相手との往来のみならず、本稿で取り上げてきた朝廷（関係者）との関係もまた、滅亡直前まで大内氏の政治・経済・文化的動向に影響を与え続けた規定要因のひとつに数えられるのである。

（山田貴司）

参考文献

荒木和憲 二〇〇七「戦国期対馬宗氏の書状と書札礼」九大中世史サマーセミナー「大名の古文書学」報告レジュメ

池享 二〇〇三a「大名領国制の展開と将軍・天皇」同著『戦国・織豊期の武家と天皇』校倉書房（初出は一九八五）

池享 二〇〇三b「戦国・織豊期の朝廷政治」『戦国・織豊期の武家と天皇』（初出は一九九二）

石母田正 一九七二「解説」石井進・石母田正・笠松宏至・勝俣鎮夫・佐藤進一編『中世政治社会思想 上』岩波書店

伊藤克己 一九九二「戦国期の寺院・教団と天皇勅許の資格・称号――紫衣・勅願寺の効果について――」『歴史評論』五一二号

伊藤幸司 二〇〇八「中世西国諸氏の系譜認識」九州史学研究会編『境界のアイデンティティ』『九州史学』創刊五〇周年記念論文集 上』岩田書院

伊藤聡 二〇一二「天文年間における吉田兼右の山口下向をめぐって」『文学』一三巻五号

井上聡・村井祐樹 二〇〇八「萩博物館寄託「杉家文書」」『萩博物館研究報告』三号

今岡典和 二〇〇一「足利義稙政権と大内義興」上横手雅敬編『中世公武権力の構造と展開』吉川弘文館

今谷明 一九八六「大内義興の山城国支配」同著『守護領国支配機構の研究』法政大学出版局（初出は一九八四）

今谷明 二〇〇一『戦国大名と天皇 室町幕府の解体と王権の逆襲』講談社学術文庫一四七一、講談社（初出は一九九二）

大田壮一郎 二〇一八「一条政房の福原荘下向と大内氏の摂津侵攻――応仁の乱と西摂地域――」前田雅之編『画期としての室町 政事・宗教・古典学』勉誠出版

神田裕理 二〇一一『戦国・織豊期の公家社会と朝廷』校倉書房

木下聡 二〇一一a「室町幕府の官位叙任」同著『中世武家官位の研究』吉川弘文館（初出は二〇〇九）

木下聡 二〇一一b「位階」『中世武家官位の研究』

國守進 二〇一二「禅宗の普及」『山口県史 通史編 中世』第六編第三章第二節、山口県

近藤清石 一九七四『大内氏実録』マツノ書店（初出は一八八五）

佐伯弘次 一九七八「大内氏の筑前国支配――義弘期から政弘期まで――」川添昭二編『九州中世史研究 第一輯』文献出版

末柄豊 二〇〇六「『宣秀卿御教書案』にみる武家の官位について」『室町・戦国期の符案に関する基礎的研究』課題番号１６５２０３８３ 二〇〇四～二〇〇五年度科学研究費補助金（基盤研究（C））、研究代

表者：末柄豊〉研究成果報告書
末柄豊二〇一一「東京大学史料編纂所所蔵　口宣綸旨院宣御教書案」『目録学の構築と古典学の再生――天皇家・公家文庫の実態復原と伝統的知識体系の解明――』課題番号19GS0102　二〇〇九～二〇一〇年度科学研究費補助金〈学術創成研究費、研究代表者：田島公〉研究成果報告書
須田牧子二〇一一「大内氏の先祖観の形成とその意義」同著『中世日朝関係と大内氏』東京大学出版会
玉村竹二一九八一「初期妙心寺史の二三の疑点」同著『日本禅宗史論集　下之二』思文閣出版（初出は一九五七）
田村杏士郎二〇一五「大内氏家臣平井道助考」『七隈史学』一七号
田村正孝二〇〇七「室町期における宇佐宮の祭祀・造営再興」『年報中世史研究』三二号
富田正弘一九八八「戦国期の公家衆」『立命館文学』五〇九号
永原慶二一九九七「応仁・戦国期の天皇」同著『戦国期の政治経済構造』岩波書店（初出は一九九三）
萩原大輔二〇一一「足利義尹政権考」『ヒストリア』二二九号
福島克彦二〇〇九『戦争の日本史11　畿内・近国の戦国合戦』吉川弘文館
藤井崇二〇一四『中世武士選書21　大内義興　西国の「覇者」の誕生』戎光祥出版
本多博之一九八七「中世後期東大寺の周防国衙領支配の展開」『日本史研究』二九六号
松井直人二〇一六「義興～義隆期大内氏権力の構造的特質――大内氏被官沼間氏の動向を手がかりに――」『日本歴史』八二二号
松岡久人二〇一一「鎌倉末期周防国衙領支配の動向と大内氏」同著『大内氏の研究』清文堂出版（初出は一九六九）
御薗生翁甫一九五九『大内氏史研究』山口県地方史学会大内氏史刊行会
峰岸純夫一九八八「治承・寿永内乱期の東国における在庁官人の「介」」中世東国史研究会編『中世東国史の研究』東京大学出版会
宮本義己一九八八「義隆の最期」米原正義編『大内義隆のすべて』新人物往来社
森茂暁二〇〇八「北朝と室町幕府」同著『増補改訂南北朝期公武関係史の研究』思文閣出版（初出は一九八四）
森茂暁一九九六「大内氏と陰陽道」『日本歴史』五八三号
森茂暁一九九七『闇の歴史、後南朝　後醍醐流の抵抗と終焉』角川書店
森茂暁一九九八「周防国氷上山興隆寺修二月会についての一考察――頭役差定状を素材として――」『福

岡大学人文論叢』三〇巻三号
森茂暁二〇一二「建武の新政と防長」『山口県史　通史編　中世』第三編第一章
山田貴司二〇一二「足利義材の流浪と西国の地域権力」天野忠幸・片山正彦・古野貢・渡邊大門編『戦国・織豊期の西国社会』日本史史料研究会企画部
山田貴司二〇一五a「室町・戦国期の地域権力と武家官位――大内氏の場合――」同著『中世後期武家官位論』戎光祥出版（初出は二〇〇四）
山田貴司二〇一五b「大内義隆の大宰大弐任官」『中世後期武家官位論』（初出は二〇〇六）
山田貴司二〇一五c「大内政弘による亡父教弘への従三位贈位運動」『中世後期武家官位論』（初出は二〇〇六）
山田貴司二〇一五d「中世後期の地域権力による武士の神格化――大内教弘の神格化と「大明神」号の獲得――」『中世後期武家官位論』（初出は二〇〇八）
山田貴司二〇一五e「天文一四年、相良長唯・為清父子の官位獲得運動――地域権力にとっての政策的位置――」『中世後期武家官位論』
山田貴司二〇一九「大内義隆の「雲州敗軍」とその影響」黒嶋敏編『戦国合戦〈大敗〉の歴史学』山川出版社
湯川敏治二〇一一「大内義興、従三位叙任の背景と武家伝奏の職務――『守光公記』を中心に――」『山口県史研究』一九号
米原正義一九七六「周防大内氏の文芸」同著『戦国武士と文芸の研究』桜楓社
脇田晴子二〇〇三『天皇と中世文化』吉川弘文館
和田秀作二〇一三「大内氏の惣庶関係をめぐって」鹿毛敏夫編『大内と大友――中世西日本の二大大名――』勉誠出版

【附記】本稿は、科学研究費補助金・基盤研究（B）「中世後期守護権力の構造に関する比較史料学的研究」（15H03239、研究代表者／川岡勉）及び東京大学史料編纂所二〇一七年度一般共同研究「関連史料の収集による大内氏の出雲出兵敗北とその影響の研究」による研究成果の一部である。

大友氏からみた大内氏

はじめに

本稿は、大内氏の政治・文化的な地位と権力的特質について、文献史学の地域権力間関係論的な見地から検討するものである。具体的には、南北朝時代後半から戦国時代にかけて展開をみせた大友氏との関係を論点にアプローチしたい。

大友氏といえば、鎌倉時代以来、豊後守護として北部九州に影響力を保持した地域権力である。大友義鎮の時代には、豊後のみならず、豊前、筑前、筑後、肥前、肥後の守護を兼ね、南蛮貿易にも乗り出し、全盛期を迎えた。そして、大内氏との関係でいえば、北部九州をめぐり対立を続けたライバルとみなされている。

ただし、一五〇年以上に及んだ両氏の関係を整理・通観した研究はみあたらず、どういったことを争い、どういった面で影響を与えあってきたのか、という点は、これまでさほど注目されていない（なお、大友氏研究の現状については、〔八木直樹 二〇一四〕を参照）。近年になり、九州史学研究会で「特集 戦国期九州の政治過程論」が企画され、大内・大友両氏の関係を検討した論稿を得たり〔吉良国光 二〇一二〕〔堀本一繁 二〇一二〕、両氏の比較を視野に入れた鹿毛敏夫編『大内と大友――中世西日本の二大大名――』（勉誠出版、二〇一三）が出版されたりと、政治的な関係や対外活動の面を中心に、ようやく研究成果が発表されはじめたところである。

かかる現状を踏まえ、本稿では、室町・戦国時代の政治・文化の面を中心に、両者の関係を洗いなおしてみよう。そして、大友氏にとって大内氏はどんな存在であったのか、という疑問に迫ってみたい。

一　対立の歴史

本章では、大内氏と大友氏の間で生じた軍事紛争の様相を確認する。一般的に両氏は軍事的ライバルとみなされているが、実際には、いつ、どこで戦ったのであろうか。そして、そうした軍事紛争は、どうして起こり、どういった経緯をたどったのであろうか。

（一）繰り返された軍事紛争

このあたりのことを調べ、軍事紛争の時期、当事者になった面々と対立軸、ことの発端や経過を整理したのが、次に掲げた表である。表によると、大内・大友両氏の長い関係史の中で、生じた軍事紛争は四度に及んだ。一度目は、筑前の大友領をめぐる対立に両氏の家督相続争いが絡みあい、永享二年（一四三〇）後半から同八年まで続いた戦い。二度目は、応仁・文明の乱のおり、西軍の主力として上洛中の大内政弘の不在をつき、東軍に与する大友勢が実施した文明年間初頭の豊前・筑前侵攻。三度目は、大友政親・材親（義右とも）父子の対立と頓死で混乱していた大友氏の家督相続に大内義興が介入したことをきっかけに勃発し、前将軍足利義材（義尹、義稙とも）の周防山口下向により、分裂した将軍権力の抗争へと展開していった明応七年（一四九八）から文亀二年（一五〇二）にかけての軍事紛争。四度目は、堺公方との対立により京都を離れていた将軍足利義晴の上洛要請をきっかけに、大友領国からの亡命者を「撫育」する大内領国へ大友勢が攻め込んだ天文年間初頭の戦いである。

軍事紛争の頻度は、おおよそ二十年から四十年に一度のわりあい。戦いの舞台は豊前・筑前が中心だが、一度目と四度目のおりには、大友氏の本国豊後まで戦場となっている。

（二）軍事紛争の要因と背景

それでは、大内・大友両氏はどうして軍事紛争を繰り返したのであろう。そのつど特徴的な要因が看取され、一概にはいえないけれど、表の「発端と経緯」項を子細にみていくと、いくつかの共通点が指摘される。

1 「国郡境目相論」的な側面

ひとつは、「国郡境目相論」的な側面。とくに、筑前に所在した大友領をめぐる問題である。鎌倉時代後半から南北朝時代にかけて、大友氏は筑前の博多息浜、香椎郷、志摩郡に所領を獲得し（参考地図）、当知行していた。ところが、将軍足利義教の「筑前御料国」化政策にともない大内氏が筑前代官となり、永享元年（一四二九）頃より影響力を拡大しはじめると（佐伯弘次一九七八）、それ以降、大内・大友両氏は筑前の大友領をめぐりしばしば対立していくのである。一度目の軍事紛争は、まさにそうした流れで起こったもの。合戦の当初、大内氏は「就筑前国事、大友・少弐・菊池以下悉同心、与大内致

表　大内・大友両氏の間でみられた軍事紛争

No.	時期	対立軸の推移		発端と経緯
1	永享2年後半〜 永享8年6月 (1430-1436)	①　大内盛見 ②　大内持世 大内持盛 菊池持朝 ③　大内持世 大友親綱 菊池持朝 ④　大内持世 大友親綱 菊池持朝 中四国勢 ⑤　大内持世 大友親綱 菊池持朝 中四国勢	①　大友持直 少弐満貞 菊池持朝 ②　大友持直 少弐満貞 ③　大友持直 大内持盛 少弐満貞 ④　大友持直 大内持盛 少弐満貞 ⑤　大友持直 少弐嘉頼	①発端は、「筑前御料国」化と大内盛見の代官就任にともない勃発した筑前大友領をめぐるトラブル。 ②・③大内盛見が戦死すると、大内氏では持世・持盛兄弟の家督争いが勃発。また、この間に持世は大友親綱に接近。 ④永享4年冬に大内持世の働きかけで室町幕府が大友親綱を豊後守護に任じると、大友氏は親綱派と持直派に分裂。幕府に動員された中四国勢、豊後へ。 ⑤幕府の支援を受けた大内持世・大友親綱ラインが大友持直一派の籠る豊後姫岳城を攻略し、軍事紛争は一応終結。
2	文明元年5月以前〜 文明9年9月以前 (1469-1477) ※ただし、両氏間の戦闘は文明元年〜同2年のみ。	(西軍) ①　大内政弘 ②　大内政弘	(東軍) ①　大友親繁 大友政親 少弐政資 ②　大友親繁 大友政親 大内教幸 少弐政資	①西軍に与して上洛した大内政弘の留守をついて、東軍の指示を受けた大友・少弐勢が豊前・筑前へ侵攻。 ②文明2年初頭には、東軍方として挙兵した大内教幸が参戦。 ②-ただし、筑前の所領支配以外に大友氏は関わらず。文明9年9月まで豊前を大内教幸が、筑前を少弐政資が支配。 ②-大内政弘が東軍と和睦し、大友氏との対立も終結。政弘は大内教幸一派と少弐氏を討伐し、豊前・筑前を回復。
3	明応7年後半〜 文亀2年前半 (1498-1502)	①　大内義興 大聖院宗心 ②　大内義興 大聖院宗心 ③（足利義材） 大内義興 大聖院宗心	①　大友親治 少弐資元 ②　大友親治 大内高弘 少弐資元 ③（足利義高） （細川政元） 大友親治 大内高弘 少弐資元	①相続に係る足利義材への安堵申請のおり、大聖院宗心を大友家督にプッシュした大内義興の介入を排除すべく、大友親治が豊前・筑前へ出兵して勃発。 ②明応8年2月に、大内氏で家督相続争い。敗れた大内高弘、豊後へ亡命。 ③明応8年末に周防へ下向した足利義材に対抗すべく、足利義高が大友親治と提携すると、大内・大友両氏の対立は分裂した将軍権力の紛争へと変質。 ③-対立のピークは文亀元年。足利義材の調停もあり、翌年以後は停戦状態に。
4	天文元年9月〜 天文4年前半 (1532-1535)	①　大内義隆 ②　大内義隆 菊池義武	①　大友義鑑 少弐資元 ②　大友義鑑 少弐資元	①大内氏による反大友勢力の撫育等に遺恨を抱いていた大友義鑑、将軍足利義晴の上洛要請をきっかけに、周辺の地域権力を語らい、豊前・筑前へ侵攻。 ②しかし、天文2年に攻守は逆転。豊後まで戦乱が及ぶことに。肥後では菊池義武が挙兵し、筑後の大友領へ侵攻。 ②-戦況悪化を懸念する大友義鑑の打診もあってか、天文3年末に足利義晴が停戦を打診。翌年前半までに停戦成立。 ②-その後、足利義晴の上洛要請にともない、天文7年に正式和睦。筑前の大友領の返還で交渉成立。ただし、大内氏は博多息浜をいつまでも返還せず。

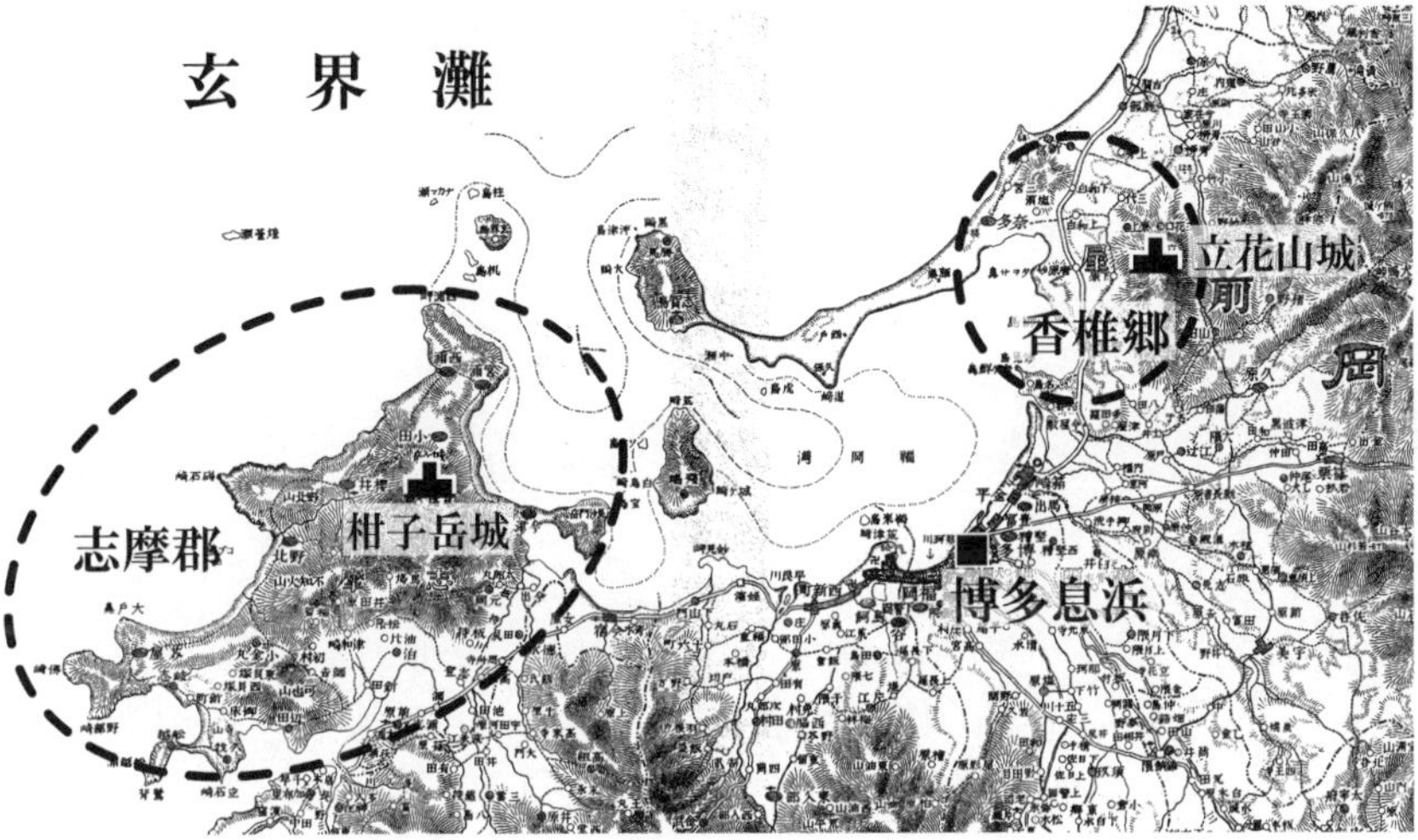

参考地図　筑前における大友領の分布
（『日本歴史地名大系41　福岡県の地名』〈平凡社、2004年〉の特別付録「福岡県全図」を加工して作成）

合戦」と室町幕府に報告していた（『満済准后日記』〈続群書類従補遺一〉永享三年二月二十七日条）。

とりわけ係争地になったのは、博多息浜である。博多湾に飛び出した砂丘の先端部分に位置する息浜は、もともとは波浪の影響をうけやすい土地であった。しかし、元寇防塁が防波堤替わりになったことで開発が進み、室町時代には貿易商人が集住する博多の中核になっていたという（伊藤幸司二〇一三）。それゆえ、両氏はこの地の保有に強いこだわりをみせた。たとえば、四度目の軍事紛争の際に筑前の大友領へ逆侵攻した大内氏は、和睦成立後に占領地の返還を求められたが、息浜については応じていないのである（「大友家文書録」『大分県史料三一～三四』一〇六六号文書）。

2　家督相続争いへの介入

ただし、長期的にみると、大内・大友両氏の境界ラインはほとんど変化しない。四度目の軍事紛争のおり、博多息浜を占領した大内氏が返還を拒み続けた例などはあるにしても、それを除くと、対立が収まった後に境界ラインは元へ戻っているのだ。また、応仁・文明の乱にともない勃発した二度目の軍事紛争の際に、大友勢は豊前・筑前を占領するが、その後に大友親繁・政親父子は前者を大内教幸に、後者を少弐政資に譲り渡している（「大友家文書録」四二三・四四五号文書）。「国郡境目相論」的な側面を有していたとはいえ、大内・大友両氏の軍事紛争は、必ずしも領土拡大を積極的に目指したものではなかった。

それでは、大内・大友両氏は、その他にどういったことを争っていたのであろう。次に目につく要因は、それぞれに生じていた家督相続争いである。表に示した対立軸項をご覧いただきたい。左側に大内サイド、右側に大友サイドの「嫡流」の系統（正確にいえば、結果的に嫡流となった系統）の人物を記し、あわせてそれに与した人物を列記している。それをみると、いずれのサイドにも両氏の一族が名前を連ねていることに気づく（ただし、四度目は除く）。一度目の軍事紛争にあたり、大内盛見の戦死後に大内持世と家督を争った大内持盛が大友持直と提携したように、家督を狙う当事者の一方がライバルの勢力に接近するケースが頻発していたのだ。この事実は、軍事紛争が単純な大内・大友両氏の対立に留まらず、内部の家督相続争いをも含み込んだものであり、また、そうした側面が紛争の拡大に拍車をかけていたことを示している。

また、大友氏の家督相続に大内氏が介入し、対立を招いたこともあった。三度目の軍事紛争は、不仲により混乱を招いていた大友政親・材親父子の頓死後、事態を収拾して家督になった大友親治が、子息義長を自身の後継者として承認するよう、明応五年（一四九六）から同七年にかけて足利義材へ働きかけた際に、大内義興が横やりを入れたことで生じたものであった。親密な関係にあった義材に、義興は大聖院宗心（大友親綱の子息）を推薦したのである。この提案をうけ、義材は親治への確答を保留。その結果、親治は義興の介入を排除すべく、大内領国へ侵攻したとみられる（山田貴司二〇一二）。

ところで、どうして大内・大友両氏は互いの家督相続争いに介入したのであろう。その理由を示す史料にはあまり恵まれないが、一例として、一度目の軍事紛争で大内持世と大友持直が争っていたおり、持世が「自身に「合力」するよう、大友親綱に御内書を出して欲しい」と室町幕府に打診した時の事情に注目したい。

そもそも親綱は、持直のいとこの子息。後に豊後守護に補任されるが、当時は持直と対立し、肥後の菊池領国に亡命中であった。そんな親綱に御内書を送ってもらお

う と画策した持世の意図に注目すると、『満済准后日記』永享三年七月十七日条には、「此両人方へ御内書ハ、大友ヲ可被破御料簡トシテ、大内雑掌安富申請儀也」と記されている。つまり、持直を打倒するために、持世は親綱を引っぱり出し、持直の対抗馬として表舞台に登場させ、利用しようとしたのである。

こうした意図を踏まえるならば、しばしばみられた家督相続争いへの介入目的は、与しやすい当主や人物を仕立て、味方にし、ライバルの政治・軍事的脅威を除くことにあったと考えられよう。

3　亡命者の受け入れと「撫育」

続いて指摘される要因は、政治的な事情や権力闘争により領国を飛び出した不平分子、すなわち亡命者を大内・大友両氏がそれぞれかくまい、「撫育」していたという実態である。

もっとも典型的なケースは、先述のごとき家督相続争いに絡む亡命者の受け入れである。たとえば、嘉吉の乱に巻き込まれて大内持世が死去した後、大内氏では大内教弘と大内教幸の間で家督相続争いが勃発するが、敗れた教幸がしばらく逗留したのは大友氏の守護管国の筑後であった（伊藤幸司二〇〇九）。また、大内政弘の子息で、氏寺氷上山興隆寺の別当を務めていた大護院尊光は、重臣杉武明と結託し、明応八年（一四九九）に大内義興の転覆を企てるも、失敗。豊後に亡命して大内高弘と名乗り、大友氏のもとで再起を企てていく（山田貴司二〇一二）。

大友領国から大内領国へ亡命した人物としては、大友家督を狙い、十五世紀末から十六世紀初頭にかけて活動していた大聖院宗心とその一派が知られる。宗心が大内領国に出入りしはじめた時期はよくわからないが、三度目の軍事紛争の時、前将軍足利義材の周防下向の打診にともない、明応七年末に大内氏が豊前・筑前から軍勢をいったん引き上げたおりには、彼もまた長門赤間関へ撤退している（「相良家文書」『大日本古文書　家わけ第五』二一七号文書）。この間は、大内領国を拠点に、豊後の不平分子の糾合を図っていたのであろう。

加えて、大友領国からは国衆や家臣も亡命している。たとえば、大友氏の有力一門で、室町幕府と独自に関係を結んでいた田原氏の中には、しばしば大友氏と対立し、大内氏のもとへ亡命する人物がみられた。応仁・文明の乱の最中に大内領国へ亡命していた田原親盛や（「亀屋伊藤家文書」『山口県史史料編中世四』四号文書）、大友政親・材親父子の対立と頓死を背景に出奔して大聖院宗心に従い（「馬場文書（児玉韞採集文書）」『新修福岡市史資料編中世二』参考一・参考二号文書）、永正年間には大内義興とともに上洛した田原親述（「入江文書」『史料纂集古文書編二〇』九八号文書）、享禄五年（一五三二）五月以前に大内領国へ亡命し、四度目の軍事紛争のおりには大内勢として活動した田原親董などである（吉良国光 二〇一二）。そして、そういった動きは田原氏に留まらず、大永六年（一五二六）頃に周防へ逃亡・滞在した小原右並、その子息鑑元（隆元とも）の存在も指摘されている（三村講介二〇〇二）。

それでは、亡命してきた彼らを大内・大友両氏はどのように遇していたのであろう。実態を示す手がかりはあまり残されていないが、両氏いずれもそれなりに待遇していたようである。たとえば、大友義長が子息義鑑に書き置いた条々には、大内高弘の処遇は「別而可為丁寧」と記されている（「大友家文書」『大分県史料二六』〔大友記録〕一七号文書）。その一方、大友家臣の亡命者を受け入れた大内氏は、彼らに扶持を与えていた。もっとも、給与されたのは寺社領の半済分などであり、経済基盤としては不安定なものであったが（三村講介 二〇〇二）、滞在費用が手当されていたことは注目すべき点であろう。

大内・大友両氏がこういった人物を受け入れていた意味も考えておこう。その大きな理由は、大聖院宗心の策動が大友氏の家督相続争いを演出したように、亡命者を政治・軍事的な「手ごま」として利用することにあったと思われる。亡命者が有する政治的な求心力や人脈は、ライバルの家臣団や領国に混乱を生み出す可能性を有していたとおぼしいのである。いささか時期的に逸脱した事例ではあるけれど、大内氏の滅亡後、北部九州の覇権をめぐり大友氏と毛利氏が争っていた永禄十二年（一五六九）十月、劣勢に立たされた大友義鎮が高弘の子息輝弘を周防へ派遣し、大内旧臣を糾合して挙兵させ、北部九州に在陣中の毛利勢を撤退に追い込んだ一件などは（秋山伸隆 二〇一二）、そうした「手ごま」の典型的な活用例であろう。

もっとも、それゆえ亡命元にとって、彼らはやっかいな人々であり、時には軍事紛争の発端・拡大の要因にもなった。三度目の軍事紛争では大聖院宗心の存在が、四度目の軍事紛争では田原親董や小原右並・鑑元父子といった大友旧臣の「撫育」が、大友勢の出兵要因に数えられているのである。

4　室町幕府との関係性

軍事紛争の勃発・拡大を促した四つ目の要因は、室町幕府や分裂した将軍権力との関係である。四度に及んだ大内・大友両氏の軍事紛争は、いずれも地域権力同士の単純ないさかいに留まっていない。表の対立軸項や紛争の経緯項に示されるように、さまざまな面で中央政局と結びついていた。

応仁・文明の乱にともなう二度目の軍事紛争と、将軍足利義晴からの上洛要請が大義名分とされた四度目の軍事紛争は、将軍権力の分裂が直接的な引き金となり、起こったものである。たとえば、大友勢が豊前・筑前へ侵攻してはじまった四度目の軍事紛争の直前、天文元年（一五三二）七月に大友義鑑は周辺勢力へ「大内氏包囲網」を呼びかける檄文を送ったが、その文中に彼は「就江州　公方《（足利義晴）》様御入洛之儀、度々被成　御下知候之条、相応之忠儀無余儀存候之処、依大内《（義隆）》造意、于今相滞候、近日猶以悪行令顕然之条、近々豊筑発向之覚悟候」と記載（「熊谷家文書」『大日本古文書　家わけ第一四』一一八号文書）。「堺公方」と対立していた将軍義晴の「御入洛之儀」「御下知」への「大内造意」を問題視し、これを大義名分に挙兵すると述べている。この時期に至っても幕府との関係は、大内・大友両氏にとって看過しえない問題であり続けていた〔山田貴司二〇一四〕。

大内義興が大友氏の家督相続に介入したことに端を発する三度目の軍事紛争にも、分裂した将軍権力の動向がかかわっている。明応の政変で将軍の座を追われ、北陸に滞在していた足利義材が明応八年（一四九九）に周防へ下向した結果、前年にスタートしていた大内・大友両氏の対立は、義材派と足利義高（義澄とも）派のそれへと性格を転じていくのである。そのために、両氏の軍事紛争は中国から北部九州に所在する諸勢力を広域的に巻き込む可能性を孕むものとなり、結果的に、義材派の取りまとめを担い、最終的に上洛した大内氏と、義高派の取りまとめを期待され、（実態面には検討の余地が残るが）九州探題領の支配権や日明勘合、日朝牙符を手に入れた大友氏は、それぞれ西国社会における政治的地位を向上させることとなった〔山田貴司二〇一二〕。

ここまで本章では、四度に及ぶ軍事紛争の様相と特徴を検討してきた。改めてその内容を整理しておくと、大友氏にとって大内氏とは、筑前の大友領をめぐる対立に加え、家督相続争いへの介入や亡命者の受け入れ、そして幕府との関係など、複合的な要因により軍事紛争を繰り返してきた、政治・軍事的なライバルであった。

二　軍事紛争のあいまに生まれた融和の時期

ただし、大内・大友両氏の歴史をひもといていくと、当然ながら軍事的に対立していない時期もみられる。というより、むしろ融和の時期の方がはるかに長いのだ。それでは、両氏の融和はどのように演出され、その間にはどのような関係が築かれていたのであろう。本章では、これらの疑問を検討してみたい。

（一）融和の時期とその演出

融和の時期が生じた要因は多様であろうが、ここではふたつの事柄を取り上げたい。ひとつは、大内・大友両氏の政治的な親密性を背景とする融和。とくに、大友親綱の代にみられたものである。そして、もうひとつは、両氏の間で結ばれた血縁関係である。

1　政治的な親密性

第一章で述べたように、大友親綱は、一度目の軍事紛争の最中に大内持世に見出され、最終的には豊後守護にまで取り立てられた人物である。ゆえに、持世との間には親密な関係が築かれていた。

たとえば、親綱と室町幕府のやり取りが、大内氏の在京雑掌を介して行なわれていた事実は、その証左である。（永享十一年ヵ、一四三九）正月二十八日付安富定範書状写（「大友家文書録」三一一号文書）をみると、「豊後国事、左京亮《（大友親綱）》殿より御注進候者、則出羽守《（大友親隆）》殿へ可被成案堵御判由候」という将軍足利義教の重要な意向が、大内氏の在京雑掌安富定範を通じて大友家臣の斉藤著利に伝えられているのである。このことは、親綱の取り立て経緯を背景とする大内氏の強い影響力を示す一方（山田貴司二〇一四）、この時期の大内・大友両氏が政治的に親密な関係にあったことも、あわせて物語っている。

2　大内・大友両氏の間で結ばれた血縁関係

ただし、前項でみたような融和の要因は、どちらかというと特殊な部類に入るのかもしれない。そこで、いま少し普遍的な要因を探ってみると、それはやはり大内・大友両氏の間でたびたび結ばれた血縁関係ということになろう。次に参考系図を掲げ、話を進めたい。

融和を演出した血縁関係の代表は、なんといっても婚姻であろう。江戸時代に編纂された「大内家系参考」（毛利家文庫『永田秘録　巻五八』山口県文書館所蔵）や「大友系図」（『寛政重修諸家譜　巻一一四』続群書類従完成会）などをみると、大内・大友両氏は四度にわたり婚姻を結んでいる。その最初は、十四世紀後半に結ばれたとおぼしき大内弘世の娘と大友親世の婚姻。二度目は、十五世紀半ばとみられる大内教弘の娘と大友政親の婚姻。三度目は、文明年間後半とみられる大内政弘の娘と大友材親の婚姻。そして最後は、永正十八年（一五二一）に結ばれたとみられる大内義興の娘と大友義鑑の婚姻である（『木砕之注文』中央公論美術出版）。時期的には、四度に及んだ軍事紛争のあいまに成立しており、まさに融和の演出が期待されるものであった。

婚姻の他に結ばれた血縁関係としては、義鑑の子息晴英、後の大内義長の養子縁組が知られる（本稿では晴英と呼称）。陶隆房（晴賢とも）の乱で大内義隆が死去した後、晴英は大内氏に養子入りし、その家督を継いだ。なお、「大内系図」などは、大友義鎮・晴英兄弟の母を義興の娘と記しており〔近藤清石 一九七四〕、そうした血縁ゆえの養子入り、家督相続ともいわれる。ただし、「大友系図」などは母を「坊城氏」としており、その是非ははっきりしない〔芥川龍男 一九八六〕。

ちなみに、晴英と大内氏の縁は、この時が最初というわけではなかった。じつは、天文十一年（一五四二）から同十二年にかけて敢行された出雲尼子攻めが失敗に終わり、その渦中で義隆

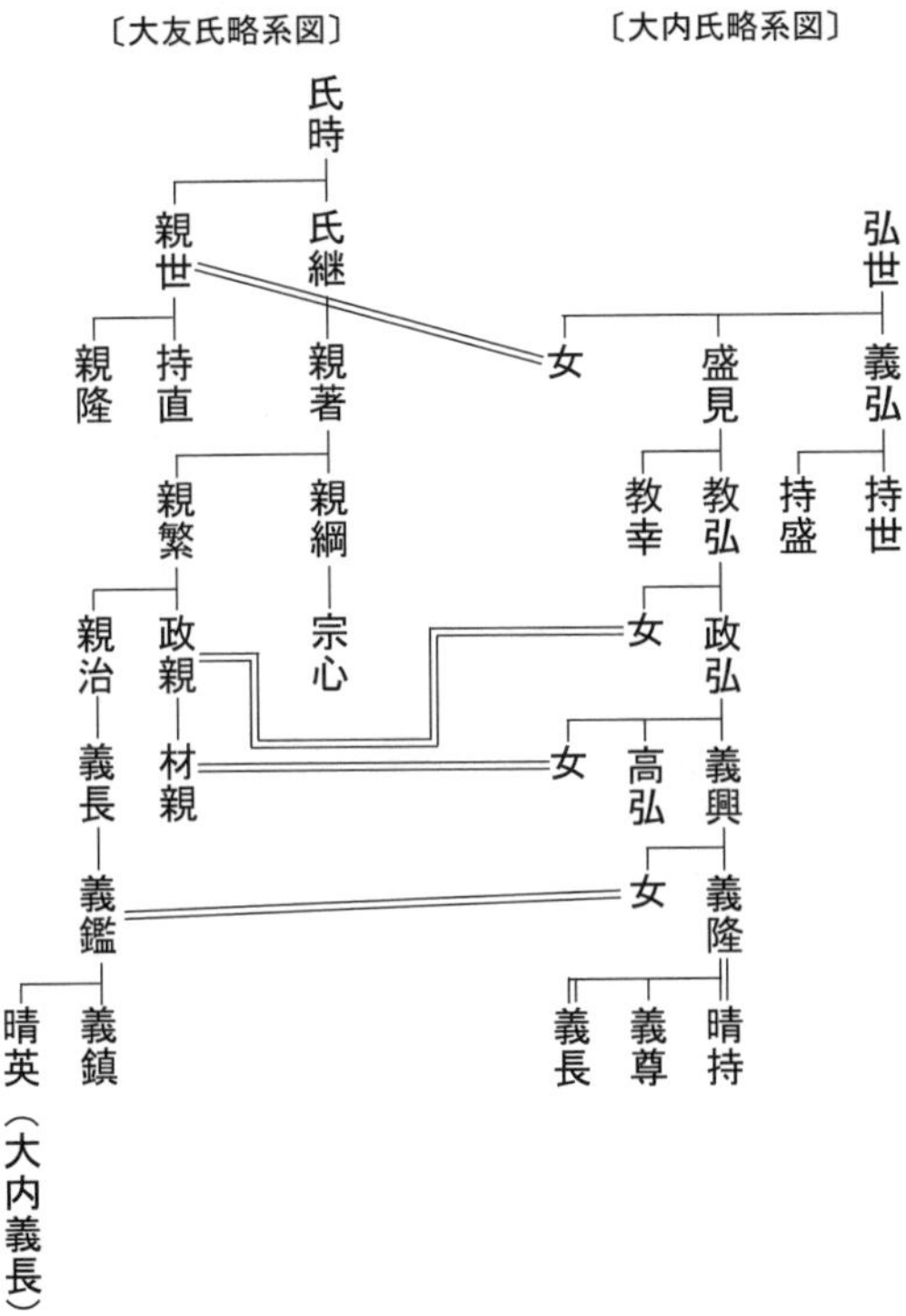

参考系図　大内・大友両氏略系図
（『寛政重修諸家譜　巻114』、『永田秘録　巻58』、『続群書類従　巻150』、〔近藤清石 1974〕などを参考に作成）

の嫡子晴持（義興の娘と土佐一条房冬の間に生まれ、義隆の養子になっていた人物）が死去したおり、義鑑の子息が養子入りするという話が進行していたのだ。その子息とは、恐らく晴英のことであろう。天文十四年に大内義尊が生まれ、結局それは破談となったが（「相良家文書」三七八号文書）、四度目の軍事紛争の後に醸成されていた融和な関係を示唆するものとして、注目されてよいエピソードである。

（二）融和の時期にみられた交流と共有

大内・大友両氏の間では、婚姻や養子縁組などにより融和の時期も演出されていた。それでは、そうした時期には、両氏の間にどのような関係がみられたのであろう。

1　血縁関係にともなう政治・儀礼的な交流

そのひとつは、政治・儀礼的な交流である。血縁関係にともない、使者の往来や音信、人的交流、政治・儀礼的な関係がより頻繁に生じていたと思われるのである。

早い時期の事例では、大内義弘と大友親世の間で生じた政治的「連携」があげられる。堀川康史の研究によると、南北朝内乱の終結直後、応永元年（一三九四）から同二年にかけて大友領国で内紛が起こり、九州探題今川了俊が反親世派を支援すると、最終的に親世は了俊と決別。両者の仲介を画策していた義弘と、反了俊の立場にあった島津氏と結び、了俊の九州経営を破綻させていったとされるが（堀川康史二〇一六）、その背景となる義弘と親世の親密な関係を醸成し、支えたとおぼしいのは、両者間で結ばれていた婚姻関係であった。

応仁・文明の乱の終結後、京都から帰国した大内政弘は、豊前・筑前を奪回すべく文明十年（一四七八）九月頃に九州へ出兵し、博多に在陣するが、この時に側近相良正任が記した一ヶ月ばかりの陣中日記『正任記』（山口県史史料編中世一）には、政弘と大友政親、そして政親の妻（大内教弘の娘）の間で行なわれたやり取りが三度みられる。

その最初は、『正任記』文明十年十月六日条の「自豊後先日参上候洛七条仏師法眼給御太刀畢、以此便宜被進御書於豊前守殿（大友政親）・同女中了」という記事。豊後から博多の政弘を訪れた「洛七条仏師法眼」（詳細については、第三章第2節第2項で後述）が戻るにあたり、政弘は政親夫婦への手紙をことづけている。また、『同』同二十五日条をみると、「豊後女中様」すなわち政親の妻から政弘に届いた「御文」には、大友親繁・政親父子が筑後へ出兵するが、「自然之時」は「鷹房殿御事」を「憑《たのみ》思召」す、と記されていたという。「鷹房殿」とは、政親夫妻の子息で、後の大友材親。親繁・政親父子に万一のことがあれば、彼の将来は政弘に託されることになっていた。

ちなみに、自身も政弘の娘を妻に迎えたこともあり、後に材親もまた大内氏と親密な関係を結んでいる。文明十八年に父政親と対立したおり、一時的に大内領国へ亡命しているのはその証左であろう（『蔗軒日録』〈大日本古記録〉文明十八年八月二十六日条など）。

大内・大友両氏の間で生じた人的交流という側面でわかりやすいのは、血縁関係の締結にともない派遣された家臣の存在である。婚姻や養子縁組のおりには、当事者に加え、付け人が相手先に随行していたのだ。大友晴英が大内家督を継承するにあたっては、大友氏から高橋鑑種と橋爪鑑実が随行。陶隆房などとともに、政権運営に携わっている（たとえば、筑前宇美八幡宮から社領について申請があったおり、鑑実「所労」のため、別人に「披露」を依頼した「石清水文書」『大日本古文書　家わけ第四』六〇〇号文書などは、彼等が晴英政権の窓口であった様子を端的に示す）。

晴英の事例を勘案すると、恐らく婚姻にあたっても、同じように側近や家臣は付き従っていたのであろう。もしそうであれば、随行した人々が、領国間の往来や交流を促し、時にはその実務に携わっていたとも考えられる。

2　共有されていた文化資源

融和の時期には、領国を超えて文化資源を共有する状況も生じていた。ここでは、とくに絵師や仏師、連歌師の動向に注目し、その点を確認しよう。

水墨画の絵師として著名な雪舟は、周知のとおり長く大内領国で活動するが、中国・明から帰国した後は、文明八年（一四七六）前後にアトリエを一時的に豊後へ移している。遣明船でともに中国へ渡った桂庵玄樹の存在や（渡邊雄二二〇〇六・二〇〇八）、豊後に形成されていた東福寺派の禅僧ネットワークとの関係があったためという（伊藤幸司二〇〇二）。

背景はともかく、ここで注意すべきは、雪舟の画業が大内・大友両氏の領国をまたいで紡がれていた事実である。大内氏だけでなく、大友氏もまた雪舟作品を受容していたとおぼしいのだ。なお、雪舟が豊後で制作した確実な作品としては、現大分県豊後大野市に所在する名勝を描いた《鎮田瀑図》が知られる。残念ながら真筆は失

参考図版　狩野常信筆《鎮田瀑図》
（江戸時代前期、17世紀　京都国立博物館所蔵）

われ、現在は江戸時代前期に狩野常信が模写した作品が伝わるばかりだが（参考図版）、これは雪舟が現地に赴いて実見し、描いたものであった〔鹿毛敏夫二〇〇六b〕。

領国を超えて往来していたのは、絵師だけではない。次に、先ほど取り上げた『正任記』文明十年十月六日条に登場する「洛七条仏師法眼」に注目しよう。改めて引用すると、該当部分には「自豊後先日参上候洛七条仏師法眼給御太刀畢、以此便宜被進御書於豊前守《（政親）》殿・同女中了」と記される。「洛七条仏師法眼」が豊後から博多の大内政弘を訪ね、その帰路には大友政親夫妻へのメッセンジャーになった、という内容である。

この記事について、まず検討すべきは人名比定である。「洛七条仏師法眼」という呼称と、近年の仏師研究の成果をみる限り、恐らく彼の名前は康永。運慶の末裔を称した京都七条仏師のトップである〔根立研介二〇〇六〕。その地位の高さを勘案すれば、政弘が太刀を与え、政親夫妻への手紙をことづけたという対応ぶりにも納得がいく。

それではなぜ、京都を拠点とするはずの康永は、豊後から博多の政弘を訪ねたのであろう。その理由を示唆するのは、この間における彼の作例である。筑後の国衆三池氏の注文で制作した文明五年銘の金剛力士像が現福岡県大牟田市の普光寺に、文明六年銘の釈迦三尊像が現愛媛県松山市の雲門寺に〔根立研介 二〇〇七〕、文明七年銘の大日如来像が現福岡県古賀市の寺浦大日堂に伝来しているように〔八尋和泉 一九八八〕、ちょうど応仁・文明の乱の最中に、彼は西国で次々と仏像を手がけていた。そして、普光寺が所在する大牟田は大友氏の守護管国筑後に含まれ、寺浦大日堂は筑前の大友氏の拠点立花城からほど近い場所にある。つまり、康永は戦乱を避けて大友領国に疎開し、その周辺で活動していたのであり、それゆえ、文明十年十月に「洛七条仏師法眼」が豊後と博多を往復するという旅程が生まれたのである。

ちなみに、康永は大内領国でも造像していたのであろうか。現時点では、大内領国に彼の作例はみられない。大内氏発注の仏像は、おもに院派仏師が手がけていたためであろう〔岩井共二 二〇一二〕。ただし、たとえそうであったとしても、京都の有力仏師が大内・大友両氏の領国を往来し、それぞれの当主とコンタクトを取っていた事実はじつに興味深い。仏像制作についても、両氏が同様の人脈を押さえていた実態が浮き彫りになるからである。

連歌師の往来についても触れておこう。中世後期に入ると、他の地域と同様に九州にも連歌師がたびたび訪れたが、永正十三年（一五一六）から同十四年にかけてみられた月村斎宗碩の九州巡歴はとくに注目される。同十三年半ばに周防山口へ到着した宗碩は、義興の留守を預かる大内家臣と交流後、九州へ出発。豊前各所での連歌会を経て、九月から十月にかけて豊後に滞在する。同地では、本庄右述や木上長秀をはじめとする大友家臣、家督を相続して間もない大友義鑑、亡命者であった大内高弘などと連歌会を興行。その後は日向、薩摩、肥後、筑後、筑前、長門、周防をめぐり、翌年十一月にようやく帰洛した〔『月村抜句』宮内庁書陵部所蔵、〔川添昭二 二〇〇三〕など〕。

かかる宗碩の動向は、連歌が九州各地の武士に親しまれていた事実を物語ると同時に、連歌師の横断〔縦断〕により、その規範や作法、関連知識が領国を超えて共有されていた様子を示唆する。そして、政治・軍事的ライバルとみなされた大内・大友両氏の領国を跨ぐような巡歴が実現したのは、永正五年の義興上洛、同八年の足利義高死去と大内勢の舟岡山合戦勝利を経て、対立が緩和していたためであろう。

以上のように、融和の時期には文化的専門性を有する人物が領国を超えて往来し、活動していた。そして、その結果、大内・大友両氏の領国では、同じような文化資源が人々に共有され、それを受容する土壌もまた生み出されていたとみられる。

3　外交活動でみられた交流

次に、外交活動でみられた交流について触れておきたい。冒頭で述べたように、大内氏と同様に大友氏もまた、外交活動を積極的に推進した地域権力とみなされている。本稿が論述対象とする弘治年間までの動向を概観しておくと、朝鮮に対しては、永享元年（一四二九）の使節派遣を皮切りに、本格的な往来がスタート〔外山幹夫一九八三〕〔鹿毛敏夫二〇一三〕。三度目の軍事紛争にあたり、戦意を鼓舞すべく、将軍足利義高が一新した朝鮮牙符を大友氏に与えた後には、朝鮮通交のイニシアチブを握ることもあったという〔橋本雄二〇〇五〕。

中国・明に対しては、宝徳度の遣明船のおりに大友船の派遣に成功する。ただ、その後しばらくは警固や硫黄の提供といった面でのかかわりに留まっていた。そこに転機をもたらしたのは、大内氏との三度目の軍事紛争。将軍義高が大友氏を督戦すべく日明勘合（いわゆる弘治勘合）を与え、二十年後の遣明船派遣をみとめたのである。以後、大友氏は日明通交への参加を強く志向し、天文年間の半ば以降は、獲得した弘治勘合を用い、繰り返し遣明船派遣を試みている〔鹿毛敏夫二〇〇六a〕。

ただし、大内・大友両氏の対外活動を比較検討した伊藤幸司によると、大友氏のそれには額面どおりに評価し難い部分も残されているという〔伊藤幸司二〇一三〕。朝鮮への使節派遣は、博多商人等による請け負いや名義貸によるもの、つまり偽使のケースが多かったとみなされるのだ。中国・明との関係についても、正式に入貢できたのは宝徳度の一度だけ。天文年間半ば以降にたびたび渡海した遣明船は、いずれも入貢を許されていない。志向性の高まりは否定できないけれど、伊藤が指摘するように、外交活動の面で大友氏は大内氏に伍する立場にはなかった。

右のように、外交面では大内氏が優越していたとみられるわけだが、四度目の軍事紛争の後、融和な関係が深まっていた天文年間後半から弘治年間にかけては、この部分についても大内・大友両氏の間で交流がみられた。ひとつは、遣明船の乗員の人事交流である。鹿毛敏夫によると、大内氏が主導した天文十六年（一五四七）派遣の遣明船に、大友家臣の上野統知が十一歳で搭乗していたのである。上野氏は、豊後の佐賀関から臼杵あたりを拠点とする海の武士。その一族が搭乗したことで、遣明船のノウハウが大友氏に漏れ伝わった可能性を鹿毛は指摘する〔鹿毛敏夫二〇一三〕。むろん、彼の搭乗が実現したのは、四度目の軍事紛争の後に築かれていた両氏の融和ゆえであろう。

もうひとつは、大内義隆の滅亡後、弘治二年(一五五六)に大友義鎮と大内晴英が兄弟で実施した遣明船の共同派遣である。その発端は、当時激しさを増していた倭寇禁圧のために、中国・明の浙直総督胡宗憲が派遣した陳可願と蒋洲の来日とされる。両人のうち、蒋洲は豊後を訪れ、周防の晴英にも使者を派遣。やがて帰国の途につくが、義鎮・晴英兄弟はそれに随行する格好で使節を仕立て、入貢を試みたのだ。日本国王の偽造印を据え、晴英が送った国書は弘治二年(一五五六)十一月付。毛利氏の周防・長門侵攻により、滅亡する半年前のことであった。

なお、大内・大友両氏が共同派遣した遣明船は、書類の不備等を指摘され、またしても入貢を許されていない。最終的に大友船は密貿易を果たし、帰国したという〔鹿毛敏夫二〇一五〕。ただし、ここで重視すべきはことの成否ではなく、弘治年間に至り、中国向けの外交活動に両氏の共同がみられはじめた事実であろう。晴英が大内当主となり、両氏の関係がかつてないほど親密さを増す中、長く大内氏が握ってきた外交活動のイニシアチブは、新たな展開を迎えようとしていたのである。

ここまで本章では、大内・大友両氏の間にみられた融和の時期に注目し、それを演出した要因とその様相について検討してきた。第一章で確認したように、両氏は政治・軍事的なライバル関係にあったが、その一方、融和の時期には、様々な場面で往来や交流、共有が生じていた。そして、最終盤には、外交活動を共同する場面までみられたのである。

三　優越していたのは大内氏なのか、大友氏なのか

以上の検討により、大友氏にとって大内氏は、たびたび軍事紛争を起こした政治・軍事的ライバルであると同時に、融和の時期には互いに政治・文化的に影響を与え合う存在であったと確認された。

ところで、そうした事実がわかってくると、それはそれで新たな疑問も生じるように思う。大内・大友両氏は

右のような関係を有していたが、比較すると、その立場は同等だったのか。あるいは、いずれかが優越していたのか。西国の権力秩序を考えるうえで重要な論点が、浮かびあがってくるのである。かかる疑問については、すでに伊藤幸司が外交活動における大内氏の優越性を指摘し、小久保嘉紀が書札礼を比較・検討している〔伊藤幸司二〇一三〕〔小久保嘉紀二〇一三〕。ただし、他の面はまだ検討されていない。

むろん、客観的に甲乙つけるのはなかなか難しい。異論も予測されるが、最後に本章では、政治・文化的な切り口をいくつか用意し、あえてこの疑問に迫ってみたい。

(一) 九州の権力秩序における大友氏の自己認識

そもそも大友氏は、九州の権力秩序における自身の政治的地位を、どのように認識していたのであろう。このことを示す格好の素材として、(天文八年、一五三九)十二月五日付大友義鑑手日記写〔「大友家文書録」九八二号文書〕に注目したい。

この文書は、九州の地域権力では誰が将軍の偏諱を授与されているのか、どういった官位を獲得しているのか、という状況を尋ねられた大友義鑑が、室町幕府に提出した覚書である。注目されるのは、彼なりに先例と家格を整理したうえで、「西国之事者、大内・此方大概存知仕候、而何事をも申付候、今以其分候」「なにの大夫事、西国におゐて、大内・此方より外ハ不可有之候歟」と述べ、大内・大友両氏の政治・儀礼的地位の高さを幕府にアピールしていること。すなわち、少なくとも天文八年段階までに、大友氏は大内氏とともに西国社会で優越した存在だと、義鑑が自己認識していたことである。

(二) 大友氏の政治・儀礼的地位の実際

それでは、こうした自己認識はどれほど妥当だったのであろう。次に、大友氏の政治・儀礼的地位の実際を確認してみたい。

1 政治的地位の実際

まずは、政治的地位について。以前少し触れたように、室町時代後半から戦国時代にかけて室町幕府と関係を深めていく中、大友氏は守護の立場を逸脱した政治的地位を確立していく〔山田貴司二〇一四〕。たびたび生じた将軍権力の分裂に際し、九州の地域権力の取りまとめを期待されたからである。

たとえば、応仁・文明の乱のおり、（文明元年、一四六九）六月二十八日付で細川勝元へ提出された日向の国人野辺盛仁の戦況報告では、九州探題渋川教直が西軍に与し、没落する中、大友親繁の「九州惣大将」就任が話題となっている（「野辺文書」『太宰府市史中世資料編』二六七号文書。なお、この史料は、〔山田貴司二〇一四〕の中で取り上げるべきものであった）。また、明応の政変により北陸へ亡命した前将軍足利義材と親密な関係にあった大友材親は、義材の御内書を九州の地域権力に伝達し、請文提出まで取りまとめている（「相良家文書」二三九号文書）。加えて、御家再興を目指す少弐氏が天文九年（一五五〇）に幕府へ祝儀を献上し、将軍足利義晴の偏諱授与を申請したおり、それを取り次いだのは大友義鑑であった（「大友家文書録」一〇〇六号文書など）。こうした事例を勘案すると、政治的地位に関する大友氏の自己認識は、幕府や周辺の地域権力の目線からみても、ある程度の妥当性をともなっていたと考えられる。

2　大内氏に援軍を派遣していた大友氏

ただし、大内・大友両氏が進めていた軍事行動に目を転じると、厳密に比較した場合、両氏の政治的地位が対等だったとはいい切れない可能性も指摘される。両氏が融和な関係を築いていた大永年間と天文十年（一五四一）前後に、山陰の尼子氏と戦っていた大内氏が大友氏に援軍派遣を要請しているのだ。

前者の軍事紛争は、大永三年（一五二三）から同七年にかけて、尼子氏と大内氏が安芸や石見を舞台に起こしたものである。ここに大友氏が援軍を派遣した経緯はよくわからないが、厳島神社の神官が記した『房顕覚書』（広島県史古代中世資料編三）や関連文書（「一万田文書」『大分県史料九』一一号文書など）によると、派遣期間は少なくとも大永五年から同七年まで。軍勢は一万人に及んだという。

後者は、大内方へ転じた安芸の毛利氏を尼子勢が攻撃したことに端を発する。その軍事紛争は、天文九年から同十年にかけての吉田郡山城の戦い、大内氏による安芸制圧、さらには同十一年の出雲出兵へと展開。同十二年五月に大内勢が月山富田城の攻防に敗れ、撤退するまで続いた〔山田貴司二〇一九a〕。

このおりに、大友勢が援軍を派遣した経緯についてはは多少の史料が残されている。そのひとつは、天文十年前後に大内義隆が大友義鑑に援軍を要請していたことを示す（天文九年カ）二月二十四日付大内義隆書状（「山口大学附属図書館蔵文書」『山口県史史料編中世二』一号文書)。文面をみると、冒頭に「御加勢事、両度申候」と記されており、尼子氏と戦うにあたり、義隆がすでに「両度」援軍を要請していたことがわかる。ただ、義鑑は「肥後表之儀」「延引」を理由に、これを断っていたらしい。ところが、それでも義隆はあきらめず、本文書では「雖然彼国之儀者為少敵之条、不可有差事候哉、早々一勢被仰付候者、可為祝着候」と述べ、改めて義鑑を口説きにかかっている。すなわち、ここからは、尼子勢の手ごわさゆえか、はたまた尼子氏が大友氏と連携することへの予防線なのか、執拗に援軍派遣を迫る義隆の姿勢と、肥後情勢を理由にそれを受け流す義鑑の対応が読み取れよう。

もっとも、最終的に義鑑は、天文十二年に出雲へ援軍を派遣する(「大友家文書録」一一〇〇号文書)。その背景には、出雲出兵の成功を織り込み、尼子氏討伐を命じた室町幕府の意向を忖度する面もあったのかもしれないが、ともあれ融和の時期には、大友氏が大内氏を軍事支援するケースがみられたのである。

なお、同盟関係にある地域権力が互いの軍事紛争に援軍を派遣しあうケースは、決して珍しいことではない。たとえば、戦国時代に東国の武田・北条・今川の三氏が結んでいた「甲駿相三国同盟」では、「手合《てあわせ》」と呼ばれる「軍事協力」がしばしばみられたという(丸島和洋二〇一三)。

ただし、大内・大友両氏の場合、気になるのは、大友氏が大内氏に援軍派遣を求めた様子が確認されないことだ。応永元年(一三九四)から同二年にかけて生じた大友領国の内紛のおりに、九州探題今川了俊が反大友親世派へ援軍を派遣すれば、婚姻関係にあり、この時点で「連携」を有していた大内義弘が親世派を支援するとの「きこへ」があったともいうが(堀川康史二〇一六)、いまのところその実否は確認されない。そうすると、大友サイドには援軍の必要性がなかったのか。援軍派遣により、かえって大内氏の影響力が拡大することを懸念し、しなかったのか。それとも、立場的にできなかったのか。現段階では判断材料にこと欠くが、当面は、利害関係の少ない尼子氏との合戦に大友勢が(結果として)一方的に動員されていた事実を踏まえ、理解するより他あるまい。

このように考えると、幕府との関係も梃子にしつつ、大内氏ばかりが大友氏に援軍派遣を求めていた構図は、両氏が必ずしも政治的に対等な関係になく、どちらかといえば前者が優越していた可能性を示唆していよう。

3 儀礼的地位の実際

その一方、儀礼的地位についてはどうであったのだろう。先述した「なにの大夫事、西国におゐて、大内・此方より外ハ不可有之候歟」という大友義鑑の自己認識では、四職大夫に任官できる「西国」の地域権力は、大内・大友両氏のみであったという。この点について木下聡は、永正十七年（一五二〇）に島津勝久が修理大夫に任官するまで、九州には大内・大友両氏以外に四職大夫は確認されず、義鑑の見解は「概ね正しい状況」だと評価する〔木下聡 二〇一一 a〕。四職大夫に任官する地域権力が相次いだ天文年間まで、九州では大内・大友両氏が突出した官途を名乗っていたわけである。

ただし、右に示された義鑑の自己認識は、あくまで九州における儀礼的地位について述べたもの。大内氏との優劣は、また別の問題だ。そこで、次に大内・大友両氏の叙位・任官状況を改めて比較してみよう。

先述したように、大内・大友両氏はともに四職大夫を名乗る突出した儀礼的地位にあった。しかし、子細に比較すると、大友氏の四職大夫任官は、南北朝時代にみられた大友親世の修理権大夫任官を除くと、延徳三年（一四九一）の大友材親の修理大夫任官が出発点。南北朝時代後半から任官し続けてきた大内氏よりも、世襲化はかなり遅い〔木下聡 二〇一一 a〕。また、文明十八年（一四八六）に故大内教弘へ従三位が贈られたのを皮切りに、永正九年に大内義興が従三位に昇進し、大内義隆に至っては天文十七年（一五四八）に従二位まで到達するなど、文明年間以降に大内氏が位階を上昇させていったのに対し、大友氏では、大永六年（一五二六）に義鑑が従三位を望んだものの、「越四品一度三位事、無其例」との理由で失敗（「大友家文書録」七四二号文書）。義鑑の段階では、従四位下に留まっていた〔木下聡 二〇一一 b〕〔山田貴司 二〇一四〕。

次に、室町幕府における家格を比べてみよう。文明年間以降の状況を収録したといわれる『文安年中御番帳』（群書類従二九、〔秋元大補 一九七八〕）をみると、大内氏は「諸大名衆御相伴衆」に、大友氏は「外様大名衆」に位置づけられている。周知のように、将軍の御成等に相伴する有力大名に由来した「御相伴衆」の方が家格としては上位。大内・大友両氏が直接的な接点を持った場合には、厳密にいえば席次や所作、装束、そして書札礼などに、礼の厚薄が生じかねない関係性にあった。なお、大友氏が「御相伴衆」になるのは、永禄六年（一五六三）

のことである。

それでは、大内・大友両氏は、どういった書札礼で文書をやり取りしていたのであろう。この点について小久保嘉紀は、先ほど取り上げた（天文九年ヵ）二月二十四日付大内義隆書状（「山口大学附属図書館蔵文書」一号文書）を検討し、差出が「実名＋花押」であること、宛所が「大友」だけの二字書であることなどから、「細川家庶流宛ての場合よりもむしろ薄礼であるとさえ言え」「大内氏が大友氏に対して、とりわけ厚礼の書札礼を用いていたと見なすことはできない」と指摘する〔小久保嘉紀二〇一三〕。

ただし、ほぼ同時期の発給とおぼしき（年未詳）四月十四日付大内義隆書状案（「成恒文書」『大分県史料八』二巻二一号文書）をみると、差出には「大宰大弐義隆」と、宛所には「謹奉　大友修理大夫殿」と記されている。この事例を踏まえるならば、大友氏に対する大内氏の書札礼が薄礼だったとは一概に結論づけがたく、結局は状況により、礼の厚薄が使いわけられていたと考えざるをえない。

逆に、同時期に義鑑が義隆へ直接宛てた文書は、管見では、安芸・石見における尼子氏との軍事紛争の状況を尋ねた（天文九年ヵ）十二月二十八日付大友義鑑書状写（「大友家文書録」一〇一〇号文書）の一通だけ。その書止文言は「恐々謹言」、差出には「修理大夫義鑑」と、宛所には「謹上　太宰大弐殿」と記されている。小久保の言葉を借りると、「御相伴衆宛ての書札礼の規定」に則った様式といえ、「宛所に対して対等あるいはやや厚礼」のものと評されよう〔小久保嘉紀二〇一三〕。

以上の検討を勘案すると、大内・大友両氏の間でやり取りされた文書の書札礼は、状況によっては、大内氏が優越する格好で運用されていたとみられる。

ところで、大内・大友両氏の儀礼的地位を規定していたのは、なにも当事者同士の認識と行為だけではない。他の地域権力に視点を据えた場合、両氏のそれはどのようにみえていたのであろう。対馬の宗氏の書札礼の変遷を素材に、このことも検討しておきたい。

荒木和憲によれば、天文五年に義隆が大宰大弐に任官すると、その翌年以降、宗氏は大内氏宛の書札礼を変更していくという〔荒木和憲二〇〇七〕。詳細は次のとおりである。義隆の大宰大弐任官以前に、宗氏が大内・大友両氏へ文書を発給する場合には、差出に官途と実名を、宛名の上所に「謹上」と記し、対等に敬意を表していた。ところが、天文六年以降、宗氏は大内氏宛の上所に「進上」と記しはじめる。「進上」は「謹上」よりも厚礼な書きぶり。すなわち、義隆の大宰大弐任官により、それまで対等に扱われてきた大内・大友両氏に対する書札礼には、決定的な差異が生じたのである。こうした変化は、儀礼的地位は大内氏が優越すると周囲の地域権力も認識しつつあった状況を、よく物語っている。

4 西国社会における文化芸能の交流拠点

最後に、文化芸能のことに触れておこう。先ほど述べたように、融和の時期には文化芸能にかかる人の往来や交流、文化資源の共有が領国を超えて生じていた。そして、周知のように、大内氏の拠点周防山口と大友氏の拠点豊後府内には、内外からさまざまな文物が流入したと考えられている。それでは、あえて比較すると、そんな両氏（あるいは、両都市）のいずれが文化芸能の交流拠点としてより機能していたのであろう。

結論からいえば、優越していたのは前者ではなかったかと、私は考えている。というのも、瀬戸内海航路に面し、東アジアと結びついた九州と京都の中間に所在するという地理的な位置のもと、大内氏は早くから室町幕府と深い関係を築き〔川岡勉 二〇一〇〕、文明年間以降は朝廷とも結びつきを強める一方〔山田貴司 二〇一九b〕、「朝鮮国・明朝・琉球王国と活発に通交貿易を展開し、義隆・義長の時代にはヨーロッパ人とも遭遇し」「日本列島における大陸文物受容の主要な窓口」を担い、「日本の中央の文化に加えて、大陸文化の影響を直接受けることで、政治的・経済的・文化的に繁栄」していたと考えられるからだ〔伊藤幸司 二〇一二〕。

むろん、かかる性格の多くは大友氏にも共通する。ただ、対中央という面では、朝廷との結びつきは大内氏ほど強くなく、関係がみられはじめる時期も遅い。そして、対外的な面では、大内氏ほど大々的な活動は展開できていないのである〔伊藤幸司 二〇一三〕。

そうした実態を示す事例として、吉田神道の神官吉田兼右が京都から西国へ下向した時の経緯をみておきたい。天文十一年（一五四二）四月に彼が下向した当初の目的は、大内氏の出雲出兵の戦勝を祈祷するためであった。そして、その後兼右は周防山口に滞在。天文十三年末に帰洛するまで、神道の秘説を大内義隆や大内領国の神官等に伝授していく〔米原正義 一九七六〕〔伊藤聡 二〇一二〕〔山田貴司 二〇一九a〕。

ところで、この間には、大友義鑑や大友領国の神官等も兼右から伝授を受けており、その事実は、戦国時代における吉田神道の受容と展開を示す一例とされる。また、近年公開されはじめた『兼右卿記』（天理大学附属天理図書館所蔵、村井祐樹の教示）の天文十三年正月十二日条等によると、義鑑は、不慮の死を遂げた故大友政親の神名の件も兼右に相談していた。ただし、じつのところそういう関係は、周防山口に滞在中の兼右が、天文十二年十月から翌年二月まで豊後を訪れたことにより実現したものであった。恐らく、周防滞在の旨を聞いた義鑑の要請により、兼右は豊後へ下向したのであろう。換言すれば、この時に彼等が神道の秘説等を受容できたのは、兼右が義隆に招来されていたため。豊後下向は予定どおりというより、大内・大友両氏の融和を背景とした突発的な行動と考えられる。

こうした経緯が示すように、大内氏の最盛期には、文化芸能にかかわる人や文物が周防山口を経由し、発信されるケースがしばしばみられた。そして、その発信先は、中国から九州まで広く西国社会に及んでいたのである（たとえば、〔米原正義　一九七六〕が紹介した、武家故実をめぐる大内家臣飯田興秀と平戸松浦家臣籠手田定経の交流など）。

ここまで本章では、大内・大友両氏の政治・儀礼・文化的な地位の比較を試みてきた。改めて整理すると、応仁・文明の乱以降、将軍権力が分裂する中で、その一方と結びついて九州の地域権力の取りまとめを期待され、担ってきた大友氏の政治・儀礼的な地位は、彼等の自己認識とそれほど異ならないものではあった。しかし、大内・大友両氏を比較すると、一枚上手だったのは、どちらかというと前者。とくに、京都を発信源とする政治・文化資源は、大内領国を経由し、大友領国を含む西国社会へ広がっていくケースが多かったことであろう。一歩踏み込んでいえば、大内氏とその領国は、西国社会最大の交流拠点として機能していたのである。

結びにかえて

本稿では、大内氏の政治・文化的な地位と権力的な特質を、大友氏との関係から洗い直してきた。大雑把な議論になってしまったが、大内義隆の時代までは、各章末に整理したごとき関係と特質を指摘できるのではないか、と考える次第である。

ただし、そのような大内氏と大友氏の関係は、最終盤にもう一度大きく変化する。義隆の頓死により、大友義鎮の弟・大友晴英が養子入りし、大内当主になったのだ。

ここに至り、大内・大友両氏はもっとも融和な時期を迎える。それでは、こうした中で両氏の関係は、どのように変化していくのであろう。最後にその顛末を追跡し、結びにかえるとしたい。

（一）大友氏の影響力の拡大

天文年間後半に、大内・大友両氏は、それぞれ思いもよらない事態に遭遇する。天文十九年（一五五〇）に「二階崩れの変」が起こって大友義鑑が死去し、翌年には陶隆房の乱により大内義隆が討たれ、相次いで当主が横死したのだ。政変の後、大友家督は大友義鎮が、大内家督は大友晴英が養子入りして継承。それぞれに混乱をともないつつも、新たな門出を迎えた。

こうした中、政治的な影響力を拡大していったのは大友氏であった。たとえば、かつては少弐氏が治め、近年は大内氏の影響下にあった肥前が、義隆の死後に「彼国之者共以一味同心、於于今者、義鎮下知之外不可有之由懇望」する状況になったことを受け、天文二十二年正月頃より義鎮は、「既無主之国」「先代之辻」という理屈を掲げ、室町幕府に守護職補任を申請。これを実現するが、その前提として彼は、「晴英上国之刻」に「此等儀」は「始中終申談」じた、と証言する（「大友家文書録」一二九五号文書）。つまり、晴英の家督相続にあたり、義鎮は「此等儀」に関する合意を彼から取り付けており、それにもとづいて肥前への勢力拡大を企てたのである。

大友氏の勢力拡大をみとめるこうした合意は、恐らく肥前に留まらなかった。堀本一繁が明らかにしたように、晴英の家督相続により生じた融和と大内領国の混乱を背景に、ほぼ同じ頃に大友氏は筑前で「虫喰い状に」影響力を拡大していくのだ。具体的にいうと、それは①支配領域の拡大、②知行給与権・安堵権・裁判権の行使にはじまり、晴英政権の最末期には③所領打渡の代行までみられた。また、豊前では、弘治二年（一五五六）五月以降に「御両家御一躰」という理念が「大内氏と共同で打ち出され」、進出の足がかりが築かれはじめていた（堀本一繁二〇一二）。

こうして、これまで大内氏がやや優越していたとおぼしき北部九州の権力秩序は、晴英政権が滅亡するまでのわずかの間に転換点を迎えた。そして、興味深いことに、かかる変化は晴英の家督相続により生じた両氏の融和な関係と、大内領国を襲った内憂外患（各地で相次いだ反乱と毛利氏の離反、防長侵攻）を背景に進んでいくのである。

（二）「大内家督」のゆくえ

弘治三年（一五五七）三月、毛利勢に追い込まれた大内晴英は、長門長福寺で自害。ここに大内氏は、平安時代以来の長い歴史に幕をおろす。なお、融和な関係にあったものの、大友氏は大内氏を救援することなく、同氏滅亡の混乱に乗じ、豊前・筑前の領国化を進めていたとされる〔松原勝也二〇〇八〕。

ただし、大内・大友両氏の関係は、前者の滅亡により終焉を迎えたわけではない。じつはこの後、大友義鎮は毛利元就と「大内家督」をめぐる駆け引きを展開していくのである〔中司健一二〇一〇〕。

むろん、「大内家督」といっても、大内氏は滅亡しており、実態はともなっていない。とはいえ、中国・北部九州の有力領主として君臨してきた政治的地位や、西国社会で突出した家格を得ていた儀礼的地位を表象するものではあり、旧大内領国の支配を正統化する意味あいを包含していた可能性は否定できない。大友・毛利両氏の間でその存続が議論になったのも、それゆえであろう。

「大内家督」がはじめて話題にのぼったのは、弘治三年五月のことである。大内氏滅亡を受け、「中国・九州静謐之儀」を相談するために毛利元就・隆元父子に宛てた書状で、大友義鎮は「自然彼家育置候者、国守相替候者、諸侍鬱憤不可有止事候」と述べ、「大内家督」停止の「覚悟」を伝えていた（『萩藩閥閲録巻四六　小寺忠右衛門』『萩藩閥閲録第二巻』三三号文書）。義鎮としては、反乱の根拠になりかねない「大内家督」の存在を毛利氏と合意のうえで打ち消し、北部九州で相次いでいた反大友の動きを抑止したかったのであろう。

しかしながら、結局「大内家督」は停止されなかった。永禄元年（一五五八）十月までは停止の方針を示していた義鎮が、一転して室町幕府に働きかけ、翌年十一月にその継承を認められたのである（『大友家文書録』一三九九号文書、『大友家文書』『大友書翰』第九号―五文書）。恐らく、秋月氏や筑紫氏などを支援しつつ北部九州進出をうかがっていた毛利氏の存在を意識した方針転換であろう（『大友家文書録』一三九一号文書）。そして、この前後に義鎮は、豊前・筑前の守護職獲得と九州探題就任、左衛門督任官を幕府に承認されており、北部九州支配の正統性を着々と調えていく（『大友家文書』第一巻一一号文書など）。つまり、「大内家督」の継承もまた、そうした流れで実現した政策のひとつであったのだ。

それでは、「大内家督」は、具体的にどういった場面で利用されたのであろう。その詳細については今後の課題とせざるをえないが、毛利氏の対京都政策の妨害には多少の効果を発揮していたようだ。大友氏に「大内家督」をみとめたこともあり、幕府は毛利氏の周防・長門守護職補任の申請を保留。「預置」という暫定的な処置を、いったんは施すのである（「大友家文書」［大友書翰］第九号―一二文書、「毛利家文書」『大日本古文書　家わけ第八』三一八号文書）。

ただし、管見の限り、大友氏が「大内家督」の地位を内外に喧伝した形跡はみられない。すなわち、そうした状況を勘案すると、その眼目は、大友氏が利用するというより、毛利氏に利用させない点にあったとおぼしい。そして、結果的に「大内家督」は、誰からも政治利用されないよう封印されていったと考えられるのである。

ともあれ、大内氏の滅亡後に大友氏は六ヶ国の守護職と九州探題を兼任し、九州最大の地域権力に成長する。このプロセスで生じたのが「大内家督」の存続問題であり、本稿でみてきたようなかつての関係を勘案すれば、その継承と封印は、やや優越した立場にあった大内氏の存在を大友氏が克服したことを示す「あかし」なのかもしれない。かくして大友氏は、「西国」を舞台とする戦国乱世の主役にのぼり詰めていくのである。（山田貴司）

参考文献

秋山伸隆二〇一二「領国の拡大と大内輝弘の山口進攻」『山口県史　通史編　中世』第四編第三章第一節、山口県
芥川龍男一九八六「宗麟の生涯――その転機――」同編『大友宗麟のすべて』新人物往来社
秋元大補一九七八「室町幕府諸番帳の成立年代の研究」『日本歴史』三六四号
荒木和憲二〇〇七「戦国期対馬宗氏の書状と書札礼」九大中世史サマーセミナー「大名の古文書学」報告レジュメ
伊藤幸司二〇〇一「雪舟の旅と東福寺派のネットワーク」『朝日百科日本の国宝別冊　国宝と歴史の旅⑪「天橋立図」を旅する――雪舟の記憶――』朝日新聞社
伊藤幸司二〇〇九「偽大内殿使考――大内氏の朝鮮通交と偽使問題――」『日本歴史』七三一号
伊藤幸司二〇一二「拡大する大内氏の外交活動――教弘期～義長期――」『山口県史　通史編　中世』第三編第四章第二節
伊藤幸司二〇一三「大内氏の外交と大友氏の外交」鹿毛敏夫編『大内と大友　中世西日本の二大大名』勉誠出版

伊藤聡 二〇一二「天文年間における吉田兼右の山口下向をめぐって」『文学』一三巻五号
岩井共二 二〇一二「仏像と肖像彫刻」『山口県史　通史編　中世』第六編第三章第六節二
鹿毛敏夫 二〇〇六a「一五・一六世紀大友氏の対外交渉」同著『戦国大名の外交と都市・流通――豊後大友氏と東アジア世界――』思文閣出版（初出は二〇〇三）
鹿毛敏夫 二〇〇六b「雪舟・狩野永徳と大友氏」『戦国大名の外交と都市・流通』（初出は二〇〇五）
鹿毛敏夫 二〇一三「遣明船と相良・大内・大友氏」『日本史研究』六一〇号
鹿毛敏夫 二〇一五『アジアのなかの戦国大名　西国の群雄と経営戦略』歴史文化ライブラリー四〇九、吉川弘文館
川岡勉 二〇一〇「室町幕府―守護体制と西国守護」川岡勉・古賀信幸編『日本中世の西国社会①　西国の権力と戦乱』清文堂出版
川添昭二 二〇〇三「永正期前後の九州文芸の展開」同著『中世九州の政治・文化史』海鳥社
木下聡 二〇一一a「四職大夫」同著『中世武家官位の研究』吉川弘文館（初出は二〇〇八）
木下聡 二〇一一b「位階」『中世武家官位の研究』
吉良国光 二〇一二「天文年間前半における大内氏と大友氏の抗争について」『九州史学』一六二号
小久保嘉紀 二〇一三「書札礼からみた室町・戦国期西国社会の儀礼秩序」『年報中世史研究』三八号
近藤清石 一九七四『大内氏実録』マツノ書店（初出は一八八五）
佐伯弘次 一九七八「大内氏の筑前国支配――義弘期から政弘期まで――」川添昭二編『九州中世史研究第一輯』文献出版
外山幹夫 一九八三「大友氏の対鮮貿易」同著『大名領国形成過程の研究――豊後大友氏の場合――』雄山閣出版（初出は一九六六）
中司健一 二〇一〇「大内氏「屋形」号をめぐって」九州史学研究会中世史部会報告レジュメ
根立研介 二〇〇六「慶派仏師の末裔たちの動向――東寺仏師職をめぐって――」同著『日本中世の仏師と社会　運慶と慶派・七条仏師を中心に』塙書房
根立研介 二〇〇七『室町時代の彫刻　中世彫刻から近世彫刻へ』日本の美術四九四、至文堂
橋本雄 二〇〇五「「二人の将軍」と外交権の分裂」同著『中世日本の国際関係――東アジア通交圏と偽使問題――』吉川弘文館（初出は一九九八）
堀川康史 二〇一六「今川了俊の探題解任と九州情勢」『史学雑誌』一二五編一二号
堀本一繁 二〇一二「一五五〇年代における大友氏の北部九州支配の進展――大内義長の治世期を中心に――」『九州史学』一六二号

松原勝也 二〇〇八「大友義鎮の領国掌握と北部九州への進出」鹿毛敏夫編『戦国大名大友氏と豊後府内』高志書院
丸島和洋 二〇一三『戦国大名の「外交」』講談社選書メチエ五五六、講談社
三村講介 二〇〇二「大内氏の半済制」『古文書研究』五六号
八木直樹 二〇一四「総論　豊後大友氏研究の成果」同編『豊後大友氏』中世西国武士の研究二、戎光祥出版
八尋和泉 一九八八「運慶九代作文明七年銘大日如来像――筑前粕屋・寺浦大日堂――」『九州歴史資料館研究論集』一三号
山田貴司 二〇一二「足利義材の流浪と西国の地域権力」天野忠幸他編『戦国・織豊期の西国社会』日本史史料研究会企画部
山田貴司 二〇一四「西国の地域権力と室町幕府――大友氏の対幕府政策（関係）史試論――」川岡勉編『中世の西国と東国　権力から探る地域的特性』戎光祥出版
山田貴司 二〇一五『中世後期武家官位論』戎光祥出版
山田貴司 二〇一九a「大内義隆の「雲州敗軍」とその影響」黒嶋敏編『戦国合戦〈大敗〉の歴史学』山川出版社
山田貴司 二〇一九b「大内氏と朝廷」大内氏歴史文化研究会編『室町戦国日本の覇者 大内氏の世界をさぐる』勉誠出版
米原正義 一九七六「周防大内氏の文芸」同著『戦国武士と文芸の研究』桜楓社
渡邊雄二 二〇〇六「『島隠漁唱』に読む桂庵玄樹の動向と雪舟（前編）」『天開圖畫』六号
渡邊雄二 二〇〇八「『島隠漁唱』に読む桂庵玄樹の動向と雪舟（後編）」『天開圖畫』七号

【附記】　本稿は、二〇一六年三月六日に山口市で開催されたシンポジウム「大内氏と西国大名」での報告内容に加筆修正したものであり、科学研究費補助金・基盤研究（B）「中世後期守護権力の構造に関する比較史料学的研究」（一五H〇三二三九、研究代表者／川岡勉）及び東京大学史料編纂所二〇一七年度一般共同研究「関連史料の収集による大内氏の出雲出兵敗北とその影響の研究」による研究成果の一部である。

尼子氏からみた大内氏

はじめに

佐々木京極氏一族の出雲国尼子氏は、月山富田城（島根県安来市）を本拠として、最盛期には中国地方から播磨国にかけての広範囲に勢力をおよぼした。そのため江戸時代の軍記物には、大内氏と尼子氏を相拮抗する中国地方の二大勢力として描いたものが多い。ただしそれらの記述には、さまざまな誇張や創作が含まれている。

たとえば、正徳二年（一七一二）に刊行された『陰徳太平記』には、永正四年（一五〇七）十一月に大内義興が足利義尹（のちの足利義稙）を奉じて上洛戦を開始した時、尼子経久もこれに従軍したが、永正八年八月の船岡山合戦を経て細川・大内連合政権が安定化すると、大内氏を妬んで帰国し「隠謀」をめぐらしはじめたと記されている。また大内氏を妬んだ理由について、当時の尼子氏が「與國屬郡《よこくぞくぐん》既に七州に迨《およ》びて、武名功迹《こうせき》中州に震い天下を蓋《おお》う」存在であって、大内氏とは「土壌の経界《けいかい》交接して有りければ、其間の國守県令、朝《あした》には礼を雲州に執り、暮《ゆうべ》には命を防州に聴き（中略）両家互に彼を併呑し此を兼合せんこと」をめざす間柄であったためと説明している。尼子氏は、すでに七ヶ国に勢力をおよぼし、大内氏と相拮抗して領土を奪い合っていたため、境目の

写真1　月山富田城跡（筆者撮影）
尼子氏時代の月山富田城の実像はまだ解明されていないことも多いが、その規模は壮大なものである。標高は200mにも満たないが、はるか日本海から中国山地に至るまで見渡せる山上からの眺望は、この城の重要性を裏づけている。

諸勢力は大内氏と尼子氏のいずれに味方をするべきか苦しい判断を迫られていたというのである。たしかに、大内氏と尼子氏が中国地方の二大勢力として対峙した時期があったことは、短期間のこととはいえ、事実であると考えられる。しかし、それが永正年間（一五〇四～一五二一）以前からの状況であったなどということは、同時代史料によって確かめることができない。

尼子氏の歴史は大内氏の存在なくして語ることができないが、十六世紀の大内氏も尼子氏の存在なくして語ることができない。ただし、西国有数の有力守護家であった大内氏と、十六世紀初期に至っても出雲国守護代にすぎなかった尼子氏との間には、もともと大きな格差があったと思われる。にもかかわらず、やがて両氏が相拮抗するようになるのは、どのような経緯によるものであるのか。両者の関係は、なぜ、どのように変化していったのか。本稿では、そのような問題について尼子氏側からの視点を中心に考えてみたい。

とはいえ、尼子氏の関係史料は決して多くはないため、たとえば経久の政治構想を具体的に知ることは容易でない。大内氏について尼子氏がどのように認識していたのかを直接示す史料は、皆無に近い。そのため、まずは尼子氏の興亡を大内氏との関係を中心に概観するとともに、経久が大内氏に挑戦した理由、大内義隆による尼子氏への対応の特徴、二大勢力形成の要因について、それぞれ検討したい。

一　尼子氏の興亡と大内氏

（一）尼子氏の拡大

尼子経久は、一五一〇年代に入ると伯耆国・備中国・備後国・石見国など近隣諸国の内部紛争に介入していった。そのうち石見国については、永正十四年（一五一七）八月十一日室町幕府奉行人連署奉書（「益田家文書」『大日本古文書』二七五）より、大内義興の石見国守護職補任に反対し、前任の石見国守護代に合力する動きを見せたことがわかる。尼子氏が大内氏に対抗する意志を示したことが、史料上において確認できるのは、今のところこれが最初である。

尼子氏略系図

清貞――経久┬政久――晴久（詮久）――義久
　　　　　　├国久――誠久――勝久
　　　　　　└塩冶興久

大永三年（一五二三）、経久は、安芸武田氏が大内氏の軍勢と戦っていた安芸国へ軍事侵攻し、同年七月に大内氏領国東側の最重要拠点であった東西条の鏡山城（東広島市）を攻略した。しかもその翌月には、石見国那賀郡西部にまで侵攻した。

しかしながら、一五二〇年代までの尼子氏は、このとき占拠した諸拠点を維持できるだけの内実を備えてはいなかったと思われ、大内氏の反撃に押され、尼子氏に味方した安芸・備後両国の諸領主も次々と大内方へ復帰していった。享禄二年（一五二九）末から翌年初頭頃、大内氏と尼子氏・安芸武田氏は停戦状態に入ったと考えられるが、その直後の享禄三年三月には、経久の三男塩冶興久が反乱を起こし、経久は出雲国内すらも掌握できない事態に陥った（塩冶氏反乱）。興久には、出雲国内の有力領主・寺社のみならず、備後国北部の山内氏までもが味方した。

このような経久の窮状を救ったのは、大内氏（およびその配下に属していた安芸国毛利氏）であった。経久は、大内義隆の支援によってようやく塩冶氏反乱を抑え込むことができた。天文五年（一五三六）、尼子氏はついに山内氏を攻略し、以後は、備中国・美作国・播磨国へ向けた積極的な軍事侵攻を繰り返していく。さらには備後国・安芸国へも圧力を強め、安芸国衆平賀興貞が尼子方へ転じるなど、大内義隆としても尼子氏との全面対決が避けられない情勢となった。大内氏・尼子氏が中国地方の二大勢力として相拮抗していたと言えるのは、この時期以降のことであると考えられる。

天文九年九月、尼子詮久（尼子氏の家督を継承した経久嫡孫。のちの晴久）は安芸国へ侵攻し、毛利元就の本拠を攻撃した（郡山合戦）。しかし毛利氏と大内氏援軍による反撃に大打撃を受け、天文十年正月に敗走した。同年に経久が死去すると、大内義隆は尼子氏の討滅をめざして出雲国へ遠征し、月山富田城を間近に見下ろす京羅木山（島根県松江市・安来市）山頂にまで本陣を進めて、尼子氏をあと一歩のところまで追い詰めたが、天文十二年五月に敗走した。

この時期の大内氏と尼子氏については、それぞれに味方する勢力が広範囲に出現した点に大きな特徴がある。京都の政権を主導した細川晴元は、大内氏・毛利氏と結びつき、これに六角定頼・山名祐豊・大友義鑑・赤松晴政など有力な守護家が与同していた。一方、尼子氏には、細川晴元と対立する細川氏綱・畠山稙長をはじめ、因幡

写真2　月山富田城跡から見た京羅木山（大内義隆本陣）（筆者撮影）
大内氏と尼子氏の当主が、直接あいまみえたことを示す史料は未見である。富田城に籠城した尼子晴久と、それを見下ろしていた京羅木山上の大内義隆は、両者がその生涯を通じて最も近づいた時であったかもしれない。

山名氏・備後山名理興・安芸武田氏・伊予河野氏・土佐香宗我部氏などが与同する動きを見せた（川岡勉二〇一三）（長谷川博史二〇〇五）。

（二）尼子氏の衰退と滅亡

天文二十年（一五五一）に大内義隆が重臣陶隆房（のちの晴賢）等のクーデタにより自害すると、翌天文二十一年の京都では、細川晴元が失脚して、三好政権が本格的に確立し、細川氏綱はついに細川惣領家家督の地位を獲得した。京都における政局の変化は、尼子氏に様々な栄誉栄典をもたらした。天文二十一年の尼子晴久は、幕府から八ヵ国（出雲・隠岐・伯耆・因幡・備後・備中・備前・美作）にもおよぶ守護職や相伴衆の地位を与えられただけでなく、朝廷からは従五位下・修理大夫に任じられた。尼子氏が「屋形」号を用いたり、「守護」を自称したことを、史料により確認できるのは、これ以後のことである（長谷川博史二〇〇〇）。

しかし、このような地位や栄典の獲得にもかかわらず、以後の尼子氏は安芸国・備後国・備中国・美作国への軍事侵攻においても成果をあげることができず、むしろ衰退への道を進みはじめる。天文二十三年五月に毛利氏が反大内方（反陶晴賢方）へ転じると（防芸引分）、大内氏と尼子氏は毛利氏を共通の敵とする立場となった。しかし、そののち弘治三年（一五五七）四月に大内氏が滅ぼされるまでの尼子晴久は、石見銀山の奪取には成功したものの、備後国・安芸国方面へ軍勢を派遣することもなく、一族の新宮党を粛清して権力基盤を弱体化させるなど、効果的な動きを示すことができないまま影響力を大きく後退させていく。

毛利氏の出雲国遠征によって尼子義久が月山富田城を明け渡し、広域的な権力体としての尼子氏が滅亡するのは永禄九年（一五六六）のことであるが、その衰退はすでに一五五〇年代からはじまっていたように思われる。

二　尼子経久による大内義興への挑戦

（一）十六世紀初期の尼子氏と大内氏

尼子経久は、なぜ大内氏に対抗しようとしたのだろうか。

永正五年（一五〇八）九月、杵築大社（出雲大社）造営を立願した際の尼子経久は、出雲国の高麻城（島根県雲南市）に在陣中であった（「千家家文書」『出雲尼子史料集』九三・一二七）。したがって、大内義興が足利義尹を奉じて入京した同年六月から約三ヶ月後の時点において、経久が在国していたことを確認できる。また同年十月、出雲国守護の京極政経は孫の吉童子丸に譲状を遣わし、後事を尼子経久と多賀伊豆守に託して死去するが（「佐々木文書」『出雲尼子史料集』九四）、経久は、守護京極政経生存中に、守護の意を奉じることなく独自判断によって杵築大社造営を命じたことがわかる。ただし、経久の地位自体は、六年後の永正十一年段階においても、出雲国守護代であることに変わりはなかった（「平浜八幡宮文書」『出雲尼子史料集』一一〇）。

足利義尹は尼子氏に対しても忠節を求める御内書を発給している（松江市史編纂委員会二〇一六）が、この時期の経久が京都に長期滞在した痕跡はまだ確認できておらず、大内義興に従って実際に上洛したかどうかは定かでない。永正五年九月に在国を確認できるだけでなく、永正十一年に出雲国衆三沢氏を攻撃して横田荘岩屋寺（島根県奥出雲町）を焼失させているので（「岩屋寺快円日記」『出雲尼子史料集』一一二）、この年にも在国していたと思われる。しかし、仮に全く上洛していなかったとしても、当初は義興に対して恭順の意志を示していたものと推測される。経久の次男・三男は、それぞれ国久・興久と名乗っているが、これは、細川高国と大内義興から偏諱を受けたものと考えられる（長谷川博史二〇〇〇）。細川・大内連合政権の前半期に、経久がそれに服する姿勢をとったことをうかがわせている。

おそらくその理由は、当時においてはほとんど自明に類することではなかったかと思われる。大内氏は京都の政権をも担う西国最有力の守護家であり、かたや尼子氏は京極氏庶流の出雲国守護代にすぎなかった。十六世紀初期の経久は、たしかに守護京極氏から自立的な動きを見せてはいるものの、京極氏の出雲国における権限をどの程度代行もしくは奪取しえているのか甚だ不分明な時期である。それどころか、高麻城在陣や三沢氏への攻撃などは、出雲国内すら平定できていなかったことを裏づけている。尼子氏からみて大内氏が強大に意識されるのは当然であり、実勢力としても、また家格秩序の上においても、歴然たる格差があったと言わなければならない。

(二) 敵対の背景

そのような尼子経久が、大内氏に敵対する意志を表明しはじめたのは、既述のように少なくとも永正十四年(一五一七)以前のことである。しかし、経久がなぜ大内氏への挑戦を試みたのかは、不明な点が多い。

たとえば、十五世紀における大内・細川両氏の対立的関係は、十六世紀における大内氏・尼子氏の対立に、どのような影響をおよぼしたと言えるだろうか。応仁・文明の乱において京極氏・尼子氏が東軍細川方となり、大内氏が属した西軍山名方と戦ったように、すでに大内氏と尼子氏は対立する陣営に属した時期があったからである。

しかし、十五世紀末以降の有力武家権力のなかには系統分裂の進行する事例が多く、細川氏の場合、永正四年に政元が暗殺されて以降、澄元・晴元の系統と、高国・晴国・氏綱の系統が、主導権争いを繰り広げた。経久が大内氏との敵対を表明したきっかけとして、当時の細川高国・大内義興連合政権に批判的な勢力からの働きかけがあった可能性は高いと推測されるが、天文年間(一五三二〜一五五五)後半の尼子氏は細川氏綱を支持して細川晴元と敵対しているように、尼子氏はどちらか一方の系統のみと結びついたわけでもない。十五世紀の対立の構図によって、経久による大内氏への敵対を説明することは、難しいようである。

有力武家権力の系統分裂は、経久による近隣諸国介入の一つの契機となった。たとえば伯耆国では、文明五年(一四七三)に伯耆国守護山名教之や山名惣領家の持豊(宗全)が相次いで死去したことを契機として、伯耆山名氏が分裂・抗争を繰り広げたが、経久は、そのうちの山名澄之を支援し、永正十年(一五一三)以前からたびたび伯耆国へ派兵している〔岡村吉彦 二〇一〇〕。一方、石見国の場合、経久は既存の守護(山名紀伊守)を擁護して介入している。いずれにせよ、出雲国の近隣諸国に経久の来援を期待する者が存在したことは事実と思われる。経久が近隣諸国に介入した背景として最も重要と思われるのは、この点である。

ところで、経久による安芸国への軍事侵攻は、安芸武田氏が尼子氏の来援を期待した点においてはこれと全く同様であるが、同時に、尼子氏にとっても固有のねらいがあったのではないかと推測される。こののち一五二〇〜三〇年代の尼子氏と安芸武田氏は、とりわけ強固な同盟関係を維持したからである。

鎌倉期の安芸国守護であった安芸武田氏は、室町期には安芸国佐東郡・山県郡・安南郡等の分郡を支配し、永享十二年（一四四〇）からは若狭国守護職を兼帯した。長禄元年（一四五七）頃からは、隣国の大内氏と激しく対立し、戦争を繰り返した。そのため、応仁・文明の乱においても東軍細川方に与した。この時期には、武田氏もまた二つの系統に分裂し、庶流の武田元綱が西軍山名方に転じて安芸国へ下向し、その子元繁は安芸国を本拠に惣領家から自立していった。しかし、永正十三年に元繁が戦死すると、その跡を継いだ武田光和は、若狭を本拠とする本流の武田元光に後見を仰ぐなど、両者は良好な関係に復した〔河村昭一二〇一〇〕。

尼子氏が京極氏から引き継いだ支配領域内には、美保関や隠岐国など日本海水運の要衝が含まれており、山陰海岸とその沖合海域における生業・物流・交流の安寧が、尼子氏の存立や拡大に多大な影響をおよぼした可能性が高い。文明二年（一四七〇）四月二十六日の京極持清書状（「佐々木文書」『出雲尼子史料集』三六）によれば、出雲国守護の京極持清が守護代の尼子清貞に対して、「隠州所々廻船」の美保関役未納分については、従来通り若狭国小浜（福井県小浜市）において徴収せよと命じたことがわかる。京極氏が小浜において関役を徴収できたことを示しており、それは若狭武田氏との結びつきがなければ困難であった可能性が高い。山陰海岸の沖合海域における影響力を確保するために、若狭武田氏との関係が重要であったことは、京極氏も尼子氏も同様であったと考えられる〔日本貿易陶磁研究会二〇一五〕。

安芸武田氏は、天文十年（一五四一）に大内氏によって滅ぼされた。ところが、それから十年以上も後になって、若狭武田氏・尼子氏の使者が大坂の本願寺証如の許を訪れ、若狭武田氏による安芸国守護職奪回のため、尼子氏が安芸国への派兵を企てるにあたり、安芸門徒への軍事動員を依頼している（『証如上人日記』天文二十一年九月二十五日条）。証如はこの申し出を断っており、若狭武田氏の安芸国奪回も実現していないが、この事実は、大永三年（一五二三）の経久による安芸国侵攻や、尼子氏と安芸武田氏の強固な同盟関係が、若狭武田氏の存在と必ずしも無関係ではなかったことを裏づけている。

写真3　若狭武田氏の居城後瀬山城跡と、その麓に広がる中世小浜港町推定地（筆者撮影）
尼子氏が小浜において「美保関役」を徴収できたことは、京極氏や尼子氏の拠点が小浜に存在したことを示している。京都に至る経路上の要衝であった中世小浜には、遠隔地の諸勢力が拠点を確保していたと推測される。

このような尼子氏による近隣諸国への介入や支援の延長線上に、大内氏・山名氏との利害衝突が避けられなかったのではないかと推測される。

三　大内義隆代前半期における大内氏と尼子氏

享禄二年（一五二九）～天文八年（一五三九）頃の大内氏と尼子氏は、直接には干戈を交えていない。

享禄元年十二月に大内義興が死去して義隆が家督を継承すると、大内氏は安芸武田氏や尼子氏との戦争を回避しはじめ、享禄二年末～同三年初頭には停戦状態に入ったと考えられる（長谷川博史 二〇〇五）。そして享禄三年四月、義隆は筑前国守護代の杉興運に命じて、肥前国の少弐資元を攻撃したとも伝えられている（福尾猛市郎 一九五九）（山本浩樹 二〇〇七）。さらに、天文元年（一五三二）以降になると大内氏と大友氏は北部九州において戦争状態に入った。このとき先手を打ったのは、大友義鑑であると指摘されている（山田貴司 二〇一五）。この間、尼子経久は享禄三年三月からの塩冶氏反乱によって苦戦を強いられ、やがて大内氏は、求めに応じて経久を支援することとした。享禄四年七月に尼子詮久と毛利元就が兄弟契約を結んだと思われること（『毛利家文書』二一〇）は、それに関わるものと推測される。これにより経久は危機を脱して塩冶興久を追いつめ、塩冶氏を支援した備後国山内氏を攻略するため、たびたび備後国北部へ派兵した。尼子氏が山内氏を攻略し服属させたのは、天文五年三月のことである（『山内家文書』二〇六）。

尼子氏が山内氏を攻撃していた時期に、尼子氏家臣から安芸国吉川興経の家臣へ宛てた書状（『吉川家文書』三六五）には、次のような箇条が見られる。

　備後面無為の事は、防州よりも仰せ越され候といえども、先年申し談ぜられ候時、堅く御約束申さる子細ども候、たとえ仰せ出され候とも、面目を失い候とも、はたと申し上げらるべきにて候、御存じの如く、防州の儀は、一字両様に御座なき御方にて候、吉田・此方半ばの事は、色見せ、此方存分の如く一かど申し付けられ候わば、同心も候わん哉と存じ候、

これによれば尼子氏は、備後方面における尼子氏と山内氏との停戦については、大内義隆よりも要請があったが、先年、大内氏は塩冶興久・山内直通との戦いで尼子経久方に味方すると約束したのだから、到底受け入れられず、吉川氏もしっかりと諌めるべきであること、大内義隆は「一字両様」の人ではないので、毛利氏と尼子氏の関係が悪化している件について、実際に毛利氏が尼子方から山内方へ転じ、それを尼子氏が制圧しさえすれば、義隆はそれを追認するだろう、と述べている。尼子氏は、大内義隆による備後方面停戦指示に反発しながらも、あえて義隆を非難するのではなく、毛利氏を非難する立場を、吉川興経に伝えている。大内義隆に対する細心の配慮をうかがわせている。

また、天文六～八年と思われる五月三日大内氏家臣連署書状案写（『閥閲録』巻九九　内藤小源太）によれば、尼子経久・詮久が大内義隆へ毎年の礼儀として太刀・馬を贈ったことがわかる。

「　　　　　　　　野田四郎
湯原次郎右衛門尉殿　　内藤弾正忠
河副右京亮殿　　御報　　　興盛　」

当年の儀として、伊予守殿（経久）・民部少輔殿（詮久）より、御太刀ならびに御馬まいらせらるるの通り申し聞き候、怡悦の旨、委細、直書をもって申され候、恐々謹言、

五月三日　　　　　　　　　　興盛（内藤）
　　　　　　　　　　　　　　隆方（野田）

湯原次郎右衛門尉殿（幸清）

河副右京亮《久盛》殿　御報

この当時の尼子氏は、大内氏与党を含む安芸国以東の諸勢力を圧迫し、播磨国方面への侵攻を繰り返していた時期である。しかし、大内義隆に対しては、礼を尽くす姿勢を見せていたことがわかる。経久は、大内氏に対抗する意志を持ちながらも、一五二〇年代のようなあからさまな敵対を表明していない。東へ向かう尼子氏は、挟撃を恐れて背後に敵を作りたくなかったものと思われるが、大内氏との全面対決に勝算があるとは考えていなかった可能性が高い。一五三〇年代の尼子氏による活発な軍事行動は、尼子氏の最盛期をもたらしたが、大内氏には最大限の配慮を怠ってはいなかったと思われ、あらためて当時における大内氏の政治的影響力の大きさを裏づけている。

かたや大内義隆も、この時期には尼子氏との戦争を望んでいないことがうかがわれる。義隆は、少弐氏や大友氏との戦争に直面していたので、背後に敵を作ることは得策ではなかったし、九州における戦争が終息して以降も、尼子氏と戦う積極的理由を見出しえなかったのではないかと思われる。

以上のように、二大勢力相拮抗する構図の形成には、西国における大内氏の圧倒的な政治的優位性を深く認識していた尼子氏が、大内氏との直接的対立を慎重に回避していたことと、尼子氏との武力衝突に消極的であった大内義隆の志向性が、尼子氏の拡大に有利な条件を作り出したことが、いずれも大きく寄与したものと推測される。しかし、二大勢力形成の要因は、それだけで説明できるものではない。そもそも大内氏は、すでに前代以来の有力武家権力であったので、尼子氏の飛躍的な拡大こそが直接的な要因であったと考えざるをえない。そこであらためて注目されるのは、急激な拡大を遂げていった時期の尼子氏を主導した経久という人物の存在である。

四　二大勢力形成の要因

(一)　尼子経久の人物像

既述のように、大永三年（一五二三）の尼子経久による一連の軍事行動は、広範囲におよぶ大胆なもので、驚くほど短期間に行われたものである。安芸国東西条は、出雲国富田からみれば播磨国と大差ない距離があるにもかかわらず、大内氏が重要視していた鏡山城を一挙に攻略しただけではなく、その直後には江川河口周辺から石見国西部の三隅郷にまで侵攻した。天文六年（一五三七）

写真4　尼子経久像(筆者撮影)

十二月十四日高井ヶ岡八幡宮棟札銘(浜田市内村町)によれば、「去る大永三癸未八月下旬頃、雲州尼子伊与守経久と云う武士、この国に発向し、当郷(石見国那賀郡周布郷)内の神社・仏寺・霊地をいとわず、悉く破却しおわんぬ」と記されている(目次謙一二〇一六)。当時の尼子氏には占拠した諸拠点を維持できるだけの実力があったとは言えないが、大内方諸勢力に大きな衝撃を与えたことは疑いない。そこには、尼子氏が大内氏に対抗しうる存在であることを示そうとする、経久の明確な意図があったと推測される(長谷川博史二〇〇七)。

享禄三年(一五三〇)にはじまる塩冶氏反乱において、経久は大内氏の支援を仰がなければならなかった。一方、一五三〇年代前半の義隆は、九州の少弐氏・大友氏との戦争に専念しようとしていた。大内氏への不信感を強めた大友義鑑は、天文元年(一五三二)に、将軍足利義晴の入洛支援要請に応じないとして義隆を非難し、伊予国の河野・宇都宮・村上氏、安芸武田氏、尼子氏からなる大内氏包囲網を形成して(『熊谷家文書』一一八)、大内氏と戦争状態に入った。同時期に尼子氏は美作国へ侵攻を開始するが、これも将軍入洛という大義名分を利用した可能性があるのみならず、大内氏と大友氏の対立を好機ととらえた可能性が高い。経久は、大内氏の支援により窮地を脱したにもかかわらず、裏面においては大内氏に敵対するしたたかな動きを見せたことがわかる。

一五三〇年代後半の尼子氏は、美作国・播磨国方面へ本格的に侵攻するが、京都の政権はそれを「尼子上洛」と認識している(『大館常興日記』天文七年九月八日条)。尼子氏の上洛にどの程度の実現可能性があったのか疑わしく、また上洛後の政権構想がどの程度存在したのか不明であるが、その手法は大変特徴的である。幕府が積極的に尼子氏の上洛を促した形跡はなく、しかも尼子氏は京極氏の守護職等の由緒が全く無い国にも新たに攻め込んでいる。上洛をめざしたことが事実であるとするならば、畿外からの軍事侵攻型の上洛戦としてはきわめて古い時期に属する。

以上のような経久の特徴的な意図や戦略の背景には、尼子氏が介入・侵攻した地域に、尼子氏に期待する諸勢力が存在したことも想定しなければならないが、経久自身に、既存秩序を改変し場合によっては破壊する意志があったこと、周囲の予想を上回る大胆でしたたかな手法を意図的に駆使して状況を変えていったことは、事実と考えられる。そのような明瞭な意志や独創的な手法に拠りながら、大内氏との直接的な戦争にならないうちに中国地方中東部へ侵攻・拡大したことが、二大勢力拮抗の構図が形成された要因の一つではないかと思われる。

(二) 尼子氏からみた大友氏・山名氏・赤松氏

大内氏と尼子氏の関係をより客観的にみるためには、尼子氏が、大半の時期において大友氏・山名氏・赤松氏と敵対関係にあったことにも、留意が必要である。そのことは、二大勢力形成の要因を探るためにも、欠かすことができない。

大友氏と尼子氏は一度も直接境界を接しておらず、両者の動向は、直接的な利害関係よりも、大内氏・毛利氏との関係性に規定されていた。大内氏滅亡以前の大友氏と尼子氏は、大友氏と大内氏の関係が悪化した一時期（大友氏が大内氏と戦争中であった一五三〇年代前半頃）を除き、基本的には敵対的な陣営に属していた。一方、大内氏滅亡後の大友氏は尼子氏を支援していくようになるが、その最大の理由は、毛利氏という共通の敵と戦うためであった。大友氏にとって尼子氏との良好な関係が必要であったのは、大内氏や毛利氏との戦争中に限られていたとみられる。

山名氏惣領家（但馬山名氏）からみた尼子氏は、山名氏一族の守護分国（伯耆・備後・因幡ほか）への侵略者にほかならなかった。尼子氏は、山名氏一族の分国に対して、政治的・軍事的介入や積極的な侵攻を長期にわたって繰り返したからである。特に大永六年（一五二六）から永禄九年（一五六六）までの但馬山名氏と尼子氏は、一貫して敵対関係にあった。

赤松氏からみた尼子氏も、赤松氏守護分国（播磨・美作・備前）への侵略者にほかならなかった。尼子氏が大内氏に対抗しうる状況を作り出すことができたのは、これらの諸国へ一定の勢威をおよぼすことができたことによっている。大永元年に赤松義村が重臣の浦上村宗に殺害されて以降、播磨国内の分裂抗争は激しさを増し、浦上氏・別所氏・龍野赤松氏・小寺氏・宇野氏・広岡氏・明石氏・上月氏などが、赤松氏惣領家（赤松政村、のちの晴政）からの自立性を高め、尼子氏による軍事侵攻に協力した勢力も少なくなかった。のみならず、美作国の三浦氏・江見氏、備前国の浦上政宗のように、次第に尼子氏と強く結びつく自立的な地域権力もみられるようになっていった〔長谷川博史二〇〇〇〕。天文年間（一五三二～一五五五）の尼子氏による軍事行動は、赤松氏にきわめて大きなダメージを与えたと言わなければならない〔渡邊大門二〇一〇〕。

一五二〇年代以降、永禄九年に月山富田城から下城するまでの尼子氏は、一時的な例外を除くほぼ全時期にわたって、大内氏・大友氏・山名氏・赤松氏など、西国の伝統的な有力守護惣領家を向こうに回して、それらに対抗する諸勢力を糾合するような役割を果たした点に、大きな特徴があると考えられる。このことは、尼子氏からみた大友氏・山名氏・赤松氏が、どのような存在であったのかをうかがわせている。

以上のように、尼子経久が明瞭な意志や独創的な手法に基づくきわめて特徴的な動向を示したことと、前代以来の有力守護諸家をめぐる分裂抗争が軒並み複雑化し対立軸の統合を望む機運や趨勢を生み出したことが、天文十年前後の限られた時期の現象とはいえ、比較的広範囲に大内方・尼子方それぞれに与する諸勢力が現れた大きな要因ではなかったかと思われる。

おわりに――大内氏の滅亡と尼子氏――

大内氏と尼子氏は、一五三〇～四〇年代の一時期に、中国地方における二大勢力として相拮抗する関係にあった。しかし、十六世紀初期の尼子氏は出雲国守護代にすぎず、西国有数の有力守護家であった大内氏とは、実勢力としても、また家格秩序の上においても、歴然たる格差があった。それゆえにこそ、強大な大内氏に挑戦し続けた尼子経久の意図や戦略は、とりわけ興味深いのである。

史料上において、経久が大内氏に挑戦しはじめたことがわかるのは、永正十四年（一五一七）のことである。その理由は未詳であるが、月山富田城が美保関をはじめとする日本海水運の拠点を抑える要衝でもあったように、日本海海域における優位性をめぐる問題が安芸武田氏への支援と関連している可能性や、有力武家権力の系統分裂による内部紛争が激化した近隣諸国からの期待が、尼子氏を大内氏・山名氏惣領家などとの敵対的関係に導いた可能性を指摘できる。

一五二〇年代の尼子経久は、大内方諸勢力に大きな衝撃を与える軍事行動を展開したものの、安芸国・備後国・石見国を安定的に掌握できるほどの実力を備えていたわけではなかった。しかも経久は、塩冶氏反乱を克服するために大内氏の力を借りなくてはならなかったし、その鎮圧を経てはじめて、以後の急激な拡大の基盤ができたと推測される。一五三〇年代の経久は、大内氏の影響力の大きさと義隆の意向を注意深く見きわめながら、東に向けて侵攻・拡大した。その勢いに乗じて、再び安芸国・備後国にも侵攻した。

大内氏にとって、尼子氏との戦争は、全く望むところではなかった。とりわけ義隆は、積極的・意図的に尼子氏との戦争を回避しようとしていた。大内氏麾下の諸勢力が尼子氏による攻勢に圧迫され、義隆は対応に苦慮したと推測され、尼子氏を討つため重い腰を上げたのはようやく天文九年（一五四〇）正月のことである。その時、中国地方周辺はすでに二大勢力相拮抗する情勢となっていたのである。

細川惣領家の細川晴元は、将軍足利義晴のもとで京都の政権を主導していたが、大内氏に「尼子退治」を命じる立場を鮮明にする。その際の、毛利氏の役割も大きい（川岡勉二〇一三）。それに対抗する形で、反晴元側の畿内勢力は尼子氏に期待するところが大きくなり、結果として近畿・中国・四国の広範囲に、尼子氏と同陣営に属する勢力が一時的に出現した。一五三〇年代の尼子氏による積極的で特徴的な侵攻・拡大策は、そのような形勢の重要な前提条件であったと考えられる。ここに、尼子経久が西国の勢力配置を変える大きな役割を果たした側面が示されている。

結果として、尼子氏も大内氏も、互いを標的とする遠征（郡山合戦と出雲遠征）に失敗したことは、両氏の衰退の要因であったと言わざるをえない。しかしながら、天文二十年の陶隆房クーデタの四ヶ月後、京都の細川晴元が没落し、尼子氏と結びついた細川氏綱が細川惣領家を嗣ぎ、三好政権が本格的に確立したことは、大内氏の内部混乱が京都の政権交替にほとんど直結したことをうかがわせており、大内氏の政治的影響力の大きさをあらためて裏づけている。

大内氏時代最後の四十年間の多くの時期は、大内氏が望んだとは言えない尼子氏との敵対的関係によって、分国東側を撹乱され続けた。ただし、尼子氏の軍勢は防長両国に足を踏み入れることすらしておらず、大内氏にとっての尼子氏は、大内氏の存続を直接脅かす存在であったとまでは言えない。しかし、尼子氏の攻勢に直面した大内方諸勢力からみて、尼子氏との戦争を極力避けようとした義隆の姿勢がどのように映ったのかは、容易に想像できるところである。それは、陶隆房による挙兵を支持する勢力が拡大した要因の一つと考えられる。しかし、陶隆房（晴賢）が擁立した大内義長の政権も、かつての勢威を取り戻すことはできず、大内氏は弘治三年（一五五七）に滅亡した。内部から崩れていったとも言える大内氏滅亡の遠因が、大内氏に対抗した尼子氏の動向にあった可能性を、否定することはできない。

尼子氏側の視点からみてみると、西国における大内氏の政治的地位と影響力の大きさが一層鮮明となるだけでなく、大内氏滅亡の遠因に尼子氏の動向が深く関わっていたことも浮き彫りにされてくる。

（長谷川博史）

参考文献

岡村吉彦二〇一〇『尼子氏と戦国時代の鳥取』鳥取県

鹿毛敏夫（編）二〇一三『大内と大友』勉誠出版

川岡勉二〇一三「戦国期の室町幕府と尼子氏」島根県古代文化センター編『尼子氏の特質と興亡史に関わる比較研究』島根県古代文化センター

河村昭一二〇一〇『安芸武田氏』戎光祥出版

島根県広瀬町二〇〇三『出雲尼子史料集』広瀬町

日本貿易陶磁研究会二〇一五『中世山陰と東アジア』第三十六回大会資料集

長谷川博史二〇〇〇『戦国大名尼子氏の研究』吉川弘文館

長谷川博史二〇〇五「戦国期西国の大名権力と東アジア」『日本史研究』五一九

長谷川博史二〇〇七「尼子経久論」岸田裕之編『毛利元就と地域社会』中国新聞社

福尾猛市郎一九五九『人物叢書　大内義隆』吉川弘文館

松江市史編纂委員会二〇一六『松江市史　通史編　中世』松江市

目次謙一二〇一六「中世石見国周布氏関連の棟札」『古代文化研究』二四

山田貴司二〇一五『中世後期武家官位論』戎光祥出版

山本浩樹二〇〇七『戦争の日本史12　西国の戦国合戦』吉川弘文館

渡邊大門二〇一〇『戦国期赤松氏の研究』岩田書院

国人衆からみた大内氏

はじめに

南北朝時代に周防・長門を統一して以降、その滅亡に至るまで西日本地域に大きな勢力を誇った大内氏。本稿では、その性格や実態、影響力などについて、国人と称される在地領主層との関係から考察したい。国人の定義を試みると、それだけで大幅な紙幅を費やすことになり、それは本稿の目的ではない。本稿ではさしあたり、郡規模あるいはこれに準ずる所領を持ち、大名や他の領主の被官となっていない領主、これを広く国人と捉え、彼らと大内氏の関係を見ることとしたい。

このように捉えた場合、大内氏領国周辺には多くの国人が存在することとなる。幅広くそれぞれの国人と大内氏の関係を紹介し、そこから普遍的な両者の関係性を導き出せれば一番よいのだが、それには紙数も筆者の力量も足りない。このため、比較的史料が豊富で、通史的に大内氏との関係を分析できる国人を主に取り上げ、必要に応じて他の国人の事例も紹介するという形をとりたい。

主に取り上げるのは、石見国美濃郡益田庄を本拠とした国人益田氏である。益田氏には「益田家文書」をはじめとする豊富な文書群があり、大内氏との関係も通史的に見ることができる。また、中世後期の石見西部は次のような特徴があり、大内氏と国人の関係を考える上で興味深い事例を多く提供してくれる。第一に、益田氏と同じ御神本一族の三隅氏、周布氏、福屋氏、西遷御家人の系譜をひく吉見氏といった有力な領主が、時に連合し、時に対立しながら割拠していた。第二に、この地域は、大内氏の本拠地山口と近く（益田―山口が約八〇㎞。津和野―山口は約五〇㎞）、大内氏の影響を強く受ける一方、大内氏にとってもそのような地域に自立した領主がいることは危険要因であったと考えられる。大内氏と国人らが相互にどのような影響を与えあったかという視点で分析を進めることとしたい。

なお、典拠を示すにあたっては、『大日本古文書』各巻所収文書は『益田家』一号のように、二〇一九年現在『大日本古文書』未刊行分の「益田家文書」は巻数を示して「益田家」第八二のように、『萩藩閥閲録』各巻所

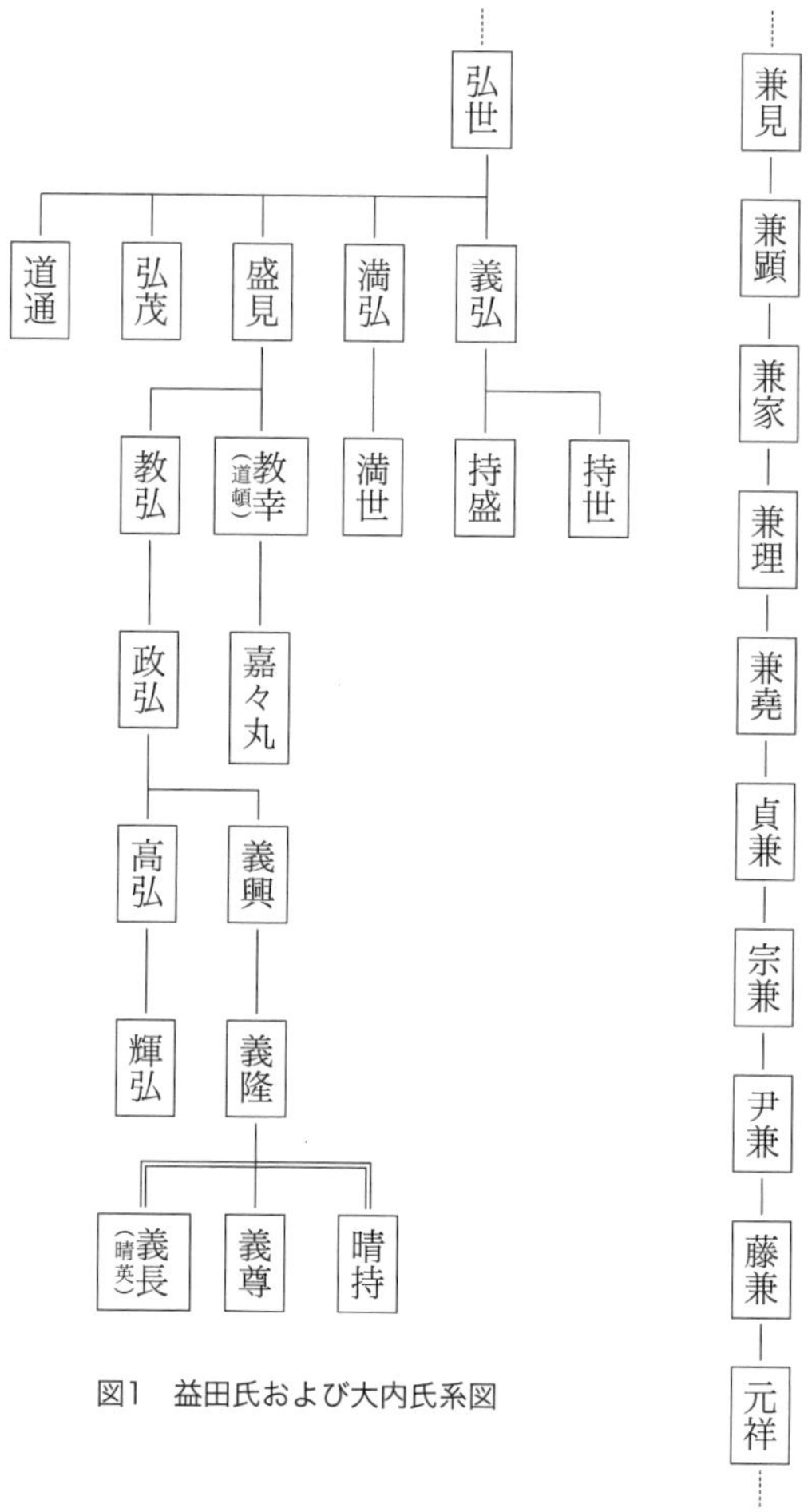

図1　益田氏および大内氏系図

収文書は『閥閲録』巻一二一周布七八のように、『山口県史』史料編中世各巻所収史料は『山口』四「長岡家」二号のように、『中世益田・益田氏関係史料集』所収文書は『中世益田』四七三号のように、日本大学所蔵「保賀文書」は『日本大学総合図書館所蔵保賀文書』の整理番号を付して「保賀」二号のように、それぞれ省略する。

一　大内氏の内紛と国人

（一）義弘・満弘の対立と益田氏

貞治二年（一三六三）、大内弘世は足利直冬方から北朝方に転じ、すでに統一していた防長両国の守護に任じられた。また、同じく直冬方であった益田兼見に幕府の奉書を送り幕府方に転じさせ、石見の直冬方勢力を攻撃させた。そして同五年七月、石見に進発し、兼見を従えつつ石見の直冬方勢力を攻撃、さらには安芸国大田にも攻め入った（『益田家』五四号）。これにより、石見の南北朝内乱は終焉を迎えるが、すでにこの時点から、大内氏は領国周辺の国人らに大きな影響力を持っていたことがわかる。

その後の大内氏と益田氏の関係は、康暦二年（一三八〇）五月に大内義弘が益田氏領の守護使不入を認めるなど（『益田家』三二号）、緊密な関係を保っていた。

しかし、明徳四年（一三九三）以前のある期間、義弘が益田氏から益田の地頭職を没収し、実際に益田を占領するという事態が起こっていた。すなわち、明徳四年十二月に義弘は益田兼家に益田庄地頭職を返還しており（『益田家』七五号）、没収していたことがわかる。

この事件の背景には、大内氏の惣領をめぐる義弘と満弘の対立があった。康暦二年五月、安芸国内郡および長門国栄山にて義弘方と満弘方が合戦に及んだ。このとき満弘方には、長門守護代の杉智浄、石見守護代の鷲頭美作守、「芸州大将」の讃井山城守らが属しており（「花営三代記」康暦二年五月廿八日条）、まさにこの対立は大内氏を二分する内戦であった。この内戦は永徳二年（一三八二）に、「義弘が大内氏の惣領となり、満弘は庶子として石見守護職を保持する」という形でいったん和睦に至ったと推測されている（松岡久人二〇一一）。なお、この時の内戦に際しては、前述の通り康暦二年五月に義弘が益田氏領の守護使不入を認めていることから、益田氏は義弘方に属していたと推測される。

しかし、義弘と満弘の内戦は、年未詳ではあるが、少なくとももう一度起こっている。すなわち、義弘は長門国下山（栄山）城、同国阿武郡、石見国益田などに攻め込み、満弘方の国人を攻撃した（『閥閲録』巻一二一周布七八）。このとき、益田氏は満弘方に属し、義弘方の攻撃により敗北を喫したものと推測される。

益田氏が満弘方についた理由としては、益田氏の一部の系図（益田都氏所蔵「益田家系図」〈『中世益田』四七〇頁〉など）に兼見の娘が「大内馬庭（満弘）御台」と、兼顕（最初兼世。兼見の子、兼家の父）の娘が「大内馬庭（満世。満弘の子）室」とあるように、馬場殿と通称される満弘の系統の大内氏との婚姻関係があったと思われる。

しかし、益田氏は義弘方に敗北した。敗北の影響を考えるため、関連史料を掲げる。

史料一　大内氏奉行人連署書状

（「益田家文書」第八二）

先日進状候処、委細御返事承了、就其益田発向事、今月中必々可打入候、今度者差寄七尾、城三計可被取候、仍一城事者、遠田内ニ可被執候之間、彼城者可有御持之由、被申候処、遠田少所候間、為一身不可叶之由、承候、其段則令披露之処、左様少所候者、長野庄安富入道一城可持候、是も料所最少所候間、一城為一身難持候、彼仁と御寄合候て、半城可被持之由、被申候、可為如何様候哉、益田・同遠田辺不残城々被成料所候、誠不被持候者、随望可被計候、可有御持候者、無是非候、陣取以前御左右可承候、為後日如此候て申候、雖少所候、遠田事ハ御由緒之由、承候へは、御持候者可然候、宜為御意候、恐々謹言、

六月九日　（森）良智（花押）
（杉）重連（花押）

永安左近将監殿

史料一は、大内義弘の奉行人が石見国那賀郡永安（浜田市弥栄町長安本郷）を本拠とする永安氏に宛てた書状である。内容は、①近日中に益田に攻め入り、七尾城（益田氏の居城）に攻め寄せて、城を三つくらい占領する予定であること、②そのうち一つは遠田（益田市遠田町）の内でとるため、占領後は城番を務めてほしいと永安氏に伝えたところ、遠田は少所なので一人では困難であると返答があったこと、③そのことを義弘に伝えたところ、長野庄の安富氏にも城番を務めさせる予定であるが、安富も最少所なので、安富氏と二人で寄り合って一つの城の番を務めてはどうかと義弘の意向があったこと、④益田や遠田のあたりは、城を占領するための費用を捻出する「料所」とする予定なので、希望があれば申し出ること、などである。

明徳四年の益田庄地頭職返還に際しては、石見守護代に対して要害の破却が命じられ（『益田家』七六号）、「益田城衆」（義弘方として益田の城占領に協力していた領主のことと思われる）に対してまずは占領地を避け渡すべきこと、追って「替所」について沙汰があることが伝えられており（「益田家」第八六）、**史料一**で予定されていた益田の複数の城の占領が実際に行われた可能性は高い。

この事態は、益田氏の領主制進展に次の二つの点から大きな負の影響をもたらしたと考えられる。第一に、明徳四年時点の実質的な益田氏当主は兼顕と考えられるが、益田庄地頭職返還の宛先は兼家であった。義弘は兼顕を益田氏当主と認めていないのである。このことは益田氏の惣領制を動揺させたと推測される。

第二に、益田近辺の領主を大内氏が被官化したと考えられることである。たとえば遠田氏である。時代は下るが、文明十年（一四七八）に遠田石見守兼常が筑前国安楽平城奉行（『山口』一「正任記」同年十月廿六日条）、明応六年（一四九七）に遠田治部丞兼相が筑前国岩門城督（『山口』四「長岡家」二号。実名の比定は「譜録」遠田六郎兵衛兼継〈『中世益田』四七三号〉による）とそれぞれ見え、天文元年（一五三二）の文書からは遠田弘常、同興兼が豊前の複数の城の城督を務めたことがわかる（「長岡家」六号）。この遠田氏は、益田氏をはじめとする石見の領主の多くが通字とする「兼」を使っていることから、石見の遠田氏と考えてよいだろう。**史料一**に遠田を占領する予定が記されていたが、この時期に遠田氏は大内氏の被官となったのではないだろうか。そして、室町後期から戦国時代にかけて城督を歴任するなど、遠田氏は大内氏の被官として活躍している。

これらのことは、益田氏が惣領の下に一族や家臣を統率する惣領制や、益田庄を中心に一円的な領域支配を進展させる上での大きな阻害要因となったと思われる。

また、これは義弘期の占領によるものかは不明であるが、大内氏は益田近辺に拠点を獲得していた。大内氏の被官として筑前国柑子岳城、安良平城などにも在番した梅月氏は現在の益田市梅月町あたりの領主と考えられ、もともとは長野庄豊田郷俣賀の地頭であった俣賀氏の庶流と推測される（「俣賀」二号）。この梅月氏は大内氏家臣麻生興一の指揮下で「石州高城」に在番している（「児玉韞採集文書二・梅月氏古文書」〈『中世益田』五六三〜五六五、五七一〜五七三号〉）。この「石州高城」は三隅氏の本拠高城ではなく、益田市本俣賀町または神田町にあった城と推測されるが、大内氏の拠点となっている。このことも益田氏の一円的な領域支配の阻害要因となったであろう。

安芸国に目を転じると、大内弘世は応安七年（一三七四）に毛利氏の内紛に介入しているが（『毛利家』十五号）、これはやはり毛利氏の一円的な領域支配や惣領制の確立にとって大きな障害となったように思われる。このように見ていくと、大内氏は領国周辺の有力国人の領主制進展を妨害しようとしているようにも見える。

（二）応永の大内氏内訌と益田氏

応永六年（一三九九）、大内義弘は室町幕府と対立して和泉国堺に籠城して敗北、戦死した（応永の乱）。室町幕府は義弘の弟で、義弘とともに堺に籠城したが降伏した弘茂を大内氏の家督と認め、帰国させようとした。しかし、在国していた大内氏家臣等は幕府の傀儡となる危険性の高い人物を大内氏の当主とすることを嫌って、同じく義弘の弟で弘茂の兄である盛見を擁立した。これにより、大内氏領国は盛見方と弘茂方に分かれて内戦状態となった。

応永七年、弘茂は石見経由で防長に攻め入ったが、応永八年十二月の長門国下山合戦で討ち死にしたという（『山口』一「長門国守護代記」）。その後も幕府は介入道（義弘の弟道通と想定されているが、弘茂とする説もある）を支援して盛見方との抗争を続けた。しかし、応永十一年、盛見の周防・長門守護職を幕府が認め、この内戦は終息した。

この長期間にわたる大内氏の内戦の過程で、幕府が支持する大内氏方を支え続けたのが益田氏であった。益田兼顕は、大内満弘の子満世を益田に迎え、弘茂、介入道とともに盛見方との合戦を続けた（『益田家』一三、七一号）。幕府は満世に長門国二郡（阿武郡と厚東郡）を与え、そのことを益田兼顕に伝えている（同七一、五一三号）。

この応永の大内氏内訌の意義については、岸田裕之氏の詳細な検討〔岸田裕之 一九八三 a〕があるため、これによりつつ整理しておこう。

大内氏は応永の乱で義弘が堺で幕府に敗北したものの、本国である周防・長門では幕府方に屈しなかった。結果として大内氏は幕府にも対抗しうる存在として西日本地域に大きな影響力を保持し続けることとなった。一方、そのように大内氏が強大であればあるほど、大内氏と根強く戦い続けた益田氏が幕府に重要視されることになったと思われる。たとえば応永九年に石見守護山名氏利が益田氏領の公田数の大幅な減少を認めているが（『益田家』六三号）、これは大内氏に対抗した益田氏への褒賞であり、そのような関係を維持するための懐柔策と評価されている。

また、幕府による戦後処理、あるいは大内氏による報復に対抗するため、石見および安芸で領主連合が形成されたことも非常に重要である。すなわち、石見では応永六年十一月に周布、益田、三隅ら四氏が当知行維持のための協力を確認し、同十二年には福屋、周布、三隅、益田、吉見の五氏が起請文を交わしている（「萩博物館保管周布文書」〈『中世益田』三二八、三三五号〉）。

安芸では応永十一年に三十三名による盟約が結ばれ、安芸国人一揆が成立した（『毛利家』二四号）。この国人一撲は安芸守護山名氏によって「崩壊」させられるが（岸田裕之一九八三b）、国人らは勢力を維持し、安芸には安南、佐東、山県三郡を拠点とする分郡守護武田氏の勢力や、大内氏の勢力圏である東西条などもあり、山名氏の守護支配は強力には進まなかった。

これらの国人領主連合は決して一枚岩だったわけではなく、実際にしばしば内部で争っている。しかし、地域全体の大きな危機にあたって連合して行動したという事実を重視すべきであり、国人らにそうした経験が蓄積されたことが歴史上重要である。

こうして石見・安芸では国人が主体性を維持し、山名氏の守護支配は進展しなかった。このこともあって、石見・安芸は、室町幕府および次第にその実権を握る細川京兆家と、大内氏の勢力の境界、すなわち「境目」として、両勢力の力関係に強く影響される地域であった。しかし、そのような中にあっても国人らは連合を組むことなどによって、自立性を維持しようとしたと考えられる。

大内氏が幕府に対抗しうる存在であったことが、石見・安芸の政治的な性格と両国の国人の動向を規定する大きな要因であった。

（三）永享の大内氏内戦と国人

少し視点を変えたい。益田兼顕は二度にわたって大内氏と戦ったことになるが、それは彼が反大内氏だったからではない。兼顕は益田氏と関係の深い馬場殿系大内氏（満弘、満世）との関係から、これに対立する大内氏当主と戦っているのである。益田氏にしてみれば、自分に近い人物が大内氏の当主となれば様々な点で有利となるだろう。そして、大内氏の内戦はそれぞれの当主候補に大内氏家臣も含めて複数の支持者がいたために領国を二分する形で起こったのであり、それゆえに単純に勝ち残った系統を正統とすることができないのである（このことについては和田秀作（和田秀作二〇一三）が詳しく論じている）。そして、そのような構造は、基本的に滅亡に至るまで継続し、大内氏はたびたび内紛を起こしている。

ここで大内満世のその後の動向を追ってみたい。応永十一年二月に大内氏の氏寺興隆寺の本堂供養が行われるが、ここでは盛見が「御屋形」として大内氏の頂点にある一方、それに次ぐ形で「馬場殿」＝満世が位置付けられ、この二人の地位は他と隔絶している（『山口』三「興隆寺」一号）。このような関係は盛見の当主期の間続いたと思われるが、盛見および満世に対抗しうる人物が次第に成長する。義弘の子持世と持盛である。

永享三年（一四三一）、盛見が筑前国深江で戦死すると、その後継者問題が起こるが、候補となったのは持世、持盛、満世の三人であった。この後継者問題は持世と持盛の対立を軸に推移し、永享四年四月に持世の勝利に終わり、満世は永享五年四月廿日夜京都で討たれる（「満済准后日記」「看聞御記」。満世の死は、前者は同日条、後者は翌廿一日条に見える）。この過程での満世の存在感のなさは、有力な支持者であった益田氏の支援を得られなかったためと考えられる。この時益田氏は、惣領兼理とその嫡男藤次郎が盛見とともに戦死しており（『益田家』一一四、二〇三号）、満世を支援できる状況ではなかった。

ところで、最終的に勝利した持世であるが、当初は持盛方に押され、石見の三隅まで逃げている（「満済准后日記」永享四年二月廿九日条）。しかし、恐らくここで持世は三隅氏などの石見の領主の支援を得て反撃に転じたものと推測される。三隅の湊（浜田市三隅町湊浦）の船持ち衆大賀氏は、永享四年三月十一日に持世から「分国津々浦々并関所不可有其煩」、すなわち大内氏領国の湊における通航料徴収を免除されるという大きな特権を得ている（「大賀家文書」）。これは船持ち衆についてのことではあるが、大内氏当主の擁立に成功することが大きな利益につながることが良く分かる事例である。

また、大内氏の家督争いにおいて、劣勢になった側の当主候補が石見や安芸の国人や北部九州の大名（持盛は大友氏などの支援を受けている）の支援を得て反撃に転じるという構図も繰り返し見られる現象であり、大内氏当主の権力基盤はその領国だけで完結しているわけではない点にも留意すべきであろう。

いずれにせよ、永享の大内氏内戦により、益田氏は馬場殿系大内氏という大内氏内における有力な味方を失った。兼理の子兼堯の代より、益田氏は代々長門や周防といった大内氏の基本領国の守護代を務める陶氏と関係を深めていくが、これは馬場殿系大内氏に代わる大内氏内の有力な味方として陶氏を選んだのではないだろうか。

規模の上では、幕府とも対抗しうる大内氏と、益田氏ら国人は比較にならないが、これまで見てきたような幕府、大内氏、国人の複雑な関係の中で、この地域の政治史は展開していたのである。

二　国人領主連合から戦国大名毛利氏へ

（一）応仁・文明の乱と石見の国人

室町幕府、そしてその実権を次第に掌握する細川京兆家と、大内氏の対立は遣明船の主導権などをめぐって次第に尖鋭化する。そのことは「境目」である石見や安芸の国人らにも大きな影響を与えていく。たとえば、大内教弘が幕府の制止を聞かずに伊予を攻めた際、益田貞兼がこれに従ったため、在京して幕府に出仕していたその父兼堯は幕府から処罰されそうになり、命からがら山口に逃げのびている（『益田家』二〇三号）。

応仁・文明の乱中、大内氏は幕府の分裂を反映して、政弘方（西軍）と道頓方（東軍）に分かれるが、これも領国と家臣を二分し、また石見の領主が政弘方（益田氏）、道頓方（吉見氏、三隅氏等）と分かれたように、これまでの大内氏内紛と同じような構図を持っていることをよく踏まえておく必要がある。益田貞兼は陶弘護との関係をこれまで以上に深め、協力して道頓方を敗走させ、吉見氏や三隅氏に対する優位を勝ち取っている。

たとえば、文明元年（一四六九）に大内政弘は益田貞兼が「御神本惣領」であり、三隅豊信は「益田庶子」であるとし、「三隅一跡」を貞兼に与えるよう、幕府に働きかけている（『益田家』一八四号）。このことは、文明十三年、延徳二年（一四九〇）の二度にわたって三隅氏が益田氏を惣領と認め（『益田家』五八八号）、天文二十一年（一五五二）に大内義長（当時は晴英）が三隅家跡を益田藤兼に与える（『益田家』二八五号）根拠となったと思われる。

吉見氏に対しては、領有を激しく争った長野庄（史料上ではしばしば「庄内」と見える）の保証を政弘方の大内氏重臣から繰り返し受け（『益田家』六〇八号など）、文明十年には政弘からも承認を受けた（『益田家』一八七号）。さらに陶弘護と連携しつつ、たびたび吉見氏を攻撃している。

一方、陶弘護は益田貞兼に対して、吉見氏が降参しようとしても決して認めないこと、政弘が認めようとしても必ず諫言すると誓っているが（『益田家』六一〇号など）、結局、政弘は吉見氏の降伏を認めている。また、文明十四年に陶弘護が吉見信頼に刺殺されると、政弘は吉見氏を攻撃したが、これも結局は許している（『益田家』五八九号）。強力になりすぎた陶氏―益田氏を牽制するために、政弘は吉見氏の勢力を温存しようとしたのではないだろうか。

また、この時期の動きで注目されるのが、文明八年に益田氏と邑智郡阿須那を本拠とする高橋氏が盟約を結んでいることである（『益田家』八五七号）。石見東部の有力領主で、安芸にも所領を持つ高橋氏と、石見西部の有力領主である益田氏の盟約は両者の地位を大いに高めたと思われ、以後の石見と安芸の政治史に大きな影響を与えることになる。

（二）永正の大内義興上洛と芸石国人領主連合

明応二年（一四九三）の明応の政変で将軍の座を追われた足利義尹が将軍復帰のため大内義興を頼ると、義興はこれに応じようとする。

義興は上洛の準備のため、領国周辺の安定を入念に図っている。

同年、陶興明（弘護の子）、陶弘詮（弘護の弟）、杉武道、杉武明、弘中武長といった大内氏の重臣らが益田宗兼との協力関係を確認している（『益田家』六三二、六三三号）。益田氏との連携を深めようという義興の意向を受けたものと考えられる。

明応四年二月、陶氏の前当主で遁世していた宗景（実名は武護。弘護の子）が家を継いでいた弟の興明を殺害したため、義興の追討を受けることになった（「晴富宿祢記」同年三月廿一日条。『閥』巻三五阿曾沼四六）。またほぼ同時期に義興は長門守護代の内藤弘矩父子を防府で討ち果たしているが、このとき益田宗兼も動員されている（『益田家』二〇三号）。この一連の事件は、明応八年に起こる杉武明らによる義興の弟大護院尊光（後に還俗して高弘）擁立事件とつながるものであり（「播磨定男二〇〇二」「和田秀作二〇一三」）、義興もまた家督争いを体験したわけであるが、結果としてこれを勝ち抜いたことにより義興は反対勢力の粛清に成功し、その権力は強化された。

この頃、三隅氏で内紛が起こり、当主（貞信か）が家臣に背かれ、三隅を離れるという事態が起こっていた。この事件は、益田氏、福屋氏、小笠原氏ら周辺の国人の介入により、当主が三隅に復帰して解決した（『益田家』六二七、六三九、六四一〜六四三号）。このような石見の情勢にも義興は介入し、益田氏と三隅氏の関係改善を繰り返し働きかけている（『益田家』六二八、六六二号など）。

明応五年から義興は、上洛中に背後を脅かす危険性の高い少弐氏、大友氏との合戦のため筑前国、肥前国に出陣し、益田氏もこれに参加している（『益田家』一九九〜二〇二号）。

こうして領国周辺を安定させた義興は明応九年に足利義稙を山口に招く。

文亀元年（一五〇一）頃、義興は益田宗兼に対して去年の出陣が遅れた理由を問いただし、宗兼は急ぎ陶氏を介して代々の忠節を報告し、義興の疑念を晴らさなければならなかった（『益田家』二〇三、二〇四号）。上洛を控え将軍の権威を背景としつつも、国人に対する統制を義興は強めようとしていると考えられる。

そして永正五年（一五〇八）、義興は石見、安芸の国人を率いて上洛し、義稙を将軍に復権させる。しかし、上洛は長期間に及び、また永正八年にいったん敵対勢力の反撃にあい、京都を追われたこともあって、石見、安芸の国人の中には無断で、あるいは大内氏にことわって帰国するものもあった。そのような中、益田宗兼は最後まで義稙―義興政権を支え、子に将軍義稙（当時義尹）からの「尹」の字の偏諱を受けるなど、その家格を上昇させた（『益田家』二二八）。

一方、安芸では、無断帰国した国人だけでなく、義興とともに在京していた国人も含めて、大内氏に対してまちまちの行動を取ったことによる相互の不信感を払拭し、一致団結して大内氏などの上級権力に対応するため、永正九年に国人九氏が一揆盟約を結んでいる（『右田毛利家』十七号）。そしてこの盟約には高橋元光が参加していた。先述したように、高橋氏は石見国阿須那を本拠とするが、国境を越えて安芸にも所領を持っていたため、安芸の領主連合にも加わったのである。そして、これも先述したように、文明八年（一四七六）に高橋氏と益田氏は盟約しており、永正七年に高橋元光は益田宗兼と両氏の盟約関係を確認している（『益田家』六七五、六七六号）。以上のことを踏まえると、高橋氏を介して、芸石国人領主間に国の枠を越えた連合が形成されつつあったと見ることができる（岸田裕之一九八三a）。

義興期の国人との関係についてまとめておきたい。義興は国人間の関係を改善することで、上洛中の領国周辺における後顧の憂いを取り除こうとしたと言える。また、石見や安芸の国人が伝統的・自発的に形成してきた領主間の関係を、軍勢動員に利用しようという側面もあったと思われる。先述の明応五年からの筑前・肥前出陣の際、益田宗兼の周旋により石見、安芸の多くの国人が出陣したことにより、少弐氏の有力者四五人を短期間に討ち取るという大きな戦果を上げた（『益田家』五一二号）。これは、宗兼が石見と安芸の領主間にめぐらされていた領主間の関係を利用して周旋を行ったと考えられる。義興はこのような経緯を踏まえて、石見の領主関係を改善・強化し、利用することで、上洛のための動員を円滑にしようとしたと考えられる。

このように国人間の関係を軍勢動員に利用しようとした場合、その盟主的な存在を介して動員を呼びかけるのが効率的である。また、国人らから軍忠の報告を受けるに際しても盟主的な存在を介して行われるようになる。たとえば大永年間後半に備後国において尼子氏方勢力と戦うために備後国人を動員した際は、その盟主的な存在であった山内氏や宮氏を介して動員している〔柴原直樹 一九九三・一九九六〕。すると本来は相対的であったと思われる国人領主連合における盟主の地位は、大内氏によって付与された軍勢動員を働きかける権限と軍忠推挙権によって制度的に裏付けられることになる。この過程で領主連合の盟主的な存在となったと考えられるのが石見西部では益田氏であり、安芸から石見東部にまたがる地域では高橋氏、そして毛利氏であった。

(三) 大内義隆と国人領主連合

享禄二年(一五二九)、石見東部から安芸北部にかけて勢力を誇った高橋氏は滅亡した。これは高橋氏が尼子氏に通じたためであり、毛利元就が大内義隆の許可を得て、和智氏や大内氏の東西条代官弘中隆兼の軍勢とともに高橋氏を攻撃したものである。

この事件の歴史的な意義については岸田裕之氏がすでに明らかにされており、毛利氏は高橋氏の旧領と、石見東部から安芸にまたがる領主連合の盟主の地位を継承したことにより、後の戦国大名毛利氏の基礎がここに築かれた〔岸田裕之 一九八三a〕。

さらに大内義隆は北部九州攻略に専念するため、享禄四年に毛利元就と尼子晴久(当時は詮久)に兄弟盟約を結ばせる。天文初年、尼子氏はこの毛利氏との盟約により、出雲国統一の大きな課題として残っていた塩冶氏を中心とする勢力の攻略に成功する〔長谷川博史 二〇〇五〕。

天文九年(一五四〇)、尼子氏が毛利氏の吉田郡山城を攻撃しようとすると、大内義隆はこれに対抗する形で安芸国に遠征する。天文十年に大内氏は尼子氏を退けるとともに尼子氏方についた厳島神主家と安芸武田氏を滅ぼし、さらに同十一年に出雲国に遠征するが、翌十二年に敗走する。

義隆の安芸国遠征が成功した理由として、安芸の領主連合の存在を前提に、毛利氏をその盟主として動員を行ったことで、多くの国人を動員することができたことが考えられる。なお、先述の通り義興期に備後国人の動員は山内氏・宮氏を介して行われたが、享禄元年頃両氏が尼子氏に攻略されたため、義隆期には備後国人の動員は毛利氏を介して行われるようになる〔柴原直樹一九九三・一九九六〕。天文十五年頃に義隆は安芸・備後支配機構を再編するが、毛利氏の国人領主連合の盟主としての地位は公認されている〔中司健一二〇一三〕。

天文二十年、大内氏の重臣陶晴賢（当時は隆房）が義隆を廃した下剋上は、陶晴賢が単独で起こしたものではなく、他の大内氏の重臣や周辺の国人らの同意を取り付けた上で行われた。たとえば毛利氏は事前に下剋上の計画に加わり、安芸・備後の国人を下剋上に与同させる役割を担い、見返りとして広島湾沿岸の安芸佐東郡を手に入れた〔岸田裕之二〇一一〕。また、数代にわたって陶氏と姻戚関係にあった益田氏は、益田藤兼が周布氏や福屋氏に下剋上への強力を働きかけ〔和田秀作一九九三〕、見返りとして義長（当時は晴英）期に三隅氏領の領有を認められている（『益田家』二八五号）。ここで、毛利氏や益田氏が他の国人らに下剋上への協力を呼びかけているのは、両氏がそれぞれ領主連合の盟主であったからに他ならない。

天文二十三年に毛利氏は陶氏と断交し、翌二十四年の厳島合戦で陶晴賢を戦死させ、周防・長門に侵攻し、弘治三年（一五五七）に大内氏を滅亡させる。その軍勢の中核をなしていたのは安芸・石見の国人領主連合であった（『毛利家』二二六号）。益田氏は陶氏との友好関係もあり、毛利氏との緊張関係に陥るが、弘治二年頃には関係を改善し、永禄六年（一五六三）に正式に和睦する（『益田家』三三三号）。

この陶晴賢の下剋上以降の政治的な変動は、大内氏の滅亡という大きな変化が起こったため、従来の大内氏の内紛とは大きく異なるもののように感じられるが、共通する点も多いことにも注意しなければならない。具体的には、石見や安芸の国人、大名大友氏なども関与している点は従来通りであるし、陶晴賢が義隆に代わる主君（当初は義隆の子義尊。後には義長）を擁立しようとしていたし、陶氏と断交した後の毛利氏も義長の擁立をある時期までうたっており、大内氏の当主をめぐる争いとしての性格は根強く残っている。

従来との大きな違いとしては、国人領主連合の盟主毛利氏が、自ら「国家」を宣言するまでに成長していたことにあるが、その背景として国人領主連合への軍勢動員を働きかける権限と軍忠推挙権を大内氏が認めたことがあるのではないだろうか。大内氏が軍勢動員のために国人領主連合の盟主に公的な権限を認めたことは、自らに代わりうる大名権力の成立の要因となっていた可能性がある。

おわりに

これまであえて触れていなかったが、ここで大内氏の石見守護在任期間を確認しておきたい。まず弘世が貞治五年（一三六六）頃から永和二年（一三七六）頃まで、次に義弘が康暦元年（一三七九）頃から応永六年（一三九九）の応永の乱まで、応永の乱後は山名氏が長く石見守護にあり〔松岡久人二〇一一〕、大内氏の石見守護復帰は永正十四年（一五一七）年であり（『益田家』二七五号）、以後は滅亡まで在職していたと思われる。今、在職期間を確認したが、大内氏の影響力が石見に及んだのは、この在職期間だけでないことは明らかであろう。ここに守護大名という言葉では捉えきれない大内氏の性格がある。これは安芸国においても同様である。

大内氏は幕府にも対抗しうる存在として西日本地域に強大な影響力を誇り、石見や安芸を幕府と大内氏の両勢力の境界「境目」として性格付け、領国周辺の国人らに否応なく対応をせまった。

一方、大内氏がこれら石見や安芸の国人の自立性をついに克服できなかったことも事実である。大内氏は益田氏を降伏させ、地頭職を取り上げたこともあったし、半ば強制に近い動員をかけたこともあったが、益田氏を被官化したわけではない。

大内氏に対して領国周辺の国人らは、国人間で連合を組んだり、大内氏権力内の有力者と結んだり、自らに都合のよい当主を擁立したりすることで、自立性を確保しようとしたり、有利な状況を作ろうとした。大内氏や重臣らも、それぞれが領国周辺の国人らと結び、大内氏内での自らの地位を高めようとしたし、軍事力として期待していた。大内氏と国人の関係は多種多様かつ複雑な様相の中で展開していた。

最終的に大内氏は、毛利氏によって滅ぼされるが、毛利氏の勢力伸長に大内氏が及ぼした影響は大きい。

西日本地域の室町・戦国時代史を分析する際、幕府および細川氏、大内氏、尼子氏や毛利氏などの大名だけではなく、幕府と大内氏の勢力が地域に及ぼした影響を考

えつつ、そのような状況下でも主体的に活動する国人の動向を踏まえて考察する必要がある

（中司健一）

参考文献

岸田裕之 一九八三a「芸石国人領主連合の展開」同著『大名領国の構成的展開』吉川弘文館
岸田裕之 一九八三b「安芸国人一揆の形成とその崩壊」同著『大名領国の構成的展開』吉川弘文館
岸田裕之 二〇一一「陶隆房の挙兵と毛利元就」同著『大名領国の政治と意識』吉川弘文館
岸田裕之 二〇一四『毛利元就』ミネルヴァ書房
柴原直樹 一九九三「毛利氏の備後国進出と国人領主」『史学研究』二〇三号
柴原直樹 一九九六「守護山名氏の備後国支配と国人領主連合」『史学研究』二一三号
中司健一 二〇一三「大内義隆の安芸国支配」『芸備地方史研究』二八七号
長谷川博史 二〇〇五「戦国期西国の大名権力と東アジア」『日本史研究』五一九号
播磨定男 二〇〇二「陶氏供養塔の発見」同著『山口県の歴史と文化』大学教育出版
松岡久人 二〇一一「南北朝室町期石見国と大内氏」同著『大内氏の研究』清文堂
和田秀作 一九九三「陶氏のクーデターと石見国人周布氏の動向」『山口県地方史研究』七〇号
和田秀作 二〇一三「大内氏の惣庶関係をめぐって」鹿毛敏夫編『大内と大友』勉誠出版

【附記】本稿脱稿後に、『石見の中世領主の盛衰と東アジア海域世界』島根県古代文化センター、二〇一八が刊行された。同書所収の川岡勉「中世後期の守護支配と石見国衆」および西島太郎「室町幕府と石見益田氏」は関連するところが多い。また同書所収の拙稿「中世後期石見国人の動向と室町幕府・大名」は、本稿に近い内容で、より国人に視点をすえて、室町幕府や大名との関係について記している。あわせて参照されたい。

◉コラム◉

室町時代における少弐氏の動向と大内氏

はじめに

少弐氏（武藤氏）が九州中世史に果たした役割は極めて大きい。特に、鎌倉時代初期に鎌倉幕府から鎮西奉行として大宰府に派遣され、幕府の九州統治の機能を担ったが、大宰少弐を兼ねて、大宰府の現地責任者ともなった。こうして少弐氏は重要な政治的役割を担うことになった。

しかし、蒙古襲来を大きなきっかけとして、北条氏による専制政治が強化され、少弐氏が持つ様々な職務や特権は大きく制限されるようになる。南北朝時代になると、当主少弐頼尚は、かつての権威を復活させようとしたが、九州南北朝史の複雑な動向とあいまって、少弐氏も複雑な動きをし、南北両朝方に分裂する。北朝方についた少弐冬資は、今川了俊から謀殺され、勢力を失った（川添昭二一九八三）。

南北朝時代は、一三九二年の南北朝合一によって終止符を打ち、室町時代を迎える。しかし、九州では、今川了俊が引き続き九州探題として九州を統括したので、今川了俊の探題罷免の応永二年（一三九五）以後、新たな時代を迎える。

室町時代初期には、南朝方であった少弐頼澄の子・貞頼が当主であった。貞頼は、今川了俊に帰服し、至徳四年（一三八七）ごろには北朝方の筑前守護になっていた（山口隼正一九八九）。了俊の京都召還時には、九州は一時的に不穏な状況となったが、貞頼は了俊方として活動している。貞頼以降の室町時代の歴代少弐氏の動向について概観し、併せて大内氏との関係や東アジアとの関係について言及したい。

一　少弐氏の歴代当主

少弐氏は戦国末期に滅亡したため、系譜関係も明確でない点がある。少弐氏関係の系譜を示す比較的好史料とされるのが、肥前光浄寺文書の「少弐氏歴世次第書」（「太宰少弐藤原朝臣司馬少卿次第」）である。(1)

この史料は、一ヵ所、経資と盛経を混同しているが、それを訂正して一覧表にした。

表　少弐氏の歴代

名前	法名	没年齢	没年月日
資頼	覚仏	六十九	安貞二年(一二二八)八月二十五日
資能	覚恵	八十四	弘安四年(一二八一)閏七月十三日
経資	浄恵	六十四	正応二年(一二八九)八月二日
盛経	崇恵	五十二	延慶元年(一三〇八)正月二十五日
貞経	高鑑妙恵	六十四	建武三年(一三三六)二月二十九日
頼尚	梅渓本通	七十八	応安四年(一三七一)十二月二十四日
冬資	天岸存覚	三十九	永和元年(一三七五)八月二十六日
頼澄	士峯本富	四十一	永和四年(一三七八)十一月十一日
貞頼	怡雲本恵	三十三	応永十一年(一四〇四)六月二十日
満貞	千里本勝	四十	永享五年(一四三三)八月十九日
氏法師丸	宗文	七	
小法師丸	宗山本立	二十一	永享五年(一四三三)八月十六日
嘉頼	大雄本覚	二十一	永享十三年(一四四一)正月九日
教頼	国藩浄鎮	四十四	応仁二年(一四六八)十二月六日
政資	明哲本光	五十七	明応六年(一四九七)四月十九日
高経		三十六	同　(一四九七)四月
資元	心月本了	四十六	天文五年(一五三六)九月四日
冬尚	安心本海		

鎌倉期の資頼～貞経の五代の平均没年齢は、六十六・六歳。南北朝期の頼尚～頼澄の三代の平均は五十二・七歳。室町期の貞頼～教頼の六代の平均は二十七・七歳で、七歳で夭折した氏法師丸を除くと、平均三十一・八歳となる。戦国期の政資～資元の三代の平均は四十六・三歳である。室町期の少弐氏の平均没年齢が一番低い。肥前に逃れて大内氏と対抗した戦国期よりも低いのは、この時代の少弐氏が極めて不安定な状況にあったことを示している。

二　室町時代の少弐氏の動向

(一)　少弐貞頼

少弐貞頼は、南朝方であった頼澄の子で、今川了俊に与し、北朝方についた。応永二年の今川了俊の上洛時には、了俊方として活動し、菊池武朝とともに奔走した[2]。了俊上洛の二年後、室町幕府は少弐貞頼・菊池武朝を討たせた。反幕府的活動があったと推測される。同五年閏四月三日には、太宰少弐貞頼の退治が室町幕府から命じられた。こうした反幕府としての活動は、貞頼の死の応永十一年まで継続した。

(二)　少弐満貞

貞頼の跡を継いだのは、満貞である。応永十二年十二月には、豊前猪岳合戦が起こる。これは、幕府権力を背景とした九州探題渋川満頼・大内盛見と反幕府の菊池武朝・少弐満貞の間の合戦であったが、渋川氏方には、大友・詫摩・阿蘇・御領・武藤などの各氏が味方し、菊池方には、大村・平井・渋江・後藤・波佐見等の肥前国人たちが味方していた。かなり大規模な構図をもつ合戦であった〔有川宜博 一九八二〕。

この猪岳合戦以降、しばらく満貞の動向は不明である。応永十九年(一四一二)正月に朝鮮に遣使し、その後、活発な朝鮮通交を行った。朝鮮側も、少弐満貞を九州の有力者と認識していた。

応永二十四年十二月、少弐満貞は、将軍足利義持に鳥目万疋(百貫文)と麝香皮一枚を献上し、義持は太刀一腰・馬一疋を満貞に遣わした(3)。このやり取りから、この時にはすでに幕府から赦免されていたと考えられる。同二十六年には、朝鮮軍の対馬攻撃、いわゆる応永の外寇が起こった。その翌年に日本に派遣されたのが、回礼使宋希璟である。京都で日本国王足利義持に対面し、朝鮮国王の国書を届け、それに対する義持の返書を受け取った後、宋希璟は帰途についた。

帰路、博多で、宋希璟は少弐満貞と外交交渉を行った〔村井章介(校注)二〇〇〇〕。その過程で、満貞が対馬攻撃に対し、怒っていることを知る。満貞は、「去年六月に対馬島に出兵した。もし対馬島が勝たなければ、対馬島は滅びたでしょう。今、私が壱岐等の所に兵船を請えば、三百余隻が一朝にして集まるだろう。その船を朝鮮に送り、人民を殺掠し、五六の州郡に放火したならば、我が胸は少し心地よいだろう。しかし、両国使臣が往来する時であるから、行わないのである。また、壱岐・対馬の間において、一二船を送って、これを留め、今、使臣が回帰の時に、捕らえてその跡を消滅させることもできる。しかしこれも行わない」と述べた。希璟が、強く反論した結果、少弐氏も納得し、「少弐満貞もまた和好を修することを願っている」という言葉を引き出した。このような満貞の不満は朝鮮政府にも伝えられ、朝鮮使節が大宰府の少弐邸を訪問することにつながった(4)。

少弐満貞が、応永の外寇について、対馬島が勝ったと認識していることが注目される。ここで想起されるのは、応永の外寇について室町幕府に報告した少弐満貞の注進状である。この注進状は、応永二十六年八月七日に室町幕府に到着し、将軍足利義持に披露された（『満済准后日記』応永二十六年八月七日条）。この注進状には、①蒙古舟の先陣五百余艘が対馬津に押し寄せ、少弐氏代官宗右衛門以下七百余騎が馳せ向かい、度々合戦し、六月二十六日、終日合戦した。異国の者共は悉く打ち負け、当座において大略討ち死にしたり、召し捕ったりした。異国大将を二人生け捕り、種々白状した。この五百余艘は全て高麗国の者である。②唐船二万余艘が六月六日、日本の地に到着するはずであったが、その日に大風が起こり、唐船は全て帰った。大半は海に沈んだと注進があったと、生け捕った高麗人大将高が白状したと同じく注進があった。③この合戦の間、種々の奇瑞が起こった。安楽寺の御霊が出現したり、安楽寺の神馬の足が切られたりした。こうした虚実入り交じった報告が大宰府の少弐満貞から行われた。この戦勝の報に足利義持は大変喜び、その内容に影響を受けている。

その直後に七月十五日付けの「探題持範」注進状が京都で流布した（『看聞日記』応永二十六年八月十三日条）。これは満貞注進状よりさらに荒唐無稽の内容になる。蒙古襲来のイメージがその根底にある。ただし、対馬に襲来したのが六月二十日、同二十六日に合戦、七月二日に退散という具合に、正確な日付を記しており、少弐満貞の注進状を下敷きにして、探題持範という架空の人物が創出され、潤色が加えられたと考えられる。

応永三十二年（一四二五）七月、室町幕府は筑前国御牧郡の頓野・広渡・底井野・香月・上津役等の地を渋川満頼に給与し、これらの土地を満頼に沙汰し付けるように少弐満貞へ命じた。(5) この文書のやり取りから、当時、満貞は筑前守護であったことが判明する。少弐氏は幕府から赦免された後、守護に復帰していたのである。

しかし、それとほぼ同時期に満貞と菊池兼朝が蜂起し、渋川氏を筑前から追い出したが、大内盛見によって、逆に筑前を追われることになった（本多美穂一九八八）。その三年後の史料に、朝鮮使節が少弐氏は本国を失い、菊池の地に寄生していることを述べている。(6)

永享二年（一四三〇）七月、少弐小法師丸が、朝鮮に遣使し、去年冬より対馬州に来寓しているため、保護を加えてほしいことと、京都（室町幕府か）に礼をしたいことを述べ、大量の綿紬・苧布と米穀を要求した(7)。少弐氏は大内氏に圧迫され、菊池や対馬に逃れていたのである。

その後、永享三年六月には、少弐氏は大友氏・菊池氏と連合し、大内盛見を筑前に敗死させた。大内盛見の後継者をめざす大内持世は、室町幕府に接近し、少弐氏討伐を画策する。この時の室町幕府・大内氏・少弐氏三者の関係は、『満済准后日記』に詳しく記されている。応永期までと異なるのは、菊池氏とともに大友氏（持直）が少弐氏に味方したことである。これは、大内盛見が筑前の立花城以下の大友氏の要害や所領を奪ったことが直接の原因と考えられる。

室町幕府の当初の基本的方針は、大内氏と大友氏が和睦することによって九州が「無為＝無事」となることであった（『満済准后日記』永享三年六月九日条）。そのために幕府は、九州に上使として禅僧二名を派遣した。大内氏は、「大友治罰御教書」の発給を願ったが、幕府は和睦を優先した。これが当時の足利義教政権の基本的姿勢であった。しかし、永享三年六月二十八日の大内盛見の敗死によって、状況が変化してくる。室町幕府は、菊池氏を味方にするため、筑後守護職を与え、大友氏の分断を図るため、大友親綱を取り立て、豊後守護職を与えた。

永享四年には遣明船の派遣があり、硫黄の調達と遣明船警固が問題となった。とくに少弐満貞に対して、遣明船の警固を命じる御教書を出すべきか否かが、幕府内部で議論された。醍醐寺三宝院主満済は、満貞は将軍から「切諫」（強くいさめる）されているのであり、「勘気」（主君の怒りにふれてとがめを受ける）をこうむったわけではなく、また「唐船（遣明船）警固第一簡要」であるとして、御教書の発給を主張した（『満済准后日記』永享四年七月十二日条）。

盛見の死後、大内氏には内紛が発生し、持世と持盛が家督継承をめぐって抗争した。永享五年、持世が優勢になると、室町幕府の姿勢は急速に大内氏擁護にシフトする。すなわち三月には、持世が頻りに要求していた幕府の「治罰御旗」を持世に与え、四月には大友・少弐治罰を決定した。持世は豊前に渡海して、少弐氏を攻撃したが、これには幕府が派遣を命じた安芸・石見・備後三カ国の軍勢が同行していた。このような室町幕府の大軍が九州に派遣されるのは初めてのことである。同年八月十六日、少弐氏の筑前国二嶽城が陥落し、八月十九日には同国秋月城が陥落し、少弐満貞や子の小法師丸（資嗣）は討たれた。室町幕府や守護大名にとって、旗と治罰御教書の発給が大きな意味を持っていた。

（三）　少弐嘉頼

永享七年には、少弐氏・大友氏が蜂起したが、永享八年六月、大友持直の拠る豊後国姫岳城が陥落し、両氏の抵抗は弱まった。少弐嘉頼は対馬に逃れ、宗貞盛の庇護を受けた。朝鮮史料にも、「ここに至り少弐殿は敗戦し、対馬島に奔った。島主宗貞盛とともに朝鮮に遣使し、米や塩を請うことしばしばである。」「今、少弐殿は勢力が尽き、対馬島に奔った。すでに根本の地を失い、至って困窮している。」(8)とある。大内氏との抗争に敗れ、対馬に逃れ、宗氏や朝鮮の庇護を受けている様がわかる。

こうした状況の中で、少弐嘉頼は、永享十二年二月二十五日、室町幕府から、大内持世の取りなしによって赦免されるという不可解な出来事が起こる（佐伯弘次 一九九二・一九九三）。この異例の出来事の背景には、第一に倭寇禁圧を要求する朝鮮使節の外交交渉があった。すなわち、少弐氏の弱体化による倭寇活動の活発化を警戒した朝鮮側が、少弐氏の赦免を室町幕府に要請した。第二には、将軍足利義教から大内持世に上洛命令が出されたことから、少弐氏から攻撃されることを恐れた持世が嘉頼の赦免を義教に要請したという事情があった。嘉頼は、赦免の翌年正月九日に没した。

（四）　少弐教頼

系譜類では、少弐教頼を嘉頼の子とするものがあるが、年齢的には弟と見た方がいい。

嘉吉元年（一四四一）六月二十四日、嘉吉の乱が起こり、足利義教は赤松満祐に暗殺された。これをきっかけとして、少弐教頼は九州に戻り、嘉吉元年八月から同三年三月にかけて筑前・豊前・肥前関係の文書を残している（佐伯弘次 一九七八）。嘉吉の乱による大内持世の死に乗じて、勢力を回復したのである。しかし、大内氏を継承した大内教弘の働きかけによって、嘉吉元年十月十四日には、幕府から少弐教頼治罰の御教書が発給された。永享十二年に赦免された少弐氏は再び追討を受ける存在となった。同二年十二月には、少弐教頼らの所在を探すように御教書が出ているので、すでにこのころには所在不明となっていたようである。

ところが、文安二年（一四四五）六月ごろ、少弐教頼は筑前守護に任命された。その理由はよくわからない。文安二年には、少弐教頼の発給文書が三通、宗氏の博多商人宛の文書が一通あり、守護としての活動を行っていたことがわかる。しかし、それも長く続かず、文安四年ごろには、大内氏が筑前守護に任命されたと考えている。

申叔舟編『海東諸国紀』日本国紀筑前州条（田中健夫（訳注）一九九一）には、少弐氏の記述がある。その室町期の部分を示そう。

「小二殿　宰府（大宰府）に居住している。あるいは大都督府と称している。西北、博多を去ること三里である。居民は二千二百余戸。正兵五百余。源氏が代々これをつかさどっている。筑・豊・肥三州総太守太宰府都督司馬少卿と称し、小二殿と号して、源嘉頼に至る。今の天皇の嘉吉元年辛酉の年、大臣赤松が乱を起こし、国王が兵を諸州に徴したけれども、小二殿は来なかった。国王は大内殿に命じてこれを討たせた。嘉頼は敗れて、肥前州平戸源義のところに奔った。ついで対馬州に行き、美女（三根）浦に居住した。対馬もまたその所管する所である。大内殿はついに小二殿の所管する筑前州博多・大宰府の地をすべて領有した。その後、嘉頼は旧地を取り返そうとして、兵を挙げて、上松浦に到った。大内殿は迎え撃ち、これを破った。嘉頼は奔って対馬に帰った。

嘉頼が死んで、子の教頼が継いだ。丁亥年（一四六七）、教頼は再び対馬島の兵をもって博多・宰府の間、見月（水城）の地に到った。大友殿・大内代官可申（家臣か）のために破られて死んだ」。

ここで嘉頼とするのは、教頼の誤りである。嘉吉の乱後、少弐教頼が幕府の命によって大内氏に攻められたことは、日本側の史料と同様である。教頼は平戸にまず逃れたという記述は、日本側の同時代史料には出てこない。その後、対馬に逃れ、宗氏の庇護を受けて、三根の地で生活していた。三根は、室町時代に宗氏が守護所を置いた佐賀の近くにある浦である。少弐氏は通称、三根公方と呼ばれ、その所在地の伝承も対馬にはある。応仁の乱が起こると、対馬兵を率いて博多から大宰府の地を目指したが、大宰府を復することは出来なかった。

おわりに

以上のように、室町時代の少弐氏は、大内氏の圧迫を受け、筑前を失うことになった。大内氏の方が軍事的に強大であったこともあるが、大内氏が室町将軍の信任が厚く、室町幕府―守護体制のもとでは、室町幕府権力を背景とする大内氏の方が優勢であるのは当然であった。旗や治罰御教書は、その象徴であり、それらを獲得した大内氏が、政治的にも軍事的にも少弐氏を圧倒した。

また守護大名間の関係も複雑で、少弐氏は当初、菊池氏と行動を共にすることが多かった。永享期に大友氏が大内氏の圧迫を受け、少弐氏側に付くと、幕府は菊池氏の取り込みと大友氏の内部分裂を画策し、それに成功した。

少弐氏は、かつての守護管国でかつ所領でもあった対馬と島主宗氏に頼らざるを得ず、対馬に留まりながら、筑前―大宰府奪還の機会をうかがっていた。対馬に居住したことから、朝鮮を頼り、通交を行う一方で、物品や食糧の入手を図った。

その後、少弐氏が大宰府を回復するのは、応仁の乱の最中の文明元年（一四六九）のことである。筑前を回復し、大宰府に戻った少弐頼忠であったが、その直後に宗貞国と不和になり、対馬の支援を受けることが困難となった。文明十年、大内政弘に筑前を追われた少弐頼忠（政資）が逃れた先は、対馬ではなく、肥前であった。

（佐伯弘次）

注

（1）『佐賀県史料集成』五巻、光浄寺文書八二号。
（2）『大宰府・太宰府天満宮史料』十二巻。本稿の史料は、基本的にこの史料集十二巻、十三巻による。
（3）「後鑑」巻一二九、応永二十四年条。
（4）「世宗実録」五年（一四二三）九月壬寅条。
（5）蜷川家文書応永三十二年七月十日室町将軍家御教書・同年七月二十二日管領施行状（『大宰府・太宰府天満宮史料』十三巻）。

（6）「世宗実録」十年（一四二八）十一月甲戌条。
（7）「世宗実録」十二年（一四三〇）七月乙丑条。
（8）「世宗実録」十八年（一四三六）十二月丁亥条。

参考文献

川添昭二一九八三『九州中世史の研究』吉川弘文館
山口隼正一九八九『南北朝期九州守護の研究』第一章、文献出版
有川宜博一九八一「豊前猪嶽合戦について」『記録』二一
村井章介（校注）二〇〇〇『老松堂日本行録』一七三～一七六頁、岩波書店
本多美穂一九八八「室町時代における少弐氏の動向——貞頼・満貞期——」『九州史学』九一
佐伯弘次一九九二「永享十二年少弐嘉頼赦免とその背景」地方史研究協議会編『異国と九州——歴史における国際交流と地域形成——』雄山閣出版、
佐伯弘次一九九三「室町時代における大内氏と少弐氏——蜷川家文書「大内教弘条書案」の検討——」『史淵』一三〇
佐伯弘次一九七八「大内氏の筑前国支配」『九州中世史研究』一
田中健夫（訳注）一九九一『海東諸国紀』岩波書店

大内氏の文化とその記憶

大内氏の文芸

はじめに

昭和初年、大島雅太郎の所蔵する『源氏物語』に接した池田亀鑑は、これを青表紙本『源氏物語』諸本中の最善本と位置づけ、あわせて、「常に兵を率いて各地に転戦」しながら「平和と文化」を希求した大内氏の文武両道の姿勢を、「文化の衰頽した戦国時代」における注目すべき事例として高く評価した〔池田亀鑑 一九三四〕。爾来、大島本は、青表紙本の証本として『源氏物語』のテキストに選定され、広く流布してきたが、近年、書誌学的考証により、大島本を大内氏旧蔵本とする定説を覆した佐々木孝浩は〔佐々木孝浩 二〇一六a〕、該本が「大内家旧蔵の権威ある伝本とされてきた為に、その本文に対する認識や接し方に遠慮や歪み等があった事実は否めないであろう」と指摘する。「大内文化」総体に対する評価も、『源氏物語』研究における大島本の権威化とあいまって、徐々に増大したきらいはなかったろうか。

いっぽう、歴史学研究において、米原正義は、天文十二年〔一五四三〕の雲州陣敗退後、下向貴族との風流韻事に耽るようになった義隆のふるまいが、武断派の側近、なかんずく陶隆房の反発を招き、大内氏の滅亡に繋がったと説いた〔米原正義 一九六七〕。かくのごとく義隆の公家化に滅亡の遠因を求める見方はいまなお一般に行われているが、戦国期の武家にとって公家文化はむしろ必須の教養であり、これを積極的に摂取しようとした義隆のあり方は、本来、特異な事例とは見なし得ないはずである。戦国武将の典型とも評し得るはずの義隆の文事が、滅亡に至る一階梯として語られるとき、いわゆる「大内文化」は陰陽両面の意味あいをはらんで、ひときわ重大視される。天文二十年〔一五五一〕十一月の奥書を有する『大内義隆記』〔群書類従巻第三九四〕は、その淵源のひとつであろう。同書はつとに大内氏研究の補助史料として活用され、特に冒頭の、

爰ニ多々良ノ朝臣義隆卿ハ末世ノ道者トヤ申ケン。

文武ニ達シテ双ナク、慈悲勝レテ類無シ。

との一節は、義隆像の規定に大きな役割を果たしてきた〔福尾猛市郎 一九五九〕。しかし、『大内義隆記』に史実を

探す姿勢から離れ、これをひとつの物語として読み直すとき、ただちに気づかされるのが、『平家物語』のふんだんな引用である。『大内義隆記』は、平清盛とその一門の栄枯盛衰を院政期に蔓延した末法思想の因果に収斂させて語る『平家物語』の枠組みを借り、主人公義隆を清盛よりさらに「末世」にあらわれた「道者」と措定することで、君臣の理の機能しない時代にあらわれた義隆の滅びを、『平家物語』の無常観・因果論に沿って描き出す。かくのごとく『大内義隆記』全体を一篇の虚構とする視点を得れば、「大内文化」に対する認識にも新たな局面が開かれるのではないか。そのとき、義隆に至る大内氏歴代の文事の意義も、改めて測定される必要があるだろう。

本稿では、大内氏の文芸をめぐる伝説的言辞からひとたび自由になったうえで、大内氏の歴代が文芸の伝統をいかにして獲得し、蓄積したか、その過程を見きわめることを目的とする。結論を先取りすれば、大内氏の文事に歴史性が持ちこまれるのは、応仁・文明の乱後、政弘の時代であった。以下、時代としては政弘期を、文芸の種類としては和歌・連歌を叙述の中心とし、先行の研究成果を及ぶ限りふまえつつ、所掲の課題をめぐる再考を試みたい。

一　義弘・盛見・持世の和歌と連歌

大内氏歴代の文事として最初に注目すべきは、義弘の勅撰和歌集入集である。応安〜永和年間、九州鎮撫に武功をあげた義弘は、冷泉為秀門の歌人で九州探題の任にあった今川了俊の影響下、若くして和歌・連歌を嗜むところがあったらしい。二条良基の連歌学書『知連抄』の伝本のひとつ、大阪天満宮御文庫蔵、上巻のみの江戸後期写本の奥書に「右本、二条殿へ申談而周阿西国下向時所持云々、就中防州太郎殿ニ窃付属之、末世重宝可秘々々」とあって、「二条殿」すなわち良基の意を受けて西下した連歌師周阿が、「防州太郎」こと義弘に該本を伝受したことが知られる。周阿の九州下向は応安・永和の交の頃と推測されるが〔木藤才蔵 一九九三a〕、義弘が将軍足利義満に随行して上京を果たすのは約十五年後の康応元年（一三八九）のことであったから（『鹿苑院殿厳島詣記』）、義弘は、了俊を介して、当代随一の文化人で武家とも親しかった良基に間接的に接触し得たのであろう。

義弘は、かくして、至徳元年（一三八四）十二月、後小松天皇に奏覧された『新後拾遺和歌集』に二首の入集を果たした。

多多良義弘朝臣
日数のみふるのわさ田の五月雨にほさぬ袖にもとる早苗かな
（『新後拾遺和歌集』巻第七・雑春歌）

多多良義弘朝臣
逢ふ夜だに猶ほしやらぬ我が袖や恨みなれにし涙なるらむ
（『新後拾遺和歌集』巻第十三・恋歌三）

『新後拾遺和歌集』は第二十番目の勅撰和歌集であるが、義満の志向と実力を反映して、それ以前の勅撰和歌集に比し武家歌人層の入集が著しく増加している（井上宗雄 一九八七a）。一〇〇名を上回る武家歌人のうち、義弘と同じく現存武士で初入集した者に、細川頼元・斯波義種があり、入集歌数も二首と等しい。ただし、巻第六以前の四季部に入集するか否かは歌人の位置を示す重要な指標である。頼元・義種が揃って巻第六冬部に一首を採られているのに対し、義弘は巻第七以後の入集であった。『新後拾遺和歌集』における義弘は、幕府管領の頼元や管領義将の弟義種よりやや下という扱いで、地方の守護大名としては厚遇されていると言えよう。

続いて、永享十一年（一四三九）後花園天皇奏覧の第二十一代勅撰和歌集『新続古今和歌集』には、盛見歌が一首、持世歌が三首、入集している。

月歌の中に　多多良盛見
めぐりあはんたのみを月に契りても我が世ふけ行く秋ぞはかなき
（『新続古今和歌集』巻第十七・雑歌上）

多多良持世朝臣
峰におふる松にもいまやかよふらんいなばの風の夕暮の声
（『新続古今和歌集』巻第五・秋歌下）

題しらず　多多良持世朝臣
さらでだにほさぬ袖しの浦千どりいかにせよとてねざめとふらん
（『新続古今和歌集』巻第六・冬歌）

多多良持世朝臣
行きめぐり猶この世にとたのむかな命をかぎる別ならねば
（『新続古今和歌集』巻第十三・恋歌三）

盛見は、『新続古今和歌集』の撰進を将軍足利義教が発起した永享五年（一四三三）の時点ですでに故人であったが、兄義弘の跡を継ぐ存在として重んじられ、応永後期には十数年もの長きにわたって在京、この間、上級武家社会の一員として、五山僧との交流をはじめとする文化活動にも出精した。和歌における盛見の事績の一端は、その家集『盛見詠草』に見ることができる。『盛見詠草』は、「此一巻者、故左京大夫盛見朝臣法名徳雄詠草也、依政弘所望写之　准三宮（花押）」との奥書を有する聖護院道興書写の巻子本一巻が、現存する唯一の伝本である。『弘文荘待賈古書目』第三十五号所掲の書誌解説によれば、該本は、「紙高三三・〇糎、鳥の子の大長紙（二紙の長さ約八七糎）六枚つぎ」の料紙に「四季戀雜の歌六十首を、中字行書一首二行づゝに書寫」したものという。盛見の孫にあたる大内政弘が道興に撰歌と浄書を依頼して成った一本といわれ（『私家集大成 第五巻 中世Ⅲ』荒木尚「大内盛見詠草」解題）、その贅沢な料紙の使い方は祖父顕彰の業にいかにも似つかわしい。巻首に「百首謌の中に」とあり、盛見が、四季・恋・雑の組題に即した百首歌を詠進した事実が知られる。かかる盛見の歌学は、南朝旧臣ながら足利義持に厚遇された歌僧耕雲明魏に師事して培われたものであった。すなわち、応永十八年（一四一一）十月の耕雲奥書を有する天理大学附属天理図書館『古今集耕雲聞書』序注末尾に、「国清寺殿、耕雲和尚仁御伝授之聞書也、秘々大秘」と見え、「国清寺殿」こと大内盛見が耕雲から『古今和歌集』の講義を受けた事実を知るのである。さらに、宮内庁書陵部竹柏園本『耕雲千首（詠千首和歌）』奥書には、次のようにある。

　此奥書本予所自写也、爾来三十年、時移事変、身前身後、悦如一夢、爰防州大守大先居士、有志于此道、当世無比倫、故与予有方外之交、因磨老眼再写此詠、而寄座右、苟能晨吟暮思、沈反覆、進学匪懈、則一旦必須滲透、八雲出雲之先赤人、々麿、定家、々隆、拱手倒退也必矣、況如予碌々者、至禱々々

　于時応永廿二年孟秋廿九日也　　　　　　畊雲散人書

『耕雲千首』は、天授二年（一三七六）夏、長慶天皇による勅命を受けて、花山院長親（のちの耕雲）が翌三年春に詠進した千首歌である。耕雲は宗良親王の合点を得た本をみずから書写して秘蔵すること三十年、応永二十二年（一四一五）七月に至り、当代随一の歌道有志たる「防州大守大先居士」こと盛見のために再写して与えたというのである。

　また、「征夷府」足利義持の厳命を受けて詠んだ百首歌を、歌道有志の「大内刑部」こと大内持世に授けた旨の奥書を持つ、応永末年頃書写の『雲窓賸語《うんそうとうご》』耕雲自筆本も伝わっている（穂久邇文庫）。自身の記念ともなる応制・応教の和歌を手ずから書き写して進呈するという行為に象徴されるように、盛見と持世は、単なる和歌の弟子ではなく、耕雲にとって重要な庇護者として意識されていたのである。

盛見の敗死後、領国平定に力を注いでいた持世は、永享十二年（一四四〇）上京（『建内記』嘉吉元年七月廿八日条）、以後、嘉吉の乱までの僅かな期間ながら、将軍足利義教の傘下にあって文事に励んだ。応永三十五年（一四二八）正月籤により次期将軍に選出された義教は、同年四月二十九日、幕府月次和歌会を創始し、三条坊門殿に公武の歌人を招集して権威確立を目指したといわれ（三角範子二〇〇二）、永享後期には法楽和歌の勧進にことに執心したというが（井上宗雄一九八四a）、上洛後の持世も、義教勧進の松尾社法楽百首和歌に加わっている。続群書類従所収本では月日未詳ながら、内閣文庫賜蘆拾葉所収本の端作に「永享十三年正月廿六日」とあるこの百首歌には、公武の歌人総勢二十四名が参加した。すなわち、後花園天皇、道欽（後崇光院）、三条実量、中山定親、正親町三条公綱・実雅、飛鳥井雅世・雅親、三条西公保、松木宗継、木造持康、滋野井実勝、烏丸資任、冷泉為富の公家方、将軍足利義教、細川持之・持春・持賢、大内持世、一色教親、山名凞貴、赤松満政、伊勢貞国の武家方、および、歌僧瑞禅である。持世はここに五首の和歌を詠進しているが、その数は幕府管領細川持之に等しく、武家方では義教の六首に次ぐ。

ところで、『新続古今和歌集』を披見した義教は、烏丸資任・一色教親・伊勢貞国の入集に不興を示し、撰者飛鳥井雅世の見識に疑義を呈したと伝えられる（『建内記』永享十一年六月廿八日条）。資任と教親の両名はまったくの和歌初心者であり、貞国は歌学の修学を欠くというのである。ここに名をあげられた三人は、右の松尾社法楽百首に加わり揃って三首を詠進しているものの、『新続古今和歌集』入集は各一首に過ぎない。翻って、持世が義教歌壇にいまだ参入していない時期に編まれた『新続古今和歌集』に三首もの入集を果たし得ているという事実は、義教の持世評価の一端をうかがわせて興味深い。

また、持世は、同年二月二十八日興行の賦何人連歌百韻にも一座している（大阪天満宮御文庫『古連歌拾七巻』）。発句を前左大臣義教、脇を関白二条持基がつとめるこの連歌百韻は、聖護院准后満意、按察使大納言三条西公保、石橋信乗、大内持世、瑞禅、赤松満政、承祐、良海、道流、以上十一名の連衆による。室町幕府連歌宗匠承祐の出座といい（稲田利徳一九六七）、連衆の顔ぶれといい、本巻は幕府月次連歌会の一作品に違いない。和歌月次会に続き、室町殿の新造御会所において永享二年（一四三〇）正月十九日に始められた幕府月次連歌会は、重臣会議の有力者に地下連歌師を加えた固定的連衆から成り、義教の政権運営の装置として機能したという（三角範子一九九九ａ）。かくして、公武の入り交じる義教歌壇・連歌壇の一員として迎えられた持世は、嘉吉元年（一四四一）六月、赤松第における将軍弑逆に巻き込まれて落命することになる。

義弘・盛見・持世が勅撰歌人となり得た背景には、見てきたように、室町期の勅撰和歌集編纂に実質的な力を発揮していた足利政権による大内氏評価が大きく預かっていたと思しい。幕府の九州経営にとって重要な位置を占める存在であった彼等は、在京経験によって公武僧俗の混交する室町文化に接触し得たのであった。そして、『新続古今和歌集』が最後の勅撰和歌集となったこととも相俟って、右三名の文化的事績は、後代、文事の家としての意識を醸成させる基盤となった。

在京雑掌平井相助・道助の文芸活動も逸することができない。宮内庁書陵部桂宮家旧蔵『ちどり』は、至徳三年（一三八六）秋から嘉慶二年（一三八八）冬にかかる四辻善成の源氏講釈を陪聴した相助が、爾後、不審を直接善成に訊ねて成った『源氏物語』の註釈書である。「ちどり（千鳥）」とは、足利義詮の命によって編まれた善成による『源氏物語』注釈の大著『河海抄』にちなむ書名で、齢九十一歳に達した相助が、善成の謦咳に接したことを生涯の記念とし、大内氏による重代の高恩に報うべく、応永二十六年（一四一九）三月、「匠作尊閤（持世、あるいは盛見か）」に奉呈されたものである。同族道助は、二条良基をして「連歌の開闔をば道助にあづくるなり」といわしめ（宗砌『初心求詠集』）、心敬によって「応永年中の比より世に聞こえ侍る」「やむごとなき作者」の一人に数えられるほど連歌に秀でていたという（『ひとりごと』）。

二　教弘による領国の文芸興隆

持世のあとを襲った教弘の文事として、まず、古典籍の収集があげられる。享徳元年（一四五二）十一月、三十三歳の教弘は、宗良親王自筆家集『李花集』を相伝した。前田育徳会尊経閣文庫蔵、享禄四年（一五三一）十市遠忠浄書本の奥書に、次のようにある。

此本書　先師兵部卿師成親王出家号恵梵筆跡也、教弘相伝之、

　　旹享徳改元仲冬廿日　　　多々良朝臣印判

右、以木阿本書写之、但彼写本於防州大内文龍之抄

物取出之次、卒爾令借用半日馳筆候間、落書等多之、
猶重而以証本可加校合者也
于時享禄四暦極月廿七日　　兵部少輔中原遠忠

現存するすべての『李花集』諸本は右の奥書を共有する。つまり、教弘の相伝した『李花集』は天下の孤本として、後世、歌書の書写に精励した十市遠忠の目に留まり、その手を経て中央に流布したのである。教弘が該書を相伝した詳しい経緯は不明ながら、そこに盛見・持世の師事した耕雲の介在を想定するのは妥当な推測であろう。

耕雲との繋がりをうかがわせる教弘の収書として、他に、宮内庁書陵部東山御文庫旧蔵『七毫源氏物語』がある。『七毫源氏物語』とは、後醍醐天皇・二条為明・足利尊氏・浄弁・慶雲・兼好・頓阿、以上七名を伝承筆者とする河内本系統の『源氏物語』四十四帖であるが、うち、「夕霧」「総角」「紅葉賀」「乙女」「手習」「明石」「澪標」「玉鬘」「螢」「篝火」「野分」「行幸」「真木柱」「東屋」「紅梅」「橋姫」「椎本」「空蟬」「夕顔」「葵」「梅枝」「藤裏葉」「御法」「蜻蛉」「薄雲」「若菜」「末摘花」「榊」「須磨」「関屋」「絵合」「松風」「早蕨」「夢浮橋」の各巻末に「教弘」双方朱印が、「横笛」「幻」両巻末には「多々良教弘」単辺長方朱印が捺され、教弘の蔵品であった事実を伝えている。欄外および行間のおびただしい書き入れは、『源氏物語』諸注を集成した趣があり、「玉鬘」「螢」「篝火」「野分」「真木柱」「紅梅」「空蟬」「夕顔」「葵」「蜻蛉」「早蕨」「夢浮橋」の各巻末には耕雲本『源氏物語』にも認められる跋歌が記されているという〔稲賀敬二　一九九三〕。耕雲本『源氏物語』との関係性は分明でないものの、教弘が、耕雲とその周辺の古典学の摂取に努めていたことは認められてよいだろう。

徳川美術館所蔵の今川了俊筆『和歌秘抄』も教弘手沢本である。同書は、その巻末に、了俊が大宰府安楽寺に預け置いた歌書・物語の一覧と、応永九年（一四〇二）八月の年記および了俊花押、「九州にてしぜんと御尋有べきために、此草子を土居之御道場に進者也」とする珠阿奥書と了俊花押、最奥に「多々良（教弘花押）」を有する。奥書によれば、九州探題として大宰府にあった了俊は、該『詠歌一体』を含む歌書を安楽寺社頭において紛失するも、後日、「或人」相伝の冷泉為秀筆本を書写するに至ったという。徳川美術館蔵『和歌秘抄』はその為秀筆本『詠歌一体』に他ならない。了俊側近の時衆珠阿による奥書は、了俊が同書を「土居之御道場」すな

わち博多土居の時宗道場称名寺に進上したことを伝える。少弐教頼に筑前守護職が還補された文安二年（一四四五）頃でさえ博多には大内氏の強い支配が及んでいたというから〔佐伯弘次 一九七八〕、義弘の所縁ある了俊書写本が教弘の文庫に帰したのも不思議ではない。

『和歌秘抄』と同じ教弘花押は吉川史料館蔵『古今和歌集』にも認められる。同書は、『古今和歌集』諸本中、貞応元年（一二二二）九月の藤原定家書写奥書と永暦二年（一一六一）七月の藤原俊成書写奥書をあわせもつ現存唯一の伝本で〔松田武夫 一九四四〕〔西下経一 一九五四〕、応安六年（一三七三）六月の二条良基による加証奥書のあと、定家自筆証本を仮名遣まで忠実に書き写した旨の応永二十七年（一四二〇）五月三日の書記者不明奥書が続き、丁を変えて本文別筆で「多々良（花押）」の墨書、さらに別丁の最終丁に本文とも花押とも異なる筆で応仁元年（一四六七）五月十日の年記が記されている。桐箱蓋裏に「大内政弘／大内義興」との墨書貼紙がおされているゆえか、従来、花押の主は、政弘か義興に比定されることが多かったが〔松田武夫 一九四四〕〔米原正義 一九七六〕、「多々良」の筆癖、花押とも、『和歌秘抄』奥のそれと酷似し、該『古今和歌集』もまた教弘手沢本の一つに数えて誤らないだろう。ただし、応永二十七年書写の本書を、教弘が、いつ、いかにして入手したかは判然としない。貞応元年九月の定家奥書を有する大島雅太郎旧蔵『古今和歌集』には、応仁元年、連歌師心敬が品川の草庵で記した跋文があり、応仁年間には本書と同じ奥書を持つ『古今和歌集』が流布していたとの指摘も備わるものの〔西下経一 一九五四〕、教弘手沢本最奥の応仁元年の年記の意味するところは、現在のところ不明とせざるを得ない。

ところで、歌僧正徹の家集『草根集』康正二年（一四五六）三月条によれば、教弘の西国下向の招請を七十六歳の老齢を理由に断った正徹は、お詫びのしるしか、『続後撰和歌集』の写本を教弘に贈っている。

周防国より、大内左京大夫教弘はじめて状ををくり、西国物詣思立て下向あるべし、其に因て来て、歌道事可加庭訓事など申をくられしかども、至極の老屈なり、昔のことも今は隔生則忘のごとし。此度はさしあひのよし、かへり事せしに、あなたより

箱崎の松ともいかゞ告やらむ心もしらぬ風のたよりに

かへりごとにそへて、続後撰集などつかはして

箱崎や秋風ふかば舟出して松にあひみん春ならずとも

教弘歌「心もしらぬ風のたより」によれば、教弘と正徹の間に面識はなかったもののようである。畠山・細川・山名をはじめとする数多の上級武家を門弟に抱え、足利義政に『源氏物語』を進講するなど、歌人としての誉れをきわめた晩年の正徹を〔稲田利徳 一九七八〕、教弘はみずからの領国に招き、歌道師範として抱えようとした。教弘の願望は、八年後の寛正五年（一四六四）、正徹高弟の正広によって果たされることになる。

正広家集『松下集』三に、「同（寛正）五年二月中旬頃、防州大内左京大夫入道教弘より状ありて、箱崎の松を見よかしとて、むかひをたびたるに思ひ立侍り」との詞書に始まる防州九州下向時の和歌一四九首が載る。これによれば、教弘の勧誘を容れて二月中旬に西国下向を発起した正広は、三月十一日下松に着船、同二十七日には山口真光院に迎えられ、しばらくは教弘・政弘父子家に歌会の日々を送った。四月下旬、筑前守護代仁保盛安を案内役に添えられて九州下向の旅に出立、忌宮神社・阿弥陀寺を拝したあと、豊前宇佐宮・羅漢寺、筑前筥崎八幡宮・大宰府安楽寺・宝満宮・生松原天神社・志賀島文殊堂・博多龍宮寺・宇美八幡宮・住吉神社等の寺社を訪ね、それぞれ法楽歌を献じている。六月末に山口帰着ののちは、大内家のみならず被官人家でも歌会を催しつつ、今八幡宮・善福寺・仁壁神社・氷上山興隆寺・松崎天満宮に法楽の続歌を奉納し、九月末、帰京の途についた。約半年を教弘の庇護下に過ごしたことになる。

長禄三年（一四五九）の正徹没後、師正徹から譲り受けた招月庵を拠点として京洛の公武歌壇で活動していた正広にとって、これが最初の地方下向であった〔稲田利徳 一九七八〕。正広の目的は北部九州の名だたる歌枕を実地に巡見することにあったが、教弘の側には、正広をみずからの代参として分国に派遣し、由緒ある寺社に法楽歌をひたすら献詠させることで、分国支配の強化をはかるねらいのあったことが指摘されている〔川添昭二 二〇〇三a〕。例えば、大宰府竈山宝満宮の柱に書きつけたという正広歌「こゝも又煙を空に竈戸山麓の里も民ぞにぎはふ」は、伝仁徳天皇御製「たかき屋にのぼりてみれば煙たつ民の竈はにぎはひにけり」（『新古今和歌集』巻第七・賀歌）を本歌としつつ、教弘に成り代わって分国の民生の安定をことほいだ一首である。同じ主題と趣向は、九

州下向前の四月十五日、教弘家続歌における「田家煙」題の正広歌「田づらよりにぎはふ民の竈戸かな山おくふかく松も煙て」にも著しい。正広の詠歌は、教弘の理世撫民の姿勢を形象化する機能を担っていたのである。

四月五日の教弘家における懐紙歌会において、正広は「庭松久」題で「此国の松のはじめや庭の松岩ほも山となりのぼるまで」と詠んだ。『古今和歌集』巻第七・賀歌「わが君は千世に八千世にさゞれ石の巌となりて苔のむすまで」をふまえ、皇統の永遠性に大内氏の治国の永遠性を重ねて称揚したのである。正広は、山口滞在中のおよそ四ヶ月の間に、教弘の大内館で十回、嫡政弘邸で二回、陶弘房・吉田武賢の邸宅で各一回の歌会を興行しているが、その多くが「続歌《つぎうた》」の会であった。「続歌」とは、あらかじめ歌題の書き入れられた短冊を作者が直接探り取るか割り振られるかして選び、当該題に沿った歌を詠み、短冊に染筆して披露する形式の歌会である。定数歌を複数の作者で分け詠んだあと、題の順に短冊を重ねて綴じ、ひとまとまりの作品とした（山本啓介二〇〇九ａ）。教弘を頂点とする集団において、正広出題のもと、続歌という協同性の高い営みを反復することは、教弘の威徳を繰り返し確かめる効果を持ったことだろう。

『松下集』寛正五年七月の次の和歌は、教弘が心月庵なる庵を山口に結ばしめ、みずからそこを訪れて月題の続歌を楽しんだ事実を伝えているが、かかる教弘の正広庇護には、単なる和歌好尚以上の政教的な意味あいが多分に含まれていたと思われる。

　十五日、山口に草庵を立て結ぶ。心月庵とつけられし。左京兆いで給て一続有しに

　　月前蛬

きり〴〵す月にむら〳〵声やめて浅茅にをとす野べの秋かぜ

　　月前恋

よしや月ひとつ涙に向ふとも恨を秋の露やはらはん

　　山家月

立かへりやがてぞすまむ峰の庵心の月に月をむかへて

　　庵号を詠じ侍り。

教弘には、中央の歌壇・連歌壇に立ち交じった事実を示す資料は現存しない。しかし、教弘の文事が持世までのそれと異なるのは、彼が、領国経営の一環として積極的に文芸を利用した点にあり、その姿勢は政弘により顕著に引き継がれることになる。

三　政弘における譜代意識の形成

寛正五年三月、下松で下船した正広を教弘が最初に案内したのは、三田尻の高洲松原であった。同地は、康応元年（一三八九）三月、義弘が仮御所を設えて将軍足利義満を歓待した故地である（『鹿苑院西国下向記』）。当時十九歳の嫡子政弘も同道、後年、このとき父教弘と交わした贈答歌を次のように書き留めている。

寛正五年の春の比にや、亡父贈三品、高洲の松原なる曾祖父義弘朝臣旧跡に、正広禅師などともなひてまかり侍けるに、そのかみ、彼朝臣紀伊国をしり侍しことなどかたり出して

年へたるたかすの松にむかしおもふ風はそなたの吹上のはま

とよまれ侍しかば、予、

としへたる高洲の松のことの葉にむかしの風をいまもきく哉

と返歌し侍りき。かくて都にのぼり侍りて、文明九年、くだり侍し。あくるとしの春、彼松原にてありしことなどおもひ出てよみ侍りける。

朽やらで猶のこりけり昔だにむかしといひし松のことのは

（『拾塵和歌集』巻第九・雑歌中）

紀州の歌枕「吹上のはま」を引き合いに、明徳の乱の行賞により紀伊国守護となった義弘の事績を回想する教弘歌に対し、政弘歌は、その栄光がいまに伝わることを詠む。父子の贈答歌は、義弘が義満に反旗を翻した応永の乱の顛末には一切触れぬまま、室町殿と大内氏の繋がりを「松のことの葉」、すなわち和歌の道に集約してことさらに強調するのである。右の贈答歌をめぐっては、近年、政弘自身の、応仁・文明の乱における反将軍行動に対する弁明や、大内家家督の正統性への意識を見るすぐれた解釈が提出されている（川添昭二　二〇一三）。政弘の内面をうかがう資料として注目される政弘家集『拾塵和歌集』公敦跋によれば、延徳四年（一四九二）、政弘四十七歳の時点で、その詠歌は二万余首にも達していたという。しかも、同集巻第九・雑歌中所収歌詞書に「少年のころよみ侍し歌どもを見いで丶、けぶりになし侍」ともいうから、実際の詠歌はさらに多かったと見なければならない。政弘は、かくのごとく、正広に直接指導を受ける以前から詠作を試みていたと推測されるが、その歌道は、応仁・文明の乱参戦という在京経験を通して大きく育まれることとなる。

応仁元年（一四六七）八月、二十二歳にして上京した政弘は、その数年後の「文明之初」、「高倉陣所」において、正徹自筆本『伊勢物語』の書写を三井寺僧持孝なる人物に依頼した。持孝が原本に極めて忠実な態度で書き写し、校合を加えた『伊勢物語』を、政弘は座右の秘本としたという（大味久五郎氏所蔵本『伊勢物語』奥書）。ついで文明三年（一四七一）十月、政弘は、定家筆貞応二年本『古今和歌集』四辻善成加証奥書本の書写を聖護院道興に命じている。僅々三日で書写を遂げた道興は、足利義視に外題と奥書の染筆を請い、みずからも長文の奥書を付して政弘にこれを呈した（国文学研究資料館『古今和歌集』）。同六年（一四七四）四月には、『源氏物語』注釈書『花鳥余情』の「別紙口伝」を抄出した『花鳥口伝抄』の書写校合を一条兼良に所望したらしい（尊経閣文庫『古今集伝受』所収本奥書により、「文明第三暦」は「文明第六暦」の誤写とする定説に従う）。同八年（一四七六）七月下旬、みずからの物語注釈書『花鳥余情』再度本と『伊勢物語愚見抄』を政弘のために書写するなど（宮内庁書陵部『花鳥余情』、京都大学附属図書館谷村文庫他『伊勢物語愚見抄』）、文明前期の兼良は政弘と浅からぬ交わりを持っていたが、その背景には、一条家の知行地周防国屋代荘をめぐる一所懸命の駆け引きがあった。長らく不知行となっていた同地を、文明年間の兼良は、政弘からようやくに返還して貰った旨、後土御門天皇女官勾当内侍宛書簡中で告白している（東京大学史料編纂所「北白川宮旧蔵手鑑零存」）。

右のごとき政弘の古典蒐集は、兵火による記録・蔵書の焼失という苦い経験から歌書書写への意識を高めた、文明前期における京洛歌壇の機運に影響されたものであった（井上宗雄 一九八四b）。長引く戦乱のさなか、政弘は京都歌壇にたち交じることを得、文明九年（一四七七）閏正月二十二日には杉重道の陣所に宗祇を招いて連歌を興行せしめるなど（大阪天満宮御文庫『連歌十九巻』所収何船連歌百韻）、その文化的交際はいよいよ華やかであった。政弘は、いっぽうで、文芸の力を借りた領国支配にも意を用いていたと見え、文明七年（一四七五）十一月には氏寺興隆寺における月次和歌・連歌の興行を京都から下知し（山口県文書館興隆寺文書「氷上山興隆寺法度」）、同九年九月三日には亡父教弘十三回忌にあたって追善の和歌を詠じている（『拾塵和歌集』巻第九・雑歌中）。

周防・長門・豊前・筑前四国の守護職を幕府から安堵された政弘は、文明九年（一四七七）十一月、およそ十年ぶりに帰国する。翌十年九月二十五日、大宰府で少弐政尚を破った政弘は、十二月まで博多に留まって直接筑前支配にあたった〔佐伯弘次 一九七八〕。この間、十月九日には秋月小大郎弘種から伝二条為世筆『古今和歌集』を進献され、十三日の明け方には夢想連歌の興行に及んでいる〔『正任記』〕。「夢想連歌」とは、夢中に示現した神仏の句を巻頭に据えて詠む連歌のことで、『正任記』によれば、発句「花ひらけ夕立まよふ野山かな」、脇「ゆふべの月のにほふやまのは」は夢想句、第三「色さむきたかねの雲はおさまりて」は主催者政弘の句であったらしい。連衆は、政弘側近の杉武道・尾和武親・神代貞賢・相良正任に、大内氏被官の門司能秀・同宗親、政弘母侍臣窪田氏光、北野社宝成院明充の代官で当時長門在住の竜泉院明猷律師、才阿・朝西を加えた総勢十一名であった。川添昭二は〔川添昭二 二〇〇三b〕、政弘側近の奉行人層を主体とし、臨時に来博した氏光や明猷を加えた本巻の興行について、「さながら領国筑前支配を象徴するような連歌興行である」と指摘するが、いま、正任が朝西についてわざわざ「一乱已後初参候也」と書き留めている点に注目しておきたい。朝西は、他に、文明十二年（一四八〇）九月二十八日興行の博多竜宮寺における連歌百韻〔『博多百韻』〕にのみその名の見える人物で、北九州市立図書館蔵・享保頃写『連歌集』所収当該百韻の句上には「住吉座司一族也」との注記があり〔『西日本国語国文学会翻刻双書 連歌俳諧集』〕、筑前国一宮住吉神社僧の一族と推測される。佐伯弘次が整理するとおり〔佐伯弘次 一九七八〕、『正任記』には、豊前・筑前制圧祝儀として多数の九州国人・僧侶神官が政弘のもとに参候する様子がつぶさに記録され、川添昭二は、そこに政弘への政治的結集の意味あいを読みとっている〔川添昭二 二〇〇三b〕。十月七日には住吉社新神主の満若とその父新三郎も任職の礼として太刀と銭を政弘に献上し、暁天夢想連歌の連衆のひとり窪田氏光も、同十日、政弘母の代参として山口から遣わされたところであった。政弘の筑前入国をあたかも神仏がことほぐかのごとく「花ひらけ」と詠み始められる夢想連歌に、新支配体制の重要人物が居並ぶなか、「一乱已後初参」した朝西とは、応仁・文明の乱にあっては反大内勢力に与していた人物ではなかったか。連歌の一揆的性格をここに想起するなら〔鶴崎裕雄 一九八八〕〔安田次郎 一九八二〕、右の夢想連歌は朝西の恭順の意を政弘が受け入れたことを象徴的に示す機能をもっていたと思しく、ここに、文芸や霊験の力を借りて分国支配の実質化をはかろうとする政弘の意識がうかがわれよう。

文明十一年（一四七九）四月、転法輪三条公敦が周防山口に下向する。家領の喪失危惧を名目とする内大臣公敦の在国を前将軍義政は不許可とし（『長興宿禰記』文明十一年四月十九日条、『兼顕卿記』同十三日条）、四月十九日には勅約を得て右大臣に転じたにもかかわらず（『兼顕卿記』文明十一年四月八日条、『公卿補任』文明十一年）、同二十一日、公敦は周防に向けて離京したのである（『実隆公記』文明十一年四月二十一日条）。公敦は、翌十二年三月、拝賀儀を欠くまま周防滞在を続けたため右大臣を辞し（『後法興院記』文明十二年三月十三日条）、十三年二月には落飾して祥空と号した。借家住まいを余儀なくされていた父実量も、叙爵したばかりの息実香も、公敦出家の事実を知らされていなかったという（『宣胤卿記』文明十三年五月十一日条）。京都との所縁の一切を断ち切るかのごとき公敦の行動の背景には、経済的困窮のみならず、前内大臣西園寺実遠との閑院流正嫡をめぐる対立があったらしい。公敦が、かねて入手していた洞院家累代の書『尊卑分脈』原本に、西園寺を閑院流嫡家とするのは言語道断、三条家こそ閑院流嫡家であるとの自説を書き入れ、みずからが実遠や菊亭教季より早く右大臣に昇進したことを「頗眉目《すこぶるびもく》」と誇らかに書き込んだのも、周防に向けてまさに進発しようとしていた、文明十一年四月下旬のことであった（『尊卑分脈』巻第三）。その後、永正四年（一五〇七）に客死するまでの二十八年間、公敦は、山口を拠点として政弘のために古典籍の書写・転写・校合の業にあたり（文明十三年正月『古今和歌集細字注』、同八月『僻案抄』、同十六年七月『雑談記』、長享元年八月『樵談治要』、延徳元年十二月『雨夜談抄』、同三年九月頃『ちどり』）、和歌指導に従事する（西下経一 一九三四）（米原正義 一九七六）。

竹霰　　　　政弘

〽ひとしきりあられはすぎて軒ちかき
まがきの竹にのこるさよ風
夜を寒みおき出ゝみればそともなる　て、真名字のぢうてん、好ざる事
竹の葉そよぎあられ落なり　あられ、いづれも玉をならべられ候歟

千鳥

〽はらひあへずさこそなみだの氷るらん
こゑさへさむくちどりなく也
さよ千どりなく一こゑのなみだには
あまりしほるゝ袖のうへかな　いづれも物さびてきこえ候

短夢

〽夢だにもそのひとことのするゑかけて
見るぞまれなる世をぞなぐさむ

いく瀬ともしらぬうき世におもひ川
わたるほどなき夢のうきはし
奥も捨がたく存候へども、端は猶題の心殊勝に候程にまづ
合点申候、夢の浮橋、後用にたてらるべく候

右は、近藤清石編『大内氏実録土代』巻十「御加筆転法輪公敦公」の原本で、山口県立山口博物館蔵『多々良のまさご』所収和歌懐紙の全文である。和歌本文は政弘筆、細字書き入れは公敦筆と推定される。政弘は、「竹霰」「千鳥」「短夢」各歌題二首を詠じて公敦に提出、公敦はこれに加点加評して政弘に返却したのである。公敦評は政弘詠に対しておしなべて好意的ながら、「夜を寒み」歌第二句では「おき出ゝみれば」の畳字表記の不適切性を指摘し、「夢だにも」歌では「題の心殊勝」と褒めて歌題の心に沿うことを推奨、不採用となった「いく瀬とも」歌の「夢のうきはし」については別案での再使用を促すなど、すこぶる実践的であった。右六首のうち、「ひとしきり」「夜を寒み」「はらひあへず」三首は『拾塵和歌集』巻第四・冬歌部に収められているが、「夜を寒み」歌第二句は同集において「ねざめてきけば」に改められている。政弘の和歌は、かかる公敦の具体的指導を得て、文明後期、山口の地で錬磨されたと思われる。

文明十二年六月初旬、連歌師宗祇が、弟子の宗歓（宗長）と宗作を伴って山口に下ってきた。築山館で催された初会の連歌座で、庭園の致景を詠めと所望する政弘に、宗祇は「池はうみこずゑは夏のみ山かな」の発句で応え（吉川史料館初編本『老葉』）、山海をわが庭とする政弘の王者ぶりを讃えている（金子金治郎 一九九九a）。一行の旅宿は今八幡宮社坊神光寺に置かれたが、宗雅を加えて八幡法楽の連歌百韻を興行したのも（大阪天満宮御文庫『連歌十九巻』所収何路百韻）、政弘発句「見るまゝにさながら月の心かな」をいただいた独吟百韻を賦したのも（東京大学国文学研究室『連歌名句』所収百韻）、同年八月のことであった。宗雅は、号洗竹庵、宗祇から連歌論書『老のすさみ』を伝授されている（尊経閣文庫『老の愛』奥書）。

宗祇の西国下向は、そもそも、政弘との「かぐはしき契」（『筑紫道記』）によって実現したものであり、すでに関東・陸奥の歌枕を探訪した経験のある宗祇にとって、「松浦・箱崎のあらまし」（同前）を実見することが今般最大の関心事であった。宗祇は、正任の濃

やかな手配のもと、公敦からは餞別の衣服を、陶弘護・内藤護道からは案内警護役の侍を添えられて、九月六日早暁、北部九州各地の歌枕を巡見すべく、山口神光寺を出発した。そして、舟木吉祥院、豊浦・住吉両社、阿弥陀寺等の長門国内主要寺社に詣でたあと、筑前国若松浦に渡り、十八日、大宰府聖廟を拝して連歌師としての宿願を果たした。そののち、観世音寺・博多津・志賀島・住吉社・筥崎宮・香椎宮・宗像社等にも参詣、隼人の迫門から豊浦宮に戻り、大嶺経由で、十月十二日、山口に帰着する。宗祇が「山口の宿り」において書き留めた三十六日間に及ぶこの旅の記『筑紫道記』は、事実を記録したルポルタージュではなく、天神霊夢をはじめとする虚構を内包し、当該地域の平和実現に対する祝言で首尾を呼応させ、「おろかなる心」と「数ならぬ身」を挺した正道希求という主題に貫かれた、中世紀行文学の傑作である〔金子金治郎 一九八三〕。いっぽう、『筑紫道記』には、筑前支配の統轄者たる守護代陶弘詮・御笠郡代深野筑前守・博多津下代官山鹿壱岐守や、大内氏被官で門司関を本拠とする門司能秀・筑前嘉麻郡長尾の杉弘相・長門美祢郡大嶺の杉重道、筑前国人の千手治部少輔や麻生家延等、実在の人物が多数登場する。彼等は宗祇をあたたかくもてなしたうえ、ともに和歌・連歌に興じたように描かれているが、大内氏と敵対した過去のある筑前国人の場合にあっては特に、宗祇との雅交は、政弘の権力に完全に帰属したことを意味していた。宗祇が和歌・連歌に託した理世撫民の思想は、政弘の分国支配を言葉によって補強する機能を有していたのである〔川添昭二 二〇〇三b〕。山口帰着後の宗祇は、「大内京兆の亭の月次」をはじめとする連歌座に出座する〔初編本『老葉』〕。初編本『老葉』所収句の詞書と発句の季に徴せば、文明十二年後半、政弘家の月次連歌は、月にほぼ一度のペースで持たれていたと推定される〔尾崎千佳 二〇〇八〕。宗祇は、あけて十三年二月二十四日、政弘被官財部俊賀興行の何船連歌百韻に一座したのち〔早稲田大学図書館『賦何船連歌』〕、少なくとも三月頃までは山口に滞在したらしい。初編本『老葉』の「周防の山口にて、人々花見侍りし時」「周防山口にして、滝のもとの花を」との詞書は、文明十三年（一四八一）の花見の季節まで、宗祇が周防山口にあった事実を告げている〔伊地知鐵男 一九四三〕。

同年九月十八日、飛鳥井雅康は、政弘の所望に応えて『源氏物語』「関屋」巻を書写した。古代学協会蔵大島本『源氏物語』「関屋」巻奥書に「文明十三年九月十八日、依大内左京兆所望染紫毫者也　権中納言雅康」とある。この奥書によって、大島本『源氏物語』は、五十四帖全巻が大内政弘旧蔵本と長らく信じられてきたが、近年、該本は本文・奥書とも雅康の筆蹟にあらざること、雅康奥書は親本の奥書を転写した本奥書であること、従って大島本全体の書写を、文明年間、政弘の所為と見る従来の所説は誤りであることが指摘された（佐々木孝浩二〇一六ａｂ）。雅康は、『新続古今和歌集』の単独撰者に挙げられた飛鳥井雅世の男で、兄雅親とともに家職の歌鞠両道を学び、文明二年（一四七〇）前後、長らく実子に恵まれなかった雅親の養子として飛鳥井家の嫡を継いだ。東京大学史料編纂所蔵文明二年七月六日付の雅親書状案によれば、雅親はこの日、近江柏木郷・尾張（竹鼻和郷、小熊本郷）・摂津今南・北国（越前田中郷、下河去村）の家領を雅康に譲る意向のあることを示し、武家伝奏広橋綱光に調整を依頼している。うち、摂津今南荘は、康正二年（一四五六）には飛鳥井家領であったことが確認されるものの（「康正二年造内裏段銭并国役引付」）、雅親書状案には「去年まで大内押領候、去年如形入手候」とあり、いつしか大内政弘の押領するところとなって、文明元年、飛鳥井家領に復したらしい（今泉淑夫一九七九）。同地を雅康の知行とすることを提案する雅親に対し、雅康は少なくともいったんはこれを拒否するも（東京大学史料編纂所文明二年八月二十九日付飛鳥井雅親書状案）、同三年九月、摂州下向を敢行している（『親長卿記』文明三年閏八月十六日・十一月廿三日条）。雅康と政弘の関係の背後に、飛鳥井家領をめぐる複雑な事情の潜んでいたことも想像される。

飛鳥井家当主となった雅康は、応仁元年（一四六七）以降もっぱら柏木に在荘し、文明五年十二月には出家して栄雅と号した雅親に代わって、禁裏・室町殿の師範を兼務して文明前期の歌鞠界に目覚ましい活躍を見せるとともに、同年末に薨去した後花園院の仏事に参仕する（『親長卿記』文明三年正月九日、十五日条）など、廷臣としてのつとめもよく果たしていたが、同七年頃より、困窮のため、しばしば在国するようになる（七年二月十八日尾張、九年四月十九日不明地、十年八月十六日・十一年四月二十五日越前）。十三年八月二十七日、長らく在国していた正親町公兼の上洛を受けて、すみやかに中納言を辞すことを命じられた雅康は（『親長卿記』文明十三年八月廿七日条）、未拝賀を盾にとって容易に肯んじず（同九月七日条）、周囲にその意をまったく洩らさぬまま、翌十四年二月四日、近江松本において出家してしまった。雅康は「遁世隠居」は「多年望」として後土御門天皇・将軍足利義尚の慰留も容れず、結局、雅親の実子で雅康の養子となっていた雅俊が家領と歌鞠を相続するに至っている（『長興宿禰記』文明十四年二月七日条）。だが、当時二十一歳の雅俊には、禁裏と幕府のふたつの歌壇を担うほどの実力は、まだまったくついていなかったらしい。毎月十八日の宮中月次歌会について、当面は勅題で凌ぐことを提案する雅親に対し（『親長卿記』文明十四年二月廿八日条）、甘露寺親長は、詠草を事前に添削指導する歌道師範の不在をかこち、柏木の雅親にいちいち相談できないことを理由として、禁裏月次歌会の停止を望む後土御門天皇の内意を伝えている（早稲田大学図書館「飛鳥井雅親自筆来書留竝書状案」）。ことは幕府歌壇でも同様であった。義尚月次歌会の運営をめぐり、雅康の助力を得つつ雅俊が主任すべしとする義政の意向に対し、雅親は、雅俊には幕府月次に詠進することさえまだ叶わない、出題や読師はたとえ一夜の逗留であってもみずからが上京してつとめると抗弁する（同前）。雅康の突然の出奔が中央歌会にもたらした混乱の収拾に雅親は必死であったが、それは、雅親が雅康以上の責任感をもって飛鳥井家の家職を守るべく、禁裏や将軍家との結びつきを重視していたことのあらわれであろう。いっぽう、応仁・文明の乱後に顕在化する公家の地方下向のなかでも、雅康のそれは特に頻繁であったことが指摘されている〔今泉淑夫一九七九〕。表向きは柏木に退きつつも常に中央を志向していた雅親に比して、雅康は、地方武将との紐帯により多くを期待するところがあったのではなかろうか。かく考えてくれば、中納言辞去をめぐって禁裏と緊張関係にあり、やがては廷臣としての義務を放棄するに至る雅康が、「関屋」巻奥に「権中納言雅康」と署名したことはいかにも意味深長ではある。ここに進退窮まった雅康の、政弘を恃む思惑をすかし見ることもできよう。

ところで、雅康が人生の重大局面を迎えていた文明十三年という年は、弱冠十七歳の将軍義尚が、歌書書写の業と歌会経営を本格化させ、公武の一体化した幕府歌壇をみずから牽引し始めた年でもあった〔井上宗雄一九八四c〕。義尚歌壇の最大の事業は、十五年二月一日、姉小路基綱・大館尚氏・二階堂政行・杉原宗伊・河内頼行を室町殿に招集して開始した「和歌打聞」の編纂である（『親長卿記』文明十五年八月六日条）。「和歌打聞」とは、寛正六年（一四六五）二月、後花園院から雅親に和歌撰進の院宣が示されるも、応仁元年（一四六七）六月、雅親宿所内の和歌所焼失によって潰えた二十二代勅撰集に代わり、かつ、これを凌駕する企てであった。義尚は、将軍執奏により歌道家の人々に実務を委託するという従来の勅撰集の編纂手続きをとらず、撰者として直接撰歌にあたり〔井上宗雄 一九八四c〕、撰歌資料として夥しい数の歌書を蒐集した〔小川剛生二〇一七〕。

都から遠く離れた政弘も、打聞始発期の文明十五年二月頃、年来の詠草をとりまとめて義尚に提出している。

文明十五年の春、常徳院贈相国いまだ大納言にてわたらせ給ひし時、打聞撰ばせ給とて歌めし侍しかば、たてまつるつゝみ紙に

和歌の浦によらむ便もしらぬひのつくしの海のもくづをぞかく

御返し

今ぞしるとをきつくしの海までもわかの浦風吹たえぬとは　（『拾塵和歌集』巻第九・雑歌中）

「和歌の浦」は歌道、「もくづ（藻屑）」は詠草を表象する歌語である。領国ゆかりの歌枕「しらぬひのつくし（不知火の筑紫）」を詠みこみつつ、「和歌の道に近づく方法さえ知らないようなわたくしですが、筑紫の海の藻屑をかき集めるかのごとく、せいいっぱいの詠草をかき集めました」と畏まる政弘詠には、撰集入集への切なる願望がこもっている。現存歌人の詠草収集は七月にはいったん治定、故人歌の撰定に移るにいたって実力者の加勢を要し、七月には中山宣親・勧修寺政顕・三条西実隆・中院通秀・一色政凞・岩山尚宗（『実隆公記』）、八月には甘露寺親長・冷泉為広が撰出衆として召し加えられた（『親長卿記』）。入道し二楽軒宋世と号した雅康は、出家事件から約三ヶ月後の文明十四年五月頃には京洛の歌鞠界に復帰したらしいが（『親長卿記』文明十四年五月十六日条徳大寺実淳第鞠会出座他）、「和歌打聞」に関与した形跡はほとんど認められない。いっぽう、灰燼に帰した先の撰集の撰者雅親は、今次の打聞ではいわば総監督の役回りを求められていたらしい。義尚は、為広の打聞衆加入の是非について雅親に内々に打診し（『実隆公記』「室町第和歌打聞記」文明十五年八月六日条）、打聞編纂資料とすべく、雅親の意見に従って、義政所持の家集六十四帖入双紙櫃一合を東山殿から借り受けている（同九月六日条）。また、撰歌実務の中心にあった実隆は、「和歌打聞」の業を終えて室町殿を辞去したあと、雅親旅亭を訪れて談合に及ぶこともあった（『実隆公記』文明十五年七月十八日条、八月廿六日条）。雅親は、女婿のひとり日前宮《ひのくまぐう》神主紀伊俊

連に紀伊国造家代々詠草の提出を促し、それを打聞衆に伝達することを約すなど（日前宮文書文明十五年八月十一日付紀俊連宛雅親書状）、撰歌の現場からは一線を画しつつも、入集に実効を発揮する存在であった。古人歌の撰定には相当な労力を要したらしく、八月四日には義尚から打聞衆に対して作業の簡略化が督促されているが（『実隆公記』「室町第和歌打聞記」文明十五年八月四日条）、その背景には、この機に「家」として打聞入集を目論む人々と打聞撰者間のかけひきがあったものらしい。雅親はまさしくその間に位置していたのである。

次に掲げる『実隆公記』文明十八年三月四日紙背文書は、政弘の歌道が公武から注目されていた事例としてつとに知られる（米原正義一九七六）、記主不明の文書である。

今度被撰候歌事

一、当今様・東山殿様・御所様、惣而公武法中の人々御歌数共、何と〳〵入候哉、

一、奏覧可為何比候哉、

一、和歌所寄人誰々御座候哉、

一、和漢の序などあるべく候哉、

一、大内代々義弘・盛見・持世・教弘・政弘等歌うちぎゝに何□〔首カ〕歌入候哉、すわうに御座候てんぽうりん殿の御詠何首入候哉、

季・恋・雑いづれまで入候哉、

政弘稽古之趣いかゞ候哉、

打聞衆の一員である実隆に対し、冒頭、後土御門天皇・義政・義尚をはじめとして、公・武・僧の入集歌数の割合を問い、次いで、奏覧時期の目安を問う。さらに第三項では和漢序の有無について訊ねている。右文書の成立時期は、撰歌があらかた終了し、作業が部類に移りつつあった文明十六年九月前後であろう。問題の第五項では、大内氏歴代と三条公敦の入集歌数が取り沙汰される。「季・恋・雑いづれまで入候哉」とは、大内氏歴代が、四季・恋・雑の各部立にどれだけ入集しているかという問いである。四季部への入集の多寡こそ義尚歌壇における位置を如実に反映する指標であった。『十輪院内府記』文明十六年九月八日条によれば、この日、撰歌の大略が終了したので、次なる課題は誰をどの部立にどれだけ入れるかだと語る親長に、通秀は賛意を催している。さらに、同記九月二十四日条には、春夏部中に「多々良政弘朝臣歌」を撰入した旨の記述も見える。基綱と行二が作者部類をめぐって口論に及び（『十輪院内府記』文明

十六年十月十日条)、北野社松梅院の禅椿が室町殿への紹介状を求めて通秀の許を訪れる(同十一月十三日条)など、四季部編成の最終盤、撰衆は入集希望者たちによるねじこみの対応に追われていた。政弘とその父祖の入集数や入集位置の状況を訊ねる右引用の質問状は、実隆の周辺にあって政弘の意を忖度する者の成すところに違いない。

「撰藻鈔」と仮題された「和歌打聞」は(『実隆公記』文明十六年九月十八日条)、文明十六年末には四季部のうち秋部の大概まで編成が完了していたと見られるが(同十月十六日条「秋上今日終功」、同廿六日条「月部終功」)、以後、恋部・雑部の編成に進むに及んで難航したらしい。そのようなか、同十八年(一四八六)六月五日、教弘に従三位が贈位される(『後法興院記』文明十八年六月九日条)。政弘がかねて競望し、親交のあった前関白一条兼良に斡旋を依頼していた宿願が(『晴富宿禰記』文明十年七月二日条)、八年越しで実現したのである。屋代荘押領を恐れていた兼良は、政弘の意を体すべく、たびたび後土御門天皇に働きかけるも、天皇は義政への配慮からなかなかこれを認めなかった(末柄豊二〇一八)。義政の執奏によりようやく実現した教弘への従三位贈位は、大内氏の社会的地位の隔絶した高さを内外に知らしめる出来事であり、政弘の領国経営にとってきわめて有効であった(山田貴司二〇一五a)。政弘の感慨は次の二首に集約される。

文明十八年八月、亡父に贈三位の　宣旨、同位記など送給しを、築山の廟にてよみ奉るとて

花の咲おりもある世を朽はつる身ぞと思ひし椎柴の陰

おなじ時よみ侍ける

くもりなく位の山の月影を今夜や苔の下に見る覧

(『拾塵和歌集』巻第九・雑歌中)

「花の咲」歌は、父教弘を時勢に恵まれなかった不遇の人として悼み、「くもりなく」歌は、今次の昇進によってその鬱積を晴らした泉下の教弘の思いを代弁する。同年八月には氏寺興隆寺の勅願寺申請が認められ(『お湯殿の上の日記』文明十八年八月十六日条)、翌年にはさらに教弘に築山大明神の宣旨が下された(山田貴司二〇一五b)。

同じき(文明十九年)四月三日、亡父に　大明神号の宣旨をくだされ侍ければ、築山の廟に奉納し侍とて

勅なれば光ことなるつき山のあきらけき神ぞいともかしこき

築山の山水の関屋の柱に書付侍けり

神こそは新関守よむかしよりためしなき名をこゝに
とゞめて　（『拾塵和歌集』巻第十・雑歌下）

教弘の神格化は、それが「勅なれば」こそ威光を発揮するという。将軍義政の勘気に触れ、家督停止の憂き目に遭った過去を持つ父教弘の顕彰は（和田秀作二〇〇三）、対幕府関係の親密化をはかる乱後の政弘にとってきわめて現実的な課題であったが（川添昭二二〇一三）、その課題解決のために朝廷権威は不可欠であった。そして、和歌は、朝廷権威を象徴する文芸であった。長享三年（一四八九）二月、姉小路基綱が政弘のために新写した『新続古今和歌集』に、栄雅こと飛鳥井雅親は、次のような奥書を寄せている（宮内庁書陵部飛鳥井雅章本『廿一代集』のうち）。

此本者、亡父贈大納言卿、奏覧本清書之時、為中書、先仰尭孝法印于時和歌所開闔、一本令書写訖、其本于今存在矣、仍以件本今度姉小路宰相基綱卿終臨写之功、尤可為証本者也、抑新後拾遺・新続古今両集、多々良之先君二代、為現存之作者而数首被題其名字炳焉也、然募譜代之号、父祖猶継踵、可被応其撰之処、贈三品已来撰集中絶矣、爰余適奉　綸命、欲令再興之日、兵塵起於九重、魔風動于四遠、因茲、風雅之沙汰中道而廃、頗可謂遺恨者乎、足下幸富歌林之良材、盍歩累葉之芳躅哉、于時長享三年春二月、応左京兆之命聊記耳　桑門栄雅

雅親は、『新続古今和歌集』撰者を務めた父雅世が、かつて和歌所開闔尭孝に書写させた中書本を基綱に清書させたという。『新続古今和歌集』には、既述のとおり、盛見歌一首、持世歌三首が入集を果たしていた。右の奥書において、雅親は、義弘・持世と二代続けて『新後拾遺』『新続古今』に現存作者として入集した大内氏の名誉をことあげしつつ、歌道譜代の念を募らせながらも、応仁・文明の乱による二十二代集挫折によって勅撰歌人となり得なかった教弘の遺恨を思いやっている。「和歌打聞」に「大内代々」で入集することは、教弘の名誉を雪ぐためにぜひとも必要なことであった。

姉小路宰相基綱卿新続古今集をうつしてをくられ侍けるおくに、飛鳥井入道大納言栄雅の筆にて、曾祖父義弘よりこのかた、代々勅撰に名をかけ侍しことのありしを見てよみ侍ける

今見れば袖こそぬるれ代々をへて名をのみかけしわかの浦浪　（『拾塵和歌集』巻第九・雑歌中）

教弘が勅撰歌人の列に入ることで、政弘の歌道は、「代々勅撰に名をかけ」た大内氏の当主のそれとして、

ひときわ輝き、いっそうの説得力を持つことになろう。『新続古今和歌集』雅親奥書は政弘の意図をよく汲み、和歌宗匠の立場からこれを巧みに代弁したもので、当時の雅親に、政弘に接近する何らかの事情のあったことを推測させる。雅親が後小松院宸筆の住吉・玉津島宝号を政弘に贈ったのも(『拾塵和歌集』巻第十・雑歌下「ことの葉の」歌詞書)、あるいはこの頃であったろうか。長享三年三月には、雅親は、蹴鞠伝書「蹴鞠条々」二十五箇条を政弘に伝授している(大津平野神社難波家旧蔵本他)。

長享三年(一四八九)三月二十六日、六角討伐のため近江に出陣していた義尚が、二十五歳の若さで急逝する。それからわずか三日後に離京した宗祇は(『実隆公記』長享三年三月二十九日条)、約一ヶ月半後の五月八日に山口下着、その後、五月十七日から七月二十七日までの二ヶ月余の間に、大内館や大内氏被官の居宅において総計十八回もの連歌座に出座するかたわら(国会図書館『連歌合集』第三集「宗祇山口下着抜句」)、『伊勢物語』を講じるなど(鉄心斎文庫他『伊勢物語山口記』)、八面六臂の大活躍を演じている。大内館とその周辺において、長享三年夏、四日に一度の高頻度で連歌会が催されていたことについては、宗祇下向による突発的現象と見る向きもあるものの(金子金治郎一九九九b)、いま、「宗祇山口下着抜句」に「殿中月次」の語が頻出する点に注意を払っておきたい。大内館では、当時、八日・十三日・二十五日と、月三度の連歌を月次で張行していた。宗祇初度下向時の文明十二年、大内家月次は月一度のペースであったと推定されること、および、禁中月次連歌会が、文明十年から明応九年までの二十二年間にわたって二十五日を式日として動かなかったことをここに思いあわせれば(廣木一人二〇〇四)、長享三年時における大内家月次連歌の特異性が際立つだろう(尾崎千佳二〇〇八・二〇一〇)。杉武明・弘相、服部弘勝、江口忠郷、内藤弘矩の居宅でも宗祇招聘の連歌会が張行され、弘相家にあっては二十八日を式日とする月次連歌も成立していたらしい。

いっぽう、京都では、宗祇の帰洛を待ちわびる人々があった。宗祇は、延徳元年(一四八九)九月十七日、帰京後ただちに実隆第を訪れるも実隆不在、翌十八日午後再訪して、公敦からの丁寧な書状と緞子一反、および、教弘贈位にかかる政弘の礼状を実隆にもたらした。政弘からの礼物の太刀と用脚は後日便船で送られる手筈という(『実隆公記』延徳元年九月十七日、十八日条)。宗祇は、翌十九日と二十日にも実隆と「和歌打聞」にかかる相談を重ね、二十一日には二階堂行二も交えて「打聞再興之事」について談じたあと、雅親の許を訪れて事情説明に及んでいる（同前九月十九日、廿日、廿一日、廿二日条）。二十四日、雅親が実隆を訪うて「打聞事」につき相談したのを最後に情報は絶え（同前九月廿四日条）、足かけ七年にわたって努力が続けられてきた義尚の「和歌打聞」は、ここについに未完に終わった。宗祇が山口から戻るや否や、撰衆実隆の周辺で「打聞再興」をめぐる密談が重ねられたという事実は、従来、「和歌撰集への意図の存した」政弘に義尚の「遺志の実現を託そうとした」動きとして解釈されたり（金子金治郎一九六九）、「雅親を撰者として再興の内談などが人々の間に持ち上った」一件と見なされたりしてきたが（井上宗雄一九八四c）、かかる解釈では宗祇の奔走にもかかわらず「打聞再興」が結局実現されなかった理由を説明し得ない。『実隆公記』延徳元年九月二十二日条には「宗祇法師来、昨夕向大納言入道許、打聞間事尤可然之由、且領状之由語之」とある。ここに「大納言入道」こと飛鳥井雅親が「和歌打聞」の「撰者」に推された旨の記述はないし、「領状」の語には、単なる承知以上の、命令に伏して従う含意があるから、宗祇がもたらした「打聞間事」とは、雅親にとっては、やむを得ず承諾に及ぶような事柄であったと思われる。

翻って、宗祇山口滞在中の連歌には、六年後に完成する連歌撰集『新撰菟玖波集』入集句が総計五句含まれている（五月廿三日殿中御会における公敦発句、同廿八日杉弘相宅月次会における公敦付句、六月および七月廿五日殿中月次・七月廿日江口忠郷宅会における政弘付句各一句）。また、『大内氏掟書』「殿中毎月御歌・同御連歌御懐紙事」（『大内氏実録土代』巻十五）において、大内館で毎月張行される和歌および連歌の懐紙を、奉行・当役が取り置き、集積して、殿中文庫に保管すべきことが定められたのも、宗祇山口滞在中の長享三年七月十日のことであった（尾崎千佳二〇一〇）。連歌を盛んに張行し、それを月次化して継続性を担保し、満尾後の連歌懐紙を組織的に集積するという一連の営みは、いずれ来たるべき連歌撰集の沙汰を先取りした動きではなかったろうか。かかる状況証拠によって、宗祇二度目の山口下向に、「和歌打聞」から連歌撰集への方針転換の契機をうかがうのは許される推測であろう（尾崎千佳二〇〇八）。政弘は、追って、永徳三年（一三八三）に二条良基が義弘に与えた連歌伝書『十問最秘抄』の公敦新写本を宗祇に送り（岩瀬文庫）、これに加証奥書を求めるとともに、実隆には外題染筆を依頼している（『実隆公記』延徳元年十一月十六日条）。実隆を通して叡覧に備えられた該書は、「歌道之至要」を伝える「世間未流布之抄」として禁裏の秘蔵するところとなった（同前十一月十七日条）。西国で発掘された良基秘伝書が都に逆輸入されるという事件は、都人たちに、政弘を重代の連歌の家の末裔としてつよく印象づけたに違いない。約四ヶ月後の延徳二年（一四九〇）三月には、宗祇を介して、政弘から実隆に礼金二千疋が付け届けられている（同前延徳二年三月十五日、十七日、十八日条）。

同年夏、曼殊院大僧正竹内良鎮が安楽寺に下向した（『拾塵和歌集』巻第九・雑歌中「思ひをきて」歌詞書）。六月十九日には父兼良から譲られた『源氏物語』五十四帖を政弘に書き与え（大島本『源氏物語』「夢浮橋」巻奥）、八月下旬と閏八月八日には『古今和歌集』『源氏物語』の兼良注釈書（京都大学附属図書館中院文庫『古今秘抄』、天理図書館『源語秘訣』）を、政弘側近の僧英因（英固とも）に贈っている。同じ頃、前年末に北野会所奉行に就任したばかりの連歌師兼載も山口に下ってきた。五月一日に北野社を発し（『北野社家日記』延徳二年五月朔日条）、六月下旬頃山口に到着した兼載は、杉弘相宅や大内館に迎えられて連歌座をともにしたあと、七月中旬頃山口出立、忌宮社・亀山八幡・赤間関・安楽寺・箱崎・蘆屋・博多と、宗祇『筑紫道記』とほぼ同じルートをたどり、冬、山口に帰還する。江口忠郷・内藤弘矩や義興家月次に参加し、大内館では千句連歌を取り捌きつつ（山口県文書館多賀社文庫『大内家古実類書』巻第三十一「兼載句艸」）、延徳三年五月十三日まで山口に滞在した（『実隆公記』延徳三年六月十七日条）。この間、心敬秘説の連歌学書を政弘に与え（『連歌合集』第二集「連歌延徳抄」）、平井相助編『ちどり』を披見のうえ、政弘の命に応じて『源氏物語』青表紙本と河内本の差別を箇条書にして呈上している（書陵部『ちどり』奥「源氏物語青表紙定家流河内本分別条々」）。六月十七日、帰京した兼載はただちに実隆第を訪れ、公敦と政弘の書状を実隆に届けている（『実隆公記』延徳三年六月十七日条）。

政弘は、かくのごとく、数多の歌枕と古社古寺を擁する地の利を活かして歌人・連歌師を領国に迎え、彼等に古典や和歌連歌の秘事・秘説の提供を求めるいっぽう、都の公家を動員した歌集の入手にも熱心であった。先述の長享三年二月基綱写『新続古今和歌集』に続き、延徳三年七月には雅康が『拾遺和歌集』を、十月には実隆が『新古今和歌集』（『実隆公記』延徳二年九月廿一日条、同三年九月一日条、同十月十五日条）、勧修寺政顕が『続拾遺和歌集』（同前延徳三年十月十九日、廿日条）、近衛政家が『金葉和歌集』を（『後法興院記』延徳四年五月八日条）、四年三月には滋野井教国が『新勅撰和歌集』を（『実隆公記』延徳四年三月四日条）、政弘の所望に応じて書写している。書陵部十一冊本八代集『拾遺和歌集』巻末に転写された雅康奥書には、次のようにある。

右一帖者、大内左京兆為　勅撰代々集新調所望之間、不顧老眼之上秋虵之形、染紫毫訖、雖遂数度校合、猶可有誤等者歟、

延徳三年七月日　　桑門宋世在判

宋世こと雅康は、政弘の「勅撰代々集新調所望」に応えるべく該本を書写し、さらに「数度校合」を遂げたという。校合を重ねて本文の証本性が追究されているのは他本の場合も同様で、延徳年間の政弘は、二十一代集を善本で揃えることを熱望していたのである。政弘がそれまでに詠み溜めてきた和歌詠草を、英因法眼・竜崎道輔等に命じて精選、部類させ、さらに自身の手で修して家集素稿をほぼ完成させたのも、「延徳三、四年の事」であった（『拾塵和歌集』公敦跋）。従来、政弘の家集編纂は、勅撰への志向に基づく自詠整理と見なされ、「和歌打聞」との関連が指摘されてきたが〔金子金治郎 一九六九〕〔米原正義 一九七六〕、政弘は、打聞不再興が確定し、二十一代集編纂の途がほぼ潰えたことを知っていたからこそ、勅撰集の類従と家集編纂を企図したのではなかったか。雅康の側にも特殊な事情があった。禁裏歌壇・幕府歌壇に影響力を保持し続けた雅親が延徳二年末に没したあと、雅俊が将軍家鞠師範を継承するなか（『実隆公記』延徳三年四月廿一日条）、延徳三年の雅康は、二年前から拠点としていた上原賢家旧屋においてみずから鞠会を張行し（『親長卿記』延徳三年二月十四日条）、義尚三回忌追善歌会に列するなど（同三月廿六日条）、中央歌鞠会にその存在感を発揮していたが、雅俊が将軍家鞠師範に就任する前日の四月二十日、公武の人々と賀茂神人約二十名を自邸に招請し、朝昼晩の三度鞠を張行する三時鞠を盛大に催している（同前四月廿日条）。衣裳美々しく、数多の見物人を集めた前代未聞の壮観であったという（『実隆公記』同日条）。ところが、後日、鞠衆の装束にかかる将軍義材の不審を発端に、雅康と雅俊の間の庶嫡をめぐる不和が表面化する事態が出来した（『親長卿記』五月四日条、『実隆公記』同六日条）。政弘の要請に応えて『拾遺和歌集』を書写校合した時期の雅康は、飛鳥井家の内部事情によって、

都での存在意義に翳りを生じていたのである。雅親の政弘への接近が、幕府歌壇の一員として大内氏を遇する足利家歌鞠師範の立場に立つものであったのに対し、雅康の政弘への接近は、歌鞠両道における嫡流意識を幕府外権力の支持を得て担保しようとするものであったと考えられる。

「和歌打聞」挫折から六年後の明応四年（一四九五）正月六日、種玉庵において『新撰菟玖波集』成就祈念の連歌百韻が張行され（『実隆公記』明応四年正月六日条他）、以降、実隆・宗祇・兼載による連歌撰集編成作業が本格化する。その中心にあった宗祇が撰集を思い立ったのは、明応三年春、政弘の「御意見」によってであるという（明応四年八月二十五日付相良正任宛相良為続書簡）。ところが、「句数有偏頗」との世評や（『実隆公記』同年六月廿四日条）、奏覧本の清書にあたった基綱第の火災（同七月四日条）、撰者間の確執等により時日を経るうち（金子金治郎一九六九）、七月、政弘が発病する（『大内氏実録土代』巻二十「奉悼法泉寺殿辞（あしたの雲）」）。兼載は自筆本を携えて山口に急行したが（天理図書館綿屋文庫大永本『新撰菟玖波集』本奥書）、九月二十六日の奏覧を待たずして、十八日、政弘は五十年の生涯を閉じた。その終焉・葬送の記を著した兼載は、「新撰菟玖波集は、彼すゝめ申されし故とぞ」と明記して『新撰菟玖波集』発起を政弘畢生の業として讃えている（「奉悼法泉寺殿辞」）（尾崎千佳二〇〇七）。同集に、大内氏は、政弘の七十五句を筆頭として、教弘が七句、持世が六句入集する。政弘の句数は、連歌七賢の心敬一二四句・宗砌一二二句・専順一一一句、および、後土御門天皇一〇八句に次ぐ集中第五位を占め、地下中抜群であるが、政弘にとっては自身の句はもとより、亡父教弘の入集こそ重要であったろう。政弘が生前に志した家集『拾塵和歌集』は、その逝去からおよそ二年を経て、公敦の手によって完成した。左は、本章冒頭からしばしば言及してきた公敦跋の全文である。

今此拾塵和歌集は、左京兆政弘朝臣の詠藁也。いぬる延徳三、四年の事にや、彼朝臣よみをきし歌二万余首ありしを、英因法眼・源道輔・藤原興俊等に命じてえらばしむる事の侍し。興俊はいさゝかさはる事ありて、のこる二人、つとにおき夜半にいねずして、二とせばかりになむ、千五百首の歌をえらび出し、十巻に部類せしを、身づからさだめ手づから見かきて、千歌もゝちに取捨せしめ、後には先達どもにみせて撰定めんとの心ざしにて侍けるとかや。然を、明応四のとし長月中の八日、にはかに夢のやうなる事にて、其あらましもやみぬるにこそ。存日ならましかば、愚老などにもみせしめ侍らむ歟。其時は称美の詞をも尽し侍なん物をと、今更此集に向て感涙おさへがたく侍り。誠に義弘朝臣よりこのかた五代、勅撰に名をあらはせる跡といひながら、句々に金玉をつらぬる事はありがたきためしにあらずや。

明応六年十月五日

数々にみがくこと葉の玉藻かなもくづまじらぬ和歌の浦浪

槐下桑門（花押）

「数々に」歌は、和歌打聞の撰歌が始まったばかりの文明十五年二月、政弘が義尚に提出した詠草に添えた「和歌の浦によらむ便もしらぬひのつくしの海のもくづをぞかく」をふまえつつ、政弘の和歌を「もくづ（藻屑）」ならぬ「玉藻」と称美する。それが「義弘朝臣よりこのかた五代、勅撰に名をあらはせる跡」であると断ずる公敦の論理は、教弘の『新撰菟玖波集』入集によって初めて成り立つものであり、ここに和歌と連歌の別は全く顧みられていない。いかにも、政弘にあっては和歌と連歌の別はさしたる問題ではなく、「代々勅撰に名をかけ」ることこそ、その宿願であった。政弘の和歌と連歌は、父祖とみずからを勅撰の系譜上に繋ぎとめることを究極の目的とし、そこには、乱後の領国経営上の利を得るという合理性を越えた切実性が感じられる。政弘は、長期の京都滞在で培った文化的素養と人脈を活かして宿願を成就したが、それを支えた連歌師と公家の行動に、名利の要素が多分に含まれていたことも逸してはならない。政弘の文事は、彼の勅撰集に対する強烈な志向性を基軸として、中央歌壇の構成員との現実的な交渉のもとに展開したのである。

四　義興・義隆期における継承と浸透

明応四年九月二十二日暁天に執行された政弘の葬儀において、位牌を奉じて練り歩く十九歳の義興の端正で堂々とした姿に、参列した数千人の人々は感涙を催したという。後日、公敦は、南無阿弥陀仏を冠字に賦した和歌五首を義興に贈り、大乱平定に尽くした政弘の遺徳を称えつつ、その文武両道主義の継承に期待を寄せている（「奉悼法泉寺殿辞」）。義興の文事は、政弘の文化的遺産を引き継ぎ、政弘の時代につくりあげられた大内氏＝文武の家の人としてのイメージをよく活用して展開した。

義興代最初の文芸事象として注目されるのは、准勅撰『新撰菟玖波集』編纂に対する恩賜の品が禁裏から実隆と宗祇に下された直後の明応四年十二月十五日、宗祇によって勧発され（『実隆公記』）、翌五年三月二十三日に長門国一宮住吉神社に奉納された百首和歌である（住吉神社史料「杉武明・相良正任連署書状」）。下関市住吉神社に現存する当該和歌百首は、同一体裁の打曇金銀下絵短冊に、後土御門天皇をはじめとする『新撰菟玖波集』入集の天皇・親王・公家および連歌師三十名が、和歌本文をおのおの自筆でしたためた尤品である。短冊に添えられた実隆の序によれば、撰集の完成を心中ひそかに住吉明神に祈念していた宗祇が、素願成就の報賽として、幣帛になぞらえて奉納した和歌短冊という（住吉神社史料「三条西実隆端書」）。表向きの理由は右の説明に尽きているが、実質的には政弘の出資に対する報恩としての法楽和歌であり、その趣意は現当主義興に向けられるものでもあったろう。

明応八年（一四九九）末、将軍足利義尹に伴われて周防に下向し、約九年間を同地に過ごした伊勢貞仍の家集『下つふさ集』（尊経閣文庫）には、「左京大夫義興朝臣亭にての百首の続歌に」「文亀三年、左京大夫大内義興朝臣亭にて、皇后宮法楽とて百首歌講じ侍し時」等の詞書が見え、義興が、明応―永正年間、百首の続歌をしばしば主催していたことが知られる。杉弘相・内藤護道・問田弘胤の家でも、月次もしくは臨時で続歌会が持たれていたらしい。

将軍家周防国へ御座をうつされし比、まづ乗福寺といふ寺にてわたらせ給ひし時、阿野宰相中将季綱卿、治部少輔尹頼一色などきたりて、花待こゝろをよみけるに

けふさくらまたぬ心のひまなれや春をこと葉の花にまかせて　（『下つふさ集』春歌下）

右は、義尹が仮の御座所とした山口乗福寺において、将軍に随行した公武の側近たちが催した歌会の一局面を伝えている。

周防国府中へ将軍家御座をうつされし時、山口より御用心のためとて各番におりて御近所にありしに、三月の番は大蔵少輔弘胤問田にて侍しに、旅宿の花見侍らんと、阿野宰相中将・兵部大輔尹泰一色・貞記治部卿・在重朝臣など契けるに、前の日雨風はげしくて花は一りんものこらじながら尋行けるに、ちりのこりたる花の色香も今一しほにて、人々歌よみ侍しに

とはるべきけふのためとやさくら花昨日の風にちりのこるらん

（『下つふさ集』春歌下）

右の一首からは、将軍警固の番をつとめる義興被官問田弘胤と、伊勢貞仍・阿野季綱・一色尹泰・勘解由小路在重等、義尹随従の人々との具体的な交流の模様がうかがわれる。義尹の周辺に縮約して現出した都の文化は、義興治下の人々に相応の影響を与えたであろう。

文亀元年（一五〇一）三月二十五日、義興は、飛鳥井雅俊から古今和歌集伝書『古今秘決』を伝受した（東北大学附属図書館狩野文庫奥書「元亀元年辛酉三月二十五日　正二位雅俊／大内権介殿」の「元亀」は「文亀」の誤写と推す）。雅俊は政弘とはほとんど接触を持たなかったが、将軍義材には従軍するほど奉仕したから（『親長卿記』『後法興院記』延徳三年八月廿七日条他）、その周防下向をひとつの契機として義興を頼むようになったものか。永正五年（一五〇八）六月、上洛布陣して義尹の将軍復活を実現した義興は、七月、雅俊から鞠道を伝授され（大津平野神社難波家旧蔵「蹴鞠条々」）、十二月には雅俊の出題により、実隆等の公家に出詠させて長門一宮法楽和歌を勧進した。すなわち、実隆の日次詠草『再昌草』永正五年十二月二十九日条（個人、『私家集大成 第七巻 中世V・補遺』所収）に、「義興朝臣勧進長門国一宮法楽」とあり、「簷梅雅俊卿題」以下、実隆詠にかかる和歌四首が掲出される。これを端緒として、義興在京中に催した長門一宮法楽和歌は、『再昌草』『碧玉集』『為和集』等の諸資料によって、六年十二月、八年正月、十一年二月・十二月、十二年二月・十二月、十四年三月・十二月分を確かめることができる。義興在京中、おそらくは毎年二度程度催すことを常態としたのだろう。これら法楽和歌勧進の動機を、義興の信仰心や歌道への熱意に求める指摘も備わるものの（米原正義 一九七六）、いま、永正五年十二月度の勧進における実隆詠の一首に着目し、その意義について考えたい。

述懐

道をまもる心におもへ梓弓やまとこと葉も矢のごとくにと

義興は、右の法楽和歌に先立つ永正五年八月一日従四位下、九月十四日従四位上と昇進を重ねたが（『歴名土代』）、それは、帰国を望む義興に、京都残留を要請する朝廷が見返りとして用意した昇進であった。七月二十三日、勅使として義興宿所を訪い、帰国猶予の交渉に当たった実隆は（『実隆公記』永正五年七月廿三日条）、その数ヶ月後に詠んだ右の和歌において、「梓弓」「矢」すなわち武力によって政治の「道」を「まもる」者たる義興に、「やまとこと葉」すなわち文事の「道をまもる心」も真率なれと詠みかける。政治的躍進著しい義興とって、長門一宮法楽は公家と義興を繋ぐ磁場であった。朝廷権威の象徴たる和歌は、このとき、権力をあるいは抑制し、あるいは保証する機能を有していたと思われる。

義興は、さらに、永正八年八月二十四日、船岡山合戦に勝利して義材政権の安定に大きく寄与した軍功によって、翌九年三月二十六日、従三位に進んで公卿に列した（『守光公記』）。義興は、それに先立つ永正八年十二月二十五日、雪の朝に嵯峨野西芳寺に遊び、比叡山を遠望して得た「かくばかり遠きあづまのふじのねを今ぞみやこの雪のあけぼの」を内大臣三条実香に送り、公家衆の唱和詠を要請している（『後法成寺関白記』永正九年二月七日条）。実香は、政弘に親近し、永正四年に山口で没した竜翔院公敦の嫡で、翌九年正月下旬、一条冬良・近衛尚通・今出川公興・三条西実隆・冷泉政為・小倉季種・冷泉宗清（為広）・徳大寺公胤・中御門宣秀・持明院基春・冷泉永宣・姉小路済継による詠歌に自詠の一首を付してとりまとめ、これを後柏原天皇の叡覧に入れて御製を所望した。天皇は、当初、先例なしとして応じなかったが、後土御門天皇が政弘に下した月次御製のあることを実隆が注進した結果、三月九日、無事に御製が下賜されている。十四日、礼物進上に禁中を訪れた実隆・実香・義興は、取次の上臈局（大炊御門信量女）とともに、長橋局において大酒に及んだという（『守光公記』永正九年三月十八日条）。二十日、実隆は、西芳寺贈答和歌に次のごとき詞書を草し、実香に献じている（『実隆公記』永正九年三月廿日条）。

> 永正八年十二月廿五日、雪いとおかしく積れり。かゝる朝に馬をこゝろむるは、いにしへよりよしある事に侍れば、さが野のかたに出侍し。眺望きはまりなき余に、はるかに西方寺の佳境にいたれり。四方の山かゞみをかけたる中に、比叡の山はこゝらの岑々をかさねあげたらんやうに物にもまぎれず。まことの富士の根もかばかりぞとおぼえて、一首詠ぜられしを見侍し。何のよしあしをわきまふべきにあらねど、殊勝の余りたゞにはいかゞとて、明春のころ、各贈答にをよべれば、いま是をひとつに誌し付るになん。（祐徳博物館中川文庫『永正八年詠雪贈答和歌』）

右の文章は、元禄六年（一六九三）刊『扶桑拾葉集』巻第二十三に「多々良義興」作「雪のあした西芳寺に遊べる辞」として収められて流布するが、実は、義興の意を汲んだ実隆の作文であった。実隆は、積雪の早朝、あえて外出する義興のふるまいに風雅を楽しむ都人の情趣を認め、『伊勢物語』東下りや『源氏物語』総角巻の言葉を立ち入れつつ、義興の「かくばかり」歌を「殊勝の余り」と称揚する。これを受けた公家衆の唱和は、義興とその詠歌を「名も高し」「君ならで」「ふかき情」などと誉めちぎるものの、いかにも皮相的な詠みぶりではあり、義興の在京を慰留する実隆詠「古郷の雪はあれどもしのぶなよあづまのふじも都にぞ見る」こそ、彼等の真意に最もよく迫ったものであったろう。二十四日、参内して件の月次懐紙を進上した実隆は、一連の贈答和歌の背景に、従三位上階を望む義興の意向のあることを天皇に伝えた（『実隆公記』永正九年三月廿四日条）。天皇はただちに武家伝奏広橋守光を召し、二十五日、義興上階の勅許について義材の意向を確認するよう求めている。守光は、没後に贈位された教弘・政弘の先例を挙げつつ、現存者義興の上階に疑念を抱いているが、天皇は、今次、義興に御製を下賜したことを勅許の拠り所としたらしい（『守光公記』三月廿五日条）。守光は、実隆が天皇にうちうちに執奏し、義興もすでに承知している勅許について、その子細を隠しつつ室町殿に伺いを立てなければならないことを迷惑に感じた（同廿六日条）。ところが、義材は守光の伝奏以前にことの子細を知悉していたと見え、実隆のもとには、時宜に叶った措置として義興上階を了承する旨の義材の発言が密かにもたらされている（『実隆公記』同日条）。義興の従三位昇進は、軍功だけでは説得力を持ち得ない「田舎武士之所望」であったが（『実隆公記』四月十四日条）、その「田舎武士」に品格を装うべく、実隆の奔走によって成ったのが、先の西芳寺贈答和歌であった。その御製「雪にみし山はふじの根言の葉のよゝのその名も雲のうへまで」は、大内氏の和歌の伝統を「言の葉のよゝのその名」とことほいでいる。政弘代に構築された和歌譜代の家としての大内氏像が、義興を公卿にふさわしい存在として押しあげたのである。

義興の在京が長引くなか、永正十三年（一五一六）夏に西国下向した連歌師宗碩を、陶弘詮・町野弘風・内藤護道・阿川勝康・飯田興秀・杉弘信等の大内被官が迎えた（書陵部『月村抜句』）。うち、弘詮宅では『源氏物語』「桐壺」巻の講釈も行われたらしい（天理図書館大庭宗分筆『源氏物語』「桐壺」巻奥書）。その子三郎興就は、義興に随従して上京、永正六年八月三日、土佐光信筆の源氏絵を携えて実隆第を訪れ、翌七年五月十六日（『実隆公記』）、実隆の差配によって、伏見宮邦高親王・近衛尚通・定法寺公助・冷泉宗清（為広）および実隆が詞書を染筆した「源氏物語画帖」を入手している（ハーヴァード大学美術館）。また、義興に従って入洛した陶興房は、飛鳥井雅俊に入門（柏崎市立図書館中村文庫『亜槐集』奥書、未見、〔米原正義 一九七六〕）、永正十一年（一五一四）十月上旬には『金葉和歌集』を書写授与されている（『大日本史料第九編之四』所引「京都御所東山御文庫記録」）。興房は、十年八月、庭田重親から『後拾遺和歌集』を（同前）、十一年九月下旬には冷泉永宣から『詞花和歌集』を（同前）、十一年十月には前述『金葉集』の他に姉小路済継から『後撰和歌集』を、それぞれ書写して付与されている〔米原正義 一九七六〕。政弘が約二十年前に志向した公家の寄合書による勅撰集入手を、興房が模倣している点、注意される。興房は、道麒・道麟と号し、享禄五年（一五三二）二月二十三日、知行地富田の南湘院において、連歌師周桂を招請した連歌百韻を興行するなど（『大内家古実類書』巻三十一「屋形義興公御発句其外於諸家方会席発句」）、帰国後の文事にも見るべきものがある。

さて、畠山政長・細川成之・蒲生智閑・上杉房定等、中央・地方の有力武家と幅広く交渉した飛鳥井雅俊は〔井上宗雄 一九八七ｂｃ〕、永正六年（一五〇九）閏八月、義興評定衆の弘中興勝に和歌会作法書「和歌条々」を伝授し〔山本啓介 二〇〇九ｂ〕、同十二年（一五一五）には息女を義興の養女とするまで義興に接近（毛利家文書一―二五一「毛利元就知行注文案」）、十四年（一五一七）十二月には十歳の義隆に「蹴鞠条々」七ヶ条を伝授した（大津平野神社難波家旧蔵本）。十七年（一五二〇）三月にはついに山口に下り（『実隆公記』永正十三年三月十三日、十四日条）、夏、池永清甫に和歌会作法書を（篠山市教育委員会他『永正日記』）、七月下旬、「蹴鞠条々」二十ヶ条を義隆に伝授（大津平野神社難波家旧蔵本）、大永三年（一五二三）四月十一日、同地で客死した（『公卿補任』）。同二年（一五二二）の雅俊詠草『園草』（個人蔵、『私家集大成 第六巻 中世Ⅳ』所収）によれば、義興は、永正十五年八月の帰国以降、大内館において、毎月二十日、兼題三首和歌と当座三十首続歌から成る月次歌会を主催していたことが知られる。『園草』には、毎月二十八日を恒例とする雅俊亭月次や、杉隆重・内藤護道・弘中興勝等の詠歌も見える。以て義興歌壇の活況が推し量られよう。

享禄元年（一五二八）十二月、義興の死没に伴い、家督を嗣いで間もない義隆の領国を、相次いで連歌師が訪れる。まず、宗碩門の連歌師宗牧は、肥後国鹿子木親員に同国藤崎八幡宮造営にかかる綸旨と実隆秘蔵の『源氏物語』を届けることを主目的として（木藤才蔵 一九九三b）、二年九月に京都を発し、十二月、周防に到着したらしい（『実隆公記』享禄二年十二月廿日条）。三年から四年にかけて九州を廻り、四年夏には山口下着、義隆月次連歌に一座したほか、陶興房・杉興相・同興道等の連歌を励ました（京都大学文学研究科『発句聞書』）。同年秋には弟子周桂を伴った宗碩が再度の中国下向を敢行し、五年夏にかけて周防・長門・筑前を巡遊、山口の大内館でも千句連歌に及び（「屋形義興公御発句其外於諸家方会席発句」）、義隆に古今伝受を行った形跡もある（『大内氏実録土代』巻十）。宗碩は、天文二年（一五三三）四月二十四日、長門府中で没した（『再昌草』天文二年七月条）。

かかる中央連歌師の下向によって刺激を受けた義隆時代の山口連歌壇には、活動実態は不分明ながら、近世の手鑑類に「大内殿内連歌師」「大内連歌師」「周防山口連歌師」と呼称されるごとき連歌好士が育っていたらしい。天文三年（一五三四）二月二十七日興行賦山何連歌百韻は、義隆発句、真牧こと阿川勝康の脇に始まる一巻で、京都から下向した官務家小槻伊治が加わりつつも、冷泉隆豊・平賀隆宗等の被官や任源・儼智等の大内殿内連歌師だけで満尾した一巻である（綿屋文庫『賦山何連歌百韻』）。義隆は、さらに、大宰府・厳島の連歌壇も掌中に収めていた。天文四年十月七日付「定月次連歌注文」（太宰府天満宮小鳥居文書）によれば、大宰府天満宮安楽寺の月次連歌は、義隆や筑前守護代杉興運・三笠郡代飯田興秀のほか、筑前国人が毎月輪番で頭役をつとめつつ経営されていたことが明らかにされている（川添昭二 二〇〇三c）。厳島社では、某年四月十五日、義隆の「影うつすみどりや島根夏木立」を発句とする万句連歌が、都の連歌師等俊・道休・有定・宗雅・大休を招いて張行され（東京大学史料編纂所『修補房顕記』）、天文二十年（一五五一）五月九日から十一日にかけては、義隆勧進による厳島法楽連歌『義隆千句』が、寿慶・宗養・昌休・元理等の連歌師たちによって京都で張行されている（金子金治郎 一九五四）。

天文六年（一五三七）十月十日、義隆およびその被官冷泉隆豊・平賀隆宗・源興宗、大内殿連歌師祐信、京都から下向中の万里小路惟房・持明院基規・大神景範・尭淵・胤秀、以上十名の自筆による「松久友」題和歌懐紙が筥崎宮に奉納された。同社に現存する義隆の懐紙には、次のようにある。

冬日同詠松久友和歌

大宰大弐従四位上兼左兵衛権佐多々良朝臣義隆

苔のむす松の下枝によるなみのよるともわかず玉ぞみだるゝ

位署書にあるとおり、義隆は、右の筥崎宮法楽和歌を奉納する前年の天文五年五月十六日、後奈良天皇より大宰大弐任官を許可されている（『公卿補任』）。以後の義隆は、その復古的官位をさまざまな政治的場面で利用したとされるが（山田貴司 二〇一五c）、歌枕「箱崎松」と、「待つ」の言いかけにより「久しき」とことほぐ「松」題の本意をふまえた右の義隆詠は、「苔のむす松」に朝廷権威を象徴させつつ、その権威の「下枝」に寄る波に大宰大弐としての自らを擬すのであろう。

義隆の和歌は、しかし、かかる政教的目的のもとに賦されるものばかりであったわけではない。山口県立山口図書館『仮御手鑑』には、同一の上青下紫打曇料紙から切り出されたと思しき義隆時代の和歌短冊四十五枚が収められている。大内被官および社家・法中で催された兼題百首歌の一部と目される。うち、「社頭霞」題で詠まれた義隆短冊は、極札によれば伊治の代筆にかかるという。近時国文学研究資料館の収蔵に帰した長府毛利家旧蔵短冊手鑑『筆陣』には、柳原資定の題字による義隆周辺の和歌短冊が二十枚程度現存するといい、義隆周辺の和歌短冊が他の守護大名のそれ以上に多数残存している可能性についても、徐々に明らかにされつつある（佐々木孝浩 二〇一六c）。義隆の時代、その周辺には、和歌や連歌をひととおり嗜む人々があって、下向貴人の指導を仰ぎつつも、中央から離れた、独自の歌壇・連歌壇を形成していたのである。

おわりに

サレドモ公家ニナリ玉ヒ、位階タカクアガリツヽ、冠ヲ着シ装束色々ナリシ有サマニテ、舞猿楽ヤ犬追物計ニテ、弓馬ノ道ニウトクシテヲロソカニ有事ドモヲ、家来ノ老中・若輩ニ至ルマデ此事歎キツヽ、「無益ノ公家ノ出立ヤ。当家ノ武士ハスタリナン」トツブヤク事限ナシ。

位階のぼり公家化した義隆が、遊芸に耽って武事を疎かにした挙げ句、家来たちの不満を募らせたとする右記『大内義隆記』の語りは、「大内文化」の必然的帰結として、一見、説得的である。語りは次のように続く。

古ヘ平家ノ清盛入道ハ太政大臣ノ位マデアガラセ玉フ事ドモヲ、法皇仰ケルヤウハ、「朝敵ヲタイラグル貞盛ト秀郷ガ将門ヲ討シタガヘ、頼義ガ貞任・宗任ヲ打ツ勧賞ニ行レケル事モ受領ニハ過ザルニ、世ノ末ニナリ、王法ノツキヌルユヘ」ト御ナゲキハ有ケルニ、弥末世ノシルシトヤ。不可思議ノ忠節モマシマサヌ身ノ御曹司ハ三歳ヨリ従五位下周防介ニ成玉ヒ、義隆卿従二位マデイタラセ玉ヒ候事ハ、都ヨリノ宣下コソタヾフカクニ似ヌ。内裏モ公家モ門跡モヲトロヘサセ玉ヒツヽ、適々残ル住家ニハ葎茂リテ門ヲトヂ、軒ノ檜皮モ朽ハテヽ立入ベクモアラザレバ、松風計ヲトヅレテ、琵琶・琴ノ音モ絶ハテヽ、イツモ大守ハ此事ヲ憐ミ玉フ心コソ深クイタハリ申サルヽ。此故ニ年々ノ官加階ヲクダシテハ世ノウキ橋ヲ渡リ玉フ加階トコソハミヘニケレ。

『大内義隆記』の語りは、覚一本『平家物語』巻第一「殿下乗合」における後白河法皇の嘆きを参看し、義隆の栄達を清盛のそれに擬えて「弥《いよいよ》末世ノシルシトヤ」という。ただし、続く語りが、義隆およびその嫡子義尊に対する異例の加階勅許を、内裏・公家・門跡方が「世ノウキ橋ヲ渡リ玉フ」ための「フカク(不覚)ニ似ヌ」措置として認めている点に、いま、特に注意を払っておきたい。清盛と義隆は大宰大弐という官途においても共通項を持つが、驕慢の心から横暴の限りを尽くす清盛と、慈愛の心から困窮を救済する義隆とは、公卿に対する意識と態度において著しい対照をなす。『大内義隆記』の語りは、義隆の公家化を決して糾弾してはいない。「文武ニ達シテ双ナク、慈悲勝レテ類無」き義隆の「慈悲」とは、『大内義隆記』の論理ではあくまでも公家に対する「慈悲」ではあったが、大内氏の立場にたてば、「末世ノ道者」としての義隆像もひとつの真理とはいい得よう。しかし、縷々述べてきたとおり、いわゆる「大内文化」を大内氏歴代と中央との関係性のなかで育まれた文化として理解するためには、大内氏の立場を相対化する、より多角的な検証が不可欠であることはいうまでもない。

応仁・文明の乱後の政弘は、幕府との関係を改善し、安定的な領国経営を敷く必要に迫られ、その権力の強化・実質化をはかるべく、朝廷の権威を最大限に利用しようとした。朝廷権威の象徴としての和歌は、趣味消閑の具ではなく、すぐれて政治的な営みであった。教弘贈位を画期として大内氏の位階意識が上昇志向に転じたことと、政弘以降の大内氏の文芸が中央歌壇との密接な交渉によって豊かに花開いたこととは、軌を一にする現象として理解されなければならない。また、背に腹は代えられぬ公家の事情と、言葉の職人として世渡りする連歌師の思惑、大内氏と中央を繋ぐために奔走した人々の名利も、「大内文化」を成立せしめた重要な要素として逸してはならない。政弘期に獲得され、義興・義隆に受け継がれた「大内文化」の遺産は、文武両道を政治の要諦とする姿勢とともに毛利氏に継承される。中世―近世における文芸の社会的機能を考えるうえで、「大内文化」はきわめて重要な指標であり、その実相のさらなる解明が求められている。

（尾崎千佳）

参考文献

伊井春樹 一九八五「宗祇奉納住吉社御法楽百首和歌の成立」金子金治郎編『連歌貴重文献集成記念論集 連歌研究の展開』勉誠社

池田亀鑑 一九三四「日本文学研究に於ける大内氏」『文学』第二巻一〇号（『中古国文学叢考第二分冊――源氏物語に関する論考――』に「源氏研究を中心とする大内氏の学問的業績」と改題して再録、目黒書店、一九四七。『池田亀鑑選集 物語文学Ⅱ』所収、至文堂、一九六八）

伊地知鐵男 一九四三『宗祇』青悟堂

稲賀敬二 一九九三『源氏物語の研究――物語流通機構論――』笠間書院

稲田利徳 一九六七「賢聖房承祐について――室町幕府連歌宗匠――」『中世文芸叢書別巻1 連歌とその周辺』広島中世文芸研究会

稲田利徳 一九七八『正徹の研究――中世歌人研究――』笠間書院

井上宗雄 一九六三「正広および招月庵の門流について」『文学・語学』第二八号

井上宗雄 一九八四a「永享期の歌壇」同著『中世歌壇史の研究 室町前期 改訂新版』風間書房

井上宗雄 一九八四b「文明前期の歌壇」同著『中世歌壇史の研究 室町前期 改訂新版』風間書房

井上宗雄 一九八四c「文明後期の歌壇」同著『中世歌壇史の研究 室町前期 改訂新版』風間書房

井上宗雄 一九八七a「永和～明徳末期の歌壇」同著『中世歌壇史の研究 南北朝期』明治書院

井上宗雄 一九八七b「延徳・明応期の歌壇」同著『中世歌壇史の研究 室町後期 改訂新版』明治書院

井上宗雄 一九八七c「文亀・永正期の歌壇」同著『中世歌壇史の研究 室町後期 改訂新版』明治書院

今泉淑夫 一九七九「文明二年七月六日付飛鳥井雅親書状案をめぐって」『日本歴史』第三九六号

大井ミノブ 一九五三「戦国時代における地方文化の一

考察――飛鳥井家を中心として――」『日本女子大学紀要』第三号
小川剛生二〇一二『足利義満――公武に君臨した室町将軍――』中央公論新社
小川剛生二〇一七「足利義尚の私家集蒐集」同著『中世和歌史の研究――撰歌と歌人社会――』塙書房
尾崎千佳二〇〇七「校本「奉悼法泉寺殿辞（あしたの雲）」『やまぐち学の構築』第三号
尾崎千佳二〇〇八「宗祇の再度山口下向――『〈宗祇山口下着抜句〉』をめぐって――」『やまぐち学の構築』第四号
尾崎千佳二〇一〇「『新撰菟玖波集』成立の一背景――大内政弘とその周辺――」『芸備地方史研究』第二七〇・二七一号
金子金治郎一九五四「厳島の連歌」『芸備地方史研究』第二巻第六号
金子金治郎一九六二『連歌師兼載伝考』桜楓社
金子金治郎一九六九「新撰菟玖波集の撰集」同著『新撰菟玖波集の研究』風間書房
金子金治郎一九八三「『筑紫道記』が語るもの」同著『金子金治郎連歌考叢II 宗祇の生活と作品』桜楓社
金子金治郎一九九九ａ「山口下向と筑紫道記」同著『連歌師宗祇の実像』角川書店
金子金治郎一九九九ｂ「新撰菟玖波集外伝」同著『連歌師宗祇の実像』角川書店
川添昭二二〇〇三ａ「巡歴の歌人正広と受容層」同著『中世九州の政治・文化史』海鳥社
川添昭二二〇〇三ｂ「宗祇の見た九州」同著『中世九州の政治・文化史』海鳥社
川添昭二二〇〇三ｃ「大宰大弐大内義隆」同著『中世九州の政治・文化史』海鳥社
川添昭二二〇一三「大内政弘と応仁・文明の乱――『拾塵和歌集』を素材として――」『七隈史学』第一五号
木藤才蔵一九九三ａ『連歌史論考 上 増補改訂版』明治書院
木藤才蔵一九九三ｂ『連歌史論考 下 増補改訂版』明治書院
佐伯弘次一九七八「大内氏の筑前国支配――義弘期から政弘期まで――」川添昭二編『九州中世史研究』第一輯
佐々木孝浩二〇一〇「蔵書家大内政弘をめぐって」佐藤道生編『名だたる蔵書家、隠れた蔵書家』慶應義塾大学出版会
佐々木孝浩二〇一六ａ「「大島本源氏物語」の書誌学的考察」同著『日本古典書誌学論』笠間書院
佐々木孝浩二〇一六ｂ「「大島本源氏物語」続考――「関屋」冊奥書をめぐって――」同著『日本古典書誌学論』笠間書院
佐々木孝浩二〇一六ｃ「守護大名大内氏関連和歌短冊集成（稿）」『斯道文庫論集』第五〇輯

末柄豊 二〇〇九「東京大学教養学部所蔵『飛鳥井家和歌関係資料』」『東京大学史料編纂所紀要』第一九号
末柄豊 二〇一八『日本史リブレット 戦国時代の天皇』山川出版社
鶴崎裕雄 一九七四「大内氏領を往く正広と宗祇（上）――『松下集』と『筑紫道記』を中心として」『帝塚山学院短期大学研究年報』第二二号
鶴崎裕雄 一九八八「「東山千句」と摂津能勢氏」同著『戦国の権力と寄合の文芸』和泉書院
楢崎宗重 一九五四「花山院長親自筆本雲窓賸語に就て」『国語と国文学』第三一巻第七号
西下経一 一九三四「龍翔院と大内政弘」『国語と国文学』第一一巻第一〇号
西下経一 一九五四『古今集の伝本の研究』明治書院
廣木一人 二〇〇四「室町中期の月次連歌」同著『連歌史試論』新典社
福尾猛市郎 一九五九『大内義隆』吉川弘文館
松田武夫 一九四四『勅撰和歌集の研究』日本電報通信社出版部
三角範子 一九九九a「足利義教邸月次連歌会について」『九州史学』第一二二号
三角範子 一九九九b「足利義教邸における文芸の会の経営構造――一献の経営を中心に――」『福岡大学大学院論集』第三〇巻第二号
三角範子 二〇〇二「足利義教とその和歌会」『日本歴史』第六四九号
メリッサ・マコーミック 一九九九「ハーヴァード大学美術館蔵「源氏物語画帖」と『実隆公記』所載の「源氏絵色紙」」『國華』第一二四一号
両角倉一 二〇一七『連歌師宗祇の伝記的研究――旅の足跡と詳細年譜――』勉誠出版
安田次郎 一九八二「大和国東山内一揆」『遙かなる中世』五
山田貴司 二〇一五a「大内政弘による亡父教弘への従三位贈位運動」同著『中世後期武家官位論』戎光祥出版
山田貴司 二〇一五b「中世後期の地域権力による武士の神格化――大内教弘の神格化と「大明神」号の獲得――」同著『中世後期武家官位論』戎光祥出版
山田貴司 二〇一五c「大内義隆の大宰大弐任官」同著『中世後期武家官位論』戎光祥出版
山本啓介 二〇〇九a「「続歌」について」同著『詠歌としての和歌 和歌会作法・字余り歌――付〈翻刻〉和歌会作法書――』新典社
山本啓介 二〇〇九b「飛鳥井流和歌会作法書『和歌条々』について――諸本と伝授関係の整理を中心に――」『国語国文』第七八巻第一一号
山本啓介 二〇一四「蹴鞠伝授書から見た室町・戦国期における飛鳥井家とその周辺」『国文学研究資料館紀要』第四〇号
湯川敏治 二〇一一「大内義興、従三位叙任の背景と武家

伝奏の職務――『守光公記』を中心に――」『山口県史研究』第一九号
米原正義 一九六七『大内義隆』人物往来社
米原正義 一九七六「周防大内氏の文芸」同著『戦国武士と文芸の研究』おうふう
和田秀作 二〇〇三「大内武治及びその関係史料」『山口県文書館研究紀要』第三〇号
和田秀作 二〇〇七「大内氏の領国支配組織と人材登用」岸田裕之編『毛利元就と地域社会』中国新聞社

飯倉晴武（校訂）一九九八『長興宿禰記』続群書類従完成会
飯倉晴武（校訂）二〇〇〇―二〇〇六『親長卿記』続群書類従完成会
奥野高廣・片山勝（校訂）一九七二『十輪院内府記』続群書類従完成会
片桐洋一・山本登朗（編）二〇〇八『伊勢物語古注釈大成 第三巻』笠間書院
金子金治郎・伊地知鐵男（編）一九七七『貴重古典籍叢刊12 宗祇句集』角川書店
黒板勝美・国史大系編修会（編）一九七七『尊卑分脈 第一篇』吉川弘文館
「至宝」委員会事務局（編）一九九九『皇室の至宝 東山御文庫御物3』毎日新聞社
島津忠夫・重松裕巳（校訂）一九六五『西日本国語国文学会翻刻双書 連歌俳諧集』西日本国語国文学会翻刻双書刊行会
新日本古典文学大系51 一九九〇『中世日記紀行集』岩波書店
「新編国歌大観」編集委員会（編）一九八三『新編国歌大観 第一巻 勅撰集編』角川書店
「新編国歌大観」編集委員会（編）一九八九『新編国歌大観 第七巻 私家集編三』角川書店
「新編国歌大観」編集委員会（編）一九九二『新編国歌大観 第十巻 定数歌編Ⅱ 歌合編Ⅱ 補遺編』角川書店
反町茂雄（編）一九六〇『弘文荘待賈古書目』第三五号
高橋隆三（編）一九三一―一九五九『実隆公記』続群書類従完成会
竹内理三（編）一九六七『後法興院記』臨川書店
東京大学史料編纂所（編）一九四二『大日本史料 第八編之二十一』東京大学出版会
東京大学史料編纂所（編）二〇〇七『大日本史料 第八編之四十』東京大学出版会
東京大学史料編纂所（編）二〇〇八『東京大学史料編纂所影印叢書3 室町武家関係文芸集』八木書店
東京大学史料編纂所 一九三〇『大日本史料 第八編之十五』東京帝国大学
東京帝国大学史料編纂所 一九三五『大日本古記録 第九編之四』東京帝国大学
東京帝国大学史料編纂所 一九三八『大日本古記録 第九

編之四十五』東京帝国大学
徳川黎明会叢書和歌篇四 一九八九『桐火桶 詠歌一躰 綺語抄』思文閣出版
中世公家日記研究会（校訂）二〇一八『守光公記 第二』八木書店
村尾誠一 二〇〇一『和歌文学大系12 新続古今和歌集』明治書院
山口県 一九九六『山口県史 史料編 中世1』山口県
山口県 二〇一二『山口県史 通史編 中世』山口県
山口市 二〇一〇『山口市史 史料編 大内文化』山口市
陽明文庫（編）一九八五『後法成寺関白記』思文閣出版
米原正義（校注）一九六六「大内義隆記」『第二期中国史料叢書七 中国史料集』人物往来社
和歌史研究会（編）一九七四『私家集大成 第五巻 中世Ⅲ』明治書院
和歌史研究会（編）一九七六『私家集大成 第六巻 中世Ⅳ』明治書院
和歌史研究会（編）一九七六『私家集大成 第七巻 中世Ⅴ・補遺』明治書院

【附記】 本文の引用に際しては、すべて、私意により句読点・濁点を施し、読解の便をはかった。なお、本稿中に引用した『多々良のまさご』所収政弘詠草の読みについて浅田徹氏のご教示にあずかった。深謝申しあげます。

大内氏と雪舟

室町時代の画僧・雪舟等楊（一四二〇～一五〇二？）は、現在知られているその画業のほとんどの部分を、大内氏の庇護の下で周防山口の地で行った。したがって、雪舟の画業はほぼ全体にわたって、大内氏と何らかの関係を持っている。本項では、画家としての雪舟の人生における三つの事件について、大内氏との関わりに注意しながら述べてゆく。三つの事件とは、一つ目が雪舟が山口に来たこと（来山）、二つ目が文明十八年（一四八六）前後の画事、三つ目が明応年間、雪舟の晩年についてである。

一　雪舟の来山

京都相国寺にいたと考えられる雪舟が、いつ山口に来たかは正確には分かっていないのだが、ある程度の推測は可能だ。寛正五年（一四六四）、当時東福寺岩栖院《がんせいいん》に居た臨済宗聖一派栗棘《りっきょく》門派の禅僧・翺之恵鳳《こうしえほう》（一四一四～一四六九～？）〔今泉淑夫 一九八二〕が、管領細川勝元（一四三〇～七三）の使者として周防山口の大内教弘（一四二〇～六五）の許へと下向してきた。この年の六月伊予国で起きた河野通春（一四二一？～一四八二）に対する反乱〔川岡勉 二〇〇三〕に関して、幕府が通春を討たしめるべく派遣した臨済宗夢窓派慈済門派（常徳院派）の禅僧・堯《ぎょう》夫《ふ》承勲《じょうくん》（生没年不詳）に同行したのであった。翺之はこの周防下向時に制作した詩文を『竹居西遊集』にまとめた。この集の中には、山口での翺之と雪舟との交渉の中から生み出された詩文がいくつか含まれているが、そのうちのひとつ「寄揚知客并序」は翺之が山口に到着して書かれた最初の詩であること、つまり翺之が山口に来てまず一番に会った人物が雪舟であったことが大西廣氏によって指摘されている〔大西廣 一九七七〕。そして「寄揚知客并序」の中の「頗る前十年を説きて手を握れば、故人の意無き能はず」という文言から、翺之と雪舟とが「十年」振りに山口の地で再会し旧交を温めていることが知られる。つまりこの寛正五年から十年遡る享徳三年（一四五四）頃に、雪舟は京都を出て山口に下向してきたのだということが推測されるわけである。ただし、ここでの「十年」は修辞上きりの良い数字を用いたに過ぎない可能性があり、必ずしも正確な年数でない可能性があることを注意する必要がある。

ここで、「移動」という観点から雪舟の一生を概観しておこう。雪舟の生まれは岡山県総社市の辺りで、そこから、いつの頃かは知れないが、相国寺のある京都に移る。さらに大内氏支配下の山口に下向して、応仁元年（一四六七）には遣明使の大内氏船に乗って中国（当時の明）に到った〔綿田稔 二〇〇四〕〔橋本雄 二〇一七〕。中国国内では寧波から首都北京の間を往復し、文明元年（一四六九）に下関に帰国した。帰国後、十年ほど雪舟の足跡ははっきりしなくなるが、文明八年（一四七六）には大分に住んでいたことが、応仁度の遣明船の幕府船に乗って入明した医僧である呆夫良心《ばいふりょうしん》〔村井章介 一九九七〕が記した『天開図画楼記』によって判明している。この後、文明十二年（一四八〇）頃までに山口に戻り、その後亡くなるまで山口に住んだが、文明十三年（一四八一）の秋頃には、岐阜から加賀、能登へと廻る旅に出ており、また最晩年、文亀元年（一五〇一）には丹後天橋立を訪れている。

こうしてみると、雪舟は転居も含めて旅の多い人生を送ったことが分かる。この時代に多く旅した人には、禅僧と連歌師とがある。禅僧の移動については、玉村竹二氏が京都の室町幕府と鎌倉府との間の連絡を掌る役割を禅僧が果たしていた理由を、「禅僧が政治的使命を帯びて東西を往来するのは、禅僧が本来行雲流水の如く、諸方に遍参するので、自然と東西両地を往復する機会が多く、交通困難な当時としては、禅僧であるという身分的信用（徳望、中立性、説得力、感化力等）も手伝って、その序に所用を依頼されることにはじまり、ひいては手腕のある禅僧が起用されて、政治的折衝までを委任されるようになった」と説明している〔玉村竹二 一九六四〕。連歌師は、「中世の連歌師の旅には、軍事的・政治的密偵ないしは情報伝達者としての旅の側面が付随していた」とされ〔平野健一郎 一九七八〕、小西甚一氏は、「地方の豪族どうしが何か内密の連絡を取りたいことがあると、連歌師がよく利用された」こと、「武将の側からいうと、連歌師は、敵方・味方どちらへでも怪しまれずに往来できる重宝な人種であった」ため、「連歌師のある者には、暗黙裡に許容された特別な行動範囲が存在した」ことを指摘している〔小西甚一 一九七一〕。雪舟文明十三年の美濃行について、今泉淑夫氏はこの旅の目的として、足利義視・義材を擁する守護土岐氏および守護代斎藤氏の動向を、大内氏が確認するためという側面を指摘する〔今泉淑夫二〇〇一〕。文亀元年（一五〇一）前後の天橋立行に関しても同様の事情が考えられることは後述する。

つぎに、雪舟が京都から山口に下向した動機についてに考えてみよう。従来、雪舟来山の動機としてしばしば説かれてきたのは、大内氏の許で入明の機会を窺うためということであった。この時代、遣明船による日明貿易は巨大な経済活動であり、少なからぬ数の禅僧たちが、何らかの形でこの貿易活動に携わっていた。雪舟周辺に於けるそうした禅僧の例として、応仁度の遣明船で大内船の土官として雪舟と共に入明した、臨済宗聖一派の禅僧・桂庵玄樹（一四二七～一五〇八）や、大内氏の京都雑掌として相国寺大智院競秀軒にあって、大内氏と京都の間の連絡役を務めていた禅僧・東周興文（生没年不詳）などをあげることができる。

桂庵玄樹は、明からの帰国後の文明八年（一四七六）の春頃、呆夫良心が雪舟のために『天開図画楼記』を記した頃に雪舟同様大分に居たことが確認されており、またこの年の十一月に、やはり応仁度の遣明船で入明した、周防の禅僧・中心□忠を筑後の曹洞宗大慈寺末寺院の二尊寺に訪ねている。渡邊雄二氏は、これは偶然ではなく、雪舟を含むこれらの禅僧たちは、「国を挙げた交易の一端を担う活動」に従事していたのであろうと推測する〔渡邊雄二二〇〇六〕。渡邊氏はまた、彼らには「交易に大いに係わったという公的なハレの面」とは異なる「裏の面」があったようであることを指摘し、「戊子入明船の使として、栄誉ある中国行きを果たしたはずの桂庵や中心がどうして、隠れるように九州の一地方に潜んでいたのか」との疑問を投げかけている。雪舟も明からの帰国後ほぼ十年の動静がはっきりしないのであったが、応仁度遣明船の参加者にはこうした例が多すぎるのである。正使である臨済宗大鑑派の禅僧・天与清啓《てんよせいけい》（生没年不詳）ですら、帰国後の動向ははっきりしない〔伊川健二二〇一五〕。伊藤幸司氏は、天与清啓が消息を絶った原因を、幕府船が下関（赤間関）に着岸して、当時、応仁の乱で幕府と断続的な交戦状態にあった大内氏によって積荷もろとも抑留されてしまった、という状況によるものとしている〔伊藤幸司二〇一一〕。遣明使正使である天与と、雪舟や桂庵らとではもちろん立場がまるっきり異なる。しかし、当時の大内氏は、文明二年（一四七〇）二月に政弘の叔父教幸（生没年不詳）が幕府（東幕府）によって守護と認められ、家臣が政弘方と教幸方とに分裂して争うような、きわめて流動的な状態にあった。こうした状況は、東幕府と政弘との間で和平交渉が成立して、接収されていた積荷の返還が始まった文明八年末まで続いた（伊藤幸司 二〇一二）。雪舟や桂庵らは、この時まで、大内氏の勢力の中心を離れた九州北部で、息を潜めるようにして暮らしていたのではなかったろうか。

東周興文は雪舟が描いた四季山水図四幅を所有し、臨済宗夢窓派鹿王門派の禅僧・彦龍周興《げんりゅうしゅうこう》（一四五八～九二）にその図への着賛を依頼した。彦龍周興はその賛文の末尾に「東周同門也、雪舟亦同門也」と記す（玉村竹二（編）一九七二）。彦龍周興と雪舟の法系は臨済宗夢窓派鹿王門派なので、東周興文の法系もまた同派だということになる。今泉淑夫氏は、この法系の一致に注目して、雪舟の山口への下向が大内氏と相国寺大智院の関係にかかわっていたのではないかと推測している（今泉淑夫 二〇〇二）。さらに、東周興文より先に大内氏の京都雑掌として活動していた松雪軒全杲もまた相国寺に属していたと推測されている（小林健彦 一九九〇）点も注目される。

伊藤幸司氏によれば、この時期の禅僧たちが入明する目的は、頂相への著賛や行録の撰述などによる「明僧という舶来のブランドによる法脈の顕彰」であったという（伊藤幸司 二〇〇九）。雪舟の場合でいえば、それは周文や如拙といったみずからの画系上の先師の顕彰であり、さらには自らの作品への直接の著賛への期待ということになろう。さきにふれた松雪軒全杲は、応仁度の遣明船の幕府船土官として入明したが、この際に持参した能阿弥筆瀟湘八景図に金湜《きんしょく》・□天錫《てんしゃく》に着賛してもらい、持ち帰って大内政弘（一四四六～九五）に贈っている（今泉淑夫 二〇〇二）。この時点での京都を代表する画家が能阿弥であったことを推測させる。雪舟はどういう気がしただろうか。

綿田稔氏は、享徳三年（一四五四）頃とされる雪舟の山口下向の動機に、大内教弘の築山館《つきやまやかた》にかかわる画事があったのでないかと推測している（綿田稔 二〇一三）。この享徳三年に、河内畠山氏の家督相続をめぐる意見の対立から、将軍足利義政（一四三六～一四九〇）が山名持豊（宗全、一四〇四～一四七三）の退治を命じるという事件が起こった。川岡勉氏は、教弘が宗全の養女を妻としていることに注目し、この事件によって義政と対立した教弘が、この年前後に帰国して息子の政弘（一四四六～九五）に家督を譲ったのではないかと推定する（川岡勉 二〇一二）。この三年後の康正三年（一四五七）の時点では、すでに政弘（亀童丸）に守護職が移っていることが確かめられる〔和田秀作二〇〇三〕。古賀信幸氏はこの推定をうけ、築山館跡の発掘調査の結果から堀が掘削後わずか十年ほどで埋め戻されていることに着目して、築山館はこの教弘の帰国及び家督の委譲に伴って享徳三年頃に教弘隠居所として設置され、教弘の没（寛正六年＝一四六五）後まもなくその使用が停止されたのではないかと論じている〔古賀信幸二〇一四〕。これらを考え合わせると、享徳三年に京都から山口に帰国した大内教弘が守護所（現在の大内館跡に所在）の北側に隠居所を造営することになり、その襖絵を描く画家として雪舟が招かれたということになる。ただし、萩原大輔氏は、教弘は遅くとも宝徳三年（一四五一）九月二〇日頃までに、幕命によって対馬勢の九州攻撃を迎え撃つために帰国していることを指摘する〔萩原大輔二〇一三〕。これら一連の出来事の時期を確定するには、もう少し事実を探索する必要があるようだ。この、教弘隠居所の障壁画の画家として雪舟が山口に招かれたのではないかという想定と、入明の機会を窺うことを雪舟の来山の動機とすることとは、互いに排反するものではない。この時大内氏が築山館の襖絵を制作させる画家を必要とし、入明の志向を持っていた雪舟がそれに応えた、という事情はあり得る。

二　文明十八年の大内氏と雪舟

文明十八年（一四八六）は、雪舟にとって三つの記念碑的な作品が作られた特別な年であった。その三点とは、全長一六メートルの長大な画巻「山水長巻（四季山水図）」（毛利博物館蔵）、また現在ではその大部分が散逸、隠滅してしまっているが、制作当初は全体でおそらく三十三幅からなったと想像される大作「観音変相図」（模本は山口県立美術館その他蔵）、そして現存しないものの、大内政弘の館に設えられた雪舟による襖絵である。

この年は大内政弘にとっても特別な年であった。六月に政弘の父、故大内教弘に従三位が追贈され、十月には勅願寺化された大内氏氏寺の興隆寺に、新たに整えられた大内氏の家譜「氷上山興隆寺縁起」が奉納された。影山純夫氏はこの文明十八年を「大内氏において祖先に対する意識の高まった年」として、はじめてこの特別な年のもつ意義を指摘した〔影山純夫二〇〇〇〕。これらの出来事は、応仁の乱の際に、足利義政が教弘の兄・教幸（法名道頓）を東軍に取り込んだことによって大きく毀損された、自らの家督の正当性を回復するために行われたものであった〔須田牧子二〇一一〕。雪舟がこの年に三点の大作を制作したことは、当然のことながら、大内政弘にとってこの年が特別な年であったことと密接に関係する。「観音変相図」は、現在知られている限り、伝承作品や模本、縮図などから合わせて九図の図様が知られている。このうち、毛利家旧蔵の「若為大水所漂幅（救世観自在菩薩像）」は、現所在不明のため実作品を確認できないが、『雪舟画集』（審美書院、一九〇九年）所載の図版から判断するかぎり、岩の輪郭線の描写や皴法の特徴などからみて、雪舟真筆の可能性が十分考えられる。同図には「雪舟六十七歳」との款記があるが、その書体は同じ雪舟六十七歳の年すなわち文明十八年に記された「山水長巻」の落款の書体に比べて、さほど不審を感じさせない。

雪舟が「観音変相図」を描く七十四年前の応永十九年（一四一二）に、東福寺の画僧・吉山明兆（臨済宗聖一派、一三五二〜一四三一）が三十三幅からなる「三十三観音図」（東福寺蔵）を制作している（五十嵐公一 一九九五）。この「三十三観音図」の画面下部の図様は、明・洪武二十八年（一三九五）版の「出相観音経」の図様を典拠としているが、雪舟の「観音変相図」では、画面下部のみならず上部の観音の図像も含めて、画面全体が洪武版「出相観音経」の図様にほぼ一致することが指摘されている（馬淵美帆 二〇〇三）。明兆の「三十三観音図」は、この時代に新たに整備され、多く追善供養を目的として修せられた観音懺法の本尊として用いられたが（立畠敦子 二〇一〇）、畑靖紀氏は雪舟の「観音変相図」も追善の観音懺法の本尊として制作され、文明十八年九月三日の大内教弘の命日に行われた修法に用いられたものであろうと推測している（畑靖紀 二〇一二）。

一方、款記から文明十八年十二月に描かれたことが明らかな「山水長巻」はどうであろうか。畑靖紀氏は、足利将軍家に所蔵されていた中国・南宋時代の画院画家である夏珪の「山水図巻」に、統治者としての政治権力を象徴する《皇帝の絵画》という特別な意味が与えられていたことを論じた（畑靖紀 二〇〇四）うえで、雪舟の山水長巻は、これと同様の意義を持つものとして、国家を守護する治世者の資格を持つ人物としての大内政弘に献上されたものと推定した（畑靖紀 二〇〇六）。一方、綿田稔氏は、大内政弘が文明十九年（一四八七、七月二十日改元長享元年）に五山僧十七名に自邸の襖絵のための画賛を依頼していることに注目し、これが将軍邸会所の「四季山水図襖絵」に倣うものであり、「山水長巻」はこの襖絵のための「画本」（＝絵手本）であったとする（綿田稔 二〇一二)。綿田氏はまた、十七紙からなる「山水長巻」は全巻を通して一紙の横幅が約一〇六糎であるのに対して、第一紙と、落款が記される第十七紙とだけが極端に短いという異状を発見している。そして、その異状の説明として、制作当初には、巻頭から了庵桂悟の『天開図画楼記』の雪舟による筆写と、雪舟の自序とが存在していたのではないかという興味深い仮説を提出している。このような綿田氏の説に対して畑氏は、「山水長巻」の冬景部分の図様は、伝統的な将軍邸会所襖絵の山水図の冬景の図様と考えられるものと異なるとして(畑靖紀 二〇一二)、雪舟による政弘邸襖絵の山水図の冬景は、「山水図屛風」(奈良県立美術館蔵)の冬景部分にみられるような、足利将軍家に所蔵されていたと考えられる、八幅対の伝夏珪筆瀟湘八景図の図様を典拠にしたものであった可能性を想定している(畑靖紀 二〇一四)。

この大内政弘邸の雪舟筆襖絵は、遅くとも長享三年(一四八九、八月二十一日改元延徳元年)五月に連歌師宗祇(一四二一〜一五〇二)が山口に下向してきた時までには完成していたようである。この年の十二月、もとより禁制の出ていた館内の見物について、大内氏家臣の親族であることを言い訳にして押しかける者どもが止まないことに業を煮やして、改めて厳重な禁令が出ている(大内氏壁書)。このように人々の大きな関心を集めていることからみて、この時の政弘邸の改装は、かなり大規模な造営をともなう改築であったのだろう。大内教弘が家督を政弘に譲ったと推定された享徳三年(一四五四)の時点で政弘はわずかに九歳であり、教弘の没年である寛正六年(一四六五)には弱冠二十歳であった。その二年後に政弘は応仁の乱に参戦するために入京し、そのまま文明九年(一四七七)まで在京した。こうした状況を考えると、あるいは政弘はこの文明十八年までは教弘の旧邸に住み続けて、この文明十八年にはじめて旧邸を棄却して自らの新邸を造営したと考えることもできるかもしれない。

尾崎千佳氏は、この長享三年夏の時点で、大内館において月に三度の月次連歌会が興行されていたことを指摘し、さらにそのことから、すでにこの時、大内政弘と宗祇との間に明応四年(一四九五)六月に完成した准勅撰連歌集『新撰菟玖波集』に向けた合意が成立していたであろうことを推定している(尾崎千佳 二〇一〇)。尾崎氏はまた、この時期の政弘の「勅撰」への強い指向の裏に、応仁・文明の乱での幕府との対立を、文事での栄達によってすすごうとした意識があったことを指摘する。そうであるならば、この文明十九年から長享三年にかけての政弘邸会所整備の背景に、勅撰連歌集発企の目論見を想像することもできよう。ともあれ、雪舟の襖絵によって飾られた部屋において、宗祇指導のもと連歌会が行われ、そこで詠まれた句のいくつかが『新撰菟玖波集』に入集した。ここに室町文化の縮図をみるといってよいだろうか。

三　明応年間の雪舟

明応二年（一四九三）四月二十二日、管領細川政元（一四六六～一五〇七）らが将軍足利義材を廃して、堀越公方・足利政知（一四三五～一四九一）の子、義澄（一四八一～一五一一）を将軍位につけるという政変（明応の政変）が起こった。義材はこの後越中に逃れ、明応九年（一五〇〇）二月には大内義興（一四七七～一五二九）を頼って周防山口に至った。義材は応仁・文明の乱の際、西軍によって擬似的な西幕府の将軍に擁立された足利義視（一四三九～一四九一）の子であり、周防下向後も義材は丹後・但馬・因幡・伯耆など、旧西軍の勢力を糾合することによって政元・義澄に対抗した（羽田聡 二〇〇三）。義興は明応の政変時、義材の六角征伐に従うために上洛していたところであったが、政変をうけて帰国し（須田牧子二〇一三）、永正五年（一五〇八）六月には義材を奉じて再度入京することとなった。この間、大内政弘は明応三年（一四九四）秋に中風のため義興に家督を譲り（和田秀作二〇一三）、翌年九月十八日に没している。

雪舟の晩年にあたるこの時期に描かれたいくつかの作品をみてみる。まず「玉澗様山水図（破墨山水図）」（東京国立博物館蔵）。明応四年（一四九五）三月、修行を終えて郷里に帰るという相模国出身の弟子・如水宗淵（臨済宗一山派?、生没年不詳）に描き与えた、玉澗（中国・南宋時代の画家）の筆様で描かれた図である。図の上には雪舟自身が記した長文の自題があり、さらにその上に月翁《げっとう》周鏡《しゅうきょう》（臨済宗夢窓派鹿王門派、一四二〇～一五〇〇）等の六人の五山僧が賛詩を書した一紙が付されている。この図のあり方は、禅宗で印可の証しとして、師が自らの肖像画上に法語を記して弟子に授与する頂相のあり方に擬したものだ。島尾新氏は「画家自身の長編の文を画上にもち、さらに当時の著名な文筆僧の題詩をその上に伴う」というこの図の姿は「室町時代の山水画の中で特異」なものであることを確認した上で、雪舟の自題の論理が、「相国寺の画系に連なるという日本の文脈での正統の意識、同時代の中国もきちんと受けとめていること、そして過去の中国の世界をしっかりと受け継いでいる」こと、つまり「過去と現在の中国・そして日本の文脈をすべて自らへと引き寄せた」ものであると分析している〔島尾新二〇〇二〕。

相澤正彦氏は、宗淵がこの図を雪舟に懇請した理由を、彼が将軍家の同朋衆である藝阿弥（一四三一～一四八五）が、建長寺出身の画僧・賢江祥啓（臨済宗大覚派、生没年不詳）に与えた「観瀑図」（根津美術館蔵）を意識しているからだとする〔相澤正彦二〇〇七〕。祥啓は文明十年（一四七八）に上洛して藝阿弥の元に弟子入りし、将軍家所蔵画本をことごとく学んだという。そして文明十二年（一四八〇）に帰国する際に藝阿弥より「観瀑図」を与えられ、その上部に月翁周鏡、蘭坡景茝《らんぱけいし》（臨済宗夢窓派正持門派、一四一九～一五〇一）、横川景三（臨済宗夢窓派慈済門派、一四二九～九三）の三名による題詩を得た。円覚寺にいた宗淵は当然、建長寺の祥啓の名声も、またその所有する「観瀑図」のことも知悉していたに違いないというわけである。そしてさらに興味深いことは、雪舟もまたこの祥啓と藝阿弥のことを意識していた可能性があることだ。祥啓が帰国したその翌年の文明十三年（一四八一）七月、大内政弘が三十二幅の唐絵を京都に送って足利義政の御覧に入れ、その一部を献上したのだが、雪舟は唐絵の搬送に同行し〔宮島新一二〇〇〇〕、義政の側の窓口であった藝阿弥に面会した可能性があるというのである〔畑靖紀二〇〇九〕。このことについての明証はないのだが、この時期の水墨画における東西の交渉はとても面白い問題だ。

日本三景のひとつ天橋立の風光を、実地での観察を元に再構成した作品である「天橋立図」（京都国立博物館蔵）は、画中に文亀元年（一五〇一）四月に竣工した智恩寺の多宝塔が描かれていることから、雪舟が八十二歳であるこの年以降に描いた最晩年の作品と考えられる。この図の制作年代については、雪舟が美濃国に旅した文明十三年（一四八一）頃の制作とする異説があるが、近年山本英男氏によって紹介された、雪舟が最晩年に訪丹したことの証跡となる史料は、最晩年説を強力に裏付けることになった〔山本英男二〇〇三〕。その史料とは、三条西実隆（一四五五～一五三七）の歌集『再昌草』に収められている、文亀二年（一五〇二）十月あるいは十一月に作られた和歌の詞書であり、実隆のもとに仁和寺の真言僧・真光院尊海（一四七二～一五四三）の紹介をうけた丹後国の成吉という人物が来て、雪舟画への著賛を依頼したことを伝えるものである。この、成吉を実隆に紹介した真光院尊海は、文亀元年三月に丹後天橋立から実隆のものとに書状を寄せており、時期から考えて、真光院尊海は智恩寺多宝塔竣工の法要を執行するために招かれたものと考えられる（荏開津通彦二〇〇六）。つまり、文亀元年四月をめぐるいずれかの時期の丹後天橋立において、雪舟と成吉、成吉と真光院尊海との接触があった可能性が高い。この前年の明応九年（一五〇〇）秋には、雪舟は山口におり、その時京都にいた弟子の如水宗淵の十月八日付けの書状を受け取って、十一月二十二日にその返書を認めている（綿田稔二〇〇六）。先に記したように、この年の二月に山口に到着した足利義材は、配下の奉公衆伊勢貞仍を丹後国等五カ国に使者として遣わしている。応仁の乱時の旧西軍に属した日本海側の諸守護との連携を取り付けるための政治工作である。この時期の雪舟の訪丹も、こうした状況と無関係であったとは考えられず、何らかの視察、情報収集が目的であったのものと思われる。そして、この訪丹を最後に雪舟の行方は明らかにならなくなる。

雪舟の死没については、文亀二年（一五〇二）に石見益田大喜庵で没したという説と、永正三年（一五〇六）に備中重玄寺で没したという説の両説があるが、いずれも明確な根拠を持たない。しかし、文明十八年に雪舟のために「天開図画楼記」を記した了庵桂悟が、永正十一年（一五一四）になって伊勢神宮の宮司が所蔵していた雪舟画に対して作った賛詩「題雪舟山水図詩」（藤田美術館蔵）から、雪舟の没年についての手掛かりを得る。この詩中、了庵が永正四年に雪舟の旧居雲谷軒を訪ねた時の印象を記す部分があり、そこには「雲谷旧盧暦炎涼。幽花野草皆遺愛。竹亭松宇危橋梁」とある。意訳すれば、「雪舟の旧居を訪ねたのだが、本当に久し振りだった。雪舟遺愛の庭の花や野草や、荒んだ家屋の様子が感慨深かった」となる。ここからは、永正四年の時点で、雪舟が没してからある程度の時間が経っていることが感じられる。雪舟の没年としては、永正三年よりも文亀二年が相応しいだろう（島尾新二〇〇六）。さらに井土誠氏は、石見益田没説と雪舟最晩年の訪丹とを結びつけ、雪舟は文亀元年に丹後を訪れて、その帰路益田で客死したという説を唱えており（井土誠一九九二）、注目すべき意見と思われる。

（荏開津通彦）

参考文献

相澤正彦二〇〇七「「破墨山水図」と宗淵」『美術研究』三九一号
五十嵐公一一九九五「東福寺蔵三十三観音像」『美術史論叢』一一
伊川健二二〇一五「天与清啓」村井章介編集代表、橋本雄・伊藤幸司・須田牧子・関周一編『日明関係史研究入門』勉誠出版
井上誠一九九一「雪舟没年再考論」『下関市立美術館研究紀要』三号
伊藤幸司二〇〇九「日明交流と肖像画賛」東アジア美術文化交流研究会著、井手誠之輔編『寧波の美術と海域交流』中国書店
伊藤幸司二〇一一「吉川史料館蔵「湖亭春望図」の著賛時期」『信濃』七四三号
伊藤幸司二〇一二「大内教弘・政弘と東アジア」『九州史学』一六一号
今泉淑夫一九八二「翺之恵鳳小考」『日本歴史』四〇八号（後に今泉淑夫『日本中世禅籍の研究』吉川弘文館、二〇〇四年に所収）
今泉淑夫二〇〇一「文明十三年雪舟美濃行について」『天開圖畫』三号
今泉淑夫二〇〇二「大安寺長寿侍者について」『図書館情報大学研究報告』第二一巻第一号（後に今泉淑夫『日本中世禅籍の研究』吉川弘文館、二〇〇四年に所収）
荏開津通彦二〇〇六「雪舟画年代再考」山口県立美術館雪舟研究会編『雪舟等楊――「雪舟への旅」展研究図録――』中央公論美術出版
大西廣一九七七年一～三月「雪舟史料を読む」9～11、『日本美術工芸』四六〇～四六二号
尾崎千佳二〇一〇「『新撰菟玖波集』成立の一背景――大内政弘とその周辺――」『芸備地方史研究』二七〇・二七一号
影山純夫二〇〇〇「『山水長巻』の伝来と模本、そして長巻へ」『天開圖畫』二号
川岡勉二〇〇三「中世伊予の山方領主と河野氏権力」『愛媛大学教育学部紀要　人文・社会科学』三六巻一号
川岡勉二〇一二「大内氏と周防・長門」『山口県史　通史編　中世』山口県
古賀信幸二〇一四「大内氏遺跡築山跡小考」『山口考古』三四号
小西甚一一九七一『日本詩人選16　宗祇』筑摩書房
小林健彦一九九〇「大内氏の対京都政策――在京雑掌（僧）を中心として――」『学習院史学』二八号
島尾新二〇〇一「「破墨山水図」の画と詩」『天開圖畫』三号
島尾新二〇〇六「50山水図」山口県立美術館雪舟研究会編『雪舟等楊――「雪舟への旅」展研究図録――』中央公論美術出版

須田牧子 二〇一一『中世日朝関係と大内氏』東京大学出版会
須田牧子 二〇一三「大内氏の在京活動」鹿毛敏夫編『大内と大友』勉誠出版
立畠敦子 二〇一〇「東福寺蔵明兆筆三十三観音図に関する一考察」『デアルテ』二六
玉村竹二 一九六四『円覚寺史』春秋社
玉村竹二（編）一九七二『五山文学新集』第四巻、東京大学出版会
萩原大輔 二〇一三「中世後期大内氏の在京雑掌」『日本歴史』七八六号
橋本雄 二〇一七「雪舟入明再考」『美術史論叢』三三号
畑靖紀 二〇〇四「室町時代の南宋院体画に対する認識をめぐって——足利将軍家の夏珪と梁楷の画巻を中心に——」『美術史』一五六号
畑靖紀 二〇〇六「文明十八年の大内氏と雪舟」山口県立美術館雪舟研究会編『雪舟等楊——「雪舟への旅」展研究図録——』中央公論美術出版
畑靖紀 二〇〇九「雪舟の中国絵画に対する認識をめぐって」東アジア美術文化交流研究会著、井手誠之輔編『寧波の美術と海域交流』中国書店
畑靖紀 二〇一二「雪舟の観音変相図をめぐって」『論集・東洋日本美術史と現場』編集委員会編『論集・東洋日本美術史と現場——見つめる・守る・伝える——』竹林社
畑靖紀 二〇一四「山水画の伝統と雪舟」『日本美術全集第九巻　水墨画とやまと絵』小学館
羽田聡 二〇〇三「足利義材の西国廻りと吉見氏——一通の連署状から——」『学叢』二五号
平野健一郎 一九七八「中世日本における文化的・政治的統合——文化運搬者としての連歌師宗祇をめぐって——」『国際政治』五九号
馬淵美帆 二〇〇三「円山応挙筆〈難福図巻〉と『観音経』・観音経絵——出相観音経を中心に——」『美術史論叢』一九
宮島新一 二〇〇〇『雪舟　旅逸の画家』青史出版
村井章介 一九九七「「僧良心」を追って——東アジア世界と信州——」同著『国境を超えて——東アジア海域世界の中世——』校倉書房
山本英男 二〇〇三「雪舟筆天橋立図の作期について」『学叢』二五号
和田秀作 二〇〇三「大内武治及びその関連史料」『山口県文書館研究紀要』三〇号
和田秀作 二〇一三「大内氏の総庶関係をめぐって」鹿毛敏夫編『大内と大友』勉誠出版
綿田稔 二〇〇六「46 宗淵宛書状・山水図」山口県立美術館雪舟研究会編『雪舟等楊——「雪舟への旅」展研究図録——』中央公論美術出版
綿田稔 二〇一二「山水長巻考——雪舟の再評価にむけて——」『美術研究』四〇五号

綿田稔二〇一三『漢画師　雪舟の仕事』ブリュッケ
渡邊雄二二〇〇六「雪舟の帰国後の動向――九州を中心に」山口県立美術館雪舟研究会編『雪舟等楊――「雪舟への旅」展研究図録――』中央公論美術出版

失われた大内文化・大内文化の余光

すでに大内文化の精華として、宗教、文芸と美術については詳述された。これ以外にも芸術の諸分野で大内文化として記憶すべきものが多くある。そのいくつかはすでに失われたが、かろうじて大内文化の余光を感じさせるものも残る。大内時代に作られ、もしくはおこなわれた工芸や出版、音楽、茶の湯、建築などについて述べることにより、失われた大内文化およびいまだ残る大内文化の余光の一端を示したい。

一　失われた大内文化

(一)　出版

中世の防長の地において、書籍の出版がおこなわれたことはよく知られていた。正保二年（一六四五）に刊行された『毛吹草』にも紹介されているし、正徳三年（一七一三）の序のある『老人雑話』にも「大内介は西国一の大名なりし。周防山口の城に居る。紙を大明へつかハし書物を摺らせて取寄けり。今に至りて山口本とも。大内本とも云」と書かれている。

最古の大内版は応永十七年（一四一〇）に僧霊通《れいつう》の勧めにより大内盛見《もりはる》が刊行した『蔵乗法数』である。これは仏教の名数について中国元時代の可遂《かすい》が編集した書を復刻したもの。山口県文書館や国立国会図書館、蓬左文庫などに収蔵されている。ほぼ同じ時期の『理趣分』『金剛経』『仏経神呪』などの仏典の刊行も知られている。『理趣分』については応永三十三年（一四二六）一〇〇〇巻を刊行し巻ごとに一〇〇銭を付けて全国の貧僧に与えたという（『花営三代記』）。

『法華経』は文明十四年（一四八二）に興隆寺で刊行され始めた。興隆寺は大内氏の氏寺であるので、実質的には大内氏の援助により刊行されたに等しい。現在その版木四十七枚が山口県文書館に残っているが、元亀や天正の年記のあるものを含むので桃山時代までは使用されていたのであろう。

以上のような仏教関係書の刊行以外にも、大内氏関連の出版活動はあった。『聚分韻略』は鎌倉時代の五山僧虎関師錬によって書かれた漢詩作成のため漢字を韻によって分類した五冊からなる参考書で、周防では真楽軒《しんらくけん》において明応二年（一四九三）に刷られた。この『聚分韻略』の携帯用の小型本が『三重韻（三韻一覧）』である。これを天文八年（一五三九）大内義隆が刊行した。『聚分韻略』は山口県立山口図書館に、『三重韻』は岩国徴古館に残る。

儒学関係書の刊行としては、『論語集解《ろんごしっかい》』がある。魏の何晏《かあん》の編集になる論語の注釈書で、日本では堺の道祐により正平十九年（一三六四）に初めて公刊された。その後度々刊行されているが、明応八年（一四九九）大内家の家臣杉武道により双跋本の『論語集解』が刊行された〔小川五郎 一九六五〕。大内家だけではなくその家臣によっても出版活動がおこなわれたことは、大内領内における文化水準の高さを示すものである。

（二）工芸

・刀剣

周防では、二王派の刀工の活躍が知られている。その活動は鎌倉時代から近世にまで続いた。二王の名の由来についてはいくつかの説があり、山口近くの仁保の地に住したことによるという説もある。

二王派の祖は清真や清平ともされるが、しかし現存状況から考えて祖は清綱と考えられ、「文永二年三月」という年記のある清綱作の太刀が厳島神社に残されている。建武二年（一三三五）の清綱作の短刀があったことから、清綱の名を受け継ぐ刀工がいたことがいたこともわかっている。その後清景、清長、清光、清春、清忠、清真、正清など多くの刀工が出て、二王派は隆盛をほこった。ただし、「二王」の銘をきるのは室町時代以降の刀工によってである。なお長門にも筑前から移り住んだ刀工の活動が見られる〔檜山正則 一九八九〕。

・金工

金工の分野でも、活発な制作活動がおこなわれていたようである。鋳物師としては、防府の大和や筑前芦屋の大江が有名で、小倉の鋳物師の活躍も見られる。大和貞清はすでに鎌倉時代に活躍しており、室町時代には大和光用や大和相秀が出て梵鐘を鋳た。

貞清の鋳た梵鐘としては周南の遠石八幡宮の梵鐘（元応二年）が残り、光用の鋳た梵鐘としては山口の花尾八幡宮や同じく山口の三坂神社の梵鐘があったが、今は失われている。一方幸いなことに、相秀の鋳た梵鐘としては琉球の円覚寺のために鋳た二口の梵鐘が沖縄県立博物館に、周防上野八幡宮のために鋳た梵鐘（明応七年）が兵庫県志方の円照寺に残る。大和家は代々鋳物職を受け継いできたと思われるが、多くの大和家の工人が作った梵鐘や鰐口などが失われ、結果貞清、光用、相秀以外の工人も忘れられたと考えざるを得ない。

豊前の鋳物師としては円覚、宗仁、昌久などの名が知られている。しかし、鋳物師として有名なのは筑前芦屋の大江宣秀である。宣秀の鋳た梵鐘が山口の興隆寺に残り、鰐口がやはり山口の今八幡宮と下関の美栄神社に残る。興隆寺の梵鐘と今八幡宮の鰐口は銘文からともに大内義隆の注文によることがわかることも重要である。芦屋は芦屋釜の生産地として名が知られており、宣秀も茶の湯釜を作っている。遺品として根津美術館所蔵の松梅図真形釜があり、高野山の宝幢院の為に作られたものである（臼杵華臣 一九八九）。また宣秀の香炉を茶の湯釜に改変した釜も現存する。なお芦屋の鋳物師としては他に行信、大江貞家、大江貞親や大江宣房などがいる。

防長の地には朝鮮国で作られた梵鐘が大内氏の交易によりもたらされ（『李朝実録』には大内盛見が朝鮮の太宗に梵鐘を求めたことが記される）、そのいくつかが現存する。この朝鮮鐘の影響が宣秀の梵鐘に見られるとの指摘がある。高麗仏像も防長にいくつか残ることからみても、大内文化に対する朝鮮半島の文化の影響は小さくなかったようである。

なお刀の鍔工として中井光恒、河治道祐、中西盛直の名が伝えられている。

・漆工

赤漆地に金箔を以て菱文様を表した現在大内塗として知られている漆器は、近藤清石《きよし》の指導により明治期復活したものであるが、このような漆器が大内氏の治世の時期に作られていたかどうかはわからない。朱漆地に黒漆と金箔を用いて菱と草花の文様を表す技法は、会津塗などにも共通するのであって、他地域から持ち込まれた可能性も残る。これについて清石は毛利家に伝わった漆器について『颶雲捉風《かくうんそくふう》』の内の「大内家工芸考土代」で絵を描くなど詳細に記し、また『大内飯器』という一文では大内塗と会津塗とに同じような菱文はあるが、大内塗を会津に伝えて紋を少し違えて模造したものであろうとし、毛利家蔵の飯器を手本にして大内塗を復活したのである。『李朝実録』には、大内氏から朝鮮王への献上品として、多くの紅漆椀、朱漆鑵、朱漆小盆、朱漆菓子盆が含まれていたことが記されており、大内氏の支配地域において漆器が盛んに作られていた可能性は大きい。

（三）絵画

大内文化を代表する画家として雪舟がおり、その画室とされる雲谷庵では多くの絵が制作され、京都さらには東国までもたらされたと考えられる。また雪舟はここで幾人もの弟子を育て世に送り出した。その代表は秋月であり宗淵である。弟子としてはその他にも周徳や雲溪、楊月などがおり、雪舟の没後雲谷庵をついだのは周徳だと伝えられる。雲谷庵はその後無住となったが、毛利輝元により雲谷等顔に与えられ雲谷派画家の管理下に置かれるようになった。しかしそれも幕末にはうち捨てられていたようで、明治に入って近藤清石などによって古寺の部材などを使って再建された。

（四）舞楽

現在山口において舞楽が演じられることはあるが、常設の演舞・演奏団体が存在するわけではない。しかし、中世にしばしば演じられていたことは、史料から明らかである。記録に残る最も早い演舞の記録は、南北朝時代の観応三年（一三五二）正月二十八日と二十九日の仁平寺の本堂供養におけるものである。萬歳楽や長保楽など五番が法用舞として、また入調舞として安摩や太平楽、散手、陵王など九番が演じられた。仁平寺は興隆寺の末寺で樋井田にあったというが、その後もここで法用舞はおこなわれた（『仁平寺本堂供養日記』）。

当然本山である興隆寺でも法用舞はおこなわれた。応永十一年（一四〇四）二月十九日の本堂供養では万歳楽、地久などが法用舞として、高座楽として千秋楽や二舞などが、入調舞として太平楽や陵王などが演じられた（『興隆寺本堂供養日記』）。舞人も高位の武士の子供達であり舞楽の広がりを感じさせる。

嘉吉三年（一四四三）二月十六日氷上山上宮の遷宮時にも神殿行導音楽として雅楽が演奏され、下宮においても舞楽が演じられたが、下宮の遷宮時にも舞楽が演じられた。また毎年の修二会においても舞楽が演じられたようである。

遷宮時に雅楽を奏することは、今八幡宮においてもおこなわれていた。文亀三年（一五〇三）三月六日の遷宮時には越殿楽《えてんらく》、千秋楽、太平楽、蘇合香《そこう》、青海波が奏された（『今八幡遷宮注文』ほか）。

このような舞楽の伝統は大内氏によって守られていたのであって、大内義隆などは四天王寺の楽人東儀因幡守兼康と岡兵部昌歳を雅楽の師として招いているほどであ

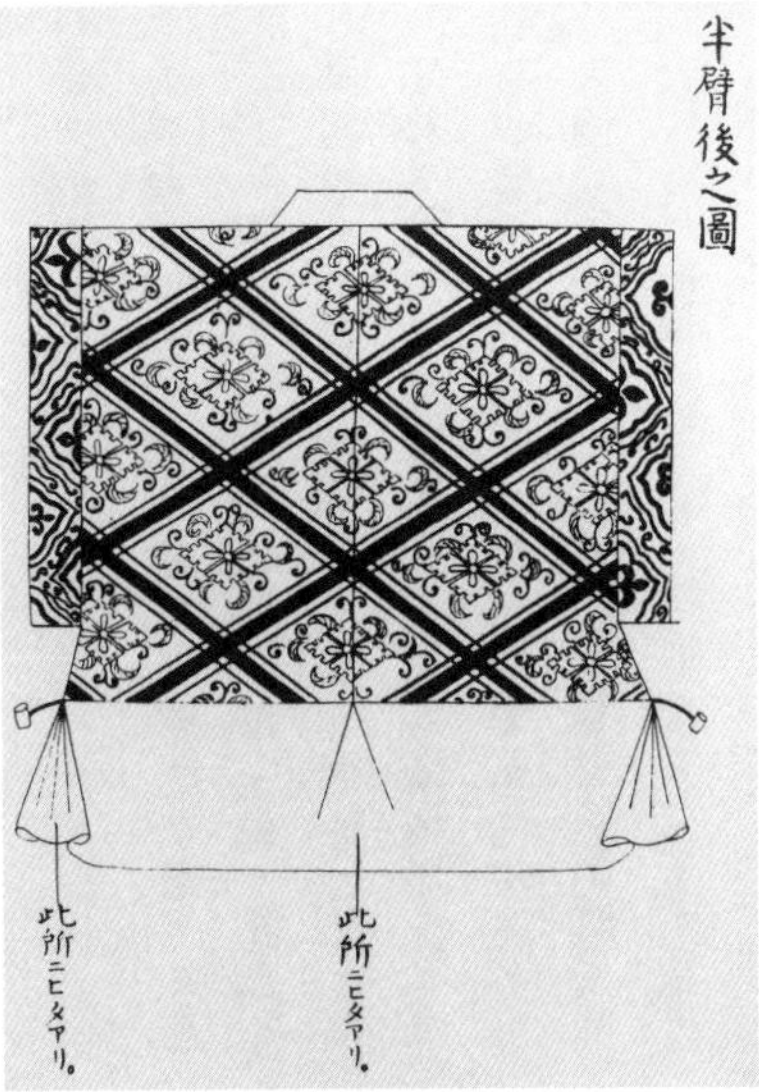

写真1　半臂図(『防長古器考』)

る(『義隆記』)。なお『房顕記』はさらに蔦坊と園壱岐守廣忠をも招いたとする。厳島神社での経会において舞楽をおこなわせたのも義隆である。

舞楽には楽器の外に、多くの装束が整えられなければならなかった。早くは至徳三年(一三八六)に大内義弘により興隆寺に舞装束が寄進されているし、応永三十二年(一四二五)にも大内盛見により舞装束が寄進されている。『防長古器考』の興隆寺の項には元和四年(一六一八)四月十二日付の光祐から源康への渡注文が写されており、大内氏により寄進された多数の装束や楽器が江戸時代まで伝えられていたことがわかる。しかし朱塗の唐櫃に収められていた装束は混雑し傷んでいる物が多いとも書かれている。それでも赤色直垂、赤色下袴、陵王狩衣、陵王の裲襠《りょうとう》、大口精好《おおくちせいごう》、納曽利袴《なそりばかま》、半臂《はんぴ》、羯鼓《かっこ》、鼓胴《こどう》など三十三件が図入りで記録されている(写真1)。

また『氷上山秘奥記』によれば、興隆寺には中世の舞台や楽屋が享保頃までは残っていたという。しかし残念ながら現在興隆寺に残されているものは仮面や龍頭など数点にすぎない。それでも東京国立博物館に収蔵されている紅地大内菱文金襴裲襠は「赤色コケ」に、紅地牡丹文筋入銀襴は「陵王ノコケ」に該当すると考えることができる。わずかながらも大内氏関連の舞楽の遺品が残るのは幸いである。

『防長古器考』によれば、馬屋原家にも横笛が、鷲頭家にも大内菱文を配した楽装束が、また今八幡宮にも舞楽面らしき仮面が伝えられていたが、これらは現存するということを聞かない。舞楽の伝統は、大内氏の滅亡とともに失われたのと考えるべきであろう。

(五)　茶の湯

鎌倉時代から寺院から貴族・有力武士層に広まっていった宋風の茶(粉末にした茶を茶筅で混ぜ飲む茶法で、これを茶の湯と呼ぶ）は、主に来客の饗応として供されることが多かった。この饗応のための空間として備えられたのが会所で、ここでは室内を飾るために多くの美術品が必要とされた。この会所の装飾品として重んぜられたのが中国から輸入された絵画や工芸品で、貿易にかかわっていた大内氏が中国製の美術品を所持していたことはよく知られている。

大内氏の館の中に接客空間としての会所が設けられていたことは間違いがなかろうし、そこで茶が供されたことも想像に難くない。現在根津美術館の所蔵となっている中国宋時代の青磁掛花入の「大内筒」などはそういった会所の座敷を飾る品であったのであろう。

茶の湯の道具としては主に茶入、茶碗が輸入されたが、野村美術館の所蔵となっている茶入「上杉瓢箪」は、大内義隆の所蔵であったとされる（写真2）。同じく義隆の所蔵であったとされる茶入として徳川博物館の所蔵となっている「玉堂肩衝」がある。また大内氏関連遺跡からは、天目茶碗や青磁の碗などが出土しているし、陶氏関連と思われる遺跡からも天目茶碗や青磁の碗や鉢などが出土している。

大内政弘の家臣相良正任の書いた『正任記』には、政弘が少弐教頼を討ったのち博多に滞在した時のことが記録されているが、周防や長門の寺の僧が次々と訪れ茶を献上したことが記されている。茶の産地について記されているわけではないが、周防や長門でも茶が生産されていた可能性を示す。それは周防や長門で茶が盛んに飲まれていた可能性を示すものでもある。

写真2　唐物茶入「上杉瓢箪」（野村美術館所蔵）

また京都南禅寺慈聖院の僧梵恕の記録『梵恕記《ぼんじょき》』によれば、永正五年（一五〇八）七月六日陶家の家臣達一四五人が、梵恕のもとにやってきて茶を所望したので、飲ませたという。この年の六月、足利義尹は大内義興と入京し将軍に返り咲く。この義興配下の陶家の家臣達がやってきたので、梵恕は断り切れず茶の要求に応えたのであろう。陶家の家臣達も茶を飲むことに親しんでいたのであるから、茶の湯は大内氏の支配圏に定着していたといえよう。

陶家の関連でいえば、天文二十三年（一五五四）陶晴賢が津和野を攻める時本陣を置いた付近から、八角茶釜と「鹿玉山」「龍文寺」の銘がある真形釜が出土した。龍文寺は陶氏の領地内に在ることから考えて、晴賢が戦陣での喫茶のために龍文寺から徴用したと考えて間違いあるまい。

山口での茶の湯の流行を示す資料としては、『多々良盛衰記』がある。これよれば天文三年（一五三四）大内義隆は少弐資元を破って山口に凱旋、山口中が喜びに溢れ「草の殿作、三つ葉四つ葉に咲く花を柱花瓶に生けをきて、茶の湯座敷は四畳半・三畳敷の次の間を作らぬ人は無りけり」という有様だったという。この資料にどれだけの信用性があるのかは問題だが、山口で茶の湯がかなり広まっていたと考えてもよいのであろう。また、先に名を挙げた茶入「上杉瓢箪」には、足利義政から珠光、武野紹鷗を経て大内義隆に伝わり、さらに大内義長、大友宗麟へと渡ったという伝えがある。この伝えを証することはできないが、茶の湯の先進地の奈良や堺の茶人達と大内氏との交渉の可能性を考えさせるものとして興味深い。かなり時代は下るが天正十三年（一五八六）六月二十二日に山口の栗林寿印なる人物が堺の商人津田宗及に茶の湯に招かれていることも、山口での茶の湯の伝統を示すものであろう。

二　大内文化の余光

大内氏が室町時代後期に滅亡して以来、大内氏についての記憶は次第に薄れ、その本拠地であった防長の地の人々以外には、ほとんど忘れ去られたといってもよい状況にあるといえよう。その防長の地でも、毛利氏によって大内氏の正統な後継者としての立場を示す一方で、大内氏の負の面を知らしめる働きがなされたように感じられる。

前者の例として次のようなことがあげられる。毛利隆元が大内義隆の菩提を弔うために再興したのが龍福寺であり、毛利輝元が大内義隆の霊をまつるために多賀神社の高橋言延《ことのぶ》に命じて鎮座させたのが宝現霊社《ほうげんれいしゃ》である。義隆の一〇〇回忌、一五〇回忌、二〇〇回忌、二五〇回忌、三〇〇回忌なども毛利家の援助を得て龍福寺や大寧寺でおこなわれたのである。

後者の例としてあげられるのは、様々な文学作品である。現在『大内記』『大内没落記』『大内義隆記』『大内治乱記』として伝わるものは内容はほぼ同じで、大内義隆時代義隆を始めとして高官が華美を極め太平に武を忘れて陶の反乱にあったとし、さらに毛利氏により反乱も鎮圧され平安な統治がおこなわれるようになったとする。『大内夢物語』においては義隆を華美を好み武道に疎い愚者に仕立て上げているのである。浄瑠璃にも大内氏は取り上げられたが、大内氏は高麗の王族である琳聖太子の子孫であり義隆の代に至って華美を尽くして武を忘れたとか、皇帝と号して謀反を企てたりしたといった悪者に設定されている場合が多い。

一般的には、大内氏について好意的でない像が作られがちであったのに対し、大内文化の栄花を示し残るのは、主に防長の地にある社寺建築である。大内氏によって京都の社寺の勧請がなされ、防長の地には次々と社寺の建立や再建がなされた。結果として現存する大内氏に関係する中世の社寺建築は二十六を数える（『山口県史』通史編中世　平成二十四年）ほどである。その内の下関市功山寺の仏殿や同じ下関市の住吉神社本殿、山口市の瑠璃光寺の五重塔（元香積寺五重塔）は国宝に指定されている。その他山口市の今八幡宮本殿、洞春寺観音堂（元勝音寺観音堂）、平清水八幡宮本殿、月輪寺薬師堂、龍福寺本堂、光市の石城神社本殿、下松市の閼伽井坊多宝塔、それに東広島市の福成寺本堂厨子・須弥壇などがあり、現在は防長の地以外に移されたものとして広島市の不動院金堂（元山口香積寺仏殿）、大津市の園城寺経蔵（元山口国清寺経蔵）などもある。

これら建築の所々に見られるのが大内菱と呼ばれる紋様で、これによって大内文化の残映を知らしめている（写真3）。大内菱には必ずしも定形はなく、細部にはそれぞれかなりの違いがあるが、花菱を変形して幾何学模様化したものであると思われ、大内義興画像などにも描き込まれており、大内氏の象徴として捉えられていたことはまちがいない。

また、大内裂というものもあり、これは茶地に金糸で大内菱を織り出したもので山口の龍福寺や多賀神社に伝わった。これは明に注文した織物とされ、これに類似したものは現在も大内菱金襴として伝わっている。また菱地に桐文様の大内桐金襴もあり、大内倭錦や大内纐纈と呼ばれる裂もあったらしく近藤清石の編纂した『颾雲捉風』にその絵が描き残されている。

このほか大内文化がいまだ継承されているものに、山口の祇園会がある。祇園社（現在の八坂神社）が大内教弘によって山口に勧請されたのは長禄三年（一四五九）（応安二年勧請説もある）で、勧請にともなって祇園会もまたおこなわれるようになったという（『防長寺社由来』）。その盛んであったことは、人々が群集するだけでなく屋形の築地の上にまで桟敷を構える輩がいるとし、これを禁止した大内氏の壁書が示している通りである。

永正年間には長刀鉾、三日月鉾、ももの鉾のほか多くの作り物が出た（『防長風土注進案』）が、このことからも

写真3　大内菱図（山口県文書館所蔵）

京都の祇園会をならったものであることがわかる。江戸時代になって舁山《かきやま》が十七と山車三併せて二十の山が出る祭りとなった。籤取りや鷺舞もおこなわれ、京都の祇園会を彷彿とさせる祭りであったに違いない。それが近代にいたって、祭りを担ってきた住人の変化により山が姿を消し始め、京都の祇園会に近いと感じさせるものは、鷺舞のみになってしまった（近年山車の復活がはかられているが）。これをもって大内文化に思いをはせる人は少ないとはいえるものの、雲谷庵や瑠璃光寺の五重塔、大内館などの室町時代の遺跡などにより、大内時代の洗練された華やかな文化を想像しうることは幸いである。

（影山純夫）

参考文献

小川五郎 一九六五「大内時代とその文化」同著『防長文化史雑考』小川五郎先生遺文集刊行会刊
檜山正則 一九八九「三王鍛冶とその周辺について」『大内文化の遺宝展図録』山口県立美術館
臼杵華 一九八九「大内時代の金工」『大内文化の遺宝展図録』山口県立美術館
山口県 二〇一二『山口県史』通史編 中世、山口県

江戸時代の虚構《フィクション》に描かれた大内氏

はじめに

滅亡後の大内氏のイメージは、当然のことながらその事蹟をどのように捉えるかという後世の歴史観とともにある。ここでは、江戸時代の虚構作品の中に描かれた〈大内氏像〉に焦点を絞ることによって、そこにいかなるヴァリエーションがあり、ジャンルごとにどのような傾向が認められるかを探ってみたい。

一　先行研究について

このテーマについては近年、〔平瀬直樹二〇一四〕に網羅的な報告があり、そこに付載される年表（以下、本稿では平瀬年表とする）には、二十三点もの数の大内氏が登場する文学・演劇作品が掲げられ、そのうち一部の作品については内容を紹介の上、史的展開などがまとめられている。ただし、文学方面の先行研究でいくつか見落とされているものがあるので、以下本稿ではこの平瀬論文を出発点としつつ、適宜、追加・補足をした上で、各文芸ジャンルの特質を見極めながら、江戸時代における大内氏像をあぶり出してみたい。

まずざっと平瀬年表を概観しておくと（以下、番号は平瀬年表に付されたもの。一点一点については触れることができないので、詳細は前掲論文を参照されたい）、十七世紀から十八世紀初頭にかけて成立したものには、2『陰徳記』、4『室町殿物語』などのように軍記に分類されるものが目立つ。ここにはまだ大内氏が存続していた時期からそれほど時を隔てていないことが影響しているのであろう。その意味では、正史ではないものの、歴史そのものを見つめようとするまなざしが感じられる。

ところが、十八世紀に入るとより純粋な意味での虚構、もっといえば娯楽的要素の勝った作品群の中に大内氏が登場するようになる。たとえば、7『苅萱桑門筑紫《かるかやどうしんつくしの》轢《いえづと》』8『大門口鎧襲《よろいがさね》』9『けいせい咬𠺕吧文《じゃがたらふみ》』などの歌舞伎・浄瑠璃作品がそれに該当する。こうした作品群は歴史そのものを描こうとしたものではなく、歴史に材をとったドラマであることは言うまでもない。この辺りから、近世期における独自の大内氏像が徐々に形成されはじめるのである。

そして十九世紀になると、もはや大内氏像は一人歩きする。やや余談めくが、江戸時代のメロドラマである人情本の14『朧月花の栞』（平瀬年表では文化七年〈一八一〇〉刊とされるが、これは嘉永元年〈一八四八〉刊の誤り）では、大内義弘が「御所へ参勤交代」するなどとされ、また口絵に「大内家の老職」として「錦帯橋太夫《にしきおびはしだゆう》」などという人物が登場する（ただし、未完のこともありこの人物自体は本文には登場せぬままである）。錦帯橋は十七世紀に架けられたものであり、大内氏と何ら関連がないことは言うまでもない。

ちなみに、『八犬伝』の模倣作、18『十杉伝』は十人の「杉」の名を有する士が活躍する物語であるが、ここに扱われる「十本杉党」というのは作者・為永春水がでっち上げたものでは決してない。そもそも「八犬士」それぞれの名からして馬琴の創作ではなく、『書言字考節用集』（享保二年〈一七一七〉刊）に掲載されるものであり、「大内十本杉党」も同じくここに見出せる。

ところで、江戸時代に大内氏の登場する文学・演劇作品は、平瀬論文に指摘されるもの以外にも複数ある。そこで次節では補足の意味も込め、他の先行研究で既に指摘されている作品を中心にとりあげることにしたい。

二　追加・補足～演劇と仮名草子を中心に

〔金昭賢二〇一二〕は、『祇園祭礼信仰記』に登場する是斎という人物と朝鮮の関係性をたどる中で、「是斎の人物造形において注目したい設定は、「大内義隆の先祖。大明琳聖太子の末葉に仕へし」と、「久吉の旧主松下嘉平次」が大内氏とかかわること」とし、『祇園祭礼信仰記』（ただし本作に直接大内氏は登場はしない）を起点に、それ以外の大内氏を扱う浄瑠璃・歌舞伎作品にも言及しており、とても参考になる。そこから、平瀬論文に指摘されていないものをあげると、以下の五作品があげられる（以下、初演・題・作者の順で掲げる）。

【浄瑠璃】

享保五年（一七二〇）頃　河内国姥火《うばがひ》　文耕堂

宝暦四年（一七五四）　小袖組貫練門平《かんねらもんぺい》　竹田出雲ほか

寛政元年（一七八九）　木下蔭狭間合戦　若竹笛躬ほか

【歌舞伎】

宝暦二年（一七五二）　九州苅萱関《かるかやのせき》

安永九年（一七八〇）　傾城大内の雛形

各作品における具体的な描かれ方は金論文に詳しいので参照されたい（この他にも、歌舞伎『けいせい花街蛙《さとのかわず》』に「大内たゝらの助」なる人物が登場することが〔河合真澄 一九九九→二〇〇〇〕に、文政二年の歌舞伎『奴江戸花槍《やっこえどのはなやり》』に大内義隆が登場することが〔内田保廣 一九九三〕に指摘されている）。

ところで、平瀬年表にも掲げられていた『けいせい咬《じゃ》𠺕吧文《がたらふみ》』に登場する大内義弘は、『歌舞伎登場人物事典』（白水社、二〇〇六）に立項されているので、そこから一部抜粋する。

足利将軍に深い恨みを抱き、謀叛を企てるが、正体を見顕わされ、犬神の術で姿を消す。さらに、じゃがたら国の使者にやつして毛利元就の館を訪れるが、元就の計略にかかって取り囲まれ、自ら命を絶つ。はじめは将軍に対して忠節を装い、のちに謀叛人の正体を見顕わされるという典型的な実悪。芝居における大内氏は、つねに謀叛人として登場する。

このように、こと芝居においては謀叛人・大内氏というイメージが定着するのだが、これを踏まえ、〔金昭賢 二〇一一〕は謀叛人として大内氏が描かれる背景について次のように指摘している。

出自の独自性と、「応永の乱」による史実上の謀反人である大内義弘、そして都に憧れ公家をまね、文事と奢侈によって謀反にあい滅びた大内義隆のイメージにより、主に謀反人として浄瑠璃や歌舞伎に取り上げられたのである。

大内義隆は西洋文化の輸入にも熱心で、ザビエルにキリスト教の宣教活動も許していた。これは、近世演劇での七草四郎（天草四郎）の人物造形と重なり、外からの文物を力に取り込む謀反人のイメージを与えたこともあろう。

近世演劇における大内氏は、主に謀反人として登場するが、百済王系の血筋を強調して、謀反を企てる傾向がみられる。大内氏の謀反人像は、韓国とのゆかりをもちながら、先祖代の恨みを晴らすためではなく、異国の王系の血統をもとに、天下取りをはかる設定である。

すなわち、そのやや異色な系譜と波乱に満ちた生涯により、大内氏は近世の演劇において劇的な効果をもたらす格好の素材であったのであり、史実を演劇的想像力で歪めながら、新たな人物像としてキャラクター化されたわけである。

もっとも、演劇以外のジャンルに目を向けると、たとえば小説作品における大内氏は、必ずしも一律に謀叛人として描かれるわけではない。ただ、平瀬論文にも指摘されているが、〈滅亡〉という点が注目されることが多いのはたしかで、陶氏の名とともに描かれる例が複数見られる。この点の実例として、次に、仮名草子に分類される3『伽婢子《おとぎぼうこ》』（浅井了意作）について見ていく。

先に触れた平瀬年表では、『伽婢子』巻十二「厚狭が死霊の事」のみ掲げられているが、短編奇談集である本作には、この他にも複数、大内氏の登場する話がある。この点については、はやく〔江本裕 一九七二↓二〇〇〇〕に指摘されているところであるが、氏は了意の『伽婢子』とそれに続く同作『狗張子《いぬはりこ》』（了意没後の元禄五年〈一六九二〉刊）について、その所収話の傾向を大きく二つに分け、即物的な要素（ここでは、情報や教養の伝播などを意味する）の強い一群を「奇談」とし、情調を重んじたものを「怪異談」とした上で、後者の話材について次のように指摘する。

> 『狗張子』に武田家にかかわる咄の多い事は早く山口剛氏に指摘があるが（『怪談名作集』解説）、先述「奇談」に対する「怪異談」の数は『伽婢子』でおよそ四十五話、そのうちの二十三話が武田・北条・上杉・織田・大内・管領上杉・細川・山名等乱世の武将にまつわる咄となっている。ここには怪異を動乱と結びつけることによってより効果的に描こうとする作者の態度がかなりはっきり看取される。『狗張子』の場合でもこの類が四十五話中二十話を占め、了意の意図的な方法であることを明瞭に示している。（中略）『伽婢子』でいえば武田家に関する咄が二十三話中七話、『甲陽軍艦』関係書が主たる資料になったであろうと思われる北条・上杉・織田・大内等を入れると十九話の多きに及ぶ。『狗張子』でも武田関係が二十話中八話、他家を入れると十七話にもなる。

大内氏の登場する話を具体的にあげれば、『伽婢子』には、巻三の一「妻の夢を夫面《まのあたり》に見る」、巻三の四「梅花屏風」、巻四の四「入棺之尸甦怪《にっくはんのしかばねよみがへるあやしみ》」、巻十二の三「厚狭が死霊の事」、『狗張子』には、巻三の五「大内義隆の歌人違いのこと」、間接的に登場するものまであげれば、つづく巻三の六「深川左近が亡霊、来世物語のこと」も該当する。

ここでは、一例として巻四の四「入棺之戸甦怪」をとりあげ、そこに描かれる大内氏を通して、当時のイメージの一端を探ってみることとしたい。

本話はわが国のある印象的な風習から語りはじめられる。

いにしへより今につたへて世にいふ。をよそ人死して棺におさめ、野辺にをくりて後に、あるひはうづむべき塚の前によみがへり、あるひは火葬する火の中よりよみがへるものあり。

いわゆる蘇生について述べているのだが、これについては「みな家にかへさず打ころす事」とされるのである。本文はこの点について、引き続き詳しく説明されている。

若《もし》は病おもくして絶死するもの、若は気のはづみて息のふさがりしもの、あるひは故ありて迷塗《めいど》をみるものあり。これらは定業天年いまだ尽ず、命籍いまだ削ざるものなれども、本朝の風俗は死するとひとしくかばねをおさめ、棺に入て葬礼をいそぐ故に、たとひよみがへるとても、葬場にて生たるをばもどさずして打ころす。誠に残りおほし。

なかには、仮死状態や一時的な呼吸停止などといった何らかの原因で、冥土を見る者もいるという（当然、蘇生したからそのような証言が残されるわけだが）。こうした例は寿命が尽きていないにもかかわらず、我が国の風俗としてはすぐに葬礼をしてしまうため、仮に蘇生しても打ち殺すことになっているが、それは心残りの多いことだ、とする。

実際にこのような「風俗」があったのか否かまではつきとめきれていないが、本文はこの後、「異国」（おおよそ中国）では死後「殯《かりもがり》」（仮安置）を行い、葬送まで猶予期間があるので、蘇生の記録が古来多く残されていることに触れた上で、「それも十日以後はまたよみがへるべき子細もなし」と、さすがに蘇生の可能性にも限度があると述べている。ただし、日本で蘇生者を打ち殺すのは、単に葬送を急ぐからという事情のみによるのではなく、ある「故」があり、その根拠は中国の易に求められるという。

京坊が易伝に至陰《しいゐん》為《なり》レ陽《やうと》下《か》人《じん》為《なる》レ上《かみと》厥《それ》妖人《ようじん》死《しせり》後《また》生《よみがへる》といへり。死人久しくありて後に甦る事はこれ下剋上《げこくじやう》の先兆《せんてう》なりといふ。此ゆへによみがへりてもうちころす事なりときこゆ。

これを整理すると、次のようになろう。

陽 ⇕ 陰
上 ⇕ 下
生 ⇕ 死

つまり、陰が陽となることは、下が上となることでもあり、死が生となることでもあり、全て本来の秩序に反する。ここでは、死人が生き返ることは下が上となることの兆し、すなわち下剋上の予兆となるというのであり、蘇生者をみすみすこの世に戻してしまうことは、下剋上を招くという。その例として二つの挿話がつづくのだが、その一つに大内義隆の名が見えるのである（もう一話は足利義輝と三好氏・松永氏を扱うが、ここでは略す）。

大内義隆の家の女房死けるを、野に送り出し埋まんとせしに、にはかによみがへりぬ。打ころさんは無下にかはゆしとてつれてかへりしに、髪はそりをとしぬ。是非なく尼になり、衣を着て半年ばかりありて、又死たり。その年果して、家臣陶尾張守がために義隆は国を追出されたり。

右の「女房」は、妻であるのか侍女であるのか、いずれにせよ史実にこのような話は確認できない。ここでは、蘇生した女房に憐れみをかけたばかりに、大内義隆は陶氏により下剋上の憂き目にあったとされるのである。

もちろん、これは蘇生をめぐる奇談（中国の話が基底にある）に「下剋上」というモチーフを盛り込む際、大内氏が格好の素材となったに過ぎず、虚構といえばそれまでである。しかし着目すべきは、下剋上からすぐさま連想される事件の一つに、大内氏と陶氏の一件があったということであり、これも江戸時代における大内氏のイメージの一つであったことは間違いない。

ただし、右の話以外の了意作品では、大内氏の滅亡は外在的な運命や単なる不運によるものではなく、身から出た錆といった趣で捉えられることが多い。その例は、巻三の四「梅花屏風」冒頭部にはっきりと見出すことができる。

こゝに周防の国、山口の城主太宰大武大内義隆は、そのころ従二位の持従に補任せられ、兵部卿を兼官して権威たかく、西海にかゝやきしかば、公卿・殿上人多く義隆をたのみて周防の国にくだり、山口の城に身をかくし、世のみだれをのがれ京の騒《さは》ぎをまぬがれ給ふ。

しかるに義隆久しく武道をわすれ、詩歌風詠のあそびを事とし、佞人をちかづけ国政をなゐがしろにし、物の上手といへば諸芸者おほくあつめて、昼夜栄耀をほしゐまゝにせられしかば、その家老陶尾張守晴賢謀反《むほん》して、義隆を追出し、長門の大亭寺《ママ》にをしつめ、義隆つゐに自害せらる。

公家化し、武の本分を忘れた武家が滅亡する――このイメージはまさに平家と同一であり、いわば〈奢れる大内久しからず〉といった筆致で捉えられている。これは何も『伽婢子』の作者・浅井了意個人の歴史観によるのではなく、本作が下敷きにした先行する軍記に描かれている共通認識なのであり、〔江本裕 一九八七・八八〕によれば、こうした大内氏観はある程度定着していたようだ。

「西国に大内殿、東国に上杉（関東管領鎌倉の上杉）」（『甲陽軍鑑』品一三）と併称されていた大内が没落するのは、「哥をよみ詩をつくりならひては花車風流なる事ばかりにふけり、悉く邪道なり。弓矢を取り失ひ候ふ事は、大内殿御分別ちがひ」（同上品二七）とするのが当時の軍書の常識で、本話（前掲「梅花屏風」のこと…引用者注）が舞台を山口に設定した理由もそこにあった。

このイメージはたとえば、馬琴作の合巻《ごうかん》（十九世紀に成立した絵を主とした物語絵本の一ジャンル）、16『月都大内鏡《つきのみやこおおうちかがみ》』にそのまま引き継がれている。それもそのはず、馬琴も近世軍記を取材源としていたからであり、大内氏を題材に複数の作品を描いている。江戸時代における大内氏の捉えられ方と馬琴作品における受容については、委曲を尽くした解説が、〔内田保廣 一九九三〕にまとめられているので、ぜひとも参照されたい（一部後に触れる）。

なお、補足として、万治四年（一六六一）以前刊『古老（軍）物語』巻五「大内義隆公、家に武道すたれて滅却せし事」がやはり大内氏滅亡を描くが、これが井沢蟠竜作『広益俗説弁』（正徳五年〈一七一五〉刊）巻十六に「大内義隆、方角を忌話」として採られていること、〔湯浅佳子 二〇〇六→二〇一七〕に指摘がある。また、宝永六年（一七〇八）刊『大和怪異記』巻二「石塔人にばけて子をうむ事」に大内義弘が登場することを、國守進氏よりご教示を得た（なお、当該話末尾に『犬著聞集』に拠る旨が記されるが、『古今犬著聞集』をはじめ現存する諸本には見出せない由、〔飯倉洋一 一九八五〕に指摘がある）。

三 読本《よみほん》における大内氏

さて、ここまで先行研究の紹介を中心に述べてきたが、ここからは、大内氏を題材とするという点では、これまでほとんど注意が払われてこなかった前期読本に目を配ることとしたい。

十八世紀後半以降、文芸の世界には「読本」と呼ばれる一群の小説ジャンルがあらわれる。ここでその文学史的意義を詳しく述べる余裕はないが、以下記述の必要上、最低限の説明をしておく。

この読本は前期・後期に二分類される。すなわち、前期はほぼ十八世紀の後半、五十年にわたり上方を中心に刊行されたもので、そのほとんどが短編奇談であり、著名なものでは上田秋成『雨月物語』があげられる。一方、後期読本はおおよそ十九世紀の初頭に江戸主導で発生し、上方でも刊行されながら一大ジャンルを築いた長編小説群で、曲亭馬琴『南総里見八犬伝』などが代表作となる。

管見では、前期読本において大内氏が登場する作品には以下のものがあげられる（網羅的に全てを調査したわけではないので、これ以外にも見出すことができるはずである）。

順を追って簡単に解説していくと、『繁野話』第六篇「素卿官人二児を唐船に携える話」は、義興の時代のいわゆる寧波の乱を題材としており、謡曲「唐船」を軸に、宋素卿父子の離別を描く一編である。つづく『唐錦』巻二「佐々木曹五茶師紹芳を討つ話」「桂隼人冤を雪ぎて旧恩を報ずる話」は二話ひと続きの連作であり、大内氏の滅亡に絡むが、主人公格として登場するわけではない。『深山草』巻二「蝦蟇怪をなして小児を取る説」も背景に大内氏が登場するのみで、本稿の関心からすれば参考

大内氏が登場する前期読本作品

年	作者	作品名	該当話
明和三年（一七六六）	都賀庭鐘	『繁野話』	第六篇「素卿官人二児を唐船に携える話」
安永九年（一七八〇）	伊丹椿園	『唐錦』	巻二「佐々木曹五茶師紹芳を討つ話」「桂隼人冤を雪ぎて旧恩を報ずる話」
天明二年（一七八二）	伊丹椿園	『深山草』	巻二「蝦蟇怪をなして小児を取る説」
寛政五年（一七九三）	前田其窓子	『四方義草』	巻三「熊人勝間《くまんどかつま》が勇《ゆう》を伏《ふく》する話」
寛政七年（一七九五）	一颩道人	『渚之藻屑』	巻三「額女破笠を認て重遇を全ふす」
文化元年（一八〇四）	生々瑞馬	『一閑人』	巻三「毛利《もふり》家《け》売卜翁《ばいぼくおう》の言を信《しん》ず」

程度の扱いとなる。ひとつ飛んで『渚之藻屑』巻三「額女破笠を認て重遇を全ふす」は、先の『繁野話』同様、話の背景に寧波の乱が登場するが、大内家そのものとの関連は薄い。

以上の四話は大内氏そのものを描いているわけではない。また、既に活字翻刻も備わる（本稿末尾に一覧を掲げる）という事情もあり、比較的参照しやすいのでこれ以上は触れない。そこで以下では、これまで未翻刻であり、文学研究でもあまり注目される機会のなかった前田其窓子作『四方義草』巻三「熊人勝間《くまんどかつま》が勇《ゆう》を伏《ふく》する話」、『一閑人』巻三「毛利家売卜翁《もふりけばいぼくおう》の言を信《しん》ず」の二作を、紹介の意味もこめて詳しく触れていくこととする（引用はともに早稲田大学図書館古典籍総合データベースによる。以下、引用にあたっては、ルビは一部省略し、適宜濁点を補い、句読点を改変するなどの処理を行った）。とりわけ前者は、武将としての大内氏が直接描かれる作品でもある。

一つ目の「熊人勝間《くまんどかつま》が勇《ゆう》を伏《ふく》する話」は次のようにはじまる。

周防国なる名家大内氏、なか頃の守《しゅ》を大内式部太輔《たゆう》義任《よしとう》といふて寛荏（ママ）大度の人にて、家の子良等《ろうどう》数多扶助しける中に、勝間の兵衛とて力猛《たけ》く飽まで肝《きも》太き侍有ける。

大内家代々に義任《よしとう》という名は見出せず、これは作者の創作であろう（本作は全体として意図的に人名、地名が朧化されているように思われる）。その家中にいたとされる勝間の兵衛なる男をめぐる話である。

或日、私の事ありて沼田といふなる所へまかりし帰るさ、領内の百性《のうふ》の摺《すり》違ひさまに太刀の鐺《こじり》に当るとて大に怒り、「汝等、御領の土民として我に失敬するは、館《たち》に不礼するなり」と太刀の背にて三人四人打たりける。百性等つぶやき「余りの権勢かな」と言けるを「不礼のうへに詞返すぞ、奇怪なれ」と向ふへすゝむ者を一太刀に切放す。「すは、御家臣とて無法の手討は赦《ゆる》さじ」と言侭《いふまゝ》に百性等一統に手毎に棒・斧・鎌なんど振り、群雲立て懸る。勝間は少しも峩々《おく》せず「憎き者の振舞や」と言侭に左右の手に両刀をかざし縦横に切廻《まわ》る勢ひ、左ながら修羅王の如くなれば百性等数多疵蒙りて八方に逃散けり。

その勝間、百姓と諍いとなり、複数の百姓を斬る。この後、くだんの騒動が群代目附から義任の耳に届き、勝間の「狼藉」とみなされ御前に召されることとなる。しかし勝間はてこでも動かず、腕に自信のある家臣もことごとく勝間に追い払われる。そこである人物が名乗りを上げる。

爰に馬渕熊人《まぶちくまんど》とて耳順《にじゅん》に近き老臣席を進み出、「おのれまかりて勝間兵衛を携来らん」と杖を静に突て勝間が宅へ行て見れば、兵衛はけふや一世の勇を振わんと血に染たる大太刀真向にかまへ、眼は爛々たる星の如く四方を白眼《にらみ》、広縁に立たる勇壮傍《あた》りを払ひ、是なん威は山岳を働《うごか》〈ママ〉し気は虎狼を呑とも謂べき。

熊人は主が呼んでいることを告げ、誰もが動かせなかった勝間を、「兵衛は五体縛《ばく》せらるかと斗り手不働《すくみ》足不働《しびれ》、我ながら勇気衰へ酔《ゑゝ》るごとく馬渕に牽《ひか》れて大内の前に出」と、いともやすやすと義任のもとへ引き連れる。

そして、この作品では大内氏（義任）は「寛仁大度」の主君として描かれており、ここでは「元より優美なり」という描写に続き、「勝間が罪は憎むべきなれど、罪を知りながら他へ走らざるは大丈夫の志しなり。三軍は得易く一将は求めがたし」として、勝間の自由は保証しつつ熊人に預け、「出入座臥《おきふし》勝間が心の侭に赦し置」いたのであった。

しかし勝間はこのまま埋もれてしまうことに次第に焦燥感を募らし、逃亡を企てる。

密に旅の用意して、馬渕が城に泊り番の夜を考へ澄し、家内の寝静るを能々伺ひ裏の小門より忍び出、足に任せて走る程に、凡七八里も来ると思へば端なく海辺に行かゝる。爰は防州と長門の境なれば、夜明なば船かりて渡らんと道脇の石に腰かけ休む。

ところが、そこは依然として熊人邸の庭であり、目の前に熊人その人が立っていた。すっかり混乱した勝間が召使に昨晩のことを尋ねると、「実《げに》も夜前二更の頃より頻りに物音の聞へ候侭、そと覗きければ泉水のふちを足はかりに廻り給ふて何やらん独言宣へどもおのれらもふら付て眠り候まゝ、それより後の事は夢にも見ず候」と、自分がいわば熊人の掌の上で右往左往していたことを知り愕然とするのであった。

やがて勝間は熊人を殺害するにしくはないと寝込みを襲い、「忍び寄て胸先を刺透《さしとふす》。混々と白き血流て息絶ぬ」と、手応えを感じながら「太刀を鞘に納る」のだが、またもや不可解な事態に襲われる。

不思議や一片の白雲舞下《さが》り兵衛が面《おもて》に覆かゝり、行先を遮り、一足も歩まれず。切払へど猶弥倍《いやまし》に覆懸り、後には五体も巻すくめらるゝよと労《つか》れ苦しみ、

一声「喝」と叫びければ忽然《たちまち》と白雲散じ、

右の「喝」と叫んだのは熊人であり、笑みを浮かべながら、先に刺したのは鞠であること、白雲が覆うと思ったのは、「馬渕が扇を開て向ふへ立廻り、再三顔に押当たる」ことによることを明かす。ここに至り、勝間はついに観念し「発起」するのだが、その心境が本話の読みどころとなっている。

「主君は殊さら、足下斯斗《かくばか》り情あるに、おのれ害心懐くこそ返す〳〵も恥かしけれ。今ぞ道利を明らめたれば、我一心天地に誓ひ主家十代の武運護奉らん」と言も果ず自害してぞ死ける。性剛強なれば発起もまた速なり。終に一社に祝ひ込、勝間の宮と号し今に錦帯橋の傍に在とぞ言伝ふ。

錦帯橋付近に当該寺社は見出せないが、おそらく、防府の勝間神社を念頭に置いているのではなかろうか。それはともかく、本話が興味深い点は、登場人物各々が単なる善と悪に振分けられず、勝間は暴れ者でありながら一面その行為を「大丈夫」と主君から評される。そしてそれを上回り、全てを俯瞰的に見透かす超人的な熊人、さらにこうした家臣に盛り立てられ、相互に信頼関係を築いている主・大内義任という図式になっている。文学的には勝間の自省の潔さを描くところに本編の魅力があるが、全体として、本稿で見てきた大内氏を扱う他の作品とはやや毛色が異なっているといえよう。

もちろん、これは大内氏賛美を意図したものではなく、あくまで右に見たような侍たちのドラマを大内氏を題材に描いたに過ぎない。ただ、物語末尾に至って実際の歴史に収束するのであり、本話は「されば大内家、義任より弥《いよいよ》武威盛に繁昌し、義弘《ママ》の代に至り陶尾張入道が為に血脈家名断絶す。闇《あん》に勝間兵衛が詞の如く十世を経て亡ぶも一個の奇なりし」として幕を閉じる。大内氏が滅んだのは、勝間の「主家十代の武運護奉らん」という言葉どおりであったとされるのだが、あくまで光が当てられているのは、大内氏の「弥武威盛に繁昌し」たさまである。この点は、先に見た『伽婢子』などに比すれば、実際の滅亡という史実を文学化する態度において、陰と陽の関係にあると言えよう。

つづいて、生々瑞馬作『一閑人』巻三「毛利《もふり》家《け》売卜《ばいぼく》翁《おう》の言を信《しん》ず」について簡単に紹介しておく。本編は「九州大内家《おふちけ》の盛《さか》んなりし時市井閭里《しせいりより》の繁華万国《はんくはばんこく》こゝに輻輳《ふくそう》す。九重《こゝのへ》の遥《はる》かなるより縉紳家《しんしんけ》《くげ》此所に来り給ひ誠に和歌管弦《わかくわんげん》の優《ゆう》なる洛陽《みやこ》もこれに過しとみゆ」と、やはり〈花車風流〉なる大内氏の描写から始められる。ここに相法に秀でたある翁がいたのだが、これを陶氏が召す。しかし「翁、平生陶氏《へいぜいすへうぢ》の威権《いけん》他に越《こ》えて其暴逆《ばうぎやく》なるをにくみ」、拒否するのだが、無理に呼ばれ、陶氏の「興亡《こうばう》」を説くことを強いられる。

翁呵々《かゝ》として「我又此一荒野《いつくはうや》を恐れて何んぞいわざらん」とて一声喝《かつ》していふ。「君今金殿玉楼《きんでんぎよくろう》に遊ぶといへども、日あらずして首身《しゆしん》処をことにせん。糜《び》鹿殿中《ろくでんちう》に栖《すま》んこと指《ゆび》を屈《くつ》して待《まつ》べし」と憚《はゞか》ることなく述《のぶ》るに、陶《すへ》氏大に怒《いか》り「これ人を迷《まよ》はす乞翁《こつおう》、はじめより我信《しん》ぜず。果《はた》してかくのごとき過言《くはごん》を吐《は》く、世の幾人《いくひと》を迷《まよは》さしめんより斬《きつ》て後の愁《うれい》を払《はらは》ん」とて左右《さいう》の人に令《れい》してまづ牢《らう》中に苦《くる》しましむ。

近々死ぬという不吉な予言に怒った陶氏は彼を牢に入れるが、その後疑心暗鬼に陥り、皮肉な形で予言が的中してしまう。

陶氏「翁が一言もしは大内家《おうちけ》より我が威権《いけん》を怨《う》らみて亡されんか」と狐疑《こぎ》こゝに止《や》まず。終《つい》に義隆《よしたか》を亡《ほろぼ》し自ら立ん事を謀《はか》りしが天命《てんめい》のしからしむ処、毛利元就《もとなり》一鼓《こ》して宮嶋《みやしま》の一戦陶氏を滅族《めつぞく》す。西国一に毛《もふ》利家《りけ》に風靡《ふうび》し其旗下《きか》に属《ぞく》す。

この後、毛利氏は翁を牢から助け、翁は毛利氏に相法を伝える。やがて明智光秀が毛利に仕官を望むが、毛利氏は「彼頭上《かれづじやう》の骨角主《こつかくしゆ》に叛《そむく》の相あり。其上我彼を秤ぜしとき已《すで》に慢気面部《まんきめんぶ》にあらはれたり。是用ゆべからず」と判断し、認めなかった。やがてそれを証するかのように本能寺の変が起るのだが、「毛利公の名監豈《めいかんあに》翁に授《さつ》かる所の一術にあらずや。以後《いご》西国の一名将にして綿《めん》々たる大藩《たいはん》の封侯《はうこう》世人の知《し》るところ」と毛利賛美で筆を擱く。

なお、〔浜田啓介 二〇〇〇→二〇一〇〕の指摘によれば、右の後半部、修行中の明智光秀が毛利元就に仕官を望むが、その悪相を見抜いた元就は金を与えるにとどめ彼を受け入れなかった、という挿話が『絵本太閤記』初篇巻九（寛政九年刊）に、同様に、元就が人相見に秀でていたが故に光秀の相に不穏なものを感じて送り返すという挿話が写本『太閤真顕記』二篇二十七巻にある。いずれもこの一場面のみに終わり、前後に相法の翁の話や陶氏のこと、本能寺の変との関わりなどは直接記されない（もちろん暗示してはいようが）。ただし、『太閤真顕記』にはこの挿話が『石山軍記』（写本）に拠る旨が記されており、たとえばそのうちの一本『石山軍鑑』（酒田光丘文庫蔵本）前篇第二十巻「桂能登守光秀ヲ執成事　毛利元就明智に対面事」につけば、右挿話に加え、元就がかつて陶の相をも見抜いていたことや、本能寺の変が右の一件と深く関わることとして描かれている。以上のことから、『二閑人』は、『石山軍記（鑑）』もしくは『太閤真顕記』あたりから材を得たと思われ、相法に秀でた翁を設定することにより、陶氏と毛利氏を対照的に描き分け、そのあいだに大内氏が配されたと考えられる。本稿で見てきた系譜としては、『伽婢子』『狗張子』に連なるものとして考えると理解しやすいだろう。この系譜は共通して、ある虚構の〈因〉を設け、それを承ける〈果〉として、歴史上の大きなポイントである大内氏の滅亡を配している。すなわち、滅びることの必然を何らかの小説的想像力で補填して描くわけである。

さて、最後にこれに続く十九世紀の後期読本について見ておきたい。既に指摘されているものとしては、13『白糸冊子』、15『朝顔日記』、17『大内多々羅軍記』、18『近世説美少年録』、19『新局玉石童子訓』、20『十杉伝』の六作品があるが、さらに、文政八年（一八二五）刊、暁鐘成作・画『女熊坂朧夜草紙』、文政十年（一八二七）刊、鼻山人作・渓斎英泉画『千代物語』の二作を加えることができる。後者については、〔田中則雄 二〇一五〕に、本作が写本実録『山陽奇談』を元にすることが指摘される（なお、本稿では直接触れる機会はないが、合巻においては、『大内家一代記（絵本大内家軍談）』・12『防州氷上妙見宮利益助剣』の続編『星合大内鏡』も加えることができる。ただし、後者は筆者未見）。

ただ、意外なことかもしれないが、馬琴の作品を除けば、後期読本に登場する大内氏は下剋上を受けた大名として描かれることはほとんどない。つまり、史実のイメージをひきずった大内氏というより、各作品の趣向に合わせて柔軟に描き分けられる記号的な一戦国大名という存在に近く、極端に言えば大内氏が選ばれるにあたっての絶対的な理由は希薄である。

ちなみに、〔内田保廣 一九九三〕は、『室町殿日記』から『室町殿物語』へと「読物化」する過程で、後者が陶の反乱を冒頭に配置したことに注目し、大内氏の滅亡を「江戸時代の人々が戦国時代に対して持つ一つのイメージを、代表」する事件として捉え、次のように指摘している。

こうした軍記上の事件とでもいうべきものは、浄瑠璃や歌舞伎の時代背景として利用される。所謂「世界」となってくる。この「世界」は江戸後期になると演劇のみならず近世小説にも取り入れられてくる。こうした「世界」の機能は、そのストーリーの大枠を設定することにある。その上で、「世界」の基になった事件の人間関係を踏襲して来るのである。ある意味では「世界」の基になった事件の外伝を生産する形であると言ってもいいかもしれない。

そして、歌舞伎の現場ではこうした「世界」の一覧表である『世界綱目』という書物が残されていることを踏まえ、「この中に大内義隆と陶晴賢が登場する世界としては「大内之助」が立項されている。義隆、晴賢とともに、森判官音就として毛利に相当する人物が記載されており、晴賢の反乱と毛利の制覇が中心事件であった事がわかる」と指摘する。

歌舞伎やその影響下にある後期読本は、短編奇談のように歴史の一事件を焦点化して捉えるのではなく、歴史を背景（フォーマット）として利用するのであり、その枠の中に虚構を作り出す。その分、史実に対し、必ずしも〈因〉と〈果〉という関係性にとらわれることなく、かなり自由に物語を展開させることができるわけである。

そして、時には先行小説を趣向として、部分的に取り入れることも頻繁に行われていた。最後に、同じ大内氏を扱う小説間で影響関係が認められるものを紹介しておく。それは17『大内多々羅軍記』巻四の場面なのだが、まずここまでのあらすじを記しておく（引用は八戸市立図書館蔵本による）。

大内家では佞臣・相良武任が我が物顔にのさばり、義隆は他の臣の諫言を受け入れなかった。ある時、義隆は鷹狩りの折に生駒という女性を見初める。生駒はかつて大内家に滅ぼされた三好長輝に仕えた浪人・服部右門の妻であったが、右門に嫁す以前から、猫を拾い小富士と名付け寵愛していた。生駒に思いを寄せる義隆であったが、武任が奸計をもって右門を陥れ獄中に入れる。夫の危機を知った生駒は文を送ろうと、愛猫・小富士に託す。夫は自らの死を悟る旨を返書に綴り、それを読んだ生駒は自害をはかるが、小富士にとめられ、父・岳平とともに逃亡する。しかしついに岩国山に追い詰められた生駒は、武任の養女となり義隆の室に迎えられることを承諾する。

生駒は義隆の妻となって以降豹変し、寵愛をかさに傲慢になるのであった――。

相良武任は実在の人物で、史実では義隆のもとで急速に勢力を伸ばし、陶氏と対立した。この人物を御家の混乱を招く佞臣として配したわけである。それはさておき、その後、大内の家臣《いへのこ》・天野藤内《とうない》隆良が囲碁を打ってのかえるさ、廃寺で酒宴を行う奇妙な人々を目撃する。そこで「小富士」と呼ばれている女こそまさに生駒であり、酔うにつれ妖怪としての本性を徐々に顕していくのであった。これに危機感を抱いた藤内は、「只姿を躱《かく》して銃鋧《しゅりけん》を飛し。這奴《しやつ》を狙撃んにしくべからず」と思い実行する。

小柄《こづか》を抜て彼生駒に化したる変化を目がけて発《はつし》と打ば、あやまたず眉間とおぼしき所に立よと見へしが、「阿《あつ》」と叫びて倒るゝと斉しく、今迄かゝげたる灯火一度に消へて、黒白《あやめ》もしれぬ真の闇となりけるにぞ。

藤内は逃したことを悔やむもののなすすべがなかった。一方、翌日から大内館では生駒が病に伏せっており、義隆が事情を聞くと、「妾《わらは》昨夜夜半頃、圊《かはや》へ行んとて立あがりしに、奈何はせしや。猛《にわか》に迷眩《めくるめき》て絶倒し。閾《しきみ》に額を打当て。不意《ゆくりなく》も如此《かくのごとき》疵を蒙りはべる」と語るのであった――。

以上のように、巻四は豹変した生駒の正体が化け猫であることが露わになる箇所なのであるが、右の場面は、『伽婢子』巻三の一「妻の夢を夫面に見る」を下敷きにしていると見られる。こちらの概要を記すと、大内の家人・浜田与兵衛なる者が久しぶりに帰国し、家路につこうとしていた折、草むらに男女十人ばかりが酒宴を執り行っていたが、そこに浜田の妻もいた。不思議に思った浜田はしばらく見ていたが、やがて歌の応酬につき悶着があり、座中の一人が浜田の妻に器を投げると、額にあたったので、妻は逆に石を投げつけ、相手は血まみれ、一座大騒ぎになったところで全て消え、虫の声が残るばかりであった。浜田は自分が見たのは妻の幽霊であったかと思いながら帰宅すると、妻は寝ており、起こして自分が見たことを説明する。すると、それはことごとく妻が見ていた夢と符合し、まだ額が痛むと言うのであった――。

物を投げつける人物やその動機、全体の展開は異なるものの、プロットの共通性、ともに大内氏に関連する点からして、『大内多々羅軍記』は『伽婢子』を利用した可能性は高い。ただし、『伽婢子』の方は、妻が夫の帰りを「あまりに待わびて」見た夢であり、器を投げられた理由も、帰らぬ夫を思慕する歌が宴席に似つかわしくなく湿っぽいものであったことによるなど、妻の夫への情が焦点化された奇話である。対して『大内多々羅軍記』は、これをことごとく猟奇的な場面に作り替えており、生駒の本性が顕れる重要な展開として、長編構成の中にうまく配置している。ここには、『伽婢子』の有する叙情性と後期読本が志向する伝奇性が、それぞれ対照的に表れているといえよう。

おわりに

さて、江戸時代の娯楽作品には、大内氏の名は比較的多く見られたわけであるが、その後近代においてはどうだろうか。

この点、筆者は調査をしたわけではないのであくまで印象としてしか言えないが、たとえば戦後の歴史小説で大内氏を主人公としたものや重要な素材として扱ったものをすぐに思い浮かべるのは難しい。三島由紀夫の創作歌舞伎に『芙蓉露大内実記』という作品があるが、これも不評であったらしい（詳しくは、〔木谷真紀子 二〇〇四↓二〇〇七〕を参照のこと）。

ここには、室町時代、とりわけ十五から十六世紀にかけての応仁の乱前後の混乱期自体が歴史小説の素材として扱われることが少ない、という事情もあるのかもしれないが、大内氏のイメージが正負両面ともに急速に忘れ去られ、人々の記憶から遠ざかっていったことだけはたしかなようである。

（木越俊介）

参考文献

飯倉洋一 一九八五「〈翻刻〉『やまと怪異記』下――附・解題――」『江戸時代文学誌』4
内田保廣 一九九三『近世説美少年録』下「解題」国書刊行会
江本裕 一九七二「了意怪異談の素材と方法」『近世文芸研究と評論』2
江本裕 一九八七・八八『伽婢子』1・2（東洋文庫）平凡社
江本裕 二〇〇〇『近世前期小説の研究』若草書房
河合真澄 一九九九「狂言読本――『伊賀越乗掛合羽』」『演劇研究会会報』25
河合真澄 二〇〇〇『近世文学の交流――演劇と小説――』清文堂出版
木谷真紀子 二〇〇四「芙蓉露大内実記」『同志社国文学』60
木谷真紀子 二〇〇七『三島由紀夫と歌舞伎』翰林書房
金昭賢 二〇一一「『祇園祭礼信仰記』における韓国 是

斎像をめぐって」『演劇映像学二〇一〇』4
田中則雄 二〇一五「文政期読本と実録」『日本文学』64・10
浜田啓介 二〇〇〇「『絵本太閤記』と『太閤真顕記』」『読本研究新集』2
浜田啓介 二〇一〇『近世文学・伝達と様式に関する私見』京都大学学術出版会
平瀬直樹 二〇一四「近世の文学・演劇に描かれた大内氏」『山口県地方史研究』一一二
湯浅佳子 二〇〇六「『広益俗説弁』と周辺書　俗説の典拠類話と俗説批評の背景」『東京学芸大学紀要　人文社会科学系』57
湯浅佳子 二〇一七『近代小説の研究』汲古書院

参考　本稿で触れた大内氏関連作品の翻刻一覧

※翻刻出版年順

『渚之藻屑』　佐藤深雪「『覚世奇観渚の藻屑』――翻刻と解題――その一」(『静岡女子大学国文研究』13、一九八〇年)※全四巻中、巻三・四のみの翻刻。

『広益俗説弁』　東洋文庫五〇三(白石良夫校注、平凡社、一九八九年)

『繁野話』　新日本古典文学大系80(徳田武校注、岩波書店、一九九二年)

『古老物語』　『仮名草子集成』30(朝倉治彦編、東京堂出版、二〇〇一年)

『唐錦』　**『深山草』**　『江戸怪異綺想文芸大系　第二巻　都賀庭鐘・伊丹椿園集』(福田安典ほか編、国書刊行会、二〇〇一年)

『大和怪異記』　『江戸怪異綺想文芸大系　第五巻　近世民間異聞怪談集成』堤邦彦・杉本好伸編(国書刊行会、二〇〇三年)

『四方義草』　『江戸怪談文芸名作選　第五巻　諸国奇談集』勝又基・木越俊介編(国書刊行会、二〇一九年刊行予定)

◉コラム◉

大内氏研究の先駆者

弘治三年（一五五七）大内義長を討った毛利氏は、大内家を継ぐ正当性を示すためか、隆元がこの年大内義隆の菩提を弔うためとして龍福寺を大内氏館跡に再建した。その子輝元も、大内家との関係については思うところがあったのであろう、多賀神社の宮司高橋言延《ことのぶ》（天文十年～?）に大内家、特に義隆の最期から義長討伐について記させた。その理由は言延の父有延が義隆の近臣で義隆の死に殉じるとともに、その後の有様についても記憶していたからである。

その記録は慶長二十年（一六一五）に書き上げられ輝元に献上された。これは、『大内様御家根本記』とか『大内殿滅亡之次第』とか題され、大内家についての重要な記録として伝えられてきた。これ以降高橋家が大内家の家臣であったという意識は受け継がれ、後に右文のような人物を生み出す。これについては後にふれる。

言延があくまでもその知見を記すのみであったのに対し、大内氏に関する諸史料を集めるという学問的な作業の上にその歴史を記そうとしたのは、烏田智庵貫通（元禄二年～明和五年）である。烏田家は毛利家家臣であったが、慶長期に一時禄を失った。しかしその後智庵正通が医師として再び毛利家に抱えられるようになったという。

貫通は正通の子で、儒学を藩儒の山縣良齋に、医学を京都の浅井東軒に、本草学をやはり京都の松岡玄達に学んだ。山縣良齋は萩明倫館祭主となる山縣周南の父であり、松岡玄達は江戸中期の優れた本草学者であり、父正通は長崎仕込みの外科医であったのであるから、科学的な精神を持っていたと思われる。その筆になるもの、『長防産物名寄』『両国本草』『萩故実（萩古実未定之覚）』など。『萩古実』もその拠ったる文献を示してはいないが、かなりの考証を加えているように見える。

大内家に関するものは『防州山口築山屋形盛衰』で、宝暦八年（一七五八）九月に龍福寺に納められた。跋文に、それまでの軍記に間違いが多いので、数十年各家の伝記や寺社の覚書・旧記などを尋ね考察を加えて二冊の覚書として纏めたと書く。今から見れば多くの問題を含むが、大内史の最初の通史といってよいかもしれない。貫通は『大内家譜』も編輯している。

山縣周南（貞享四年〜宝暦一年）は、荻生徂徠に学んだ儒者で、山縣家が大内氏との係わりを持たないこともあって大内氏に触れることはほとんどない。ただし、大内氏と関係の深い雪舟や飯尾宗祇について記しており、特に雪舟伝は今もなお無視できない部分を残す。

多賀神社の宮司家高橋家八代に数えられる右文（明和三年〜?）（後に有文に改める）は、大内氏史研究にとって忘れることの出来ない人物と思われるが、これまでほとんど触れられることがなかった。その子有胤が取りあげられているにもかかわらず、吉田祥朔の『近世防長人名辞典』には項目がない。山口県文書館に寄贈された吉田樟堂文庫を見ても大内氏関係の資料は少なく、吉田は大内氏についてはあまり興味を持っていなかったのかも知れない。文庫の中に右文や有胤の著作も今のところ見当たらない。

右文は高橋家七代右弥の長子で、神道を吉田良延に学んだことは伝えられるが、そのほかにどんな学問を学んだかは伝えられていない。ただ本居宣長の『玉勝間』や『詞の玉の緒』などに目を通しているところを見ると、国学の影響はかなりあると思われる。資料をできるだけ多く収集しようとする文献中心主義というべき態度は、その影響で生まれたのであろう。右文には和歌や連歌作品も多い。従五位下、摂津守であった。

右文の著した大内氏関係の書は少ないが、編纂した大内氏関係の書は数多い。『大内義興事績』や『大内家和歌物語』などは著作といえるかもしれないが、『古実集書』『高橋右文見聞雑記』『高橋右文見聞私記』『山口寺社時代考』などは編纂物とすべきであろう。右文が資料の探索に熱心であったことは、山口龍福寺、厚狭惣社八幡宮、内海家、岩本家、佐藤家、大田家などの古文書等の写しを行っていることからも明らかである。記録者の名は無いものの右文が写しもしくは写させたと思われるものはかなりの数にのぼる。

この資料探索の成果が纏め上げられたものが、『大内家古実類書』であると考えられる。付された目録に拠れば全五十二巻五十七冊として考えられていたらしいが、現在は五十二巻六十五冊が山口県文書館に残されている。何人かによって筆写されており、編者の名前も見当たらないが、中に見える年紀や右文云といった文句から右文が関わったことは間違いない。内容は、大内氏に関わる資料集で、「大内家先祖之事」「大内記之事」「大内輝弘之事」といった項目ごとに資料が纏められており、宝物や肖像といった遺物にまで注意が払われている。当時としては極めてよくできた大内氏資料集といえるであろう。「浄瑠璃本之事」には江戸時代に作られた大内氏の出てくる浄瑠璃まで収録されているのは驚きで、右文のような幅広い興味をもつ者でないとできない仕事であったといえよう。引用書は、『大内記』、『大内家壁書』などの書から、『雪舟大軸之添書』、『周南文集』、『行程記』、『大和本草』、『敵討大内鏡』に及ぶ。

右文の子の有胤（?〜?）も父の影響下資料の探索を行っており、『大内家古実類書』の編纂にも関わっている可能性もないではない。しかし、有胤の取りあげるべき著作としては、『多々良乃浜藻』くらいである。これとても右文の『大内家和歌物語』に、『残太平記』や『隠徳太平記』などの記述を加え編集したにすぎない。有胤の業績は、右文のそれに比ぶべくもない。

有胤とほぼ同時期に活躍した国学者に近藤芳樹（享和一年〜明治十三年）がいる。芳樹も文献中心主義者で資料の探索を盛んに行っているが、大内家に関する著作は見当たらない。『防長国郡志』編纂の過程で大内時代の文献も目にしているはずであるにもかかわらず、大内氏について探求しようとはしなかったようである。この芳樹の指導のもと防長の歴史研究を志すようになったのが近藤清石《きよし》（天保四年〜大正五年）である。

清石は明倫館において芳樹に国学を、土屋蕭海《しょうかい》に漢学を学んだ。萩藩士として古記録を調査し、明治に入ってからは県編輯所で防長の地誌や旧記の編纂に従事した。『山口県風土誌』『防長古文書誌』『防長風土注進案』などを編纂したほか、『山口県史略』『防長国名考』などを著した。

大内氏に関する著作としてはまず『大内氏実録』三十巻がある。大内家歴代を「世家」として史料に基づいて年ごとの出来事を記し、「志」として関係する文書を取りあげ、家臣等を「列伝」として記述する。極めて多数の文献を引用し、大内系図にしても五点を用いている。清石が積極的に史料探査を行ったことは、『大内氏実録土代』や『大内家文学考土代』を見れば明らかである。その探査の結果として『閥閲録』や『防長寺社証文』などかなり信頼性の高い文献を使う一方で、『前太平記』『陰徳太平記』『残太平記』『西国太平記』を誤り多いとし、これらを取り入れた『大内記』『築山屋形盛衰記』などを排除する。古文書を縦に記録筆記覚書を横に編述したと清石は記す。

清石により史料批判が行われ、より正確な歴史叙述が行われるようになったということである。この点において、高橋右文とは一線を画すといえるであろう。そのような清石のあり方は多くの史料探査と国学の素養に加え、近代的な精神による影響を受けてもたらされたといえるのかも知れない。

明治四十四年（一九一一）に編纂された『颸雲捉風』は「大内家文学考土代」と「大内家工芸考土代」からなり、「大内家文学考土代」では大内家関係の文学者や禅僧とその関連資料を紹介し、「大内家工芸考土代」では金工や染色、漆芸など大内氏の治世下行われた諸工芸を拓本や絵入りで紹介する。これが近代の大内塗制作と密接に結びついていることは記すまでもない。また清石は和歌や絵画に巧みで、雪舟にも興味を持ち『大内氏実録』で雪舟やその弟子について記すだけでなく、雪舟作品も手に入れており、その遺跡である雲谷庵の再興に尽くした点も評価すべきであろう。

この清石の業績を高く評価しながら、歴史叙述に不備がありまた重大な史実を逸していると批判したのが、御薗生《みそのう》翁甫《おうすけ》（一八七五〜一九六七）である。

御薗生は東京工手学校造船科を卒業し、逓信省海事局技師として造船にたずさわる一方で造船史などの研究を進めた。退職後は山口に帰り防長史の研究を行い、山口県史編纂委員や山口県地方史学会の初代会長を務めた。著書に『防長地名淵鑑』や『防長造紙史研究』などがある。

御薗生の大内氏関係の業績としてはまず『北辰餘光』が挙げられる。大内氏関係の史料を編纂したもので、昭和八年（一九三三）にできあがっている。山口帰京後早い時期の編纂で、まずは大内氏の史料の取り纏めを考えたのであろう。この前年に『防長史料』のうちの大内毛利関係史料の取り纏めが有り、その線上の仕事であったようである。

その後大内氏研究の成果はしばらくは発表されず、大戦後の昭和二十年（一九四五）代に『新撰大内氏系図』『大内氏儒学淵源』などが公表された。これらを取り入れる形で纏められたのが、昭和三十四年（一九五九）十月刊行の『大内氏研究』である。御薗生は、大内氏の歴史を深く掘り下げ内面的の諸事相を究明し、どんな歴史の中に生きどんな歴史を作ったかを、これまでに見られない通史の形で述べようとしたという。確かに『大内氏実録』のような史料の編年体整理といったものではなく、御薗生の叙述通史というべきもので、初の本格的大内氏通史といえよう。ただし大内教弘までしか書かれておらず、御薗生の考えていた続編が公刊されることはなかった。

御薗生の没後も、大内氏の研究は続けられているが、なお御薗生の願った本格的な大内氏の通史は書かれていない。いつかそんな通史が現れるのかどうか、期待をして待つばかりである。

（影山純夫）

大内氏歴史文化研究会のあゆみ

大内氏歴史文化研究会は、山口市教育委員会が組織した研究推進団体で、事務局は文化財保護課である。平成十七年に発足し、平成二十七年で結成十周年を迎え、現在も継続している。

一　大内氏歴史文化研究会の発足

山口市には大内氏の本拠地大内氏館跡があり、館跡を含む四つの大内氏遺跡は昭和三十四年に国史跡に指定された。市では昭和五十三年から大内氏遺跡の発掘調査を始め、昭和六十二年度からは大内文化調査研究事業を開始した。このとき市立の大内文化研究所を設置する構想もあったが、具体化には至らなかった。

平成十二年度から始まる第五次山口市総合計画において、大内文化を生かしたまちづくりを標榜した。このなかで大内文化調査研究事業は市史編さん事業とともに「大内文化まちづくりプロジェクト」の歴史研究啓発事業に位置づけられた。

それまでの大内氏の研究に関する市の取組みは、ほぼ大内氏遺跡の発掘調査に限られていた。しかし、大内文化全体の解明には文献・文芸・美術工芸など多くの分野からの研究が求められる。そこで、大内文化の総合的な解明に取り組むため、外部の有識者等による調査研究の推進体制を組織することが構想された。

平成十七年八月一日、大内文化研究に関する準備会を開催した。準備会には事務局で選出した四名（委員候補）に参加していただいた。

伊藤幸司　山口県立大学国際文化学部　助教授（現九州大学准教授）

荏開津通彦　山口県立美術館　学芸課　主任（現普及課長）

真木隆行　山口大学人文学部　助教授（現教授）

尾崎千佳　山口大学人文学部　助教授（現准教授）

事務局から趣旨説明をしたところ、委員候補から概ね了承が得られ、会の具体な内容は協議しながら進めることとなった。その後、平成十七年八月一日付けで大内文化研究会の設置について教育長決裁、つづけて大内文化研究会委員就任の決裁を経て、準備会に参加された全員に同十七年九月一日付けで就任依頼をした。

平成十七年十月一日には、山口市、小郡町、秋穂町、阿知須町、徳地町の一市四町が合併し新たな山口市となったが、引き続きこの事業は進められることになった。

同年十二月十三日、委員による第一回の会議を開催し、大内文化調査研究事業の進め方について協議した。まず、委員の互選により伊藤幸司氏が会長に決まった。また次年度から、年五回委員の集まる研究会を開催し調査研究を進めること、また歴史文化講座を開催して市民啓発を進めることが決められた。この講座は委員を講師とする四回と、外部講師による一回とした。講座は統一テーマを掲げて、聴講者の総合的な理解が進むことを企図した。なお、大内文化研究会の名称で発足したが、同名の先例があることが判明したため大内氏歴史文化研究会に変更した。

二　大内氏歴史文化研究会の活動

大内氏歴史文化研究会の活動は、毎年度の研究会議によって決められる。主な活動は、会議と調査、講座・講演会である。

主な調査として、洞春寺に伝わる歴史資料の調査がある。これは大内氏歴史文化研究会を中心として平成二十年十月から始めた。当初は山口市史「史料編」編さん中世専門部会との合同調査として進め、平成二十五年以降は山口大学人文学部日本史研究室の協力、また美術史研究者の協力も得るかたちで進めた。調査対象は、洞春寺の収蔵庫にある絵画・墨蹟・文書を中心とし、このほか別置されたものについても可能な範囲で調査対象に含めた。

この調査では様々な成果があった。絵画については、雲谷等顔が描いた「孔雀牡丹図屏風」の発見があり、後に「紙本着色孔雀牡丹図」として市の有形文化財に指定された。ほかに戦国期以来の歴代住持の頂相にも調査が及んだ。墨蹟については、洞春寺三世筠渓玄轍のものなど、貴重な墨蹟群の存在が改めて明らかになった。また文書についても、中世文書六通が新たに発見されたほか、近世近代文書のありようも明らかになった。収蔵庫の文書群の目録化から、近代文書の未調査分を除くと、この時点における洞春寺文書の総数は、五五〇点以上に及ぶことが判明した。

この調査成果は冊子としてまとめられ、大内氏歴史文化研究会資料調査報告書第一集『洞春寺歴史資料仮目録　山口大学との共同調査』として市教育委員会から発行した。

市民に向けた講座・講演会は平成十八年度から始めた。初年度は「大内政弘とその時代――十五世紀後半の山口――」を共通テーマに掲げた。各委員による市民学術講座は、総合的な理解が進むよう連続講座とし、すべて受講されることを条件に募集をした。各委員による演題は、荏開津委員「明応年間の雪舟と大内氏」、伊藤委員「大内政弘と東アジア」、真木委員「大内政弘の母と山名氏」尾崎委員「兼載の大内政弘追悼辞」である。連続講座の後、総まとめとして九州大学名誉教授の川添昭二氏による講演会「大内政弘における政治と文化」を三月十日に開催した。平成十九年度は「戦国時代の大内氏」をテーマに大阪大学名誉教授島津忠夫氏を、平成二十年度は「語られる大内氏・描かれる大内氏」をテーマに山形大学教授の宮島新一氏を迎えた。その後は二木謙一氏、村井章介氏、鶴崎裕雄氏、小野正敏氏、岸田裕之氏、村上隆氏など、毎年異なる分野から第一人者の方を招聘して、質の高い情報を市民に届けることとした。

平成二十二年度は、市を挙げて山口開府六五〇年事業に取り組んでいた年にあたり、この研究会ではシンポジウム「大内文化再考――伝承から実証へ――」を開催した。シンポジウムでは中世のまちの様子を伝えるものとして著名な山口古図を取り上げ、定説化した伝承を別の証拠から丹念に検証する実証的な研究姿勢を示すことができた。翌二十三年度には真木委員、尾崎委員の所属する山口大学と協力して、やまぐち学推進プロジェクトとの合同シンポジウム「大内氏と文化振興」を開催した。このシンポジウムは山口大学を会場としたため、例年の講座・講演会と異なり若い世代の参加が多かったことも成果であった。

このように地道に研究活動と啓発活動を積み重ねた結果、平成二十七年度に会発足から十周年を迎えることとなった。この年は山口市誕生十周年にもあたるため、平成二十八年三月六日、大内氏歴史文化研究会十周年記念シンポジウム「大内氏と西国大名」を開催した。川岡勉氏による基調講演「西国社会における大内氏」を皮切りに、長谷川博史氏「尼子氏からみた大内氏」、山田貴司氏「大友氏からみた大内氏」の報告を経て、発足以来会長を十年務める伊藤会長の司会によるディスカッションを行い、周辺大名との比較を通じて大内氏の特質や研究の課題を浮き彫りにした。このシンポジウムには内外から四〇〇人の方が参加され、大内氏の歴史文化に関する関心の高まりも実感された。

三　大内氏歴史文化研究会の今後

このように大内氏歴史文化研究会の活動には十年の蓄積ができた。その間には『山口県史　資料編・通史編』『山口市史　史料編』が次々に刊行され、基礎資料の公開も進んできた。また、十周年記念シンポジウム開催の過程では、これまでよりも弾力的な会議運営をし、研究発表などの準備会議において委員以外の若手研究者の参加も多数求めた。その結果、議論が活発化するとともに、新しい研究への機運も高まった。

今後はそれを基礎に、さらに研究を深化させ、市民への還元も続ける。

（佐藤力）

執筆者一覧（掲載順）

伊藤幸司（いとう・こうじ）
九州大学大学院比較社会文化研究院准教授。
専門は日本中世史・東アジア交流史。
著書に『中世日本の外交と禅宗』（吉川弘文館、二〇〇二年）などがある。

真木隆行（まき・たかゆき）
山口大学人文学部教授。
専門は日本中世史。
論文に「中世東寺長者の成立――真言宗僧団の構造転換」（『ヒストリア』一七四号、二〇〇一年）などがある。

和田秀作（わだ・しゅうさく）
山口県文書館専門研究員。
専門は日本中世史。
著書に『戦国遺文 大内氏編』1～3巻（東京堂出版、二〇一六～二〇一九年）などがある。

増野晋次（ましの・しんじ）
山口市教育委員会文化財保護課。
専門は日本考古学。
論文に「中世の山口」（鹿毛敏夫編『大内と大友――中世西日本の二大大名――』勉誠出版、二〇一三年）などがある。

丸尾弘介（まるお・こうすけ）
山口市教育委員会文化財保護課。
専門は考古学。
論文に「周防山口、大内氏館の調査成果」（『発掘調査成果でみる16世紀大名居館の諸相――シンポジウム報告――』東国中世考古学研究会、二〇一六年）などがある。

北島大輔（きたじま・だいすけ）
山口市教育委員会文化財保護課副主幹。
専門は日本考古学（弥生～古墳時代・中世）。
著書に『大内氏館跡XI』（山口市教育委員会、二〇一〇年）などがある。

沓名貴彦（くつな・たかひこ）
国立科学博物館理工学研究部科学技術史グループ研究主幹。
専門は技術史・保存科学・材料工学。
論文に「豊後府内における非鉄金属生産」（鹿毛敏夫・坪根伸也編『戦国大名大友氏の館と権力』吉川弘文館、二〇一八年）（分担執筆）などがある。

沖田絵麻（おきた・えま）
土井ヶ浜遺跡・人類学ミュージアム学芸員。
専門は動物考古学。
論文に「下関市潮待貝塚出土の動物遺存体」（『土井ヶ浜遺跡・人類学ミュージアム研究紀要』第13号、二〇一八年）などがある。

佐藤　力（さとう・ちから）
山口市教育委員会文化財保護課主幹。
専門は考古学。
論文に「周防国乗福寺跡出土瓦の再検討」（『大内と大友』勉誠出版、二〇一三年）などがある。

五十川雄也（いそかわ・ゆうや）
大分市教育委員会文化財課主査。
専門は日本考古学。
論文に「戦国大名居館の庭――16世紀後半の大友館に築かれた庭の特色――」（『戦国大名大友氏の館と権力』吉川弘文館、二〇一八年）などがある。

川岡　勉（かわおか・つとむ）
愛媛大学教育学部教授。
専門は日本中世史。
著書に『室町幕府と守護権力』（吉川弘文館、二〇〇二年）などがある。

山田貴司（やまだ・たかし）
熊本県立美術館学芸課参事。
専門は中世後期から近世初期にかけての政治史・文化史。
著書に『中世後期武家官位論』（戎光祥出版、二〇一五年）などがある。

長谷川博史（はせがわ・ひろし）
島根大学学術研究院教育学系教授。
専門は日本中世史。

著書に『戦国大名尼子氏の研究』（吉川弘文館、二〇〇〇年）などがある。

中司健一（なかつか・けんいち）
益田市教育委員会文化財課歴史文化研究センター主任。
専門は日本中世史。現在は石見国人の益田氏を主に研究している。
論文に「中世後期石見国人の動向と室町幕府・大名」（『石見の中世領主の盛衰と東アジア海域世界』島根県古代文化センター、二〇一八年）などがある。

佐伯弘次（さえき・こうじ）
九州大学大学院人文科学研究院教授。
専門は日本中世史。
著書に『日本史リブレット77　対馬と海峡の中世史』（山川出版社、二〇〇八年）などがある。

尾崎千佳（おざき・ちか）
山口大学人文学部准教授。
専門は日本文学（連歌・俳諧史の研究）。
著書に『西山宗因全集』全六巻（共編、八木書店、二〇〇四～二〇一七年）などがある。

荏開津通彦（えがいつ・みちひこ）
山口県立美術館普及課長。
専門は日本中世絵画史。
著書に『雪舟等楊――「雪舟への旅」展研究図録――』（中央公論美術出版、二〇〇六年）などがある。

影山純夫（かげやま・すみお）
八幡市立松花堂美術館学芸顧問。
専門は日本伝統芸術論。
著書に『禅画を読む』（淡交社、二〇一一年）などがある。

木越俊介（きごし・しゅんすけ）
国文学研究資料館准教授。
専門は日本近世文学。
著書に『江戸大坂の出版流通と読本・人情本』（清文堂出版、二〇一三年）などがある。

編者

大内氏歴史文化研究会

山口の歴史文化に大きな影響を及ぼした大内氏の研究推進と、実証的な研究姿勢に裏付けられた最新の研究成果を市民にわかりやすく提供することを目的とする。山口市教育委員会によって組織され、文化財保護課に事務局を置く。2005年に発足し、毎年、市民学術講座と講演会を開催するほか、大内氏ゆかりの寺社などの調査も行っている。

責任編集

伊藤幸司（いとう・こうじ）

九州大学大学院比較社会文化研究院准教授。
専門は日本中世史・東アジア交流史。
著書に『中世日本の外交と禅宗』（吉川弘文館、2002年）、『大学的やまぐちガイド―「歴史と文化」の新視点―』（編著、昭和堂、2011年）、『東アジア海域叢書11 寧波と博多』（共編著、汲古書院、2013年）、『日明関係史研究入門』（共編著、勉誠出版、2015年）などがある。

室町《むろまち》戦国《せんごく》日本《にほん》の覇者《はしゃ》

大《おお》内《うち》氏《し》の世《せ》界《かい》をさぐる

編　者　大内氏歴史文化研究会

責任編集　伊藤幸司

発行者　池嶋洋次

発行所　勉誠出版㈱

〒101-0051 東京都千代田区神田神保町三―一〇―二

電話　〇三―五二一五―九〇二一㈹

二〇一九年七月三十日　初版発行

印刷製本　中央精版印刷

ISBN978-4-585-22247-7　C1021

日明関係史研究入門
アジアのなかの遣明船

村井章介 編集代表／橋本雄・伊藤幸司・須田牧子・関周一 編
本体三八〇〇円（+税）

外交、貿易、宗教、文化交流など、様々な視角・論点へと波及する「遣明船」をキーワードに、十四～十六世紀のアジアにおける国際関係の実態を炙り出す。

中華幻想
唐物と外交の室町時代史

橋本雄 著・本体二八〇〇円（+税）

唐物に当時の《中華》イメージを探り、外交の現場から幕府の対外観をあぶり出す。言説・伝説、文化史や美術史の成果なども取り入れた、新しい対外関係史。

「倭寇図巻」「抗倭図巻」をよむ

須田牧子 編・本体七〇〇〇円（+税）

赤外線撮影による文字の解読、隣接する各種絵画資料・文献資料の分析などの多角的視点から、倭寇図巻の成立、倭寇をめぐるイメージの歴史的展開に迫る画期的成果。

大内と大友
中世西日本の二大大名

鹿毛敏夫 編・本体九五〇〇円（+税）

文献史学・考古学・分析化学・対外交流史等の観点から大内氏・大友氏を多面的に比較することにより、その歴史的特質を明らかにする。